浙江堯舜遺跡圖导读

中国水利博物馆　绍兴市鉴湖研究会◎编

邱志荣　何俊杰　张卫东◎主编

绍兴市社会科学界联合会资助项目

中国文史出版社

《浙江尧舜遗迹图导读》编辑委员会

◎主要指导专家

周魁一（中国水利学会水利史研究会荣誉会长，中国水利水电科学研究院教授、博士生导师）

顾　浩（中国水利学会原常务副理事长，水利部办公厅原主任）

俞锡根（浙江省水利厅原党组成员，浙江省水文局原局长）

冯建荣（绍兴市文史研究馆馆长）

崔凤军（绍兴文理学院党委书记，绍兴文理学院高等人文研究院院长）

谭徐明（中国水利学会水利史研究会会长，中国水利水电科学研究院教授、博士生导师）

齐　欣（《人民日报·海外版》“世界遗产”版主编，高级编辑）

赵　涛（湖南省文史研究馆特约研究员，湖南省文联委员，《财富地理》总编辑）

傅峥嵘（浙江省文物考古研究所遗产监测研究室主任、研究员）

王　玲（浙江省测绘科学技术研究院高级工程师）

◎编委会

主　　任：陈永明　何俊杰

副 主 任：杨颂周　叶红蕾　徐　健　丁兴根

成　　员：陈永明　何俊杰　邱志荣　杨颂周　叶红蕾　丁兴根
徐　健　俞建军　张真伟　葛苗钦　金小军　黄　剑
戴秀丽

主　　编：邱志荣　何俊杰　张卫东

副 主 编：黄　剑　戴秀丽　程　丹

撰　　稿：邱志荣　张卫东　张钧德　戴秀丽　程　丹　陈建木
戴泽恒

制　　图：戴秀丽　程　丹

图照整理：邱志荣　金小军　戴秀丽　程　丹　王文彪

图文审核：张卫东　邱志荣

主要参与人员（按姓氏笔画排列）：

王旭强　王建富　方建平　冯榛铭　任　岗　陈　泽
陈建木　陈湖滨　陆宁洁　陆建明　沈小龙　沈季民
余丽勤　余茂法　张　川　张星鑫　周长海　罗兰芬
俞虹凤　俞鹏炯　茹静文　施伟强　高方鸣悦　夏萍儿
秦烨萍　徐跃龙　唐佳文　黄　剑　盛杰辉　葛苗钦
程雪婷　童剑超　蒋锴杰　虞国华　楼莉波

◎支持单位

中国水利学会

中国水利报社

水利部水利风景区建设与管理领导小组办公室

浙江省文物考古研究所（浙江省世界文化遗产监测中心）

绍兴市文史研究馆

绍兴市社会科学界联合会

绍兴市水利局

绍兴文理学院高等人文研究院

浙江省大运河文化研究院水利遗产研究中心

浙江省大运河文化研究院浙东分中心

绍兴市浙东运河文化研究中心

同创工程设计有限公司

中瀚和润文化科技集团有限公司

浙江大禹文化发展基金会

绍兴市上虞区水文化研究会

绍兴市虞舜文化研究会

绍兴市上虞区虞舜文化研究会

日本・治水神・禹王研究会

山东嘉祥武氏祠汉画像石尧、舜、禹肖像（从右至左）拓片（邱志荣摄）

帝尧立像（引自《南薰殿历代帝后图像》）

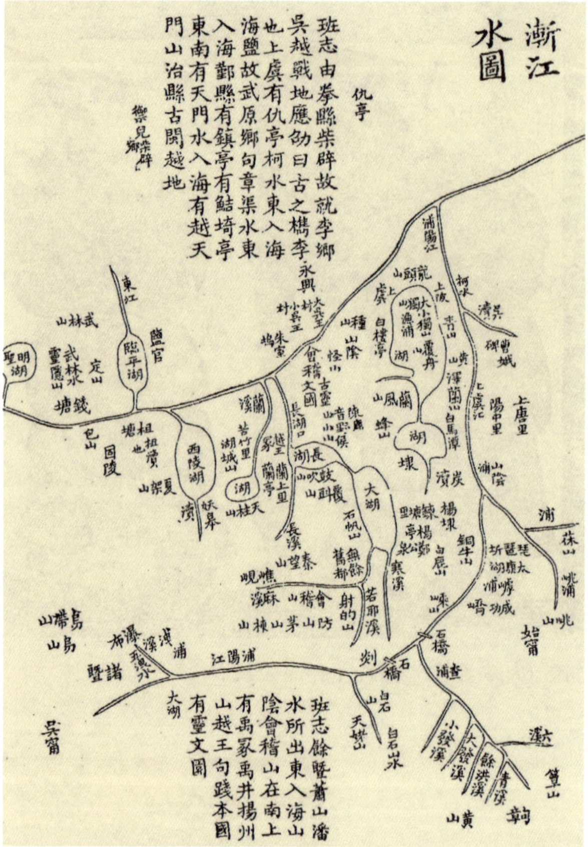

《浙江水图》中标注的“上虞”“仇亭”“渔浦”等地名（引自《水经注图》，山东画报出版社 2003 年版，邱志荣供图）

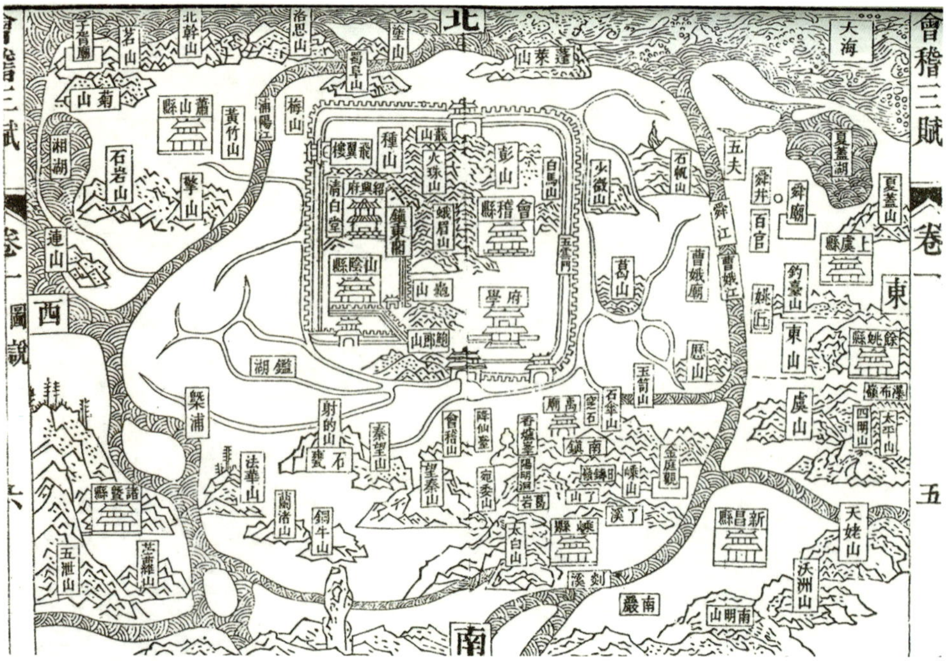

《南宋绍兴府图》中标注的尧舜遗址（引自南宋王十朋《会稽三赋》，邱志荣供图）

《历山舜庙旧图》(引自明万历《绍兴府志》，邱志荣供图)

会稽山风光(戴秀丽摄)

四明山“丹山赤水”风光(程丹摄)

曹娥江（舜江）风光（邱志荣供图）

曹娥江（舜江）上虞段（戴秀丽摄）

余姚城内姚江（程丹摄）

绍兴市柯桥区王坛镇舜王庙全景（戴秀丽摄）

绍兴舜王庙会（王坛镇供图）

陈桥驿撰《大舜庙记》，立于绍兴王坛舜王庙内（邱志荣摄）

绍兴市上虞区百官街道舜帝岭（戴秀丽摄）

绍兴市上虞区大舜庙大舜像
（邱志荣摄）

舟山市岱山北峰大舜庙（邱志荣摄）

2023年5月4日，在缙云县政协副主席陈珏丽、丽水市水利局调研员张映辉陪同下，邱志荣、戴秀丽考察缙云轩辕庙（戴秀丽供图）

2023年5月13日，在王旭强、李士杰、施伟强等陪同下，邱志荣、张卫东、戴秀丽等考察湖州长兴舜帝庙（戴秀丽摄）

2023 年 12 月 17 日，何俊杰、李永鑫、邱志荣、陈建木、金小军考察湖南省永州市宁远县舜帝陵

2023 年 12 月 18 日，在《永州日报》杨中瑜等陪同下，何俊杰、李永鑫、邱志荣、陈建木、金小军考察永州市零陵区黄田铺镇舜帝庙村

2023 年 12 月 29 日，邱志荣、张钧德、孙伟良、杨伊帆考察绍兴市越城区马山镇倪家埭村尧舜禹遗迹等（杨伊帆摄）

2024 年 5 月 1 日，在历山村张川陪同下，邱志荣、程丹等考察宁波市余姚市低塘街道奉虞庵（程丹摄）

2024 年 5 月 1 日，在石堰村梁锴杰陪同下，邱志荣、程丹等考察宁波市慈溪市横河镇石堰村虞山庙（程丹摄）

2024 年 5 月 23 日，邱志荣、戴秀丽、程丹考察绍兴市上虞区上浦镇大善小坞村虞氏家庙（程丹摄）

姚江夜色（戴秀丽摄）

序　一

顾　浩*

中华民族源远流长，历经数千年的发展与演变，筚路蓝缕，生生不息，实现了多元一体，连绵不断。史学家许倬云先生说："这种不以血统界定民族，而是用文化认同来界定边界的思想，让中华民族成为四大古文明中唯一绵延五千年而不断的民族。"

中华文明具有宏大的包容、传承、创新的格局。中华文明从史前的炎黄到尧舜禹时代，经历了从部落联盟到形成国家形态。尧舜禹可谓从禅让的部落首领到华夏古国的开国元勋，而虞舜是明德至圣的完美典范。几千年来，无数人以尧舜为明君典范、人生楷模，常常用"尧天舜日""尧风舜雨""尧功舜德"等词汇赞美尧舜、效仿尧舜。一代伟人的诗句"六亿神州尽舜尧"既是对中华民族高尚品德的由衷赞美，也是对全国人民崇拜尧舜情感的真切表达。

我的祖籍浙江绍兴上虞是一个很有文化的地方，她的文化史比尧舜禹传说的历史还要长。考古证实，上虞东临7000年前的河姆渡遗址，西有8000年前的跨湖桥遗址和5000年前的良渚遗址，西南有约10000年前的上山遗址。上虞地区还是人类原始瓷的发源地。特别是，上虞人的心里存在着许许多多

---

* 顾浩，水利部办公厅原主任，中国水利学会原常务副理事长，水利部江河水利志工作指导委员会原主任，教授级高级工程师。

的关于舜的乡土故事，有虞舜故里、孝德渊源之称。这里有舜江、姚江、百官镇、大舜庙等许多纪念虞舜的地名，有韩美林先生根据象耕鸟耘故事创作的虞舜驾驭大象耕地的巨型群雕。在民间更有许多舜的传说，有说他生于斯，有说他迁于斯，有说他在此守孝道、施德政，充满了文化自信。

传说中的尧舜禹在历代典籍以及民间三官文化中，都是三位一体、不可分割的。然而，明清历代帝王庙却把尧、舜、禹三人区别开来：尧、舜被尊为“三皇五帝”之中，居于神位；大禹则被“降一等”，列于夏朝君王之首。这就意味着大禹更多地被看作人而非神。2019年，水利部公布了中国的12位“历史治水名人”，大禹位居第一，这进一步淡化了其作为传说人物的性质。

我国第一张现代禹迹图——《绍兴禹迹图》问世后，编著团队又制定了《禹迹图编制导则》。其中，“禹迹”的英文定义为“大禹文化遗存”（culture remains about Yu），在编制原则中对应的是“反映大禹文化影响、文化遗迹分布分类情况”，即只关注文化意义上的大禹，而不纠结于其情节真实性问题。这样的编制原则巧妙地避开了争议难题，为文化探源开拓了一条可行的路径。

文化遗存的编制原则同样适用于对本书的理解。尧舜遗迹的核心含义也是文化遗存，涵盖了文化认同和文化传播意义上的所有文化遗产。因此可以说：所谓尧舜遗迹，是指对应于历史文献中有关尧、舜传说的记载，留存至今的物质文化遗产与非物质文化遗产，如文化遗址、纪念建筑、石刻、壁画、可移动文物、独特自然地貌、传统祭祀礼仪、节庆活动以及相关地名，等等。

尧舜遗迹在全国广泛分布，其中在浙江的分布尤为生动且密集，尤其是舜的遗迹。可以说，浙江是虞舜文化的重要策源地和传承地之一。这体现了一种文化传承现象，彰显了越地人民重视文化、崇尚信仰、尊敬祖先的民风。

传说尧帝为陶唐氏，舜帝为姚姓有虞氏，与“尧、舜、陶、唐、姚、虞”相关的地名，是特殊的非物质文化遗产，承载着非常古老的信息。比如：河北有唐县，山西有陶寺和尧都，河南有姚墟和虞城，浙江有舜江、上虞、余姚、姚江，江西有尧山，山东有定陶，湖南有舜陵，等等。除此之外，还有尧市、舜井、妫汭、雷泽、历山、象田等相关地名或地物，数不胜数。而天官尧帝、地官舜帝、水官禹帝等三官（三元）文化建筑以及尧舜禹庙祠，则散布于全国近30个省、自治区、直辖市。华夏子民或因身居尧舜故国而自豪，或因拥有尧舜遗迹而荣光，其中有的有文献记载支撑，有的有考古发现佐证，有的依靠可信口头传说流传，有的则成为世代相传的风俗习惯。与此同时，系统性的附会之说也层出不穷、史不绝书，有的言之凿凿、实有所指，有的则坦言“此则后人因名思圣之义”（明熊子臣语）。所有这些，都是文化认同和文化传播的结果。

调查、梳理并核实尧舜遗迹信息，编制遗迹图，是一项具有深远影响的创新性工作。《浙江尧舜遗迹图导读》（以下简称《导读》）是在《绍兴禹迹图》——《浙江禹迹图》——《中国禹迹图导读》既有成果基础上的顺延，推进到一个新的研究领域。在编制方法上，该书一如既往，对各种学说和观点未作学术上的评论，而是广采博收，将现存的物质文化遗产与非物质文化遗产原汁原味地呈现出来，同时辑录了丰富的相关史料。

全书构思设计严谨。作为一部以资料为主的词条型书籍，凡例完整，编撰概念清晰，结构合理，体例科学，文字流畅准确。

《导读》上编对浙江尧舜遗迹的记录翔实具体，包括详细位置（含经纬度）、类型、名称、形态、文化信息等，信息完整全面。《导读》对各处遗迹作了必要的说明和深入的解读，使遗迹记录内容丰满、形象生动。解读所引用的史料、典籍、志书、碑刻等来源清晰，为今后或他人进行比较研究提供了线索。遗迹记录，贵在求实，这些资料极具价值；而比较和研究则是下一步必然且必要的工作，具有更高的价值。

《导读》下编辑录的相关史料，涵盖诗文、故事、论述、研究成果、新闻报道、考证等多个方面。时间、空间跨度之大，令人耳目一新。这对浙江尧舜遗迹是很好的映衬和补充；对这部《导读》而言，增加了层次，提升了厚度，可以开阔读者的眼界，满足不同读者的多样化需求。

遗迹是客观存在的，但不等于史实，需要通过科学考古、测定来证实。实在的遗迹所提供的信息，不但本身具有历史、文化、学术的价值，而且对考古有启迪作用。

尧舜禹是中国史前文化的里程碑式人物，其中尧、舜相比大禹年代更为久远，因而传说色彩更浓。一般认为，“三皇”属于神话人物，“五帝”则属于传说人物。然而，先秦著作如《尚书·尧典》《尚书·舜典》以及《孟子》《左传》《国语》等，都把传说人物虞舜和大禹一样当作真实的历史人物对待。在当今时代，浙江上山、小黄山、跨湖桥、河姆渡、良渚，以及陕西石峁，山西陶寺，甘肃南佐，山东城子崖，安徽凌家滩，湖北石家河、屈家岭，四川三星堆等史前考古新成果的不断涌现，为尧舜文化的存在提供了大量佐证。不少学者早已开始探索性地解译尧舜禹时代的历史传说，近年来对于火耕水耨、象耕鸟耘等上古生产生活场景也有了新的解释。

相信本书将对史前文化的传承、普及及学术研究起到促进作用，对中华文明的探源产生积极作用。

期待古为今用，经世致用。

是为序。

2025年1月

序 二

陈永明*

中华文化源远流长、博大精深，其中尧舜禹文化作为华夏文明的源头和根脉，蕴含着十分丰富的思想内涵和文化基因，对后世影响深远。被视为华夏文明共同祖先的尧舜禹，他们的治国思想、道德伦理和价值理念，成为中华民族文化认同的重要图腾和精神原型，为历代所传承并发扬，在各类史书中亦多有记载。如尧帝的仁爱、勤俭和选贤任能，舜帝的宽厚、律己和至孝，大禹的公而忘私、艰苦奋斗等思想和精神，以及尧舜禹天下为公、以德服人的“圣王”形象，都对华夏文明核心价值观的形成产生了重要影响，成为中国古代“仁政”“德治”“孝悌”“民本”思想的典范。西汉陆贾《新语·无为》云:“昔虞舜治天下，弹五弦之琴，歌《南风》之诗；寂若无治国之意，漠若无忧民之心，然天下治。”南宋王十朋论及虞舜时赞曰:“舜为人子，克谐以孝；舜为人臣，克尽其道；舜为人兄，怨怒不藏；舜为人君，以天下禅。”可以说，经过数千年历史积淀和文明演进发展，尧舜禹文化已经深深融入中华民族的血液里。

“求木之长者，必固其根本；欲流之远者，必浚其泉源。”(唐魏徵《谏太宗十思疏》)尧舜禹文化作为华夏文明的源头，其根基之深厚、泉源之丰沛，滋养了中华民族数千年的文明发展。

---

* 陈永明，中国水利博物馆党委书记、馆长。

古籍中尧舜禹固然是作为帝王形象被记述的，但同时也是以治水领袖被载入史册。《尚书·尧典》记载："（尧）帝曰：'咨！四岳。汤汤洪水方割，荡荡怀山襄陵，浩浩滔天。下民其咨，有能俾乂？'佥曰：'於！鲧哉。'帝曰：'吁！咈哉，方命圮族。'岳曰：'异哉！试可乃已。'帝曰：'往，钦哉！'九载，绩用弗成。"又记载："（舜）肇十有二州，封十有二山，浚川。"《史记·夏本纪》有尧舜禹几代领袖接续治水的更系统的记载："当帝尧之时，鸿水滔天，浩浩怀山襄陵，下民其忧。尧求能治水者，群臣四岳皆曰鲧可。尧曰：'鲧为人负命毁族，不可。'四岳曰：'等之未有贤于鲧者，愿帝试之。'于是尧听四岳，用鲧治水。九年而水不息，功用不成。于是帝尧乃求人，更得舜。舜登用，摄行天子之政，巡狩。行视鲧之治水无状，乃殛鲧于羽山以死。天下皆以舜之诛为是。于是舜举鲧子禹，而使续鲧之业。"《尚书·禹贡》记载大禹："导河，积石，至于龙门；南至于华阴；东至于厎柱；又东至于孟津；东过洛汭，至于大伾；北过降水，至于大陆；又北，播为九河，同为逆河，入于海。"从上述记述中不难看出上古时期治国与治水的深厚渊源，从中也折射出先民们在华夏大地上"治国必先治水"的生存哲学和历史必然。

"民惟邦本，本固邦宁。"（《尚书·五子之歌》）尧舜禹的治国理念中，始终将人民的福祉放在首位，这种民本思想贯穿于他们的治水与治国实践中，成为后世治国理政的重要借鉴。

诸子百家对尧舜禹文化的见解丰富多元，对于禅让制不乏质疑批判。例如韩非子认为，禅让制是难以在现实中落地的理想化模式，所谓的禅让故事背后或许暗藏着权力斗争与篡位行径。然而，对于尧舜禹接力治水的议题，诸子百家认识高度一致。在滔天洪水面前，尧、舜、禹展现出各自的担当，或运筹帷幄，或身先士卒，带领民众与洪水展开了旷日持久、艰苦卓绝的斗争。这不仅体现出他们卓越的领导才能与智慧，更彰显了中华民族在面对重大自然灾害时团结一心、勇往直前的精神品质。这种精神跨越历史长河，成为中华民族共同的文化记忆与价值追求。

如今，作为后人的我们依然生活在先民们奋斗过的这块土地上，因此挖掘好、保护好、研究好先人的智慧，传承和弘扬中华优秀传统文化，给今人以启迪和营养，便成为我们的使命。而对分布广泛的尧舜禹遗迹资源开展调查、梳理和研究，挖掘其价值，便是一项十分重要的基础性工作。2022年，中国水利博物馆参与了《中国禹迹图》编制，并于2023年与绍兴市鉴湖研究会合作，牵头开展《中国禹迹图导读》编制工作。2023年9月20日，习近平总书记考察绍兴浙东运河文化园，专门问询了禹迹考证研究情况。我作为讲解员，向总书记汇报了进展。《中国禹迹图导读》内容丰富，图文并茂，融学术性、资料性、可读性于一体，出版后反响热烈，也进一步增强了我们继续推动此项工作的信心。

“学之愈深，知之愈明，行之愈笃。”（清王夫之《读通鉴论》）对尧舜禹遗迹的研究和挖掘，不仅是学术探索的深化，更是对传统文化认知的升华，以及对其价值在当代社会践行的笃定追求。

2024年，中国水利博物馆联合绍兴市鉴湖研究会，又开展了《浙江尧舜遗迹图导读》的研究和编制工作。在原有工作成果基础上，对浙江境内的尧舜遗迹进行了实地调查、甄别和研究，共收集以尧舜为主的遗迹132处，其中黄帝遗迹3处、颛顼遗迹1处、尧迹19处、舜迹109处，图照500余幅，力求完整、清晰地提供遗迹相关信息。另又收录了与尧舜有关的文献、故事、研究成果等，以丰富读者阅读体验。《浙江尧舜遗迹图导读》的出版，我想既是表达对华夏人文始祖的敬仰，对数千年来延绵不绝的中华优秀传统文化始终坚定不移的坚守，也是新时代在文明探源的实践中主动作为、孜孜以求的不懈探索。

梦虽遥，追则能达；愿虽艰，持则可圆。我们对尧舜遗迹的每一步研究和探索，都是对中华优秀传统文化传承与发展的积累，终将汇聚成推动文化繁荣的磅礴力量。相信在习近平文化思想指引下，中华优秀传统文化的保护、传承、弘扬，以及在此基础上的创造性转化和创新性发展，必将绽放更加绚烂的光彩。我们当以自强不息的精神，不断探索，砥砺前行，让古老的文明在新时代焕发出新的生机与活力。

2025年4月

序　三

何俊杰*

南宋孙因在《越问》中指出:“越，舜禹之邦也，古有三圣，越兼其二焉。”在浙江大地上，流传着许多尧舜禹的传说与故事。如何让这些传说与故事、遗迹和遗存活起来，并创造性地利用，是一项意义深远的工作。

绍兴从2017年底开始编制禹迹图，到2024年4月《中国禹迹图导读》完成，历时近八年，将大禹文化遗产创造性转化，并生动地呈现出来，成为文化创新的成功样本。今天，《浙江尧舜遗迹图导读》的出版再次表明，浙江在探寻中华文明起源，向世界讲述中华文明故事的征程上，又取得了一项标志性成果。

古越大地一直闪耀着上古时期的文明之光。在这里，许多传说故事和习俗民风，伴随着日月星辰、流水花开、蛙鸣鸟唱，滋养着人们的生活。作为尧舜禹文化资源丰富、深厚的绍兴，如何对现存大量的尧舜禹遗迹遗存和历史传说、民间风俗等进行发掘研究，以彰显越地在中华远古文明起源中的重要地位，始终是一群勇毅、果敢并富有创新精神的文化学者们的孜孜追求。

继禹迹图圆满收官后，2021年绍兴借“舜王庙会”晋升国家级非物质文化遗产的契机，发布了首张《绍兴舜迹简图》，

* 何俊杰，绍兴市文史研究馆副馆长，中共绍兴市委宣传部原常务副部长。

并于次年10月22日举办的舜王庙会上，正式向社会发布《浙江尧舜遗迹图》，精选尧迹16处、舜迹103处。之后，更多的机构和学者参与到这项研究中来，特别是中国水利博物馆的加持，更提升了这项研究的深度和广度。这次出版的《浙江尧舜遗迹图导读》与之前相比，尧迹增加了3处，舜迹增加了6处。在128处尧舜遗迹中，绍兴境内有68处，占据半壁江山。

尧舜禹是上古时期的圣王，尧求贤问道，察访政治得失，选用贤才，在中国历史上第一次建立系统的政治制度；舜是中华道德文化的鼻祖，被后人尊为“百孝之首”“文明之源”。绍兴有尧帝的遗迹，稽东镇的“尧郭”据说是舜为尧所选的养老之地，舜妃登北氏曾去服侍过尧。尧郭附近的陈侯山还曾建有一座尧王庙。绍兴关于尧的传说十分丰富，尧敬授民时、单均刑法、治世以俭、求贤得舜、禅让天下等传说流传至今。绍兴舜帝的遗迹，主要集中在上虞地区，相关地名包括舜江、小舜江、舜庙、历山、舜井、象田、陶灶、姚丘、百官桥、百官渡以及多处舜王庙等。在当代，上虞新建了大舜庙、虞宗祠、中华孝德园、重华塔等。杭州师范大学顾希佳教授曾在《虞舜传说与吴越文明》中指出，在浙江境内以古老的上虞、余姚为中心，形成了一个“虞舜传说圈”，其传说主要包括桥牛迁虞、握登诞舜、象耕鸟耘、虞舜访贤、舜会百官、至孝父母、赐孝让国、尊师兴教、舜种嘉谷、设庠养老等。而上虞的名称由来，就是指此处是百官前来拜见虞舜的地方。这些遗迹和传说，尽管如今还不能一一证实，但史学界和考古界研究成果已经基本证明，尧舜禹并非传说。把尧舜禹文化根植于人们的心中，是寻找中华文化的根脉，是编织全世界华人的精神纽带。

尧舜禹的传说和故事千百年来可谓家喻户晓，让尧舜禹文化活态发展，更加彰显中华民族生生不息的强劲生命力。目前，学界对于尧舜禹文化研究相对比较分散，浙江省特别是绍兴区域，尧舜禹的神话传说和遗迹遗存则高度集中。《浙江尧舜遗迹图导读》的出版发行，将为中国尧舜禹文化的整体性研究提供学术滋养，对彰显文化自信，激发民族自豪感具有深远意义。

2019年12月19日，习近平总书记视察濠江中学附属英才学校时指出：“了解我们五千年延绵不断的历史，就能自然形成强烈的民族自尊心和民族自豪感。”尧舜禹文化不断传承，在不断发扬光大中形成体系。对尧舜禹文化进行整体研究，能够更全面深入地认识和理解其文化的丰富内涵。尧文化中包含舜禹文化，在舜文化中传承尧文化，大禹文化中传承发展了尧舜文化。只有将尧舜禹文化展开整体研究，才能对尧舜禹有更系统的理解，对其所代表的中华文明起源的形态与内涵才会有更系统的把握。

一是国家建制来之不易。在大禹建立国家之前，中华大地上主要是以民族部落聚居的形式存在的。恩格斯在《家庭、私有制和国家的起源》中对于国家的起源进行了鞭辟入里的深入分析。恩格斯对国家建制的分析用在中国，是和尧舜禹治水治国分不开的。尧舜禹时代，气候突变，降雨增多，部落之间信息交流不通畅，发生了史无前例的大洪水。根据先秦文献记载，这次洪水水量大、历时长、频次高、波及地域广。《孟子》记载：“当尧之时，天下犹未平，洪水横流，泛滥于天下……尧独忧之，举舜而敷治焉……禹疏九河……然后中国可得而食也。”尧舜禹三代圣君相继疏治洪水，最终大禹划九州，号令一体，相互协同，才地平天成，治水成功；为了长治久安，避免灾害反复，大禹创造性地建立国家制度，大禹也被称为立国始祖。天灾因人致祸，天灾因国得福，国家建制来之不易。

二是中华民族融合是历史发展的必然。尧舜禹时期是由诸多不同文化、不同血缘的氏族和部落组合在一起。但是洪灾的暴发，使得各部族不断融合，最终实现了不同民族的大一统。《史记·五帝本纪》载，帝尧“能明驯德，以亲九族。九族既睦，便章百姓。百姓昭明，和合万国”；帝舜“舜孝友闻于四方，陶渔事亲，宽裕而温良，敦敏而知时，畏天而爱民，恤远而亲近”;《吴越春秋》载，大禹继位后，“三载考功，五年政定，周行天下……登茅山，以朝四方群臣，观示中州诸侯”，防风后至，斩以示众，示天下悉属禹也。乃大会计治国之道”。大禹治水取得成功，民族一统的大势已经形成，任何反对者都失去了力量。九族、万国、四方、天下的民族大融合是历史发展的必然。

三是德治天下是中华文明共同体的根本。尧舜禹三代帝王都是以德治赢得天下。《尚书·尧典》记载，面对“汤汤洪水方割，荡荡怀山襄陵”的险恶情势，尧帝请四岳推荐治水能人，四岳推荐了鲧，尧帝因其“方命圮族”而不同意，后让其一试则九年未成；尧禅位，四岳推荐“克谐以孝”的虞舜，尧对其进行“观厥刑于二女”的考验后才“荐之于天”。尧以德行考察臣子，是善治。舜的“忠孝民本”被《论语》高度评价：“舜孝友闻于四方，陶渔事亲，宽裕而温良，敦敏而知时，畏天而爱民，恤远而亲近”，所以“一年成聚，二年成邑，三年成都”。大禹的德政在《尚书·大禹谟》中可见，舜帝曾赞扬他：“降水儆予，成允成功，惟汝贤；克勤于邦，克俭于家，不自满假，惟汝贤。”孔子说：“敏给克齐，其德不爽，其仁可亲，其言可信。声为律，身为度，亹亹穆穆，为纪为纲。”以德处事，以德建国，以德治国，是尧舜禹文化的重要内涵，也是形成中华文明共同体的根本。

《浙江尧舜遗迹图导读》的出版发行，为浙江尤其绍兴在考古、资源转化、城市链接等方面提供更多可能。

绍兴嵊州旧石器的发现，说明绍兴至少在10万年前已有人类活动。此外，嵊州小黄山遗址、萧山跨湖桥文化遗址、余姚河姆渡文化遗址、绍兴马鞍遗址等古文化遗址，证明距今约1万年至4000年间，於越先民已在这块土地上劳作生息，创造了灿烂的文明。这充分说明先民创造的文化有着恒久的生命力。

目前学界对尧舜禹“三圣”的历史真实性趋于共识。绍兴有大量有关尧舜禹的传说和文化遗存。这种“在场”的历史真实存在为绍兴开展尧舜禹文化的深度研究提供了线索。在浙江考古“启明星”计划中，绍兴应积极有为、大有作为。

文化资源的转化是以文彰旅、以旅促文、文旅融合的关键。文化产业要形成效应，必须系统性规模化。尧舜禹文化遍布绍兴各地，是绍兴文化旅游产业发展的重要资源。对尧舜禹文化进行整体研究，可助力绍兴文旅产业的高质量发展。绍兴应充分利用《浙江尧舜遗迹图导读》及《浙江禹迹图》等学术成果，深入挖掘尧舜禹遗迹的内涵，串珠成链，讲述好中华文明起源的故事，让更多的人走进绍兴、读懂中国。

文化是连接城市间的最佳纽带。这些年，绍兴用文化符号链接了众多城市，建立了有内容、可持续的系列朋友圈。如绍兴与敦煌同为东亚文化之都，两地通过拍摄纪录片，深度解析两座城市的历史渊源和人文故事，展开跨越千年的对话，为中国城市之间的文化交流提供样本；四川的汶川是大禹的出生地，而大禹陵在绍兴，两地通过学术、文旅互动，已结成“生死之交”；延续这种“生死之交”的还有绍兴的上虞与湖南的永州，上虞是传说中舜帝的出生地，而舜陵在永州，两地互为友好，两地共同编撰的《大舜传》即将出版。《浙江尧舜遗迹图导读》的出版发行，将为纳入尧舜禹文化版图的城市提供可转化、可复制的文化IP，也必将为这些城市间的互动、交流，提供新的机遇和平台。

甲辰年立秋写于浦东黄浦江畔

凡　例

一、总　则

《浙江尧舜遗迹图导读》（以下简称《导读》）旨在通过对浙江省内的尧舜遗迹进行深入调查研究与整编梳理，为研究尧舜文化提供一份全面、系统的基础资料。有利于传承和弘扬中华优秀传统文化，增强历史文化自信，对濒临消失的尧、舜文化遗产、遗迹进行抢救性保护，为更好地研究、保护、传承、利用尧舜禹文化、交流互鉴提供坚实的基础。

二、遗迹概念

所谓尧舜遗迹，是对应于历史文献中有关尧、舜传说的记载，留存至今的物质文化遗产和非物质文化遗产，如文化遗址、纪念建筑、石刻、壁画、可移动文物、独特自然地貌，以及传统祭祀礼仪、节庆、地名等。

三、体　例

本《导读》由卷首图照、序、凡例、概述、上编、下编六部分组成。概述是对本《导读》全面系统的概括解读。上编为正图释文，对浙江省范围内尧舜遗迹的全面介绍，遗迹点由地区编号、地理位置、简介、图照、附录（关联资料）等内容组成；下编为相关史料辑录。各遗迹名称前的英文字母，为区域编码，分别指：A（杭州市）、B（宁波市）、C（温州市）、D

（绍兴市）、E（湖州市）、F（嘉兴市）、G（金华市）、H（衢州市）、J（台州市）、K（丽水市）、L（舟山市）。

四、时　限

上溯史实发端，下迄中华人民共和国成立前，个别重要遗迹点适当延伸下限。

五、区域范围

本《导读》记叙空间范围以2023年浙江省行政区划为基准，原则上越境不记；对重要史事及人物适当溯及本省古代行政区划范围，并作必要说明。为深化研究成果，寻找舜文化源头，将湖南永州舜帝陵现场考察成果一并记述在本《导读》中。

六、名　称

政区、地名、官职等均按当时名称记述，如按本《导读》时间下限2023年名称为记时，加括注。

七、遗迹定位

根据文献记载，结合现场考察（原则上每点必到），按照"尽可能接近原址、尽可能有利于保护、尽可能有利于文旅融合"的原则确定。技术上采用测量仪定位及坐标拾取系统（https://api.map.baidu.com/lbsapi/getpoint/index.html）确定坐标点。

八、资　料

所辑文献资料，尽可能依据权威版本，保留文献原貌，必要时加注说明（历史文献中的"于"和"於"二字，按照《古汉语常用字字典》第6版所辨析的，现在用作介词时以"于"为正字，用"于"不用"於"的原则处理）；实地调查所得资料，原则上以原文、原碑、采访口述为准，适当作说明；除历史图片外，本书照片以本项目作者实地拍摄为主；参考有关专著、论文、古地图等，尽可能标注出资料来源。

目录

上编　正图释文

一、黄帝遗迹

二、颛顼遗迹

三、尧　迹

四、舜 迹

下编　相关史料辑录

概 述

2023年9月20日下午，习近平总书记来到浙东运河文化园考察，关切地询问了禹迹研究的情况。[1]习近平总书记的关怀和指示是对我们禹迹图编制同人的莫大支持和鞭策。

在2024年4月公祭绍兴大禹陵前夕，中国水利博物馆和绍兴市鉴湖研究会联合编撰的《中国禹迹图导读》[2],由中国文史出版社出版。这是我国首部以大禹文化为视角，记录、考证夏朝以来禹迹传播、发展过程的集大成著作，也是一项禹迹历史研究和多学科价值探索的创新成果。

在较长时期的禹文化研究和实践中，我们深刻体会到尧舜禹文化是一个整体，具有连续性、传承性和不可分割性，因此也必须系统地整合研究。就此我们开启了尧舜遗迹的新一轮研究，着力点在于《浙江尧舜遗迹图导读》的课题。

一、尧舜及其出生地

尧和舜是上古时期的圣王，位列“三皇五帝”之中，所谓“尧天舜日”。尧开创了人类远古文明的灿烂与辉煌，是中华民族勤劳智慧、自强不息的象征。舜是中华道德文化的鼻祖，被后人尊为“百孝之首”“文明之源”。尧舜文化为中华大地上国家的出现奠定了思想基础，对维护民族团结、国家统一起着精神凝聚作用，是当今中国发展先进文化不可或缺的基础和源泉，对社会主义精神文明建设有重要传承作用。

虞舜者，“虞”是国号，其实是氏族名，即有虞氏；“舜”是谥号，即死后依据在位时的功绩所授予的称号。《谥法》说：“仁圣盛明曰舜。”[3]

---

① 陈永明:《中国禹迹图导读·序一》。

② 邱志荣、张卫东主编，中国文史出版社2024年版。

③ ［宋］苏洵:《谥法》卷一。

虞舜，姓姚，名重华，号都君，古籍记载舜双目重瞳，故名重华，其人龙颜，大口，黑色，身长六尺一寸。

舜诞生于何处？众说纷纭。主要说法有三种：

第一种说法，舜诞生于山西。其依据是《史记》。《史记·五帝本纪》记载："舜，冀州之人也。"冀州是古州名，在今山西、陕西之间的黄河以东，河南、山西之间的黄河以北，以及河北的东南部、山东的西北部地区。《史记正义》认为舜是冀州河东县人，河东县在今山西永济。这一说法主要受"大一统"的影响，认为舜是黄帝的后代，也就是中原人氏。

第二种说法，舜诞生于山东。其根据是《孟子·离娄章句下》："舜生于诸冯，迁于负夏，卒于鸣条。"其注释说："诸冯，负夏，鸣条，皆地名，在东方夷服之地。"① 有学者认为，诸冯即山东姚城，古称姚墟，因唐《括地志》说："姚墟，在濮州雷泽县东十三里。"② 有学者认为："诸冯当在山东平邑县境内浚河边上的诸冯村，那里地名今天仍叫诸冯，分北诸冯和南诸冯，和其西北浚河边的颛臾（今平邑境内）等地一样，都是远古地名的遗留。……《史记索引》引皇甫谧云：'帝喾名夋也。'其实夋字就是舜字……所谓浚河就是舜河。"③

第三种说法，舜诞生于浙江上虞。《会稽旧记》说："舜，上虞人，去虞三十里有姚丘，即舜所生也。"④ 晋代周处的《风土记》说："舜，东夷之人，生于桃邱⑤ 妫水之汭，损石之东。旧说言舜上虞人也。（《水经注》引此云：旧说舜葬上虞。《路史·发挥》引此云：上虞有舜冢。）虞即会稽县，距余姚七十里。始宁，上虞南乡也，后为县；桃邱即姚邱，方相近也。今吴北亭虞滨在小江里，县复五十里，对小江北岸。临江山上有立石，所谓损石者也。（……损石，俗呼为公崭。）"⑥1984 年浙江教育出版社出版的《浙江历史》第一章第二节《舜在浙江的传说》中说："舜的母亲是握登，生舜于上虞姚墟，所以舜就姓姚。"调查中发现，在今宁波的余姚也有多处舜出生地的传说。

---

① ［宋］朱熹集注：《孟子》卷四。

② ［唐］张守节：《史记正义》卷一引《括地志》。

③ 孙玮、闫茂新：《古帝王尧、舜、禹东夷考》，《临沂师范学院学报》2001 年第 3 期。

④《史记三家注》卷一转引《会稽旧记》。

⑤ 桃丘（邱）与姚丘（邱），依照历史文献原貌，全书未作统一。

⑥ 清光绪二十年版《阳羡风土记》卷一，页二，粟香室丛书。损石，宋代施宿《会稽志》卷十八作"指石"，《上虞县志校续·山川》载有指石山。

二、尧舜文化在浙江的深厚积累

在浙江，尤其是在以绍兴为核心的越文化中心区域，关于尧舜文化有着丰富的记载和深厚的积累。

越地有三处规模颇大、历史悠久的舜庙，分别在绍兴、上虞、余姚境内。南宋王十朋《会稽风俗赋（并序）》[①]称：

> 舜生于诸冯，孟子以为东夷之人。历世逾远，流传失真。太史公以为冀州。然耶？否耶？然越之邑则有上虞、余姚，山则有虞山、历山，水则有渔浦、三怃，地则有姚邱、百官。里焉有粟，陶焉有灶，汲焉有井，祀焉有庙，皆其遗迹也。意者不生于是，则游于是乎？舜为人子，克谐以孝，故其俗至今蒸蒸是效。舜为人臣，克尽其道，故其俗至今孳孳是蹈。舜为人兄，怨怒不藏，故其俗至今爱而能容。舜为人君，以天下禅，故其俗至今廉而能逊。

从以上王十朋所记，可见舜的传说在越地流传之广之远，内容之丰富。其中，建于唐长庆元年（821）的上虞舜帝庙曾是名震江南的道德圣地和祭祀场所，绍兴王坛舜王庙已是全国重点文物保护单位，绍兴舜王庙会于2021年成功入选第五批国家级非物质文化遗产代表性项目名录。

2021年10月29日上午，《绍兴舜迹简图》[②]在绍兴王坛“2021年虞舜文化旅游节”上正式发布。本图根据绍兴历史上有关大舜文化的记载、民间传说，结合现场调查，综合整理，于2021年10月编制而成。共有舜迹28处，其中柯桥3处、上虞14处、嵊州3处、萧山3处、余姚5处。

2022年10月22日，绍兴市文化广电旅游局在柯桥区王坛镇舜王庙，又发布了与绍兴市鉴湖研究会共同编制的《浙江尧舜遗迹图》（审图号：浙S〔2022〕41号），这是我国第一张以省为单位的尧舜文化遗迹地图，共精选尧迹16处、舜迹103处，总计119处。其中尧迹：杭州市2处，宁波市3处，温州市1处，绍兴市6处，湖州市4处；舜迹：杭州市7处，宁波市19处，温州市1处，绍兴市61处，湖州市3处，嘉兴市1处，金华市6处，衢州市1处，丽水市3处，舟山市1处。主要类别有寺庙、地名、山川、井、田、祭舞、雕塑等。图由前言、正图、照

① ［清］嵇曾筠：《浙江通志》卷二百六十九。

② 绍兴市文化广电旅游局主创，绍兴市鉴湖研究会编制。

片、表格等部分组成。此图发布标志着绍兴在尧舜禹文化研究和五千多年中华文明史探索道路上又迈出了坚实的一步。

据上述也可知，浙江舜迹主要集中在绍兴市及宁波市周边，其中：绍兴的上虞区 34 处，柯桥区 18 处，嵊州市 8 处；宁波的余姚市 16 处。地理位置多在会稽山东南部和曹娥江以东区域。

相对而言，浙江的尧迹并不多。《浙江尧舜遗迹图》收录的 16 处较为分散，数量上以绍兴市柯桥、上虞两区以及湖州为多，地域上多与舜迹相连，形式上又多为地名和纪念、祭祀地。

2024 年 3 月，中国水利博物馆委托绍兴市鉴湖研究会启动《浙江尧舜遗迹图导读》（以下简称《导读》）的编撰。在过去所做工作的基础上，绍兴市鉴湖研究会组织专家学者和有关工作人员，遍索文献资料，开展实地走访调查，举行专题会议，比较综合，最后形成本《导读》文本，共收集浙江黄帝遗迹 3 处、颛顼遗迹 1 处、尧迹 19 处、舜迹 109 处。

此外又编辑《相关史料辑录》，收集与尧、舜有关的文献以及最新研究成果。

其间，组织去湖南考察舜帝陵及舜迹，承蒙湖南文联赵涛老师支持，将他主编的《文脉 · 千年湖湘舜迹图志》相关内容也列入本书下编中。鉴于绍兴多为舜的出生地遗迹，湖南多为舜的陵墓之地遗迹，如此更有利于舜文化的系统研究和比较研究。

三、《导读》编制的进一步文化探源

编制《导读》的核心目的：一是对尧舜禹文化资源进行全面调查，系统梳理；二是对所取得的成果进行多学科的深入研究，厘清来龙去脉，于其中探寻中华民族多元一体的历史文化发展规律；三是加强尧舜禹文化遗迹的保护，促进文旅融合。

（一）越地的尧舜禹文化遗迹多和治水相关联

尧舜禹故事实际多是古代人们以梦幻浪漫的理想思维对老祖宗历史功业的口述遗产，并且这种口述遗产源远流长，和治水活动常常连在一起。

这里先举黄帝与大禹治水的故事。绍兴宛委山是大禹治水得天书之处，宛委山上有飞来石，其上有著名的唐贺知章《龙瑞宫题记》，其中记有："黄帝藏书，磐石盖门，封宛委穴。禹王开，得书治水，封禹穴。"大禹治水，是得到了黄帝在此所藏之书，取得了治水方略而取得了成功。

《方舆胜览》卷四："古迹尧市。（在长兴县。尧时洪水，于此山作市。）"《水经注·浙江水》在叙述舜与“百官桥”之事迹后，又记：“亦云：禹与诸侯会事讫，因相虞乐，故曰上虞。二说不同，未详孰是。”究其原因，应与舜禹在同一时期共同治平洪水有关。这从《史记·夏本纪》中也得到了反映：“当帝尧之时，鸿水滔天，浩浩怀山襄陵，下民其忧。”于是尧先用鲧治水，“九年而水不息，功用不成”。“于是帝尧乃求人，更得舜。舜登用，摄行天子之政，巡狩。行视鲧之治水无状，乃殛鲧于羽山以死。天下皆以舜之诛为是。于是舜举鲧子禹，而使续鲧之业。”“禹伤先人父鲧功之不成受诛，乃劳身焦思，居外十三年，过家门不敢入。”于是治水获得成功。

因此而论，尧舜禹治水在同一时期，即“舜禹之时，鸿水未治，尧传于舜，舜受为帝，与禹分部行治鸿水”。尧更重决策，禹更重实践，而舜介于两者之间。尧、舜、禹递次禅让的传说到了妇孺皆知的程度，说明尧舜禹三者自古以来在人们心目中密不可分，已经成为天下大同的标志，民族图腾的共同体。尧舜禹文化在某些历史时期又主要随着道教的传播走到了全国各地。道家推崇的三官大帝（北魏时天地水三官神和上中下三元神合二为一，故也称三元大帝；有的地区称天地水三界公、三界爷）即天官、地官、水官，明清时期非常流行的一说即“天官为唐尧，地官为虞舜，水官为大禹”，三官的职责就是赐福、赦罪、解厄，与尧舜禹的人格魅力、特征形象十分贴合。此外还有“舜南治水，死于苍梧；禹东治水，死于会稽”之说。[①]这个传说表达了人民群众对舜禹两帝的深切怀念之情，也是认为舜禹共同治水关系尤其密不可分的反映。

（二）从海侵海退过程看尧舜禹文化的传播

1. 海侵海退对越地自然环境的影响

浙江的宁绍平原和杭嘉湖平原本是“万流所凑、涛湖泛决、触地成川、枝津交渠”[②]之地，水环境的变迁、人们的治水活动对这里的文明发展起着至关重要的作用。

“古地理学”研究表明，从第四纪更新世末期以来，自然界地理环境经历了三次沧海桑田的剧烈变迁。其中第二轮海侵（假轮虫），发生于距今 4 万多年以前，海退则始于距今约 2.5 万年以前。这次海退是全球性的，中国东部海岸后退约 600 公里，东海中的最后一道贝壳堤位于东海大陆架 –155 米，碳 14 测年为 14780 ± 700 年前。到了 2.3 万年前，东海岸后退到 –136 米的位置上，即在今舟山

① ［东汉］王充:《论衡》卷四。

② ［北魏］郦道元:《水经注》卷二十九。

群岛以东约 360 公里的海域中，不仅今舟山群岛全处内陆，形成宁绍平原和杭嘉湖平原以东一条东北—西南的弧形丘陵带，在这丘陵带以东还有大片陆地。钱塘江河口约在今河口以外 300 公里，现在的杭州湾及宁绍平原支流不受潮汐的影响。

第三轮海侵（卷转虫），从全新世之初就开始掀起，距今 1.2 万年前后，海岸到达现水深 –110 米的位置上。距今 1.1 万年前后，上升到 –60 米的位置。在距今 8000 年前，海面上升到 –5 米的位置，舟山丘陵早已和大陆分离成为群岛。而到 7000 ~ 6000 年前，这次海侵到达最高峰，东海海域内侵，今杭嘉湖平原西部和宁绍平原南部成为一片浅海。第三轮海侵在距今 6000 年前到达高峰后，海面稳定一个时期，随后发生海退。其中海侵、海退或又几度发生。

第三轮海侵的全盛期（距今约 7000 ~ 6000 年），宁绍平原成为一片浅海，越部族的活动中心退到了会稽—四明山区。《吴越春秋》记载当时“人民山居”。大约在距今 4000 年前后，海岸线已后退到了柯桥—绍兴—上虞—余姚—句章—镇海一线。[①] 于是越部族开始有居民从会稽山、四明山地区逐年北移，对一些受咸潮影响较小的山麓冲积扇地带进行垦殖。此外，平原上多有高度在 20 ~ 100 米的山丘，这便为越部族聚落发展和生产范围不断向平原扩大创造了有利条件。但海侵过后的宁绍平原仍多为湖泊沼泽和咸潮出没之地，不利于人们生产、生活，因此越部族的中心活动区域仍主要是迁徙农业和狩猎业，即《吴越春秋》卷四所称：“随陵陆而耕种，或逐禽鹿而给食。”[②] 东汉《论衡》转引《传》曰：“舜葬苍梧，象为之耕；禹葬会稽，鸟为之佃。”据云南农业大学诸锡斌教授研究，“象耕鸟耘”并非神话，而是热带泥沼发育地区特有的比较原始的农业耕作现象。[③] 这种现象在舜禹文化的传播中如影随形，有舜迹必有象田，有禹迹常有鸟田。由此看来，舜禹文化在浙江尤其是浙东平原能得以生根发芽、弘扬光大，或许与“东南地卑，万流所凑，涛湖泛决”的自然地理条件有一定关联。

2. 海侵海退对产生大禹治水环境的分析

关于大禹是否来越治水，并留下工程实绩，尚无确实的考古证实，但至少以下几点可以明确：

第一，4000 年前宁绍平原是海侵过后的一片浅海或沼泽之地，在当时的生产

---

① 陈桥驿：《吴越文化论丛》，中华书局 1999 年版，第 40—46 页。

② 《吴越春秋·越王无余外传第六》。

③ 象耕，即驱象入田踩踏，利用笨重的大象，将泥沼田中的杂草踩入田泥中，使得草尽泥化，进而达到耕田播种的目的。鸟耘，即破开泥土后，任由鸟类啄食泥土中的各类虫和植物种子、草根，以利水稻生长，其效果与耘地相似。参见诸锡斌：《“火耕水耨”与“象耕鸟耘”——从傣族传统农耕看上古传说》，水利史研究微信公众号，2022-10-23，北京。

力和特定的地理环境下，人类不可能有能力较大范围地改造这一自然环境。

第二，考古发现的钱塘江流域文化遗址尤其是良渚文化，尚无法与同一时期传说的大禹治水产生融合与互证。

第三，有记载和考证研究发现，越部族大规模开发山会平原、兴修水利始于约2500年前的越王句践[①]时，此前越部族活动中心主要在会稽丘陵。

第四，促成宁绍平原由浅海变为咸潮直薄的沼泽之地，并逐渐具备开发条件的根本原因是第四纪的自然循环，即气候由暖变冷，形成海平面下降出现海退所致。此为自然界的演变，非人类活动。

第五，同一时期在中国产生了“盘古开天地”传说，在西方诞生了“诺亚造方舟”神话。

以上分析产生两种可能：

一是当越民族在会稽山上俯视以往这片茫茫大海时，曾使他们望而生畏的水环境逐渐变为沼泽地，生存环境有所改变，他们必然会难以理解，思索是何种早就期盼的神力造成了这一改变。由于人们无法解释海退的自然现象，必然会将此变迁归功于大禹治水，地平天成。

二是即使当时大禹未曾到过会稽，但随着民族的融合发展、文化的传播以及大禹地位的提升，大禹治水蕴含的精神和价值也会影响扩展至古越，并在古越得到发扬光大。

对此陈桥驿先生有诗曰：

神禹原来出此方，洪海茫茫化息壤；
应是人定胜天力，稽山青青鉴水长。[②]

3. 海侵海退对尧舜禹文化遗迹分布影响的探究

如果仅仅按照海侵海退的发展过程看，舜的活动多在山区，是海水尚未退去的环境，因此活动之地多在会稽山东南部或北部山丘地带。

而到大禹时期，经过十三年艰苦卓绝的劳作，地平天成，治水获得成功，会稽的禹迹已多在山麓和平原中心一带。

从南宋王十朋《会稽三赋》图中也可得到舜禹文化遗存分布的证明。

其中舜迹有上虞、余姚、百官、舜井、舜庙、舜江、姚丘、虞山、历山等，多

① 句践（勾践），本书统用“句践”一名。

② 引自邱志荣：《鉴水流长·后记》，新华出版社2002年版。

在曹娥江以东区域。

禹迹有会稽山、宛委山、阳明洞、禹庙、涂山、窆石、了溪、夏盖山、夏盖湖等，多在绍兴城区及周边（曹娥江以西区域）。

图中内容丰富，遗存众多，可谓越地第一张“舜禹遗迹图”。

（三）“禹先起”之说的印证

1. 古文献记载的分析

如果仅从文化传播的角度看越地的舜禹文化，可以从文献的记载中发现，禹文化在越地的产生与传播是先于舜的。

大禹在越治水的历史传说在古代普遍流传，见之于众多的史籍文献，如《竹书纪年·帝禹夏后氏》:“（禹）八年春，会诸侯于会稽，杀防风氏”;《史记·孔子世家》亦记:“吴伐越，堕会稽，得骨节专车。吴使使问仲尼:‘骨何者最大?’仲尼曰:‘禹致群神于会稽山，防风氏后至，禹杀而戮之，其节专车，此为大矣。’”此外司马迁在年轻时，曾经南游江、淮，“上会稽，探禹穴”。他在《史记·夏本纪》中记述:“十年，帝禹东巡狩，至于会稽而崩。”《史记·秦始皇本纪》又记，秦始皇三十七年（前210）来到越地，“上会稽，祭大禹，望于南海，而立石刻颂秦德”。

对大禹来越治水，当以战国人的著述，东汉人袁康、吴平加以辑录增删的《越绝书》记载为详。此书记载大禹曾两次来越，并葬于会稽山:

> 禹始也，忧民救水，到大越，上茅山，大会计，爵有德，封有功，更名茅山曰会稽。及其王也，巡狩大越，见耆老，纳诗书，审铨衡，平斗斛。因病亡死，葬会稽，苇椁桐棺，穿圹七尺;上无漏泄，下无即水;坛高三尺，土阶三等，延袤一亩。

而关于舜在浙江的记载，目前所见到较早的权威资料是《水经注·浙江水》:“《晋太康地记》曰：舜避丹朱于此，故以名县，百官从之，故县北有百官桥。”此便为上虞“百官”地名之来历，亦应为上虞江古名“舜江”的由来。

《史记三家注·五帝本纪》:“又越州余姚县，顾野王云：舜后支庶所封之地。舜姚姓，故云余姚。县西七十里有汉上虞故县。《会稽旧记》云：舜，上虞人，去虞三十里有姚丘，即舜所生也。”

值得注意的是，被称为我国地方志鼻祖的《越绝书》以及东汉赵晔所著的《吴越春秋》、东汉王充所著的《论衡》中都没有关于舜在越地的记载，直到《水经注·浙江水》中记“百官桥”，既认为因舜得名，又记“亦云：禹与诸侯会事讫，因相虞乐，故曰上虞。二说不同，未详孰是”。当时既无“舜江”之名，也未称“曹娥江”，而是名“上虞江”。这说明一种地域文化的确立和认同也是有一个过程的。

2. 祭祀寺庙的证明

除以上文献记载外，还可从寺庙祭祀活动中得到印证。

禹宗庙。《越绝书》卷八载：“故禹宗庙，在小城南门外，大城内，禹稷在庙西，今南里。”说明当时在越国大小城内已建有大禹庙。这是有记载的越人对大禹最早有权威的祭祀标志地，体现了越人对大禹的崇拜和敬诚之心。这一禹迹定点在绍兴古城城南飞来山（塔山）北侧。①

大舜庙。目前可考的最早的是建于唐长庆元年（821），在百官上街堰头附近的面朝虞山舜水的舜帝庙。陆游有《舜庙怀古》诗：“云断苍梧竟不归，江边古庙锁朱扉。山川不为兴亡改，风月应怜感慨非。孤枕有时莺唤梦，斜风无赖客添衣。千年回首消磨尽，输与渔舟送落晖。”② 到清道光二十三年（1843）和民国10年（1921），此舜帝庙又经多次重修扩建，气势雄伟，名播江南。

由上可见，越地之禹迹先起，禹迹既有史前口述史的记录如《山海经》，也有先秦时期原创性的文献记载，当然也有数量众多的大禹归葬会稽山之后的文化精神、宗教等的传播；而浙江的舜迹相对所起较迟，从时间上和内容上看，应该多是为教化或传播而树立的；至于本书所记述的黄帝、颛顼、尧的遗迹更是反映了教化、传播、后起的特点。当然以上浙江尧舜禹文化的源头与发展轨迹，已成为中华文明五千多年多元融合一体的佐证。

四、尧舜禹文化是越文化的源头文化

（一）大舜德为先、重教化、忍让的精神

舜是中华道德文化的鼻祖，被后人尊为“百孝之首”“文明之源”。舜具有伟大的思想道德和教化能力，他胸怀大志，以大局为重，具有超人的忍耐性和意志力。面对来自家庭的迫害和社会的种种困境，依靠道德感化、智慧化解，逢凶化吉。《史记·五帝本纪》关于舜的记载：

① 何俊杰、邱志荣、张卫东主编：《绍兴禹迹标识导读》，中国文史出版社2021年版。

② 此诗有不同说法，陈桥驿认为是陆游记绍兴王坛的大舜庙。见陈桥驿《虞舜研究·序》。

舜父瞽叟盲，而舜母死，瞽叟更娶妻而生象，象傲。瞽叟爱后妻子，常欲杀舜，舜避逃；及有小过，则受罪。顺事父及后母与弟，日以笃谨，匪有解。

又：

瞽叟尚复欲杀之，使舜上涂廪，瞽叟从下纵火焚廪。舜乃以两笠自扞而下，去，得不死。后瞽叟又使舜穿井，舜穿井为匿空旁出。舜既入深，瞽叟与象共下土实井，舜从匿空出，去。瞽叟、象喜，以舜为已死。象曰："本谋者象。"象与其父母分，于是曰："舜妻尧二女，与琴，象取之。牛羊仓廪予父母。"象乃止舜宫居，鼓其琴。舜往见之。象鄂不怿，曰："我思舜正郁陶！"舜曰："然，尔其庶矣！"舜复事瞽叟爱弟弥谨。于是尧乃试舜五典百官，皆治。

终于，"尧老，使舜摄行天子政，巡狩"，成就了为中华文明发展作出巨大贡献的大业。

（二）大禹献身、求实、坚韧不拔的精神

大禹是华夏族治水英雄和立国之祖，被尊为"绩奠九州垂万世，统承二帝首三王"。大禹治水的核心价值是人民利益高于一切。

在尧之时，洪水滔天，天下受灾。舜"举鲧子禹，而使续鲧之业"。大禹之父鲧受命于洪水滔天之际，"九年而水不息，功用不成"。鲧之治水不可谓不尽力，而真实的原因是这场历史时期的特大洪水，是第三轮海侵引起的沧桑变幻的自然现象，非人力所可抗拒。鲧被杀当然是禹家族的耻辱，大禹被舜推举治水既是对禹的肯定，又是对禹能力的考验，充满着政治风险。禹的伟大之处是不计个人恩怨，而以天下利益为重，肩负起了治水重任。禹牢记鲧治水失败教训，"伤先人父鲧功之不成受诛"，他集中精力，认真谋划，遍行高山大川，历尽千难万险，终获治水成功。

大禹治水成功的过程，也同时是传说中禹统一各部族建立夏王朝的过程，治水是和建立国家结合在一起的。这从禹和舜及皋陶的对话中也可以看出，禹曰："鸿水滔天，浩浩怀山襄陵，下民皆服于水。予陆行乘车，水行乘舟，泥行乘橇，山行乘檋，行山刊木。与益予众庶稻鲜食。以决九川致四海，浚畎浍致之川。与稷予众

庶难得之食。食少，调有余补不足，徙居。众民乃定，万国为治。”[1]《史记·五帝本纪》记述舜对22位大臣的考核和论功时也评说：“此二十二人咸成厥功……唯禹之功为大，披九山，通九泽，决九河，定九州，各以其职来贡，不失厥宜。方五千里，至于荒服。南抚交阯、北发，西戎、析枝、渠廋、氐、羌、北山戎，发、息慎，东长、鸟夷，四海之内咸戴帝舜之功。”可见禹治水是和部族归顺、国家统一结合在一起的。

正是大禹这种以民族利益为重、绝对忠诚国家（部族）的思想，任劳任怨、万难不屈的意志，才使大禹治水传说具有崇高的为国献身精神和成就伟大事业的基础。

（三）句践“卧薪尝胆”的精神与传承

越王句践在征伐吴国全面战败的形势下，以卧薪尝胆的胆剑精神，反败为胜，其实就是传承了舜禹的以全局为重、坚韧不拔的思想和精神，是舜禹精神在特定历史时期的升华。

夫椒一战，越国大败，“越王乃以余兵五千人保栖会稽之山，吴王追而围之”[2]。句践曾准备拼死一战，“欲杀妻子，燔宝器，触战以死”。然而国家利益高于一切，句践在国之将亡时，以一种卓越的忍受能力决定与大夫文种行成于吴，膝行顿首对吴王说：“君王亡臣句践使陪臣种敢告下执事：‘句践请为臣，妻为妾。’”[3]战必败，败必亡国；入吴为臣也不一定能够返国雪耻，存在巨大风险。在这种重要历史转折期，句践若无超凡能力和雄才大略，是不可能作出此决策的。《吴越春秋·句践入臣外传》载：“越王服犊鼻，著樵头。夫人衣无缘之裳，施左关之襦。夫斫剉养马，妻给水除粪洒扫。三年不愠怒，面无恨色。”受辱三年，取得吴王信任归国。《吴越春秋·句践归国外传》又载：“越王念复吴仇，非一旦也。苦身劳心，夜以接日。目卧则攻之以蓼，足寒则渍之以水。冬常抱冰，夏还握火。愁心苦志，悬胆于户，出入尝之，不绝于口，中夜潜泣，泣而复啸。”此外，“身自耕作，夫人自织，食不加肉，衣不重采，折节下贤人。厚遇宾客，振贫吊死，与百姓同其劳”[4]。此便为历史上著名的“卧薪尝胆”和“胆剑精神”。

通过“十年生聚，十年教训”，越国终于反败为胜，灭亡吴国。不但复仇雪

---

① ［汉］司马迁：《史记·夏本纪》。

② ［汉］扬雄：《扬子法言》卷七。

③ ［汉］司马迁：《史记·越王句践世家》。

④ ［汉］司马迁：《史记·越王句践世家》。

耻，也在历史上留下了浓墨重彩，因此更彰其名。再看吴王夫差："二十三年十一月丁卯，越败吴。越王句践欲迁吴王夫差于甬东，予百家居之。吴王曰：'孤老矣，不能事君王也。吾悔不用子胥之言，自令陷此。'遂自刭死。"① 此处不作其他评论，就失败后的心态和承受能力而言，夫差不如句践。

司马迁《史记·夏本纪》有"十年，帝禹东巡狩，至于会稽而崩"之说。《史记·越王句践世家》记："越王句践，其先禹之苗裔，而夏后帝少康之庶子也。封于会稽，以奉守禹之祀。"

句践二十七年（前 470），句践在临终前对太子兴夷说，"吾自禹之后"②，明确了其家族是大禹的后代。这或许是句践临终前的政治遗言，也因此奠定了越地思想文化的基石。

"禹陵风雨思王会，越国山川出霸才"③ 是越文化的传承和弘扬。毛泽东诗"鉴湖越台名士乡，忧忡为国痛断肠；剑南歌接秋风吟，一例氤氲入诗囊"④，则是对胆剑精神高度的概括和评价。

时至当今，胆剑精神已被概括为"卧薪尝胆、奋发图强、敢作敢为、创新创业"，成为中华民族的宝贵精神遗产。

五、尧舜禹文化谱写新时代的精神风采

在近年开展的尧舜禹遗迹调查中，我们感受到了尧舜禹文化深深扎根在中华大地上，通过创新性发展、创造性转化，焕发出时代的新风貌，体现了现代文明的新特质，是传承弘扬历史文脉、实现民族团结的重要纽带，成为乡村振兴的力量源泉。

与上虞地域几千年来连绵发展的虞舜文化、地域文化相对应发展而成的广义的虞舜精神，意义独特，与现今提炼出来的"崇孝守信、务实创新""明德尚贤、创变笃行"的新时期、新时代上虞精神一脉相承。

"崇德"是虞舜精神最基本的部分，具有奠基石的地位。包含和容纳了上虞几千年来德治人文的积淀和由此孕育的诸多硕果。孟尝的合浦还珠，马一浮的蔑视权贵，陈春澜的捐资办学等，都是上虞浓厚"崇德"之风的生动、鲜明体现。与"崇

① ［汉］司马迁：《史记·吴太伯世家》。

② ［汉］赵烨：《吴越春秋·句践伐吴外传第十》。

③ ［明］陈子龙：《钱塘东望有感》，见嵇曾筠《浙江通志》卷二百七十六。

④ 《人民日报》1996 年 9 月 20 日第 11 版。

德”互动互生，“诚信”亦同样是广义虞舜精神的核心内容。祝英台对爱情的忠贞不渝以至跳坟殉情，是生命对生命的诚信；经亨颐、夏丏尊在偏居一隅的白马湖畔能集聚那么多文化精英，是人格与人格的诚信。

“激情”是虞舜精神的特质，也是虞舜精神本质的弘扬。古老的青瓷发源于上虞，体现了善于创新、勇于创造的激情；谢安临危受命挽家国大厦于将倾，体现了匹夫有责、敢于负责的激情；而令上虞人民深为骄傲的围垦海涂，则体现了迎难而上、勇于拼搏的激情。务实更富有上虞地域人文的特征。王充的《论衡》在中国历史上第一个举起了批谶纬、重务实的古代唯物主义大旗，章学诚的《文史通义》倡言“六经皆史”成为唯物史观的萌芽，而竺可桢开启的浙大“求是”校风和马一浮“默然不语，其声如雷”的诤言，同样是上虞土地上一以贯之的求真务实精神的重要文化基因。

“和谐”作为虞舜精神基本内涵，是舜以德化人思想的终极目的之一，同样是上虞人几千年来养成的重要处世态度。上虞人素有贫富间相互扶持的传统，总额达15.2亿元的民间公益基金编织起上虞民间慈善、仁爱的爱心网。捐款1200余万元支持家乡教育事业，成为“感动浙江”第一人的张杰先生便是此中的典范。春晖中学“与时俱进”的校训，更将“开放”的意义阐释发挥得淋漓尽致。

余姚市低塘街道历山村传承虞舜文化，建设文化公园，占地约24亩，包含“省级非遗传承基地”虞舜纪念馆、农耕文化展示馆、百米孝德文化长廊、文化礼堂家园馆。对舜的孝德、勤劳、创新等精神进行挖掘和宣传，利用《舜文化之社区读本》、《舜文化之青少年读本》、历山村村歌《舜的故乡》等资源在青少年中开展舜文化教育活动。结合“我们的节日”端午、中秋、国庆等时间节点，组织开展“知历山·爱历山”学习参观活动；与舜耕小学结对，每年开展“舜之韵”艺术节文艺汇演；联合开展“虞舜孝德日”活动等，引导青少年在内容丰富的学习教育活动中了解舜文化、传播舜文化，增进对家乡的热爱。

又以坐落于萧山最南端，地处诸暨和萧山交界处的舜湖村为例，该村以丰富的大舜文化资源，结合时代精神建构“舜顺不息”的文化品牌，谱写了时代新篇章。[①]

六、结　语

本《导读》是对尧舜文化区域性、多学科研究的创新和探索，也是《中国禹迹

① 此资料系舜湖村俞虹凤提供，见绍兴市鉴湖研究会公众号发布的程丹撰写的《萧山舜湖村：虞舜文化与时代新风貌的交响》。

图导读》学术方法和成果的延伸，有益于促进尧舜禹文化的研究、交流、弘扬，并不断完善和提升。

本《导读》反映了尧舜文化在浙江的传播途径、核心地域、主要内容和形式，以及对新时代精神文明建设的价值意义。近年来浙江的尧、舜、禹研究成果也可印证中华文化传播与文明发展的多元一体，尧舜禹文化对主导、启示、形成越地文明和人的精神特质起着源头补给和核心支撑作用。

还要说明的是，九州之中尧舜禹遗迹遍布。同《中国禹迹图导读》一样，本《导读》所要解决的核心问题也并不仅是数量问题，如三官庙遍布，又都是明清以后的发端，民间祭祀也有较多混杂宗教以及过于民俗化和简单化的情况，所以过多地选择并无本质区别上的意义。今后，各地区将自行决定是否编制尧舜禹遗迹图或进一步开展区域（流域）特色研究。

四川著名历史学家谭继和曾对我们的禹迹图编制有一个精辟的论述：

> 禹迹图的制作，前无古人，是夏后氏到夏朝祖源记忆，与大禹四千年口述史文化遗产的真实记录，不能再当作神话和传说看待了，是今人（实际是近代以来的人，不是古人）认为的神话传说，实际是古人历代以梦幻浪漫理想思维对老祖宗历史功业传承的口述遗产，禹迹作为这种祖源记忆文化的地标和文化符号的坐标，是应该传薪火并加以记录的，是会历久而弥光的。

从《中国禹迹图导读》到本《导读》，就编制意义而言，不仅是会历久而弥光，更将是中华五千多年文明发展的探源中不可或缺的重要内容。

守正创新，按照全面把握中华文明的连续性、创新性、统一性、包容性、和平性的要求，在以往基础上，我们今后的研究重点将更多地落在中华文明起源、传承和发展规律之上，落在经世致用、交流互鉴之上。

（邱志荣　张卫东　撰）

上编

正图释文

一、黄帝遗迹

绍兴市

越城区

D01 宛委山（黄帝藏书、建候神馆处）

□ 地理位置

经　度：120.625902

纬　度：29.957745

所在地：绍兴市越城区宛委山阳明洞天禹穴边

□ 简　介

宛委山又称石匮山、玉笥山，位于绍兴城东南约 6 公里处，海拔 279 米，北连石帆山、大禹陵，南倚香炉峰，是会稽山中自然风光、人文景观的荟萃之地。

相传大禹在治水之始遇到艰难险阻，睡梦中受玄夷仓水使者指点，便在若耶溪边的宛委山下设斋三月，得到金简玉字之书，读后知晓山河体势，通水之理，治水终于大获成功。此事在《水经注》《吴越春秋》《十道志》《太平御览》等古籍中均有记载。司马迁《太史公自序》叙及“二十而游江淮，上会稽，探禹穴”中的“禹穴”，即是大禹得天书处。《水经注·浙江水》载“东游者多探其穴也”。

六朝地方志《会稽记》[①] 中记宛委山：

> 会稽山南有宛委山。其上有石，俗呼石匮，壁立干云，有悬度之险，升者累梯然后至焉。昔禹治洪水，厥功未就，乃跻于此山。发石匮，得金简玉字，

① 引自傅振照、王志邦、王致涌辑注:《会稽方志集成》，团结出版社 1992 年版，第 85 页。

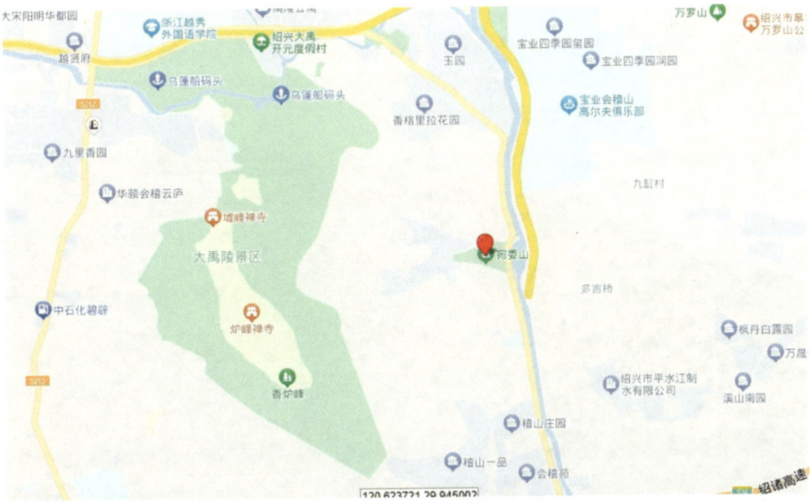

宛委山位置图[①]

宛委山（戴秀丽摄）

宛委山飞来石贺知章《龙瑞宫记》刻石（邱志荣摄）

① 本书中的地理位置图，由戴秀丽校正。以下不再一一注明。

大禹取得治水书之宛委山（邱志荣摄）

宛委山下若耶溪上望仙桥（邱志荣摄）

以知山河体势。于是疏导百川，各尽其宜。(《艺文类聚》卷八引孔灵符《会稽记》)

贺循（260—319）《会稽记》记石篑山：

石篑山，其形似篑，在宛委山上。《吴越春秋》云：九山东南曰天柱山，号宛委。承以文玉，覆以盘石。其书金简，青玉为字，编以白银。禹乃东巡，登衡山，杀四马以祭之。见赤绣文衣男子，自称玄夷仓水使者，谓禹曰："欲得我简书，知导水之方者，斋于黄帝之岳。"禹乃斋，登石篑山，果得其文。乃知四渎之眼、百川之理，凿龙门，通伊阙，遂周行天下，使伯益记之，名为《山海经》。①

又似与《山海经》之来历有关。

宛委山中有石名飞来石，其势欲倾，石高4米，长8.8米，世传此石从安息国飞来，上有索痕二道。飞来石上有唐代贺知章《龙瑞宫记》刻石，至今清晰可辨，其中也有关于大禹在此得天书的记载：

宫 记

秘书监贺知章

宫自黄帝建候神馆，宋尚书孔灵产入道，奏改怀仙馆。神龙元年再置。开元二年，敕叶天师醮，龙现，敕改龙瑞宫。管山界至：东秦皇、酒瓮、射的山；西石篑山；南望海、玉笥、香炉峰；北禹陵内、射的潭、五云溪、水府、白鹤山、淘砂径、茗坞、宫山、麂迹潭、葑田、茭池。洞天第十，本名天帝阳明紫府真仙会处。黄帝藏书，磐石盖门，封宛委穴。禹王开，得书治水，封禹穴。

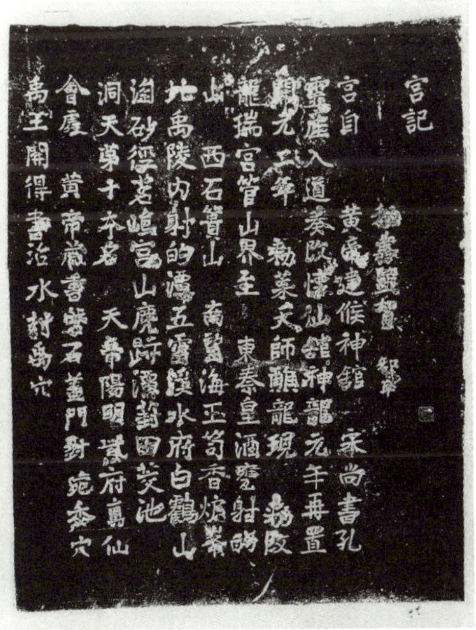

《龙瑞宫记》刻石拓片（邱志荣摄）

---

①《太平御览》卷四十七引《贺循记》，四部丛刊，中华学艺社宋刊本。

柯桥区

D02 轩辕庙

□ 地理位置

经　度：120.65925

纬　度：29.835997

所在地：绍兴市柯桥区王坛镇越联村轩辕庙

□ 简　介

轩辕庙位于柯桥区王坛镇越联村沈家塔自然村，据建筑风格判断为清代建造，坐东北朝西南，前后二进，中隔天井，硬山顶，总占地 466 平方米。

传说轩辕黄帝到过此地，当地百姓为纪念轩辕黄帝，就在此地建庙，取名“轩辕庙”。庙内建筑雄伟，香火旺盛，“文化大革命”期间遭到破坏。“文化大革命”结束后，当地百姓为保护文化遗产出资出力，但由于财力有限，无法恢复其本来面目。2009 年轩辕庙被列入绍兴县文物保护单位，县里出资 50 万元，按原样进行抢救性保护。2011 年 5 月 27 日，轩辕黄帝神像登位。现有大殿三间，石质圆柱 18 支，下置鼓形柱础，还有许多珍贵木雕、石刻等。大门对面有一座照壁观音岩，雄伟壮观。庙前是小舜江，源头十里长，北溪南流，青山绿水，自然风光秀丽，地灵人杰，天然仙境，轩辕古庙正似镶嵌在四周群山脚下的一颗古朴明珠。

轩辕庙位置图

轩辕庙（邱志荣摄）

轩辕庙门匾及楹联（邱志荣摄）

轩辕庙黄帝像（戴秀丽摄）

轩辕庙文保碑（邱志荣摄）

□ 附　录

轩辕庙重修记

大哉我祖，肇启鸿蒙，修德振武，韶德懿行。兴文字，创法度，丽九天而垂象；教稼穑，工算数，昭万世以腾文。下拯黎庶，上符昊命；恺乐九坡，泽被八纮。

为昭示源流之正，彰显流长之统，祭祀弘扬我人文始祖轩辕黄帝开天之功、惠民之德。我会稽陶隐里先贤，择石厂溪畔沈家塔福地，筑建有一正殿三间、两庑楼房各七间、一戏台之轩辕庙。

据传庙始建于宋末，阅历数百年，考其详情，已邈不可知。建造以来，殿用以祭始祖，佑我国泰民安风调雨顺，庑楼以兴学，教育子辈认字识文明理。历来为我乡民奉为造福一方之圣地。数百年风雨沧桑，中有陶、董、谢、朱四姓多次募资修葺，建筑主体风貌基本未损。

当今，世纪更新，国运昌隆，民富国强，四方百姓安居乐业。时值盛世，我陶隐里四姓子民慎终追远，数典未敢忘祖，重修轩辕庙以表我炎黄子孙对华夏始祖伟业永记在心之意。于二〇〇八年下半年至二〇〇九年先后分别由乡贤发起，在众乡里支持下集得善款八万余元，对庙宇建筑进行修缮。二〇〇九年七月正式批准为绍兴县文物保护单位，并由县府出资数十万元，于当年十月对庙宇建筑结构以修旧如旧原则进行全面大修，基本恢复古朴庄重、结构严谨、规格上乘的原有风貌。二〇一〇年由四乡贤等发起成立轩辕庙内部装帧修缮小组，会同四姓代表共商装修事宜。在众乡里大力支持下先后筹得善款二十余万元，经走访考察缙云仙都轩辕寺，广泛查阅资料，充分征求乡里意见，重塑黄帝神像，新建佛像配殿。如今工程已竣，祖宗遗产灵气又在，熠熠生辉。

重修轩辕庙，意在继承祖训，永志始祖伟业，示后辈，缵承远祖，奋发踔厉，开中华振兴新元，建神州福祚绵延。

是以为文，刻石永志！

时维公元二〇一一年五月辛卯孟夏敬立

（收入本书时，个别文字有修改）

丽水市

缙云县

K01 黄帝轩辕祠

□ 地理位置

经　度：120.151266

纬　度：28.693784

所在地：丽水市缙云县仙都风景区鼎湖峰景区

□ 简　介

鼎湖峰，又名独峰、丹峰，俗称石笋。东峙步虚山，西临练溪水，底部面积2468平方米，顶部面积710平方米，高170.8米，拔地参天，凸显阳刚之气，为1.6亿年前火山喷溢堆积的流纹岩台地，经地质外力作用而形成柱峰奇观，被誉为“天下第一峰”。峰顶松柏间，丹鼎凹陷形成小湖，泉水清澈，四时不竭，故名鼎湖，峰亦因之。相传轩辕黄帝置鼎于峰顶炼丹，丹成，跨赤龙升天。[①]

黄帝轩辕祠位置图

① 金兆法总纂，《缙云县志》编纂委员会编：《缙云县志》，浙江人民出版社1996年版，第57页。

鼎湖峰（邱志荣摄）

黄帝祠内的轩辕殿（邱志荣摄）

人文始祖黄帝像（邱志荣摄）

缙云轩辕祭典碑
（邱志荣摄）

龙腾中华浮雕碑
（邱志荣摄）

□ 附　录

龙腾中华碑简介

龙者，炎黄先民之图腾，华夏民族之象征也。相传，当年轩辕黄帝巡行天下，见仙都山若腾龙、水似游龙，土呈五色、紫气如虹，即于此地支鼎炼丹。九九丹成之日，忽有神龙伏首而迎帝，乃泪别臣民，驭龙升天。以此观之，仙都莫非龙之故乡乎？

龙之神能腾云驾雾、降瑞播福，天海遨游、潜飞自如；龙之形更可谓万化千端，莫可胜数。然今日仙都之龙，昂首飘须、雄姿勃发，其盘旋腾飞之状，有若中华版图，此形则为天下独步矣，故名“龙腾中华”。

公元二〇〇六年六月

二、颛顼遗迹

湖州市

吴兴区

E01 颛顼墓

□ 地理位置

经　度：119.954232

纬　度：30.741596

所在地：湖州市吴兴区南郊十八里横（衡）山漾的横（衡）山上

□ 简　介

唐颜真卿《石柱记》：“衡山上有颛顼冢。”明万历《湖州府志》卷四《陵庙》：“晋初，衡山崩，见颛顼冢，中有营丘图、九首鸠兹。”又卷二《山川》：“襄公三年楚子重伐吴，克鸠兹至于衡山，即此。”按，颛顼系大禹祖父。[①]

颛顼墓位置图

① 邱志荣、张卫东主编：《中国禹迹图导读》，中国文史出版社2024年版，第510页。

湖州市吴兴区南郊颛顼墓（邱志荣摄）

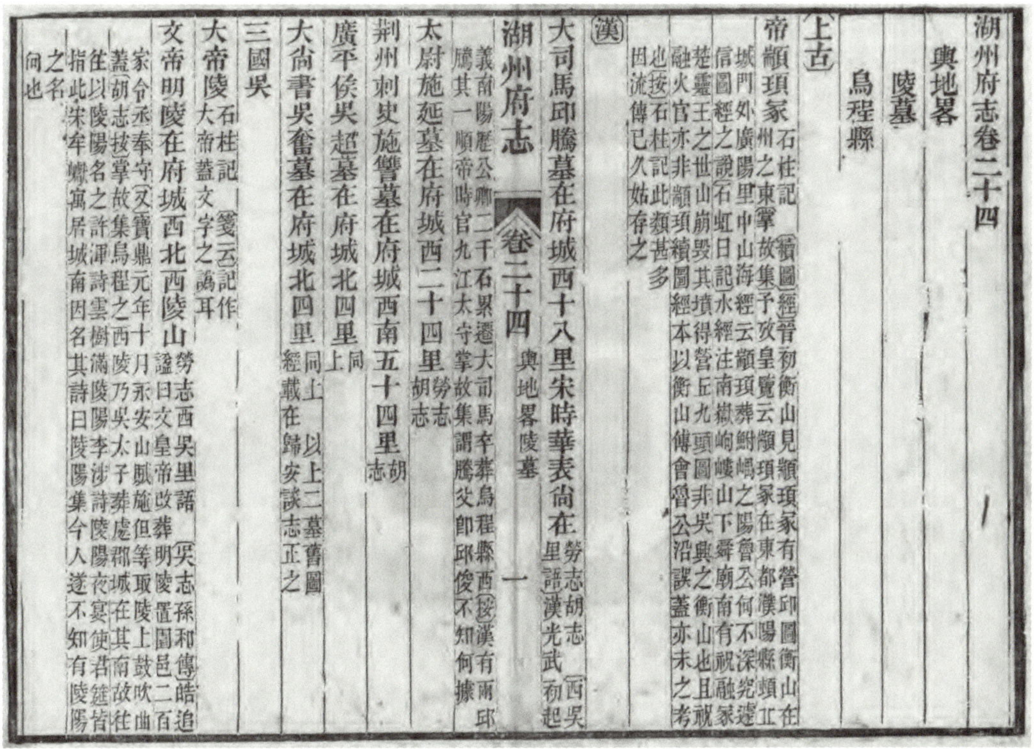

湖州府志卷二十四

輿地畧

陵墓

烏程縣

〔上古〕

帝顓頊冢 石柱記〔續圖經〕晉初衡山見顓頊冢有營邱圖衡山在州之東 掌故集予攷皇覽云顓頊冢在東都濮陽縣頓丘城門外廣陽里中山海經云顓頊葬鮒嵎之陽曾公何不深究遶信圖經之說〔石虹日記〕水經注南嶽峋嶁山下舜廟南有祝融冢楚靈王之世山崩毀其墳得營丘九頭圖非吳興之衡山也且祝融火官亦非顓頊續圖經本以衡山傳會營公沿誤蓋亦未之考也〔按〕石柱記此類甚多因流傳已久姑存之

〔漢〕

大司馬邱騰墓在府城西十八里宋時華表尚在 勞志 胡志〔西吳里語〕漢光武初起義南陽歷公卿二千石累遷大司馬卒葬烏程縣西〔按〕漢有兩邱騰其一順帝時官九江太守掌故集謂騰爻郎邱俊不知何據

湖州府志 卷二十四 輿地畧陵墓 一

太尉施延墓在府城西二十四里 勞志 胡志

荆州刺史施讐墓在府城西南五十四里 胡志

廣平侯吳超墓在府城北四里 同上

大尚書吳奮墓在府城北四里 同上 以上二墓舊圖經載在歸安談志正之

〔三國吳〕

大帝陵 石柱記〔箋云〕記作大帝蓋文字之譌耳

文帝明陵在府城西北西陵山 勞志 西吳里語〔吳志孫和傳〕皓追謚曰文皇帝改葬明陵置園邑二百家令丞奉守〔又〕寶鼎元年十月永安山賊施但等取陵上鼓吹曲蓋〔胡志按〕掌故集烏程之西陵乃吳太子葬處郡城在其南故往往以陵陽名之許渾詩雲樹滿陵陽李涉詩陵陽夜宴使君筵皆指此宋牟巘寓居城南因名其詩曰陵陽集今人遂不知有陵陽之名何也

清同治《湖州府志》卷二十四载“颛项冢”

三、尧　迹

绍兴市

柯桥区

D01 平阳

□ 地理位置

经　度：120.624648

纬　度：29.854898

所在地：绍兴市柯桥区平水镇平阳村

平阳村位置图

平阳寺（戴秀丽摄）

□ 简　介

《史通·疑古》："舜放尧于平阳。"传为尧帝旧都所在地。

□ 附　录

平阳寺，一名传灯寺。在绍兴城东南今平江乡平阳村的若耶山麓，距城约三十里，相传寺址原为平阳道观故址。越王句践迁都于平阳，应在此地。是处"群峰错黛，碧涧环流"，地势平坦广阔，又为群山环绕。乾隆《绍兴府志》载：平阳观于明初罹兵燹。康熙《会稽县志》载：康熙七年（1668）宏觉禅师道建阁七楹，藏顺治所赐御书于其上。周建殿宇、僧舍，甲于云门诸刹。时人沿用观名，因号平阳寺。康熙于四十四年（1705）南巡，赐额"传灯寺"，并题"名香清梵"额。五十二年（1713）赐御书《金刚经》一部。乾隆五十二年（1787），帝颁《大云》《轮祷》两经各一部，至此平阳寺声名显赫，四远景仰。平阳寺为木质结构，自建寺三百多年来寺中梁椽之上竟一尘不染。据传为顺治帝隐居平阳寺为僧时，因掸扫不及，放了一颗"吃尘宝珠"所致，有不信此说者仍欲究其缘由。寺曾藏有弘觉禅师的血书《法华经》全部，康熙赐予禅师的田黄钵、千佛袈裟等，时人号"平阳三宝"。

D02 尧郭

□ 地理位置

经　度：120.612768

纬　度：29.836785

所在地：绍兴市柯桥区平水镇稽江村尧郭自然村

□ 简　介

尧郭位于柯桥区平水镇稽江村，据传此处是舜为尧所选的养老之地，舜妃登北氏曾去服侍过尧。

相传原始社会末期，各部落联盟实行“禅让”（部落联盟民主推选首领的制度）。尧在位时，水患无穷，尧派鲧去治水，意欲治水成功后择日再置城郭，后选城址未果，多被洪水冲垮。鲧因以“堵”的方法治水，水患更甚，终被诛。后尧让位于舜，

尧郭村位置图

舜又派鲧的儿子禹去治水，禹以疏导治水成功，解除了水患。舜南巡时体察灾民疾苦，由衷敬仰尧王治水之英明决策，亦未忘尧欲置郭之遗愿。见会稽山下若耶溪源头若天然城郭，欣然定名曰“尧郭”（今稽东镇有尧郭村，因后人为纪念尧，建有尧王殿）。而后，舜又让位于禹。禹在位时，制九鼎象征九州，并立国，史称夏朝。绍兴南面有大禹陵，世以姒姓家族守墓。故绍兴南部相关尧、舜、禹的地名与文物遗址颇多。

清光绪二十年（1894）《浙江全省舆图并水陆道里记》中标注的“尧郭”（邱志荣供图）

□ 附　录

“尧郭”由来

传说之一

尧郭是稽东的北大门，北接古越旧都平阳村仅 2 公里之距，向南 5 公里处即为冢斜村。该村历史悠久，据《余氏宗谱》记载：冢，坟墓。斜，官人。春秋列国，这一带乃古越南疆，越国官人多葬于此，始得其名。村中余氏为第一大姓，源出禹王第三子“罕”封于涂山，而禹娶涂山氏，涂有“余”字作声旁，遂赐“罕”为余氏。自此，冢斜逐渐形成了禹的后裔聚居地。余氏的聚居村落至今已传承 117 世。该村尚存官人祭禹妃、舜妃的轿屋。冢斜村于 20 世纪 60 年代发掘有埋葬禹及舜妃子的文化遗址，在 2009 年被命名为全国历史文化名村。

稽东镇东接王坛镇南首，南与嵊州、诸暨两市交界，西毗邻平水镇，从西北到东南相距 30 公里，为全县乃至全市地势最高的山区镇，总面积 111.4 平方公里。下设 24 个村、1 个居委会。总户数为 10214 户，总人口为 32479 人，其中非农业人口计 1227 人。

会稽山下，若耶溪源头的稽江村（2003 年 5 月由原尧郭、傅家岙、洋中三村合并），村口雄踞一座狮子山，村西侧是老虎山，东侧是铜锣山，北面有文将山、武将山对峙，地名、山名名副其实，形似神貌，四面环山，犹如天然的城郭。

民间流传着“尧郭”的由来。

相传尧是原始社会末期的华夏各个部落联盟的首领。当时经常洪水泛滥，水患无穷。尧派了一名叫鲧的人去治理洪水，并为鼓励鲧治水早日成功，特授旨于鲧：一旦治水成功，将择一宝地再置城郭，以便驱驾南巡。鲧一面邀功请赏，用筑堤的办法来挡水治灾，一面为讨好尧急于选址择地，花了许多年的时间筑了不少堤坝，看了不少城址，结果全部被洪水冲垮。后来尧让位于舜，舜当上了首领，他南巡到越州一带，巡狩游猎，耕田耘禾。他见鲧不能治理水患，一气之下把他杀了，又派鲧的儿子禹继续去治水。禹比他父亲鲧聪明能干得多，采取的不是“堵”而是“导”的办法治水。禹三过家门而不入，一心一意挖沟开渠，因势利导，疏通河道，把洪水引入江河大海，终于解除了水患。而舜王也毕竟是圣明之君，他南巡此地，看到了洪水的祸患，灾民的疾苦，因此他由衷地敬仰尧王治水的决心和决策的英明，也时时不忘尧王置郭的意愿。

有一天，舜王沿若耶溪由十里牌从北向南巡视，穿行在山谷中，当迂回曲折地通过一个廿里牌山口，前面豁然开朗，抬头望，东边霞光万道，西边彩虹横跨，中间祥云驻足，迎着阳光，五彩斑斓，好一幅天堂仙境。他远远一望，远处坐落庄园村落，阳光下亭榭楼台，雕梁画栋，熠熠生辉，依稀可辨，村旁一座山，坐北朝南，龇牙咧嘴，活脱雄狮盘踞，护神镇邪。左右环视，狮子山的西侧是老虎山，酷似一头吼啸的猛虎，倒竖雄躯，张牙舞爪，似吼非吼，威武异常。东侧是铜锣山，圆圆的侧面酷似烽火台上一面大锣。狮子山北面巍然屹立着两座挺拔的山，左边文将山，右边武将山，后人把它当作大王左右的文武百官，两山统称文武将山。低头看身旁，潺潺的若耶溪水，似护城河横亘在盆地边沿，好一个天然城郭！舜王观后，感慨万千：此地为尧王城郭，乃盘古开天地、大自然为尧王之神明所恩赐造化也。自此以后，此地被称为尧郭。

地方百姓为纪念尧、舜、禹三王治水的功德，在曹娥江上游小舜江畔双江溪及小舜江支流北溪旁（今车头尖湾里）建造大小两座舜王庙，在尧郭建有尧王殿。在“文化大革命”破旧立新的年代，尧王殿也难逃厄运，被毁，现仅存原址。

大禹陵、舜王庙、尧王殿都成为后人的供奉祭祀场所。尧王殿虽规模不大，但也引来不少文人墨客探访。尧郭南面的洋中自然村莲花岩壁神仙洞口上，镌有“别有天地”四个苍劲有力的楷书大字，为晚清时所题刻，至今尚存。

传说之二

传说尧到晚年决定让位于舜，他命舜另觅一地，重建一个新都，让他安度晚年。舜从他的老家上虞上浦镇虹漾村出发，沿小舜江逆流而上。当他到尧郭时，见此地崇山峻岭，民风淳朴，气候宜人，东西有文将山、武将山相对峙，东北有狮山、虎山相对峙，南面的馒头山好似尧的印信，若邪溪从旁流过，好似一条护城河，紧连的山间小盆地是一个天然的粮仓。舜觉得让尧在这里安度晚年是再好不过了，所以就决定在这里为尧建一新都，供尧安度晚年。因此，这个地方名叫尧郭，其相邻的村落则名叫平阳，与尧原来的都城名称相同。尧郭的人们为了纪念尧在此安度晚年，为他建了尧王庙。每年农历五月十九日是尧的诞辰，当地人民要举行盛大的尧王庙会，求神保佑。“文化大革命”期间，庙宇遭破坏，今虽已修复，但没有原来那么雄伟了。

传说因为尧的两个女儿在舜身边，离不开身，所以舜的妃子登北氏在尧的晚年服侍尧。登北氏最后老死于尧郭，葬于尧郭附近的冢斜村旁的铜勺柄山上，与禹妃墓相邻，冢斜之名也由此而来。舜妃墓和禹妃墓的遗址尚在，冢斜村还有明清时期官员来祭祀时用过的马厩和更衣房。会稽山区的老百姓传说，舜的娘舅叫永兴菩萨，是尧晚年的老友。他老死在尧郭，因此当地人民为之立庙祭祀。永兴庙的匾额“攀龙附凤”四字是唐代著名书法家虞世南所题，今保存在柯桥区文保所。舜王菩萨出巡，经过永兴庙时要停一停，据说这是舜王菩萨要拜见娘舅。其实永兴是会稽山的封号，但会稽山区的老百姓还是如此传说。

［本节主要参考《稽东镇志》（中华书局 2015 年版）、俞日霞著《绍兴虞舜文化研究》（浙江人民出版社 2006 年版）、余茂法主编《冢斜古村》（西泠印社出版社 2011 年版）相关内容整理］

D03 尧王庙

□ 地理位置

经　度：120.608841

纬　度：29.840779

所在地：绍兴市柯桥区稽东镇稽江村尧郭自然村

□ 简　介

尧王庙为当地村民祭祀活动场所，布局规整，为清末建筑。旧时每年农历五月十九举行尧王庙会。尧郭旧有土地庙，庙里主建筑叫尧王殿。尧王殿毁于“文化大革命”，后来重建。2007 年全国第三次文物普查时在尧郭了解到，村民为重建后的庙应该叫尧王庙还是土地庙已争执了好多年了。

尧王庙位置图

尧郭现存土地庙（戴秀丽摄）

尧郭尧王殿旧址（戴秀丽摄）

上虞区

D04 稷山

□ 地理位置

经　度：120.784391

纬　度：30.029671

所在地：绍兴市上虞区道墟街道积山村

□ 简　介

稷山，越中名山，相传尧帝时期农官弃取稷山脚下生长的麦苗，教百姓开垦播种，传授技术。后来弃被赐封“后稷”，居于此山。弃死后，被尊为谷神，在稷山建社稷坛，春秋致祭。

稷山所在积山村的位置图

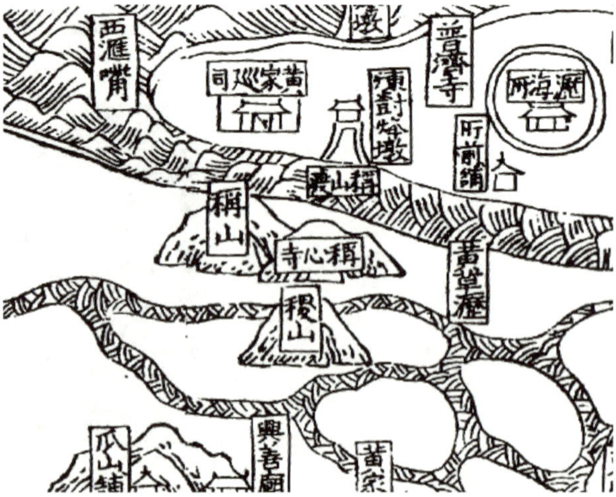

明万历三年（1575）《会稽县志》中标注的“稷山”（邱志荣供图）

D05 尧山（象田岭）

□ 地理位置

经　度： 120.915599

纬　度： 29.885236

所在地： 绍兴市上虞区上浦镇冯浦村象田自然村

□ 简　介

尧山也称象田岭、象田山，是尧帝考察舜而站立远眺的山丘。

据《嘉泰会稽志》卷九《山·上虞县》：“象田山，在县西南四十里，周四十余里，山平衍，俗呼小天台。南有舜井。”明万历《新修上虞县志》：“象田山（在县西南二十里），山峻险，路屈曲，呼为小天台。南有井，亦名舜井；西有罗汉石、试刀石，石分为二；麓有二庵，去庵一里曰兴教寺，曰象田岭，度岭东南曰覆船山，曰瑞象山（在县西南十五里）……”相传大象从岭上过来，帮助舜帝耕田。

尧山（象田岭）位置图

象田岭及岭下村庄全景（戴秀丽摄）

D06 尧田

□ 地理位置

经　度：120.91117

纬　度：29.888374

所在地：绍兴市上虞区上浦镇冯浦村象田自然村龙山脚下

□ 简　介

在象田龙山脚下，“舜耕象田”发生于此。相传，舜被继母赶出家门后，前去耕田、种稻，但继母不提供牛与稻种，舜只好在此搭棚开荒。他祈祷上苍，求上苍赐给耕牛与谷种，上天派大象助他耕耘。后来，尧帝在四岳举荐之下，从山西尧都来此访舜，在田间交谈，故站立之处也称“尧田”。

尧田位置图

象田（尧田）及象庙（罗兰芬供图）

杭州市

临安区

A01 百丈山

□ 地理位置

经　度：119.014859

纬　度：30.207762

所在地：杭州市临安区天目山以西

□ 简　介

百丈山古称“潜山”，传说唐尧时因洪水潜没尚露百丈而名。平均海拔 1334 米，最高点海拔可达 1558 米。有古道，东起新溪，西至上溪，长 20 余公里，宽约 1.2 米。

《水经·浙江水注》：紫溪“水出县西百丈山，即潜山也”。

唐李吉甫《元和郡县志》卷二十五载：“县西有潜山，因以为名。”

《咸淳临安志》卷二十七《昌化县》载：“《吴兴地志》云：‘於潜西有潜山，尧时洪水，此山潜水中，不没者百丈，因名焉。’”

百丈山位置图

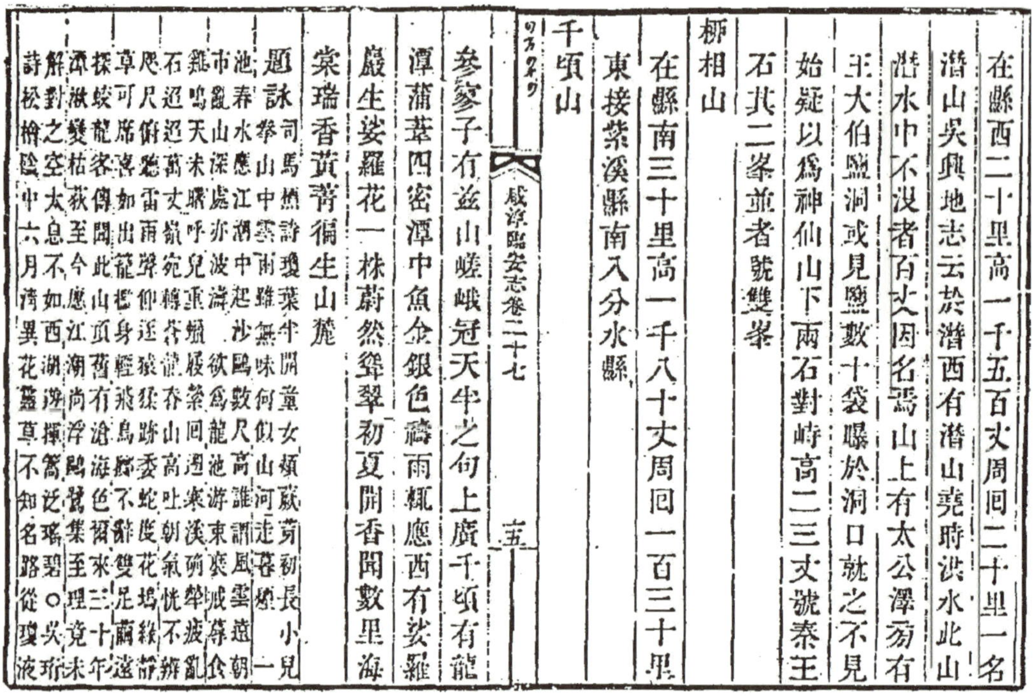
在縣西二十里高一千五百丈周回二十里一名潛山吳興地志云於潛西有潛山堯時洪水此山潛水中不沒者百丈因名焉山上有太公潭旁有王大伯鹽洞或見鹽數十袋曝於洞口就之不見始疑以爲神仙山下兩石對峙高二三丈號秦王石其二峯並者號雙峯

柳相山

在縣南三十里高一千八十丈周回一百三十里東接紫溪縣南入分水縣

千頃山

咸淳臨安志卷二十七　十五

參寥子有茲山嵯峨冠天半之句上廣千頃有龍潭蒲萃四窑潭中魚金銀色禱雨輒應西有娑羅巖生娑羅花一株蔚然聳翠初夏開香聞數里海棠瑞香黃膂徧生山麓

題詠

司馬樵詩瓊葉半開童女頰蕨芽初長小兒拳山中雲雨雖無味何似山河走暮煙一池春水應江湖中起沙鷗數尺高誰謂風雲遠朝市亂山深處亦波濤欲爲龍池游東爽城尋食雞鳴天未曉呼兒重履策回遡來溪碩舉疲亂石迢迢萬丈嶺宛轉杳蘿杳山高吐朝氣恍不辨咫尺俯窺雷雨聲仰送猿猱跡委蛇度花塢絲靜草可席落如出籠鳥身輕飛鳥跡不辭雙足繭遠探蛟龍客傳聞此山頂舊有滄海色留來三十年丞湫變枯荻至今應江湖尚浮鷗鷺集至理竟未解對之空太息不如西湖游揮篙泛瑤碧○吳珩詩松檜陰中六月清異花嘉草不知名路從瓊液

《咸淳临安志》所载“百丈山”

百丈山古道（金小军摄）

桐庐县

A02 尧山村

□ 地理位置

经　度：119.568386

纬　度：29.794772

所在地：杭州市桐庐县莪山畲族乡尧山村尧山自然村

□ 简　介

尧山村，一说为纪念尧的功绩而命名，一说据明嘉靖《桐庐县志》记载："其山突起平地，尧然高大，故名。"尧山，尧是高耸突出之意，因为"尧"字繁体上为"垚"，下为兀。"垚"是土高，"兀"为高耸突出，故"尧"为高也，以此形容村口之山（阵山）高耸突出，故名尧山。又传古代有邢州府尧山县（今属河北省，尧山后改唐山），某仕宦在此居住，因名尧山。

尧山村位置图

尧山村便民服务中心（邱志荣摄）

尧山村风光（邱志荣摄）

A03 尧溪

□ 地理位置

经　度：119.568386

纬　度：29.794772

所在地：杭州市桐庐县莪山畲族乡尧山村尧山自然村

尧溪位置图

□ 简　介

《尧溪夕照》诗云："尧溪碧水自西来，岑岭斜阳已落回。伫见波涵留返照，行看散锦绚苍苔。"

尧溪（邱志荣摄）

A04 尧山桥

□ 地理位置

经　度：119.568386

纬　度：29.794772

所在地：杭州市桐庐县莪山畲族乡尧山村尧山自然村

□ 简　介

尧山桥系单孔石拱桥。桥基处的大樟树和桥下游的两处小堰坝，反映出尧山桥当年的风貌。在全国文物普查中，尧山桥被桐庐县文物局列为一般不可移动文物。

尧山桥位置图

尧山桥（邱志荣摄）

清修尧山桥碑记（程丹摄）

桐庐县尧山桥文物普查牌（程丹摄）

宁波市

余姚市

B01 尧山

□ 地理位置

经　度：121.111437

纬　度：29.987867

所在地：宁波市余姚市兰江街道冯村村

□ 简　介

相传四岳荐舜，尧帝曾来此寻访。当地村民介绍，余姚冯村笔架山被传为尧山。

尧山位置图

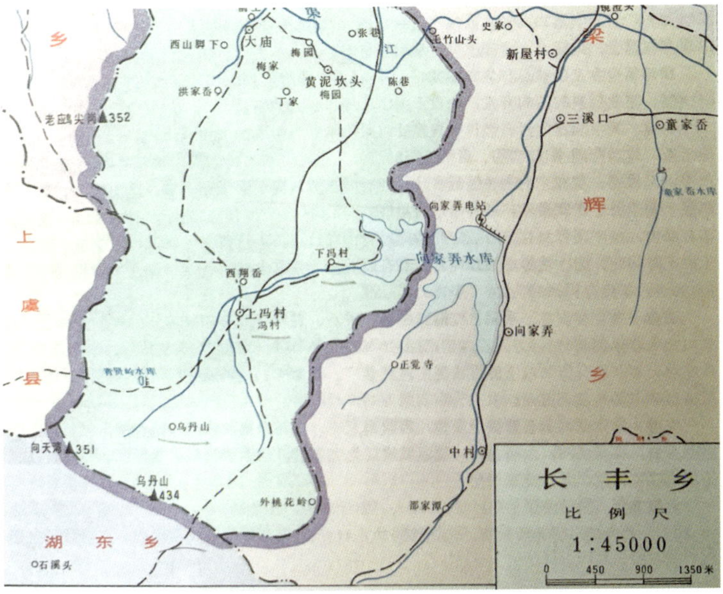

冯村村位置图（引自1987年版余姚市地名委员会办公室编《余姚市地名志》“长丰乡”图幅，邱志荣供图）

B02 清四门

□ 地理位置

经　度：121.105635

纬　度：29.983119

所在地：宁波市余姚市兰江街道冯村村

□ 简　介

清四门又称“清水门”，传说为尧嫁二女之地。

清四门位置图

清四门桥（程丹摄）

B03 广墅庙

□ 地理位置

经　度：121.206226

纬　度：30.168748

所在地：宁波市余姚市低塘街道历山村上陈自然村

□ 简　介

广墅庙位于历山村旧址东南处，初建于唐朝，无文献可考。明朝嘉靖二十一年（1542）《余姚县志》残本有广墅庙记载，据此推算也将近 500 年。相传尧帝在四岳推荐下曾访历山，至此庙处遇见舜，经考察，遂将帝位禅让，而舜帝果然德播天下。为此，人们建广墅庙来祀奉尧帝，纪念此事。现存建筑为清同治七年（1868）建造，庙宇坐北朝南，前后三进，头殿后有两庑殿，格局较大，占地 1876.15 平方米。2004 年 7 月，经余姚市人民政府批准，被列入余姚市文物保护单位。新中国成立初期，曾改建

广墅庙位置图

广墅庙外景（程丹摄）

广墅庙内圣贤殿（程丹摄）

广墅庙内三官殿（邱志荣摄）

作为历山镇粮站使用。广墅庙内建有圣贤殿，祀奉尧、舜、禹、皋陶上古四圣。旧时每年农历二月十三举行广墅庙会。另有“谢阁老过广墅庙”等传说，闻名姚北。

□ 附 录

广墅庙概况

广墅庙坐落在余姚、慈溪二市交界，位于余姚市低塘街道历山村境内，据记载已有1000多年历史。现存建筑物建于清中后期，距今也有150余年。广墅庙是姚北余慈地区现存规模最大的古寺庙建筑之一，具有一定的历史价值。2004年7月，经余姚市人民政府批准，列入余姚市文物保护单位。

解放初至2005年古庙被移作他用。2006年始，古庙负责人翁慧娟发起，修庙设殿，重塑佛像。目前有大雄宝殿、三官殿、圣贤殿等，供僧尼和信众烧香拜佛。

2006年开光大吉以来，香火日趋兴旺，香客如意安康，不少僧尼和信众陆续来广墅庙烧香拜佛，敬仰佛之神灵。目前本庙从保护历史古建筑的实际出发，在十方信众献计和资助下，创造条件，有序修缮，逐步恢复，有望重现古庙福地昔日风采。

千年古刹——广墅庙

浙江古庙之一——广墅庙，是纪念尧帝的古建筑。根据《史记》记载，司马迁为考证五帝遗迹，曾东渐于海，来到浙江宁波的古会稽城（今慈城），寻访黄帝、尧、舜之处，并写进《五帝本纪》曰：黄帝居轩辕之丘，而娶于西陵之女，是为嫘祖。嫘祖生青阳，青阳降居江水，是为少昊帝（今罗江今吾庙有唐石刻《山河壮帝居》）。青阳之孙为帝喾。帝喾的三子：尧封于唐国（今慈城郭唐岙有古城墙和郭唐桥）；契封于商国（今慈城汤山有汤王故里碑），是为岳帝；尧帝都后改称“南统皇帝”，慈城改称南都；弃是为后稷，封于西周三国（今慈城季岙、姬水所出，故姓姬）。当时尧迁都时路过低塘，在佳溪岙留下遗迹，到汉代立庙祀奉尧帝，称“佳溪庙”，原来朝北；大约到唐代因洪水将庙冲毁，拆迁到上陈村改建为“广墅庙”，坐北朝南（相传尧把两个女儿嫁给舜帝，其子孙改姓陈）。广墅庙历经宋、明修建，有宫殿式建筑60间，大门上皇帝御书竖匾“广墅庙”，大殿为“尧帝殿”，庙内塑有大小神像百余尊，实为全国稀有古建筑雕塑。

据证，在宁波这样古老的寺庙为数不多，但是对于一座有千年历史的古庙，自然免不了自身兴兴衰衰的历史。最后在解放初期这座古庙被改作粮站使用，百余神像全毁，厢房、斋堂等膳宿用房分给贫民居住（之后陆续拆掉迁入村中心）。后进两侧“百子堂”大约在1958年被台风刮倒后未重建，目前只留下前后三进主建筑和前一进两侧的天堂殿、地狱殿。

如今为顺民意、保古迹，一切从实际出发，鉴于古庙遗迹的保存状况，2004年经余姚市人民政府批准，列入余姚市文物保护单位。

“谢阁老过广墅庙”的传说

相传泗门镇有个谢阁老，名字叫谢迁，他的外婆家在洋山村牌轩头。他小时候每次回外婆家都要经过上陈广墅庙前。有一次母亲带他来做客，当走过广墅庙前时，他竟发现庙里的菩萨站了起来。来到外婆家后，他就把刚才的事告诉了大人，外婆是个笃信佛教的人，教育他不要乱说，要不然菩萨会怪罪的。但后来每次经过庙前，都会发生同样的事，于是他的母亲与外婆想测试一下他到底有没有说谎，外婆从灶间拿了两个鸡蛋，提前去放在菩萨的“脚块头”，让他从庙前悄悄走过，果然鸡蛋从菩萨的“脚块头”掉了下来。迷信的外婆把这个消息告诉了别人，一开始大家都不信。后来谢迁不但高中状元，还官至太子太保、谨身殿大学士，拜相入阁，世称谢阁老。大家都认为他是文曲星下凡，星宿比菩萨还要大，所以他经过庙前，菩萨都要站起来的。为此大家在庙后修了一条小路，方便他回外婆家省亲。后来这件事一传十、十传百，大家都认为这个庙的菩萨很灵验，广墅庙香火也就越来越旺，界庙的范围也越扩越大，北通新界、高王、潮塘直至庵东等地，至今农村道士做法事时，还会写上“云柯乡渣溪里广墅庙界下”。每年农历二月十三，四方信众纷至沓来举行广墅庙会，成为历山地区的一项民间活动。

（以上三则，程丹根据现场调查资料整理）

B04 广林寺

□ 地理位置

经　度：121.206226

纬　度：30.168748

所在地：宁波市余姚市低塘街道历山村上陈自然村

□ 简　介

广墅庙最后一进旧为广林寺，大殿西壁嵌有《三官神会碑记》。

广林寺位置图

广墅庙最后一进，旧为广林寺（程丹摄）

广林寺大殿西侧《三官神会碑记》（程丹摄）

温州市

苍南县

C01 三官庙

□ 地理位置

经　度：120.272769

纬　度：27.495918

所在地：温州市苍南县桥墩镇碗窑村

□ 简　介

碗窑村三官庙富丽堂皇，朱栏红柱，丹青重彩。中央大厅四根立柱支撑着庙宇的伞形屋顶，这是传统建筑中极为罕见的螺旋式藻井，共13旋。藻井层层描绘人物、花草，这种建筑样式通常只在宫廷中采用，在这偏僻的山村中居然能找到这种显示皇家气派的古建筑，实在令人惊讶。

三官庙对面的古戏台建于清同治年间（1862—1874），为木构斗拱结构，斗形与弓形横木相互卯榫嵌合衔接，形成上大下小的托座，纵横交错，逐层挑出，共有16旋，高3米，最大直径4米。藻井边上的四个角还雕有四只大蝴蝶，造型典雅精致，不用一枚铁钉。藻井上面的木板用彩漆

碗窑村三官庙位置图

描绘出《红楼梦》《白蛇传》等199幅戏曲人物故事，至少绘有12出当时盛行的戏曲，是研究“南戏”难得的实物资料。戏台立柱上刻有“情节新奇出人意料，机关巧妙娱我视听”的对联。现为省级文物保护单位。

碗窑村三官庙航拍（戴秀丽摄）

碗窑村三官庙殿内（戴秀丽摄）

湖州市

长兴县

E01 尧市山（石门山）

□ 地理位置

经　度：119.815503

纬　度：31.111311

所在地：湖州市长兴县水口乡顾渚村与江排村之间

□ 简　介

尧市山又名石门山，位于水口乡顾渚村与江排村之间。尧市山呈东西向排列，从寿圣寺南的尧王庙自然村向西一直延伸到斜备自然村东，群峰巍峙，最高处海拔450米。从顾渚贡茶院处对望尧市山（石门山）西峰，山顶排布的巨石阵犹如石门，故名。清同治《长兴县志》卷十记载："尧市山在县西北四十一里，高一百四十丈，周十里，一名石门山。山上有尧市，尧时洪水，居民于此作市，因名。"清同治《湖州府志》卷二十六记载："尧时缆船石在尧市山。"卷二十一记载："尧市池，在县西北尧市山，池可一亩。《吴兴杂录》云：至今生野荷。"

尧市山位置图

历史上，石门山与顾渚山一样久负盛名，自唐以来即为名胜佳地。皎然、陆龟蒙置办茶园，陆羽、皮日休畅游其中；宋高僧净端结庐于山顶，创办石门庵；元明清三朝，先后有杨维桢、沈贞、茅翁积、王豫、丁凝、魏星杓、鲍鈖等人游石门山后留下游记赞诗多篇，其中魏星杓《长兴志剩》中云："石门山，尧市之右岩也。双岩若阙，峰势陡削，磴穿级崇，高盘鸟道。山半危崖峭举，翠屏壁立，一线旁通，仄行逾险，渐觉夷旷。绝顶构精舍数间，藩以竹树。俯视杳绝人烟，枯禅耽寂，根尘俱净矣。舍后方池，水裁尺许，大旱不涸。"

尧市山（邱志荣摄）

尧韵山庄（戴秀丽摄）

E02 尧市

□ 地理位置

经　度：119.828798

纬　度：31.118426

所在地：湖州市长兴县水口乡顾渚村尧王庙自然村

□ 简　介

尧市命名源于尧皇庙。《方舆胜览》卷四："古迹尧市：在长兴县，尧时洪水，于此山作市。"

尧市位置图

长兴县尧市（戴秀丽摄）

E03 尧皇庙

□ 地理位置

经　度：119.828798

纬　度：31.118426

所在地：湖州市长兴县水口乡顾渚村尧王庙自然村

□ 简　介

尧皇庙旧址在尧王庙自然村的尧韵山庄对面的杉树林中，只留有一些残碎的武康石构件。据当地老人介绍，尧皇庙拆迁前，正殿三间平房，进深10米、宽4米，偏屋十来间。

舜帝庙旧址在“四月天”景区东侧不远处的公路旁，有拆迁前的水泥香炉，说明这里就是遗址所在地。问询“舜田”，只知附近包括“四月天”景区在内原本都是田地，但现在已经没有农田了。

尧皇庙位置图

关于“尧皇庙”“舜帝庙”“舜田”，虽旧址不在，但有确切的记载。清同治《长兴县志》如此记载：“（尧市山）山多白石子，山下田，父老号曰‘舜田’，俗传舜耕于此，呼为‘舜哥米’。山上有池，广一亩，生野荷。山之右高岩上有石门庵，宋时高僧净端居此。有尧庙、舜庙在隔涧金山下。”对于“尧皇庙”的记载更为详细：“相传尧时洪水，居民于此（尧市山）作市。后人因以立庙，同治十二年（1873）里人重修。”①

---

① 邱志荣、张卫东主编：《中国禹迹图导读》，中国文史出版社2024年版，第519页。

长兴县水口乡顾渚村尧王庙自然村航拍（戴秀丽摄）

嘉泰《吴兴志》卷十三："尧氏庙，在尧市山下。皮日休《茶诗》注云：有尧氏庙及羿后庙，在顾渚山口。"

长兴县古寺庙，庙址在古尧皇庙（尧王庙）村，即今之尧市。尧皇庙的旧址为现寿圣寺的祇园精舍。

尧皇庙遗址（邱志荣摄）

E04 尧天堂村

□ 地理位置

经　度：119.87261

纬　度：31.102407

所在地：湖州市长兴县水口乡水口村南山尧天堂自然村

尧天堂村位置图

□ 简　介

根据现场调查，尧天堂村以古代祭祀尧王的天堂庙命名。该村现已和水口村合并。

尧天堂村门牌（戴秀丽摄）

尧天堂村航拍（戴秀丽摄）

四、舜　迹

绍兴市

越城区

D01 舜庙

□ 地理位置

经　度：120.706984

纬　度：29.939898

所在地：绍兴市越城区富盛镇宋六陵宝山南麓

□ 简　介

祭祀大舜，今废。

舜庙位置图

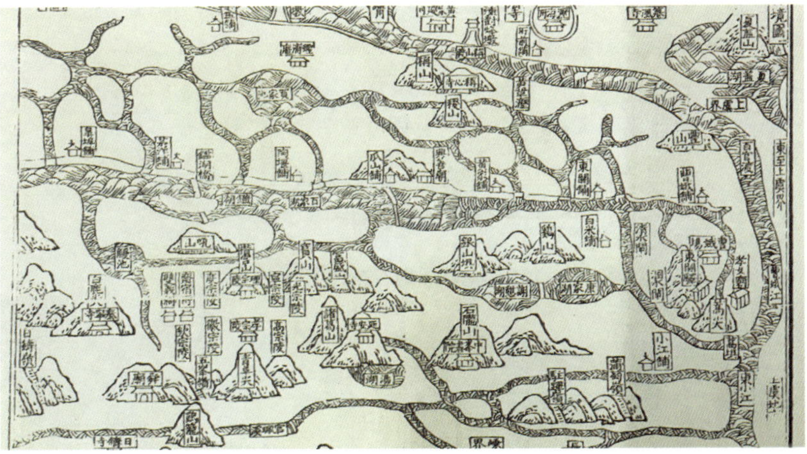

舜庙位置图（引自明万历《会稽县志》，邱志荣供图）

柯桥区

D02 寺前大舜庙

□ 地理位置

经　度：120.726062

纬　度：29.850331

所在地：绍兴市柯桥区平水镇王化村覆船山下

□ 简　介

相传舜曾游历于此，故建庙祭祀。该庙始建于宋崇宁年间（1102—1106），坐东朝西，由山门、戏台、侧厢、大殿和配殿组成，庙内供奉大舜像，庙会为农历九月初九，“文化大革命”期间被毁坏。2008 年 6 月 12 日被公布为绍兴县文物保护点，2012 年重新修缮。

寺前大舜庙位置图

寺前大舜庙外景（戴秀丽摄）

寺前大舜庙内景（戴秀丽摄）

寺前大舜庙内供奉神像（戴秀丽摄）

D03 舜王潭

□ 地理位置

经　度：120.726062

纬　度：29.850331

所在地：绍兴市柯桥区平水镇王化村覆船山下

□ 简　介

寺前大舜庙东侧有池塘一口，曰舜王潭。

舜王潭位置图

舜王潭航拍（戴秀丽摄）

D04 舜山（舜哥山）

□ 地理位置

经　度：120.664819

纬　度：29.877124

所在地：绍兴市柯桥区平水镇下祝村（日铸岭南）

舜山（舜哥山）位置图

□ 简　介

舜山又名舜驾山，因舜帝曾路过并亲耕于此，得名。张元忭《云门志略》卷一：“舜山，在云门南十里，一名笔架山，俗名舜哥山。”康熙《会稽县志》卷九：“舜哥山，在县东南四十里，铜牛山西（一名笔架山，俗传大舜游憩于此）。”

舜哥山上原建有舜驾寺。据2014年《平水镇志》载，1942年被毁。

舜山（舜哥山）位置图（引自1980年绍兴县革命委员会编《浙江省绍兴县地名志》“王化公社”图幅，邱志荣供图）

D05 龙尾山舜王庙

□ 地理位置

经　度：120.498302

纬　度：29.989957

所在地：绍兴市柯桥区福全镇龙尾山村龙尾山巅

龙尾山舜王庙位置图

□ 简　介

坐落于龙尾山村境内的龙尾山麓居龙公园，依山而建，至今山顶建有舜帝行宫与坐宫，供奉舜帝与二妃，每年举办舜王庙会。

龙尾山舜王庙入口（戴哲恒摄）

龙尾山舜王庙（戴哲恒摄）

龙尾山舜王庙舜帝、二妃匾额（戴哲恒摄）

D06 王坛舜王庙

□ 地理位置

经　度：120.709049

纬　度：29.7936

所在地：绍兴市柯桥区王坛镇舜王山顶、双江溪畔

□ 简　介

《古今图书集成·方舆汇编·职方典》卷九百九十载："虞舜庙，在（绍兴）府城东南七十里太平乡，舜山之阳。"《嘉泰会稽志》："舜庙在府城南七十里。《述异记》云：会稽山有虞舜巡守台。"

舜王庙，也称大舜庙，是"越中三舜庙"之一（另两座分别在上虞百官和余姚历山）。相传，舜称帝后，为避丹朱之乱，游憩于此，后人遂建庙奉祀。整座庙宇坐北朝南，共分三进，由百步金阶、山门、戏台、大殿、后殿、看楼、配殿、外厢房组成，占地面积5000平方米。

历史上，其地曾属嵊州，故民国《嵊县志》卷七载："大舜庙：《同治志》：在县北七十里东土乡，五十六都，舜皇山之巅，前瞰长江，后临旷野，远山四围，烟村掩映，溪水绝胜。"现存建筑为清咸丰年间，监生孙献廷筹捐重建，同治元年（1862）正殿、后殿毁坏，孙显延再次集资修复。1956年由民众集资修缮，1986年进行全面整修，历时三年，于1988年底竣工，建有牌坊、碑亭、扇亭、望湘台、陈列室等，目前为国家AAA级景区、全国重点文物保护单位。

王坛舜王庙位置图

历来，舜王庙以"三绝"（砖雕、石雕、木雕）、"三怪"（鱼灵、树灵、地灵）闻名于世，是集建筑、雕刻、书画于一体的艺术殿堂，大殿（坐宫）供奉舜王行像，以及八位大臣坐像，后殿（行宫）供奉舜帝与二妃坐像。

详细介绍，见下编相关部分专文。

王坛舜王庙（戴秀丽摄）

王坛舜王庙外景（邱志荣摄）

王坛舜王庙航拍（戴秀丽摄）

王坛舜王庙《舜耕历山图》

D07 绍兴舜王庙会

□ 地理位置

经　度：120.709049

纬　度：29.7936

所在地：绍兴市柯桥区王坛镇舜王庙

□ 简　介

舜王庙会是流行于会稽山区绍兴、上虞、诸暨等地的民俗活动，是国家级非物质文化遗产之一。相传舜生于九月廿七，每逢是日，举行盛大的迎舜庙会。会期三日，从九月廿六祭神开始到九月廿八谢神结束，有独立的组织领导机构“社”和“会”。

作为绍兴会稽山地区一年一度的民间节日，舜王庙会以王坛镇双江溪的舜王庙为核心，围绕着神灵的崇拜、传说、仪式、民间艺术、经贸活动等进行，是当地人民共同创造、传承和共享的非物质文化遗产。

2005 年 10 月 26 日（农历九月二十四），王坛镇政府举办了 2005 年舜越文化旅游节开幕式暨祭舜王庙典礼，绍兴舜王庙会传统祭典得以恢复。

2007 年 6 月，“绍兴舜王庙会”被列入浙江省第二批非物质文化遗产名录，绍兴舜王庙会恢复巡会。

2021 年 5 月 24 日，浙江省绍兴市申报的“庙会（绍兴舜王庙会）”列入国家级非物质文化遗产名录扩展项目，遗产编号：X-84。

详细介绍，见下编相关部分专文。

D08 舜皇村

□ 地理位置

经　度：120.704216

纬　度：29.772934

所在地：绍兴市柯桥区王坛镇舜王庙南

舜皇村位置图

□ 简　介

相传舜避丹朱，来此休憩隐居。实地调查，当地村民也有此说法。因村北舜王山上有舜皇庙，故得名。

舜王庙南舜皇村（戴秀丽摄）

D09 黄坛

□ 地理位置

经　度：120.689852

纬　度：29.792571

所在地：绍兴市柯桥区王坛镇王坛村

王坛镇王坛村位置图

□ 简　介

相传黄坛曾是舜的巡狩台，昔日舜帝在此筑坛祭天。

古人祭天用黄土筑坛，坛上插黄旗，主祭者穿黄色服饰，故名“黄坛”。

王坛镇航拍（戴秀丽摄）

D10 湖墩大舜庙

□ 地理位置

经　度：120.704789

纬　度：29.721132

所在地：绍兴市柯桥区王坛镇新建村

□ 简　介

湖墩大舜庙又名湖墩大庙，始建于明朝。原有大殿三间，厢房七间，看楼四间，戏台一座。现存大殿，正殿供奉舜王及两妃坐像。2019 年 6 月重建山门。

它的来历与一个分庙传说有关。传说那一年在双溪江舜庙会，由于第一社孙岙社的迟到而引起争执，并发展成众社对菩萨行像的抢夺场面。最后湖墩村在十八胡子的带领下夺得菩萨的头。回村建起了舜王庙，占地 700 平方米。这十八胡子不是一个人，而是十八个长得一模一样的兄弟，据说个个天生神力，十分神勇，是当时湖墩村领头人。后来寺庙被毁，村民在原址上搭起瓦房，成为当地一所小学，一直沿用到 20 世纪 90 年代。1997 年小学迁出，舜王庙在寺庙管理员的奔走下，通过村民募捐的形式重新建立起来。2019 年董宝鸿捐建戏台。修庙后香火旺盛。农历六月十九为观音生日，七月三十为地藏菩萨生日，七月三十一为财神生日，八月初一为华佗生日，八月十九为如来生日，九月廿七为舜王生日。这些日子都有善男信女来庙里念经。庙里并无田产，旧时周边有十二户人家，称为“落脚”。主要协助庙祝做些日常维护工作，遇有大型活动也会帮忙。庙里至今还保存着新中国成立初期雕刻的舜王菩萨行像，用香樟木雕成，四肢可以活动。据说曾经藏在一户老太

湖墩大舜庙位置图

太家中。也有一种说法，行像的头、身子、四肢分别保存在不同人家。20 世纪 90 年代重修庙宇时，由村民贡献出来，供人参拜。

湖墩大舜庙全景航拍（程丹摄）

湖墩大舜庙外景（戴秀丽摄）

D11 梧桐树山

□ 地理位置

经　度：120.688216

纬　度：29.713411

所在地：绍兴市柯桥区王坛镇新建村九曲自然村梧桐树山

九曲自然村梧桐树山位置图

□ 简　介

传说舜曾在此住宿十天。

九曲自然村梧桐树山（戴秀丽摄）

D12 湖头山舜王庙

□ 地理位置

经　度：120.699325

纬　度：29.788108

所在地：绍兴市柯桥区王坛镇肇湖村湖头自然村

□ 简　介

供奉舜王，旧址尚存。

湖头山舜王庙位置图

D13 仙女洞

□ 地理位置

经　度：120.696853

纬　度：29.834145

所在地：绍兴市柯桥区王坛镇肇湖村双岭自然村内

□ 简　介

相传舜帝二妃娥皇、女英为争正宫之位，在山洞内对弈，比试输赢。洞内有一张刻有棋盘的石桌与两条石凳。

肇湖村村貌（邱志荣摄）

D14 青坛

□ 地理位置

经　度：120.660422

纬　度：29.805932

所在地：绍兴市柯桥区王坛镇青坛村

青坛村位置图

□ 简　介

相传虞舜巡狩会稽时，在此筑坛祭地。古人祭地用青色土筑坛，坛上插青色旗帜，主祭者穿青色服饰，故名“青坛”。

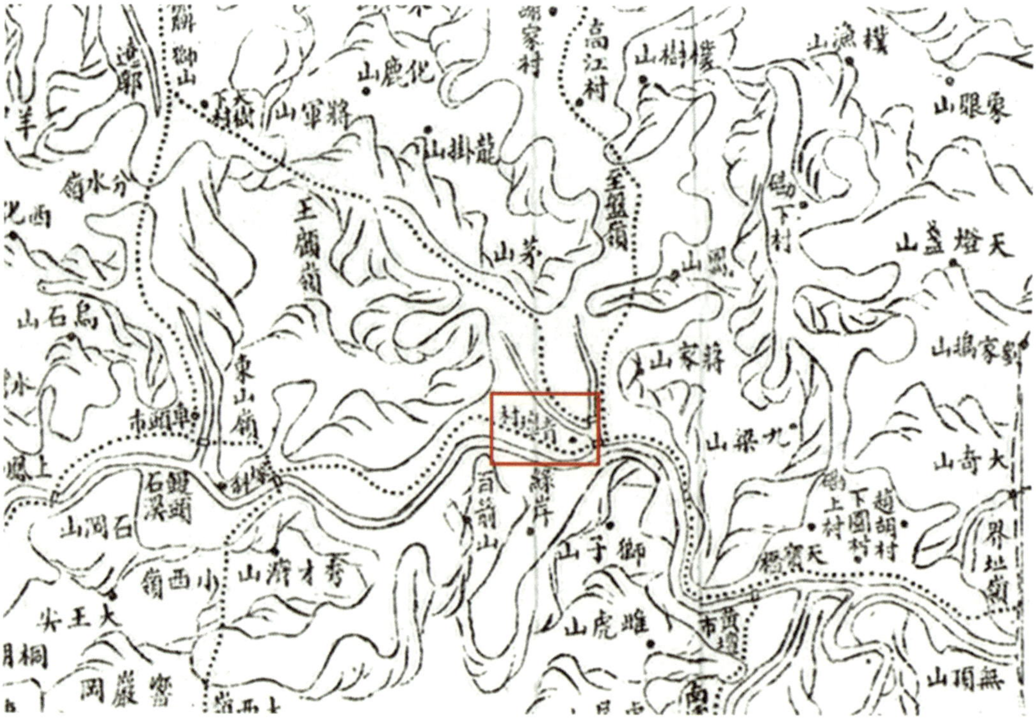

清光绪二十年（1894）《浙江全省舆图并水陆道里记》中标注的“青坛”（戴秀丽供图）

青坛村村名刻石（邱志荣摄）

青坛村山水风光（邱志荣摄）

D15 车头舜庙

□ 地理位置

经　度：120.608816

纬　度：29.803163

所在地：绍兴市柯桥区稽东镇车头村陈家山与大王尖之间

□ 简　介

车头舜庙建于明代，供奉舜王。今遗址尚存，旧时为当地五村社庙。

明正德五年（1510）重刊《嘉泰会稽志》卷六载："舜庙在（会稽）县东南一百里。《述异记》云：会稽山有虞舜巡狩台，下有望陵祠。"《四库全书》版《会稽志》卷六："舜庙在府城南七十里。"《浙江通志》卷二百二十一引弘治《绍兴府志》："在郡境者四所：一在会稽县东南百里，一在余姚县历山，一在上虞县西北四十里，一在上虞县梁湖北。"《稽东镇志》载："舜庙原仅有三间大殿和东首三间侧厢楼，正殿壁厢端坐（行宫和坐宫）舜帝偶像。其头顶梁上依序悬挂'孝感动天''永赖虞天''帝德配天''大孝配天''连开九品'等七块匾额。侧厢住僧人十来名做佛事。经多次座谈和现场踏勘，老人都说它早于双江溪舜庙。查考文献，据南宋《嘉泰会稽志》载：'舜庙在县东南一百里。'《述异记》一书系南朝梁时任方（昉）所撰，则可证明早在梁代，会稽山已出现了有关舜的陵祠，车头正处会稽山中心，又濒小舜江之畔，地点方位县域与《述异记》所述全符合。当今有考古专家在陈家山腰里寻觅得千百年前那'巡狩台'基石及其痕迹。"①

车头舜庙位置图

详细介绍，见下编相关部分专文。

① 稽东镇志编纂委员会编：《稽东镇志》，中华书局 2015 年版，第 380—381 页。

车头舜庙航拍（戴秀丽摄）

D16 舜潭

□ 地理位置

经　度：120.608816

纬　度：29.803163

所在地：绍兴市柯桥区稽东镇车头村车头舜庙前

□ 简　介

舜潭位于车头舜庙前，2019 年《王坛镇志》称它曾经“清澈见底，可引水灌田，终年不涸”。现已毁。

舜潭所在位置现状（戴秀丽摄）

D17 虞舜巡狩台（望陵祠）

□ 地理位置

经　度：120.606848

纬　度：29.803874

所在地：绍兴市柯桥区稽东镇车头村陈后山

车头村陈后山位置图

□ 简　介

相传为舜巡狩处，今废。

明代《述异记》卷上："会稽山有虞舜巡狩台，台下有望陵祠。"《嘉泰会稽志》卷六《祠庙·会稽县》："舜庙在府城南七十里。《述异记》云：会稽山有虞舜巡守台，下有望陵祠。"又卷十八《拾遗》："望陵祠，苏鹗《演义》引《述异记》云：会稽山有虞舜巡狩台，下有望陵祠。"《浙江通志》卷二百二十一："虞舜庙，《述异记》：会稽山有虞舜巡狩台，下有望陵祠。弘治《绍兴府志》：在郡境者四所：一在会稽县东南百里；一在余姚县历山；一在上虞县西北四十里；一在上虞县梁湖北。"

车头村陈后山现状（邱志荣摄）

D18 三官庙

□ 地理位置

经　度：120.575048

纬　度：29.781704

所在地：绍兴市柯桥区稽东镇裘村

□ 简　介

三官庙庙址位于村庄中间，始建于清嘉庆十七年（1812）。庙内主要供奉天官、地官、水官三尊像，正屋七间，左右侧屋三间，厅屋七间，中间有戏台，造型大方。三官庙为当地村民祭祀“天、地、水”三官之所，布局规整，建筑雕刻内涵丰富，有“天官赐福”“狮子戏绣球”“文武财神”等，具有明显的地方风格。全民族抗战时期，新四军代表马青曾来裘村，在三官庙内与时任绍兴县县长的国民党少将陈冲位进行了合作抗日有关会谈。2009 年公布为县级文物保护单位，并对三官庙按原貌进行了大面积维修，从而使三官庙焕然一新。①

建筑坐北朝南，面临大坑溪。前后两进，中隔天井，屋顶均硬山式，总占地面积 678 平方米。第一进为山门，面阔三开间带“船篷轩”顶前廊，前廊西侧内山墙上嵌有清嘉庆十七年（1812）“告示”石碑一方；其东西两侧设耳房，二层，面阔均二开间，明间后檐设戏台，设台基，屋面歇山顶，内置藻井，为新修建。第二进为正殿，面阔三开间，明间梁架四柱五架抬梁式带“船篷轩”顶前步廊、后双步廊。正殿东西两侧设配殿，面阔二开间带前披檐，其中西配殿西内山墙前檐柱与前金柱间嵌有民国 16 年（1927）石碑一方。山门与正殿之间设东西看楼，面阔均二开间。

三官庙位置图

① 稽东镇志编纂委员会编：《稽东镇志》，中华书局 2015 年版。

三官庙外全貌图（程丹摄）

三官庙大殿（程丹摄）

三官庙供奉“天、地、水”三官（邱志荣摄）

三官庙内戏台（程丹摄）

三官庙内石刻、碑记（邱志荣摄）

D19 冢斜村

□ 地理位置

经　度： 120.622433

纬　度： 29.800290

所在地： 绍兴市柯桥区稽东镇冢斜村后山涂山氏墓地碑旁

□ 简　介

冢斜地处柯桥区南部稽东镇，距绍兴市区 32 公里。东接王坛镇，南界嵊州市与诸暨接壤，北与平水镇毗邻。四面环山，著名的小舜江由村西流经，环东而去。一说冢斜是早期越国古都——嶕岘大城所在地（见余茂法主编《冢斜古村》），即《水经注·浙江水》中“山南有嶕岘，岘里有大城，越王无余之旧都也”。据《冢斜余氏宗谱》载，大禹有子三，大儿名启，三儿名罕。其中还记：“余氏始于夏，禹之三子罕者，时则以地建封，禹娶涂山（氏），因涂有余字，遂赐罕为余氏。则自罕而下，千流万派，宁知天壤间可以亿兆记耶？然则孰宗之为是也。”冢斜余氏为大禹后裔，现冢斜村余姓占 80% 多。

冢斜村位置图

自古以来，冢斜村的祭禹之风颇盛。又据传说，除祭大禹外，还要祭舜妃、禹妃，因相传舜帝、大禹之妻都葬于该村大龙山麓的铜勺柄，历代朝廷均要派遣大臣到冢斜祭祀。[①]

① 何俊杰、邱志荣、张卫东主编，绍兴市文化广电旅游局、绍兴市鉴湖研究会编：《绍兴禹迹标识导读》，中国文史出版社 2021 年版，第 152 页。

冢斜村后山涂山氏墓地（戴秀丽摄）

传为舜妃、禹妃埋葬地（邱志荣供图）

上虞区

D20 上虞

□ 地理位置

经　度：120.878991

纬　度：30.037509

所在地：绍兴市上虞区百官街道

□ 简　介

20 世纪 80 年代中叶，乐祖谋的论文《历史时期宁绍平原城市的起源》[①] 指出，在宁绍平原有关虞舜传说的古迹共有 15 处，其中上虞境内有 11 处。这 11 处舜迹是：握登圣母山（上虞县西南 40 里，舜母生处）、象田山（上虞县西南 40 里，舜死，象为之耕田处）、舜井（上虞县西南 40 里，舜避父母害处）、舜桥（上虞县龙山麓，舜率百官渡处）、百官里（上虞县龙山麓，舜会诸侯百官曾聚于此）、渔浦湖（上虞县东南舜渔处）、粟里（上虞县南，舜供储于此）、姚邱（上虞县西 40 里，舜所葬处）、谷林（上虞县西 40 里，舜所生处）、虹漾（上虞县西 40 里，舜所生处）、指石山（上虞县西 40 里，舜曾登此石）。

此外，上虞之名的由来有多种说法，最早见北魏郦道元《水经注》引《晋太康三年地记》：“舜避丹朱于此，故以名县，百官从之，故县北有百官桥。亦云禹与诸侯会，事讫，因相虞乐，故曰上虞。”其中“上”指舜（或指禹），“虞”通娱。《太平寰宇记》卷九十六引西晋司马彪《郡国志》：“虞舜与诸侯会计事至此，因相虞乐，因名。”

上虞区位置图

而上虞乡贤研究会的陈秋强收

① 载《中国历史地理论丛》1988 年第 3 辑。

明万历《绍兴府志》所载“上虞县境图”（邱志荣供图）

集到的上虞舜迹已有35个。另外，上虞尚有众多民间故事和祭舜习俗。相传，舜生于农历九月廿七，过去每逢这个日子上虞都要举行盛大的祭舜庙会。方圆百里数以万计的人持香拈烛，前来朝拜舜帝。是日庙内香烟缭绕，日夜锣鼓喧天，灯光烛光如同白昼，人山人海，参加祭舜大典的有舞龙队、狮子队、白象队、叠罗汉、踏高跷，还有从绍兴邀请来演戏的“绍兴大班”，从嵊县请来的“女子的笃班”，戏文要做三天三夜；而庙前庙后，曹娥江堤上，到处都是临时摊贩，各色土特产如缸甏箩簟等一应俱全；许多老太太则不辞辛劳，跋山涉水来到大舜庙念佛诵经。但上虞与舜的关系当地二说并存：其一认为上虞是舜的出生地，有握登山、虹漾村等说明其事；其二认为是舜避丹朱逼宫逃难来此，有百官地名为证。其他更多的故事，则多是演绎中原地区尧舜禹的历史与传说。

上虞航拍（戴秀丽摄）

D21 舜江

□ 地理位置

经　度：120.831827

纬　度：29.888754

所在地：绍兴市上虞区境内曹娥江

□ 简　介

曹娥江在上虞境内也称舜江。《清一统志・绍兴府・水》载：剡溪“北入上虞县界，经龙山下，亦曰舜江”。明万历《绍兴府志》卷七：“其源自剡溪来，东折而北，至曹娥庙前又北。《上虞志》云，至龙山下名舜江，又西北折，入于海。”

舜江位置图

明万历《新修上虞县志》载：“上虞江（在县西三十余里……）江南自剡县东北至曹娥庙前，曰曹娥江，以娥名也。自曹娥江至龙山，曰舜江。北至三江口入海，即旧名浦阳江也。”清光绪《上虞县志校续》卷二十二载：“舜江，在县西北三十余里，南自剡县径流，下至龙山，北至三江口入海，即旧名浦阳江也。”

舜江上虞段（戴秀丽摄）

D22 仇亭

□ 地理位置

经　度： 120.871909

纬　度： 30.030579

所在地： 绍兴市上虞区曹娥江边

□ 简　介

仇亭原在上虞区百官江（曹娥江百官段）滨。今失所在。

《越绝书》卷三："仇者，舜后母也。"《汉书·地理志·会稽郡·上虞》："有仇亭，柯水[①]东入海。"《晋书·地理志》："上虞，有仇亭，舜避丹朱于此地。"郦道元《水经注》："上虞江……仇亭在县之东北十里江北，柯水疑即江也。"

仇亭位置图

□ 附　录

重建仇亭名

谷　旸

上虞百官乡之有仇亭，载于《汉书·地理志》，颜师古以为舜避丹朱于此。夫舜一历山农夫耳，以四岳之荐而为天下主，实开后世选举之典。可以为天下主，而避丹朱于此亭，又开后世揖让之风。后世帝国主义者纷争不已，以舜较之，其贤、不肖之相去尚可以寻丈计耶！仇亭在百官江滨，百官又为古会稽商旅往来之通衢。若无亭以为憩息之所，必有感行路之难者。会稽在越王句践时有犬亭，在汉有柯亭，在晋有兰亭，然皆在仇亭之后。仇亭当汉时必犹有存者，故《班史》载之，以垂后世。今又越三千年矣！旸等摅怀旧之蓄念，发思古之幽情，拟于百官乡重建此

① 柯水即曹娥江，参见夏振扬《上虞舜迹考》。《上虞县志校续》卷二十二《山川》引万历《新修上虞县志》："柯水在县北，去横山西数里，柯山下。《汉书音义》云：'上虞有柯水，东入海。'"

百官江滨（戴秀丽摄）

亭，以示景仰。构材筑版，非得将伯之助，恐无以表扬古迹，而便行道者之得以小休也。或谓“仇”非美名，不知“仇”与“逑”同。匡衡引诗“君子好仇”，即《关雎》之“君子好逑”。是“仇”亦美名矣。亭之建其可缓欤！

再述仇亭之亟宜修复

仇亭者，浙江之仇亭，非上虞一县之仇亭也。何以言之？中古之世，未有郡县。尧都冀州，为古河内地。东南曰扬州，今之江浙等处属之。当尧为天子时，舜掌百揆，禹官司空，治水讫于会稽，自冀至扬，水道必顺，故舜避丹朱于此亭。亭之旧址在柯水侧，柯水即今之舜江。考《上虞县志》：舜避丹朱，百官从而朝贺，故后人名其地曰百官。夫仇亭可以容百官朝贺，则其亭之规模必非狭小可知也。上虞县旧治在百官，县治未设之先，仇亭巍然，为浙江之大宫殿，亦会稽之大名胜。故《汉书·地理志》颜师古述及之，而《晋书·地理志》亦复载之。自晋以后，名不复载。然则亭之废，其当在东晋迁徙县治，分上虞为始宁之时耶？班固撰《地志》，尝曰“采获旧闻”；颜师古注地志，亦必考证方志。东望鄞县有鲒埼亭，西瞻泉唐有泉亭，皆与仇亭同为最古之迹，宜师古之详述之也。或曰：古制十里一亭，亭有长。汉沛公初为亭长，后为天子，亦其明证。是说也，吾不敢据以附会此亭。

D23 百官渡（百官里）

□ 地理位置

经　度：120.807122

纬　度：30.073558

所在地：绍兴市上虞区百官街道百岭路曹娥江公路大桥边

百官渡（百官里）位置图

□ 简　介

相传，舜与诸侯百官登岸处。

《嘉泰会稽志》卷十一《津渡·上虞县》："百官渡，在县三十里。"

清雍正《浙江通志》卷三十六《津渡·上虞县》："百官渡，弘治《绍兴府志》：'在县西北四十里。'李光《百官渡》诗：晓雨微茫水接天，隔江茅店有炊烟。杖藜独步沙头路，犹记当时趁渡船。"

清光绪《上虞县志校续》："百官渡在百官市口。渡夫二名……有助田碑立在义渡亭并大舜庙。"

《嘉泰会稽志》："百官里，《旧经》云：'在上虞县，取舜平章百姓之意。'"

清光绪《上虞县志校续》卷二十八："百官里，《旧经》云沿舜百官牛羊仓廪备之义，又云禹会诸侯，百官曾聚于此。"

龙山脚下百官渡（戴秀丽摄）

D24 舜桥（百官桥）

□ 地理位置

经　度：120.890068

纬　度：30.01541

所在地：绍兴市上虞区百官街道龙山西麓

□ 简　介

百官桥，又名舜桥，号称“天下第一桥”，晋代尚存，后废。

南朝陈夏侯曾先撰《会稽地志》[①]载：“舜桥，舜避丹朱于此，百官候之，故亦名百官桥。”

舜桥（百官桥）位置图

绍兴市上虞区百官街道百官桥（邱志荣摄）

北魏郦道元《水经注》云：“（浙）江水东径上虞县南，王莽之会稽也。本司盐都尉治，地名虞宾。晋《太康地记》曰：‘舜避丹朱于此，故以名县。百官从之，故县北有百官桥。’”

南宋《嘉泰会稽志》卷十一《桥梁·上虞县》：“百官桥，在县西北三十五里。《寰宇记》云：越州余姚舜桥，避丹朱于此，百官候之，故亦名百官桥。《晋太康地记》云：舜避丹朱于此，故名县。百官从之，故县北有桥繇此。《十道志》：上虞县百官桥，一名舜桥。桥虽以舜得名，然谓避丹朱于此，非也。”

清光绪《上虞县志校续》卷三十二：“舜桥茶亭，在十都百官市。乾隆间金允高建并捐资施茶。”

① 据《太平寰宇记》卷九十六转引。

D25 舜井（龙山）

□ 地理位置

经　度：120.890068

纬　度：30.01541

所在地：绍兴市上虞区百官街道龙山西麓、上虞宾馆南侧

□ 简　介

南宋《嘉泰会稽志》卷十一："舜井，在（上虞）县西北三十五里兴教寺，傍有象田，或者以为的对。"《越中杂识》："舜井，在上虞县西北三十五里百官市虞帝庙北，东西各一。钱武肃王浚之，得谶记宝物。"雍正《浙江通志》卷二百七十九："上虞有舜井，相传舜子生时井为涌泉。秦始皇封塞起两墩，各高一丈。晋宋为佛庐，野人耕锄多得古砖、甃石。吴越宝正三年闰八月十四日，钱王差人赍火粮畚锸，开掘得谶记宝物一百二十余件。"

1990年版《上虞县志·名胜》载："县城百官镇三大著名胜迹之一（余为舜庙、百官桥，皆毁），年久堙没，1984年易地重修，位于百官镇龙山的西麓、上虞宾馆南侧，引百官名泉龙王塘水入井，泉水甘澄……书法家费新我题写井碑。"

2006年12月31日，舜井被公布为上虞区文物保护单位。

舜井（邱志荣摄）

D26 舜帝岭

□ 地理位置

经　度：120.887769

纬　度：30.011248

所在地：绍兴市上虞区百官街道龙山头舜帝岭

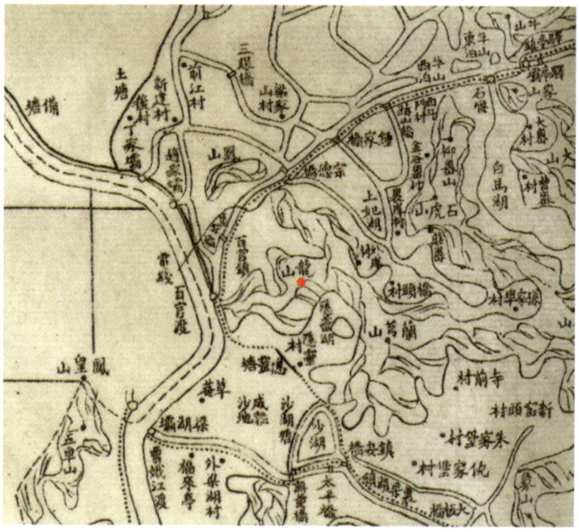

清光绪二十年（1894）《浙江省舆图并水陆道里记》中标注的“舜帝岭”（邱志荣供图）

□ 简　介

相传舜与诸侯曾聚于此，百官地名由此而来。

北魏郦道元《水经注·浙江水》引《晋太康三年地记》云：“舜避丹朱于此，故以名县。百官从之，故县北有百官桥。亦云：禹与诸侯会事讫，因相虞乐，故曰上虞。”

D27 明堂

□ 地理位置

经　度：120.886836

纬　度：30.019176

所在地：绍兴市上虞区百官街道解放路步行街

□ 简　介

传说舜与百官在此共事朝政。《旧唐书》卷二十二：“明堂之制，爰自古昔，求之简牍，全文莫睹。始之黄帝，降及有虞。”有虞即指舜。

该建筑坐西朝东，剪蒿为柱，茅草为盖，上圆（象征天）下方（象征地），有捍门、华表、辅弼。

D28“舜会百官”群雕

□ 地理位置

经　度：120.865109

纬　度：30.034458

所在地：绍兴市上虞区百官街道曹娥江畔十八里景观带

□ 简　介

该群雕建于2005年，由大型花岗岩制成，以“舜会百官”典故为背景，整组群雕的人物有虞舜、夏禹、弃、皋陶、垂、夔、益、伯夷、彭祖、四岳、二妃等。舜会百官与东山雅集（东晋）、春晖集贤（现代），被后人合称为上虞历史上三次名人大聚会。

“舜会百官”群雕位置图

“舜会百官”群雕（王文彪摄）

D29 舜帝庙

□ 地理位置

经　度： 120.885098

纬　度： 30.014205

所在地： 绍兴市上虞区百官街道上堰头附近（现百官街道解放路、凤山路交会处）

□ 简　介

上虞舜帝庙，又名大舜庙、舜庙，始建于唐长庆元年（821），为“越中三舜庙”之一，与绍兴大禹庙并称“浙江两大祀庙”。

南宋《嘉泰会稽志》卷六《祠庙·上虞县》：“舜帝庙，在县西三十五里。”明万历《新修上虞县志》卷六：“自此（梁湖镇虞舜行宫）向北过龙山十里，有舜帝庙。乡民崇奉，岁时设供具，元宵灯火殊盛。宋陆游诗：‘云断苍梧竟不归，江边古庙锁朱扉……’宋林景熙诗：‘声断薰弦万壑幽，三千年事水空流……’”

清道光二十三年（1843）进行修复，1921 年、1935 年 4 月又两次修葺。大舜庙坐东北朝西南，规模为三进三殿三戏台，两边是廊房，每殿均五开间，每进都有戏台。宽约 23 米，纵深约 139 米，前殿为圣殿，祀舜帝坐像；中殿为太祖殿，祀后稷；后殿为四岳殿，祀四岳，还有舜的妹妹、妹夫。据传，舜的妹夫是嫁接桑树的，人称“桑王”；舜的妹妹“媟”，人称“蚕花娘娘”。夫妇二人为上古时代蚕桑业普及与发展作出了重大贡献。

舜帝庙原有“三宝”，即重华石、舜井和戏台，庙内存有各种石雕、砖雕、木雕。1938 年大舜庙遭日机轰炸。新中国成立初，被改作粮库。1981 年全部拆除，改建成其他建筑。

舜帝庙位置图

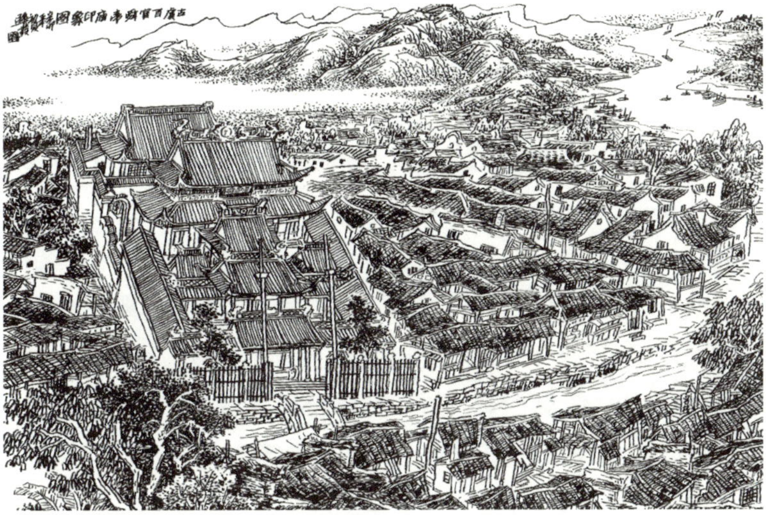

古虞百官舜帝庙印象图（任峰、罗兰芬供图）

清代大舜庙位置示意图（引自《水利本末》，邱志荣供图）

□ 附　录

百官舜帝庙

百官舜帝庙，又名大舜庙、舜庙，是名震江南祭祀大舜的辉煌圣殿。据南宋《嘉泰会稽志》、明万历《新修上虞县志》、清光绪《上虞县志校续》、民国《舜帝庙志》记载，上虞为舜出生之地，长大后因贤能出众，受尧重视，北上中原，后避丹朱于此，舜称帝后又封支庶于此，遂有“上虞”和“百官”地名。舜居乡里时以孝德闻达天下，为人臣时以善行惠泽四方，登帝位后以仁德无为而治。为纪念大舜功德，舜后裔在百官街市南建造舜帝庙。初为舜子孙私立以祭祀舜之家庙，一如鲁颂新庙、春秋夷伯之庙。后毁。唐长庆初，百官八社民众集资在百官坝南复建，始为社庙，旧址在今百官街道上堰头附近。因当时运河发达，百官坝和百官街市商货往来、商贾如云，八社绅耆董理其事，报县衙备案，把落河（货物担运）、短肩（负载承送）、岸渡（舟楫接济）三项货物运送的劳力收入盈余部分作为春秋灯祭和祈福之用。清乾隆三十年（1765），舜帝庙倾圮，欲修缮但经费艰难，八社遂暂停八年灯祭，积累盈余充作修葺之用，遂修缮一新。清道光二十三年（1843）毁于火，里绅谷连元等捐资重建，后又毁。民国 10 年（1921），谷连元曾孙谷肇祥又垫款重修。抗日战争时期，舜帝庙部分建筑毁于日机轰炸。新中国成立后，舜帝庙修缮后用作上街粮站。“文化大革命”时期被拆除，仅存直径和高均约为 2 尺余、胸径 1 米多的圆柱础（又名磉墩）2 个，长 6.5 米、直径 60 厘米、重 500 千克的两根梁枋（存放于新大舜庙殿）。

历史上的舜帝庙坐西朝东，建筑雄伟、雕刻精湛，规模很大、巍然千古。山门牌楼巍峨，半角挑檐，山门前有荷花池、石拱桥。庙基长 139 米、宽 23 米，五开间，主要建筑为四进三大殿三戏台，两边为廊房。第一殿祀舜帝，上悬明代倪元璐撰的“居方乡保”四字匾额。第二殿祀后稷、潮神菩萨、关帝菩萨等神像，两边大殿柱上刻着一副对仗工整、妙趣横生的对联：“兄玄德弟翼德，得兄得弟；师卧龙友子龙，龙师龙友”。第三殿祀四岳，有红、白、黑、蓝脸四个菩萨，殿柱上刻百官人谷肇祥撰的四岳殿楹联：“选政在公举虞鳏其风尚已；祭典到酬庸侯伯于传有之。”庙内石雕、砖雕、木雕、浮雕、飞檐龙顶等，皆系能工巧匠之绝作。

舜帝庙有三宝：重华石、舜井、戏台。庙前有重华石，击之有声，神奇莫测。舜井位于庙北，东西各一，均有涌泉。后堙废为二墩。吴越国王钱镠复浚，得谶记宝物。戏台顶名“鸡笼顶”，系名家高手用雕花木埠盘旋串联而上。戏台左右台柱上的斗拱各雕刘海仙一个，悬空挑出、栩栩如生，堪称鬼斧神工。舜帝庙和舜井、百官桥曾被列为上虞百官三大古迹之一，是非物质文化遗产“虞舜传说”的重要遗存。

舜帝庙“乡民崇奉，岁时设供具，元宵灯火殊盛”。元宵灯节前后三天，宁绍各县香客云集，香火鼎盛。部分年头，三个大殿戏台同时演戏，锣鼓震天，人山人海，热闹非凡。传说农历九月廿七是舜的生日，此日都会举行盛大的祭舜庙会。每次庙会的场面很壮观，方圆百里数以万计的善男信女扶老携幼，持香拈烛前来朝拜舜君，祈福禳灾。是日，庙内香烟缭绕，锣鼓喧天，灯光烛影，人头攒动。参加祭舜大典的有舞龙队、狮子队、叠罗汉、踩高跷，还有从绍兴邀请来演戏的“绍兴大班”，从嵊县请来的“女子的笃班”，戏文要做三天三夜。而庙前庙后、曹娥江堤上到处都是临时摊贩，各种土特产琳琅满目，可谓物资交流会。

舜帝庙建成后，历代文人墨客慕名到访、顶礼膜拜，留下许多著名的诗词和文章。宋代陆游访大舜庙，作《舜庙怀古》诗：“云断苍梧竟不归，江边古庙锁朱扉。山川不为兴亡改，风月应怜感慨非。孤枕有时莺唤梦，斜风无赖客添衣。千年回首消磨尽，输与渔舟送落晖。”另有宋赵汝普、明谢谠、元林景熙、清曹恒吉等撰有舜庙的诗。

历代官方和民间先后在舜帝庙竖立较多碑石，目前仅存清乾隆三十年（1765）上虞知县陈瑞枝撰《修舜庙碑》（部分）和道光二十九年（1849）《大舜庙碑记》碑文，无实物存世。

舜江泱泱千古，舜帝明德永存。据不完全统计，至今上虞有舜的遗迹35处、传说25个。为弘扬中华优秀传统文化，2007年12月30日，上虞市委、市政府顺应民众夙愿，在曹娥凤凰山启动大舜庙重建工程。2011年6月18日，举行大舜庙落成庆典仪式。新的大舜庙为高大的台榭式建筑，包括山门广场、大舜殿、虞舜宗祠、重华寺（般若寺）、重华亭、凤来亭和两个配殿，以两汉风为主。山门左右两侧是虞舜史话廊，陈列虞舜的文献摘要和相关壁挂作品。大舜殿上方有一块“明德始祖”匾额，殿内正中间端坐着大舜铜像，像高9.5米（含基座）、宽5米，象征古代帝王九五之尊的威仪。大舜头戴束发冕冠，身着宽袖大袍，右手扬起，左手护膝，五官中正威严，双目远视坚毅，君临天下气吞山河，是整座大舜庙的魂。大舜像两侧有如下楹联：定典章、明律法、分职司、考黜陟、正国风以显民功，帝纪昭彰，巍巍赫赫；敬父母、友弟兄、举元恺、逐凶顽、垂孝范而敷德政，人文炳蔚，穆穆皇皇。虞舜宗祠由大殿、戏台、看楼、寝殿等组成，重华寺由钟鼓楼、大雄宝殿、大悲楼、天下第一斋组成，配殿供奉东、南、西、北四方神。大舜庙最大的亮点是“三雕”：石雕、铜雕和木雕。大舜庙还复原了重华石、戏台与舜井“三宝”，重华石和戏台分别放置在山门（虞舜史话廊）与虞舜宗祠内，舜井则以照片的形式放在山门一侧。大舜庙东侧则是气势雄浑的舜耕群雕，由国际工艺美术大师韩美林设计，是目前国内乃至亚洲最大的群雕石像。行走在大舜庙内，犹如穿梭在4000多年前的舜朝堂。

新时代，上虞区正规划建设孝德文化小镇，把大舜庙、重华寺、重华亭、中华孝德园和曹娥庙等融合开发，成为上虞新的经济社会发展平台。2012年始，上虞社会各界每年举行祭舜大典，成为新时代明德教育和孝德文化的传承弘扬主要场所。

（罗兰芬　撰）

D30 重华石

□ 地理位置

经　度： 120.885098

纬　度： 30.014205

所在地： 绍兴市上虞区百官街道原舜帝庙前

□ 简　介

重华石呈片状，阔三尺，厚九寸左右，左右有悬垂的索挂痕迹，深二寸。据明万历《新修上虞县志》卷二载，重华石原在百官舜帝庙前，“击之有声”。

舜帝庙前重华石位置图

重华亭[①]（戴秀丽摄）

---

① 重华亭以舜帝姚重华的名字命名（相传舜目有双瞳，被称为重瞳子，故又名重华），外形似古时粮仓，八根一体成型的花岗岩石柱，每根高 10.5 米，直径 1.2 米，重 40 余吨，气势恢宏。

D31 大舜庙

□ 地理位置

经　度：120.873578

纬　度：29.997803

所在地：绍兴市上虞区曹娥街道中华孝德园

大舜庙位置图

□ 简　介

大舜庙于 2008 年 6 月开始建造，总规划面积 63.6 公顷，历时三年竣工，2011 年 6 月 18 日正式落成。

大舜庙整个建筑采用两汉时期风格，建筑面积 4370 平方米，全部以花岗岩铺装，充分体现当时社会环境蛮荒原始的状况，给人以大气、粗犷、庄重和顶天立地之感，极具雕塑效果。

大殿内的大舜像由中国美术学院雕塑系主任潘锡柔主持设计，青铜铸造，总高 9.5 米，宽 5 米，隐喻古代帝王具有“九五之尊”的威仪。大舜像艺术造型介于人、神之间，神态端庄、威严，一手擎天，一手护膝，目光炯炯有神，一派中正祥和、深谋远虑之气魄，展现的正是“舜会百官”的壮景。而大殿地面当中，一幅用青石精雕细琢而成的《九州图》把大舜时期的疆域完完整整地展现在游客面前。

大舜庙的特点是三雕：地雕、铜雕、木雕。

地雕，山门广场上五块古朴、精美的青石地雕，依次是岩画、彩陶、青铜器、玉器、漆器，五幅地雕看似简单，却展现了人类从蛮荒走向文明的历程和每一次进步的坚实基础。

铜雕，抬头看大舜庙屋脊，一些青铜角兽呈现出鸟类的样子，这些鸟的头部都朝向屋顶的脊兽，寓意百鸟朝凤。

木雕，木雕采用国内及进口花梨木等高档优质木材，所用材质之一流，集聚行家之上乘，都是国内其他寺庙所无法相比的。

大舜庙前建有虞舜史话廊、南北配殿（祭祀四岳），大殿背后有重华亭、祭祀广场，西北面有虞舜宗祠，大殿供奉舜帝与二妃坐像。除此之外，园内还建有《神州舜迹图》、中华孝德文化馆等建筑群。

对于大舜庙，历代文人墨客多有赋诗题赞，如南宋陆游的《舜庙怀古》：“云断苍梧竟不归，江边古庙锁朱扉。山川不为兴亡改，风月应怜感慨非。孤枕有时莺唤梦，斜风无赖客添衣。千年回首消磨尽，输与渔舟送落晖。”（陆游《剑南诗稿》）张侃《舜庙在龙山右》：“水来江尾难分燕，山到崖头合号龙。见得人心尊万乘，片帆飞过亦朝东。”（张侃《张氏拙轩集》）林景熙的《舜庙》：“声断薰弦万壑幽，三千年事水空流。衮衣剥落星辰古，野庙凄凉鹿豕秋。孝友风微惟故井，神明胄冷尚荒州。九疑回首孤云远，老泪斑斑楚竹愁。”（林景熙《霁山文集》）

中华孝德园大舜庙（戴秀丽摄）

虞舜宗祠照壁（戴秀丽摄）

虞舜宗祠全景（戴秀丽摄）

上虞社会各界祭祀中华道德始祖舜帝典礼（戴哲恒摄）

D32 舜耕群雕

□ 地理位置

经　度：120.873702

纬　度：30.000536

所在地：绍兴市上虞区曹娥街道中华孝德园内

□ 简　介

整组群雕以“象耕鸟耘”典故为背景，由中国当代工艺美术大师韩美林先生于2002年设计创作，2009年竣工，主材采用芝麻白花岗岩，占地25亩，由15只石象（其中大象1只、中象8只、小象6只）以及舜像组成。舜左手握犁驾驭象群，右手擎托日月星辰，气宇轩昂，立于象群之上。群雕总长68.25米，高27米，总重量1600余吨，由1251块成品石料组成，其气势之恢宏、体量之大，堪称“目前国内乃至亚洲之最”。

舜耕群雕位置图

舜耕群雕（邱志荣摄）

D33 虞舜行宫（总管庙）

□ 地理位置

经　度：120.901637

纬　度：29.991859

所在地：绍兴市上虞区梁湖街道浙东运河边

虞舜行宫位置图

□ 简　介

明万历《新修上虞县志》卷六载："梁湖镇有虞舜行宫、陈总管庙。凡莅虞者，入境必宰牲致祭。"

D34 栎林庙（象庙）

□ 地理位置

经　度：120.817303

纬　度：30.076135

所在地：绍兴市上虞区崧厦街道吕家埠村东家自然村北

□ 简　介

栎林庙位置图

栎林庙，也称象祠，坐北朝南，始建于明代弘治年间，正殿供奉象（舜的弟弟）与夫人塑像，因象有着"柞树大王"之称，故当地百姓尊称"柞树菩萨"，也叫"大王菩萨"。

清光绪《上虞县志校续》卷三十四《祠祀》载："栎林庙，在九都赵村南，祀舜弟象。"此庙原先拥有五间三进规模，包含东西游廊、戏台等，目前所存是2007年由村民集资重建，有山门、天井、正殿、后殿、附房等建筑。至今庙宇山门左侧墙上嵌有一块明代著名思想家、哲学家王阳明的《栎林庙祠记》碑。

栎林庙及祠记碑（戴哲恒摄）

D35 历山（原庙下村）

□ 地理位置

经　度：120.777071

纬　度：29.833006

所在地：绍兴市上虞区汤浦镇原庙下村

□ 简　介

庙下村（今已移民）有山名历山，因舜名。南宋《嘉泰会稽志》卷九《山·余姚县》载：“历山，在县西北八十里，《旧经》云在会稽县东南，昔舜耕所也。又云越有历山、舜井、象田者，以舜之余族所封。舜姚姓，故曰余姚，盖其子孙思舜故乡，取像于此，亦犹汉新丰之义。盖此山虽非舜之耕所，亦因舜而得名也。王介甫《历山赋序》云：‘余姚人与季父争田，予为直之。将归，闵然望历山而赋之。历山在上虞界中。’案，此山实属余姚，介甫谓在上虞界中，误矣。苏鹗《演义》云：‘历山有四：一河中，二齐州，三冀州，四濮州。雷泽又其二，不闻。’又云：耕之与渔，宜皆在雷泽。《史记》注云：‘历山在河东渔泽，今属山阴，然则舜之耕不在明矣。’《演义》云：‘历山其二不闻，岂此山乃其一耶？’梁江文通题历山诗：‘云愁生白露，日思起秋风。落叶下楚水，别鹤噪吴田。嶂气阴不极，日色亏半天。酒至情萧瑟，凭尊还惆然。’《文通》：‘会稽永兴人所题乃此山也。’”

历山（原庙下村）位置图

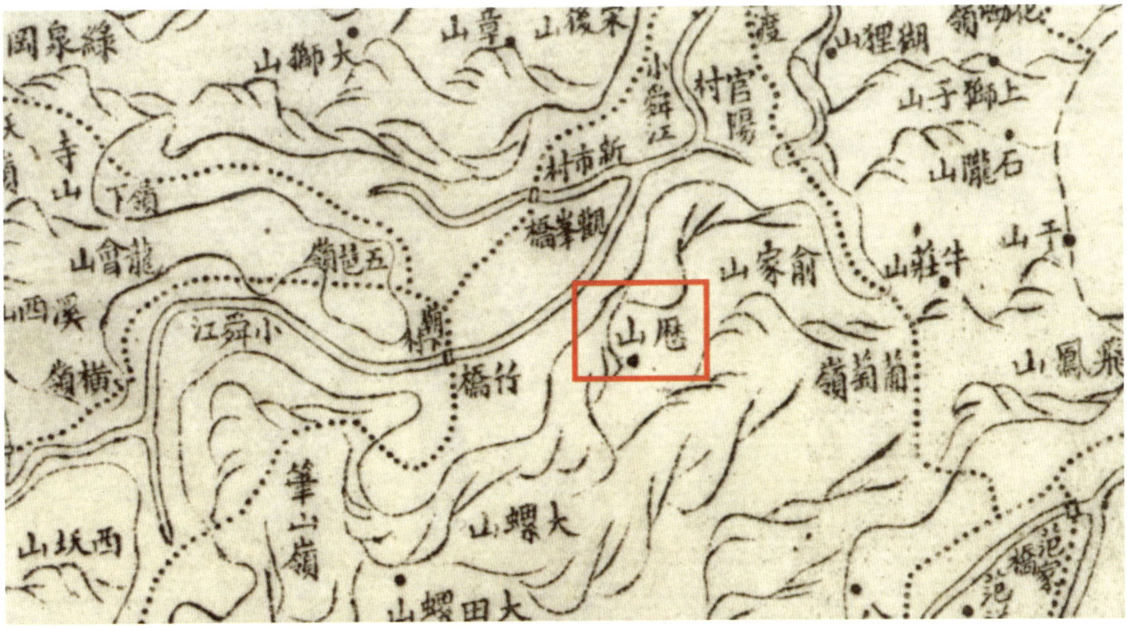
清光绪二十年（1894）《浙江全省舆图并水陆道里记》中标注的“历山”（邱志荣供图）

D36 指石山

□ 地理位置

指石山位置图

经　度：120.855743

纬　度：29.896081

所在地：绍兴市上虞区上浦镇境内、曹娥江东岸边

□ 简　介

指石山位于上虞区上浦镇曹娥江东岸，其西面对岸为小舜江出口。相传为山神的一节手指，又说舜在此驱赶鸭群，射杀天狼。

南宋《嘉泰会稽志》卷九《山·上虞县》载：“指石山，在县西南四十五里。《旧经》云：上虞县有立石，所谓指石者，俗呼为公岽，言舜登此石。”

东山指石（戴秀丽摄）

D37 历山（象田村）

□ 地理位置

经　度：120.91117

纬　度：29.888374

所在地：绍兴市上虞区上浦镇冯浦村象田自然村

历山（象田村）位置图

□ 简　介

北宋《太平寰宇记》卷九十六载："（西晋司马彪）《郡国志》云：上虞县今东有姚邱，即舜葬之所。东又有谷林，即舜生之地。复有历山，舜耕于此，嘉禾降此山也。"清光绪《上虞县志校续》卷二十一载："历山在县西南四十里。（《万历府志》）舜所耕处也。"

邱志荣等在象田村现场考察（戴秀丽摄）

D38 象田山

□ 地理位置

经　度：120.91117

纬　度：29.888374

所在地：绍兴市上虞区上浦镇冯浦村象田自然村

象田山位置图

□ 简　介

象田山原称小天台，传说是尧帝考察舜而站立远眺的山丘，故也称尧山。

南宋《嘉泰会稽志》卷九《山·上虞县》："象田山，在县西南四十里，周四十余里。山平衍，俗呼小天台。南有舜井。"

万历《新修上虞县志》卷二："象田山（在县西南二十里），山峻险，路屈曲，呼为小天台。"

象田山及山下村庄（程丹摄）

D39 舜井（象田村）

□ 地理位置

经　度：120.910446

纬　度：29.88886

所在地：绍兴市上虞区上浦镇冯浦村象田自然村

□ 简　介

象田自然村象田寺舜王殿内原有一口象田舜井，用砖石垒成，呈半圆形，直径1米，路面至井有二级石阶。

舜井位置图

象田寺东北侧的舜井，在农户家中，已填成小孔（程丹摄）

象田寺舜王殿西北侧舜井（邱志荣摄）

D40 象田寺舜王殿

□ 地理位置

经　度：120.910446

纬　度：29.88886

所在地：绍兴市上虞区上浦镇冯浦村象田自然村

象田寺舜王殿位置图

□ 简　介

始建年代不详，抗战期间遭日机轰炸，现仅存遗址。象田寺除祭祀舜帝外，还供奉桑王、蚕花娘娘。

象田村位置（引自1984年版浙江省上虞县地名委员会编《上虞县地名志》“联江公社”图幅，邱志荣供图）

象田寺舜王殿正门牌匾（戴秀丽摄）

象田寺舜王殿内供奉的神像（戴秀丽摄）

D41 狴犴龙舞

□ 地理位置

经　度：120.864491

纬　度：29.865433

所在地：绍兴市上虞区上浦镇冯浦村

狴狴龙舞主要流传地点位置图

□ 简　介

狴犴龙舞是一种具有上虞地方特色的民间舞蹈，又名犴龙舞，俗称“硬脚龙舞”，主要流传于上浦镇一带，每年九月廿七上虞举行祭祀舜帝典礼时进行表演，旨在纪念虞舜，弘扬、传承虞舜精神。2009 年 6 月，入选浙江省第三批非物质文化遗产名录。

上虞狴犴龙舞道具（邱志荣摄）

D42 渔浦庙

□ 地理位置

经　度：120.864491

纬　度：29.865433

所在地：绍兴市上虞区上浦镇冯浦村

□ 简　介

相传虞舜在此捕鱼，传授捕鱼方法。渔浦庙为纪念虞舜而建。庙会时会表演狴犴龙舞。

冯浦村古称渔浦，因南宋时冯姓迁入且子嗣众多而改称冯家浦。

旧时渔浦也称雷泽。《史记·五帝本纪》载："舜耕历山，历山之人皆让畔；渔雷泽，雷泽上人皆让居；陶河滨，河滨器皆不苦窳。"

冯浦村位置图

冯浦村曹娥江畔渔浦风光（戴秀丽摄）

D43 陶灶

□ 地理位置

经　度：120.830979

纬　度：29.928053

所在地：绍兴市上虞区上浦镇昆岙村陶岙自然村虎尾巴山

□ 简　介

相传舜在此制作陶器。上虞作为世界青瓷发源地，境内有汉至南宋历代古窑址近 400 处，较知名的有禁山早期越窑遗址、小仙坛窑址、凤凰山窑址群、鞍山三国龙窑、窑寺前窑址。目前上浦镇建有瓷源文化小镇，包含国际陶艺中心、美术馆、凤凰山遗址公园、瓷国之源展厅等。

上浦镇瓷源文化小镇航拍（戴秀丽摄）

陶岙自然村位置图

陶岙（引自 1984 年版浙江省上虞县地名委员会编《上虞县地名志》“上浦公社”图幅，邱志荣供图）

D44 虞氏家庙

□ 地理位置

经　度：120.825623
纬　度：29.911668
所在地：绍兴市上虞区上浦镇大善小坞村大善自然村西

□ 简　介

虞氏家庙即大善虞家祠堂，堂名报本堂，始建于元末。现存建筑为清嘉庆时期修建，前后均五开间，侧廊三间，有门屋与后进享堂，供奉舜帝牌位，祠庙前方左侧有两株古樟、一方池塘。树下还有一古井，人称舜井，又称敬井。

虞氏家庙位置图

虞氏家庙文保碑（程丹摄）

虞姓，源自舜帝之子商均分封虞国（今河南省商丘市虞城县），后以国号为姓氏，又说舜称帝后，国号为“虞”，史称虞舜。故虞舜是中华虞氏的始祖，而目前在舜裔十姓中，虞姓位列第一。

2012 年 8 月 1 日，虞氏家庙被列为上虞市文物保护点。

虞氏家庙享堂（戴秀丽摄）

虞氏家庙内碑记（程丹摄）

《善溪虞氏宗谱》卷首页“虞氏始祖帝舜遗像”（程丹摄）

邱志荣与虞氏后人虞国华互赠书籍（程丹摄）

D45 姚丘

虹漾自然村位置图

□ 地理位置

经　度：120.85725

纬　度：29.924483

所在地：绍兴市上虞区上浦镇东山村虹漾自然村

□ 简　介

相传舜出生于此。

西汉司马迁《史记·五帝本纪·正义》引《会稽旧记》:“舜，上虞人。去虞三十里有姚丘，即舜所生也。”又引《风土记》:“舜，东夷之人，生姚丘。”

南宋王十朋《梅溪集》卷一:“(余姚)邑有姚丘，即舜母握登感大虹生舜之地。”《嘉泰会稽志》卷十八《拾遗》:“姚丘，在上虞县西四十里，一名桃丘，俗传舜所生处，傍有虞滨妫石。《风土记》云：舜，东夷之人，生于姚丘，妫水之内[①],指石之东。后人傅会，其说非也。”

《浙江通志》卷二百六十八《越问·舜禹》曰:“帝舜生于姚邱兮，地近夷而居东；母握登感天瑞兮，漾祥光于大虹；历山其所耕稼兮，陶渔皆有遗迹；二女降于妫汭兮，百官备而景从。”

虹漾自然村村貌（邱志荣摄）

① 内，通“汭”，河流弯曲处或会合处。

D46 虹漾（东西赤岸）

□ 地理位置

经　度：120.85725

纬　度：29.924483

所在地：绍兴市上虞区上浦镇东山村虹漾自然村圣母山东北

□ 简　介

据传舜出生时，天上有一条绚丽的彩虹出现，映照一江两岸，故称虹漾。

南宋《嘉泰会稽志》卷十八《拾遗》：“虹漾村，在上虞县西南载初乡，有握登圣母祠，东西各有二赤岸，俗妄指以为舜生之祥。”

虹漾村标识牌（戴秀丽摄）

虹漾广场（邱志荣摄）

D47 握登山（姚墟）

□ 地理位置

经　度：120.85388

纬　度：29.924795

所在地：绍兴市上虞区上浦镇东山村虹漾自然村圣母山

□ 简　介

握登山又作握簦山、圣母山、舜母山，因形如馒头，当地俗称馒头山，相传为握登生舜之地，握登为舜母名。

《太平御览》卷八十一引《诗纬·含神雾》："握登见大虹，意感生帝舜。"南宋《嘉泰会稽志》卷六《祠庙·上虞县》："握登圣母庙，在县西南四十里，握登山之巅。旧传舜母名握登生舜于姚墟，因姓姚氏。"又卷九《山·上虞县》："握登山，在县西南四十里，山有握登圣母庙。"万历《新修上虞县志》卷二《山川·握簦山》："上有握簦圣母祠，题曰'祥虹阁'，可以眺山水之胜。"

又传舜的母亲在这里上山时突然遇雨，又值临产，只好撑着簦（竹制的雨具）生舜。舜出生时有彩虹荡漾于野，至今这山下就有一个自然村名为虹漾。1977 年 9 月至 1979 年 9 月，上浦闸引水灌溉工程开建，其间曾在握登山开宕取石，后经干预停止，目前仅留半壁山基。

又传，今上虞曹娥江东 300 米处的一个小村，古名姚墟（也叫桃墟，古代"桃"与"姚"是通假的）。在这里，满山遍野都是桃树，与古时曾盛产青梅的梅坞相邻。姚墟住着有虞氏人，他们奉桃树为神，认为桃树可以驱鬼辟邪。在桃墟住着一位主管氏族气象的人，叫瞽叟，瞽叟妻子叫握登。一天夜里，握登梦见彩虹缠身，一觉醒来，已怀有身孕。14 个月后一天早上，姚墟村彩虹满天，紫气东来，祥云护顶，异香扑鼻，大舜诞生了。大舜双目重瞳，龙颜大口，皮色黝黑，不幸的是握登氏死于难产，因此瞽叟认为舜是不祥之人，打算弄死他。幸亏其外婆在场，外婆心疼女儿的骨肉，把舜带回去，抚养成人。舜长到十二三岁时，外婆年迈，就叫舜回到他的生父身边去了。舜从此陷入了苦难生涯。因为瞽叟的后妻生子生女，

握登山舜母亭（邱志荣摄）

瞽叟对后妻的子女百般宠爱，瞽叟及后妻对舜是处处逼害。[①]

由于舜生于姚墟，古人常常以地名为姓，所以，舜姓姚。因生舜时彩虹满天，所以姚墟改名为虹漾村，虹漾村旁的大江取名叫舜江。

① 虞日霞:《绍兴虞舜文化研究》，浙江人民出版社 2006 年版。

D48 小舜江

□ 地理位置

经　度：120.75078

纬　度：29.815583

所在地：绍兴市上虞区汤浦镇境内

汤浦镇位置图

□ 简　介

小舜江又称小江、东小江，为舜江中上游主要支流，也是曹娥江在上虞境内的三条支流之一。

其源头分南、北两溪：南溪发源于嵊州竹溪赤藤冈，流经谷来、马溪；北溪源自柯桥区稽东镇，两溪至绍兴王坛舜王庙前合流，汇入小舜江水库。故旧时称此地为双江溪或两溪乡、两溪村。再经上虞汤浦水库流出，至上浦小江口，最后流向曹娥江。

万历《绍兴府志》卷七："会稽东小江，在府城东南九十里，亦名小舜江，西为会稽，东为上虞。其源出浦阳江，东北流经阳浦，入曹娥江。"南宋《嘉泰会稽志》卷十："小舜江在县东南九十里，源出浦阳江，东北流至锡浦，以至于江。"

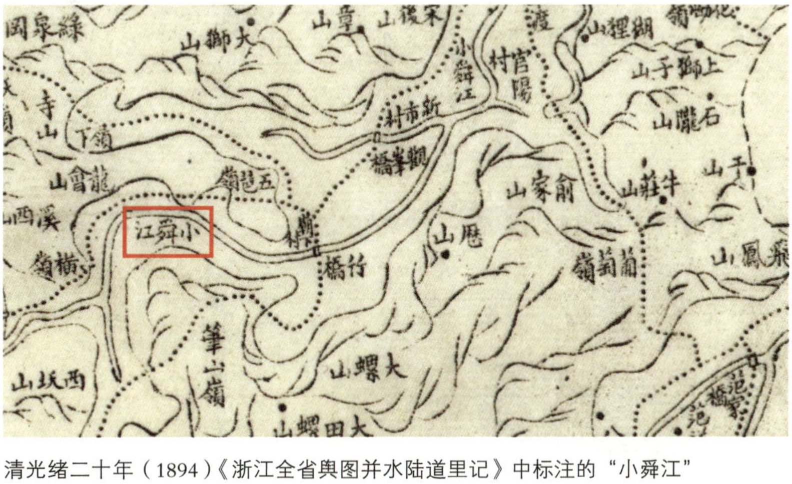

清光绪二十年（1894）《浙江全省舆图并水陆道里记》中标注的"小舜江"（邱志荣供图）

小舜江景观（邱志荣供图）

小舜江景观（王文彪摄）

小舜江景观（王文彪摄）

D49 姚氏祠堂

□ 地理位置

经　度：121.033362

纬　度：30.006201

所在地：绍兴市上虞区丰惠镇夹塘村东方红自然村

□ 简　介

姚氏祠堂名曰耕山堂，出自“舜耕于历山”之典。

其位于大渣湖东岸，坐东北，朝西南，前后两进：前进仪门七间，系清顺治时期建造，近年修缮，中间戏台，两侧游廊；后进正厅五间，系明代万历时期构建，正中供奉中华姚姓始祖——虞舜神位与塑像。现建筑为1999年由姚氏族人募资整修。

姚氏祠堂位置图

姚氏宗祠外景（戴哲恒摄）

姚氏宗祠内景（戴哲恒摄）

D50 渔浦湖

□ 地理位置

经　度：120.930061

纬　度：30.039917

所在地：绍兴市上虞区驿亭镇西部白马湖

渔浦湖位置图

□ 简　介

今白马湖原称渔浦湖，传说虞舜曾在此捕鱼。

北魏郦道元《水经注·浙江水》载："白马潭，潭之深无底。传云：创湖之始，边塘屡崩，百姓以白马祭之，因以名水。"

南朝陈夏侯曾先《会稽地志》："驿亭埭南有渔浦湖，深处可二丈，汉周举乘白马，游而不出，时人以为地仙。白马湖之名由此。"①

北宋《太平寰宇记》卷九十六："渔浦湖，《舆地志》云舜渔处。"

南宋《嘉泰会稽志》卷十八《拾遗》："蜂扶里，《旧经》云：上虞县北有渔浦湖，传是舜渔处。村民绕湖乱居，故名其地为蜂扶里。其说舛，上同。"

20 世纪 20 年代初，著名教育家经亨颐通过乡绅王佐牵线引荐，得到当地富商陈春澜资助，于此创办春晖中学，并延请夏丏尊、朱自清、匡互生、丰子恺、朱光潜、吴梦非以及何香凝、柳亚子、蔡元培、李叔同、叶圣陶、陈望道、胡愈之、俞平伯等来此执教或讲学，一时间名师硕彦荟萃云集，创就"北南开，南春晖"美誉，成为中国现代教育的发源地之一，也孕育了"白马湖文化"。当时所建长松山房、平屋、小杨柳屋、晚晴山房等，如今仍保存完好，现已成为春晖名人文化带。春晖中学旧址于 1989 年 12 月被列为浙江省文物保护单位，2013 年 3 月 5 日被国务院公布为全国重点文物保护单位。

① 据宋施宿《会稽志》卷十转引。

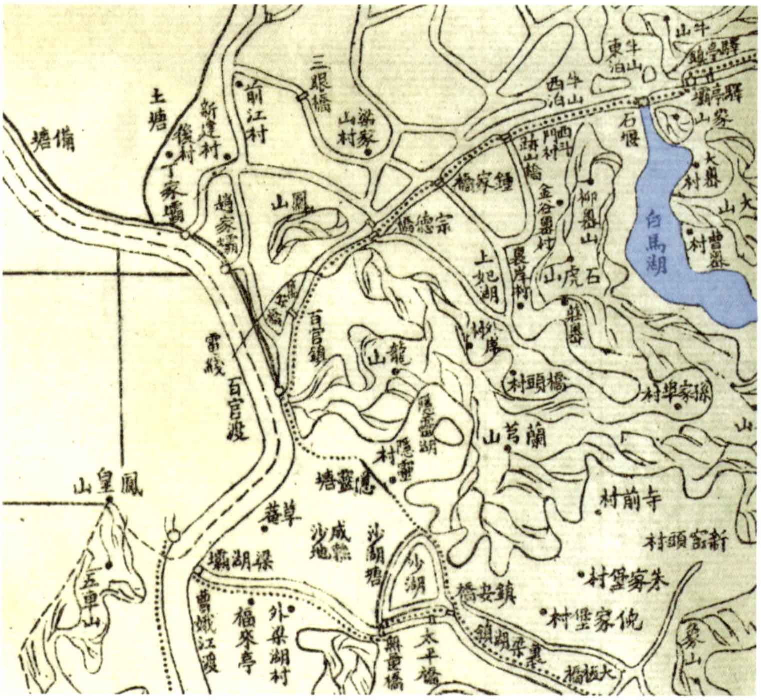

清光绪二十年（1894）《浙江全省舆图并水陆道里记》中标注的“白马湖”（邱志荣供图）

上虞白马湖（邱志荣摄）

上虞白马湖（戴秀丽摄）

D51 粟山（粟里）

□ 地理位置

经　度： 120.976485

纬　度： 29.759952

所在地： 绍兴市上虞区南

粟山（粟里）位置图

□ 简　介

《嘉泰会稽志》卷九《山·会稽县》："储山在东南一百四十里。周处《风土记》云：越王供储在此。又云：张瑶种田立廥仓于山中，故名之，俗称粟山。"又卷十八《拾遗》："粟里，《旧经》云：上虞县粟里，舜供储在此。非也。"光绪《上虞县志校续》卷二十八："粟里，《会稽三赋》注云：舜时供储于此。"

粟里在粟山。但粟山今失所在，粟里亦无踪影。

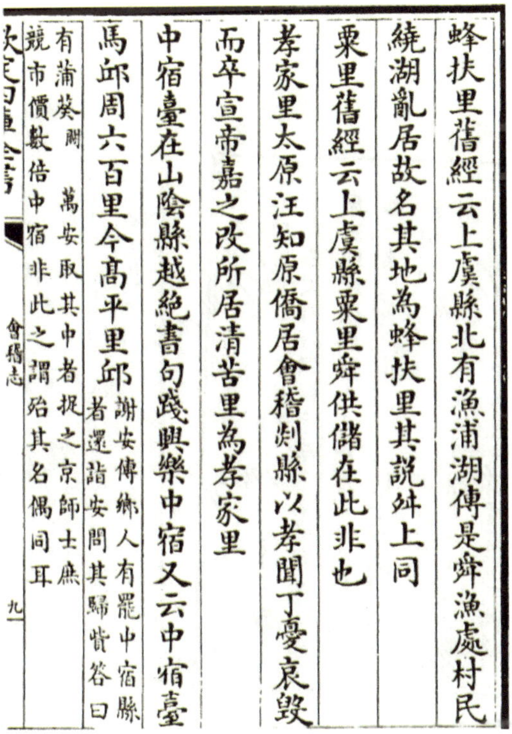

蜂扶里舊經云上虞縣北有漁浦湖傳是舜漁處村民繞湖亂居故名其地為蜂扶里其說舛上同

粟里舊經云上虞縣粟里舜供儲在此非也

孝家里太原汪知原僑居會稽剡縣以孝聞丁憂哀毀而卒宣帝嘉之改所居清苦里為孝家里

中宿臺在山陰縣越絕書句踐興樂中宿又云中宿臺馬郘周六百里今高平里郘謝安傳鄉人有罷中宿縣者還詣安問其歸貲答曰有蒲葵闕萬安取其中者捉之京師士庶競市價數倍中宿非此之謂殆其名偶同耳

欽定四庫全書　會稽志　九

四库全书版《会稽志》卷十八记"粟里"

D52 粜米石

□ 地理位置

经　度：120.807122

纬　度：30.073558

所在地：绍兴市上虞区舜江滨，今曹娥江龙山段

粜米石位置图

□ 简　介

明万历《新修上虞县志》：“曹娥江至龙山曰舜江……江之中有石曰落星石（在县西北四十余里），高丈余（……欧阳修云：吴越宝正六年封宝山石）。石之东南，长亘里许，阔寻丈，有石曰‘粜米石’，俗谓舜粜米之路。凶岁石现，米价腾踊，土人用以占年。”今不存。

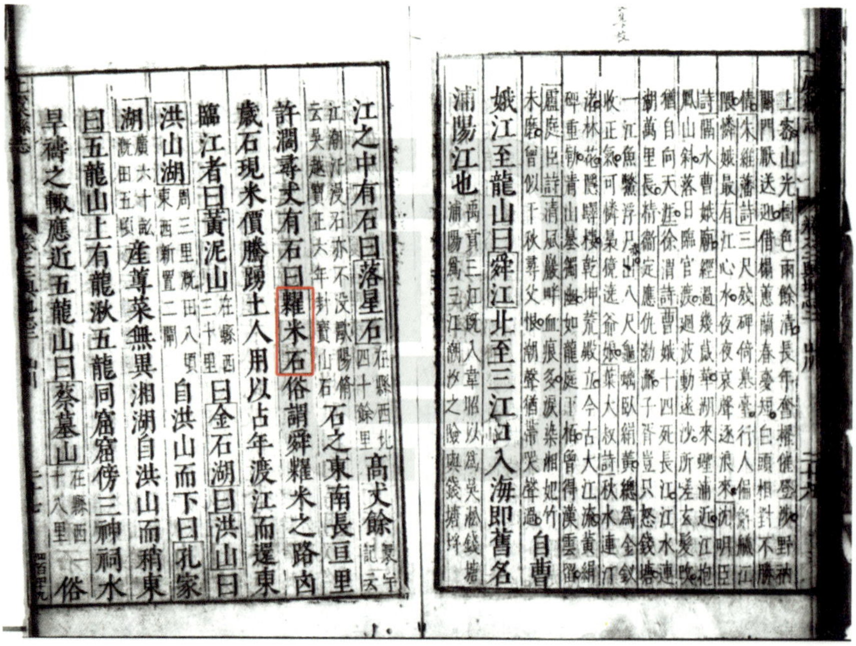
上蔡山光樹色雨餘清長作會稽催登涉野神闕門厭送迎借榻蕙蘭春夢短白頭相對不勝情 朱維藩詩 三尺殘碑倚墓臺行人偏惜纖江限憐娥最有江心水夜夜哀聲逐浪來 沈明臣詩 隔水曹娥廟經過幾歲華潮來蟬浦近江抱鳳山斜落日臨官渡迴波動遠沙所嗟玄髮改猶自向天涯 徐渭詩 曹娥十四死長江江水連潮萬里長精衛定應仇渤澥子胥豈只怒錢塘一江魚鱉浮尸出八尺龜蛇臥絹黃總爲金釵收正氣可憐梟鏡遠爺娘 葉大叔詩 秋水連江渚林花隱驛樓乾坤荒殿立今古大江流黃絹碑重勒青山墓獨幽如龍庭下柘曾得漢雲留 廬庭臣詩 清風巖畔血痕多淚染湘妃竹未磨曾似千秋尋父恨潮聲猶帶哭聲過 自曹娥江至龍山曰舜江北至三江口入海即舊名浦陽江也 禹貢三江既入韋昭以爲吳松錢塘浦陽爲三江謝沙之險與錢塘埒

江之中有石曰落星石 在縣西北四十餘里 高丈餘 寰宇記云江潮汗漫石亦不没歐陽脩云吳越寶正六年封寶山石 石之東南長亘里許闊尋丈有石曰糶米石俗謂舜糶米之路內歲石現米價騰踴土人用以占年渡江而還東臨江者曰黃泥山 在縣西三十里 曰金石湖曰洪山曰洪山湖 周三里溉田入頃東西斬置二閘 自洪山而下曰孔家湖 廣六十畝溉田五頃 產蓴菜無異湘湖自洪山而稍東曰五龍山上有龍湫五龍同窟傍三神祠水旱禱之輒應近五龍山曰蔡墓山 在縣西十八里 俗

明万历《新修上虞县志》卷二载“粜米石”

D53 五石棚

□ 地理位置

经　度：120.83953

纬　度：29.988926

所在地：绍兴市上虞区东关街道傅张村（原傅村）牛山上

东关街道傅张村（原傅村）牛山五石棚位置图

□ 简　介

为虞舜部落，宗教纪念物。

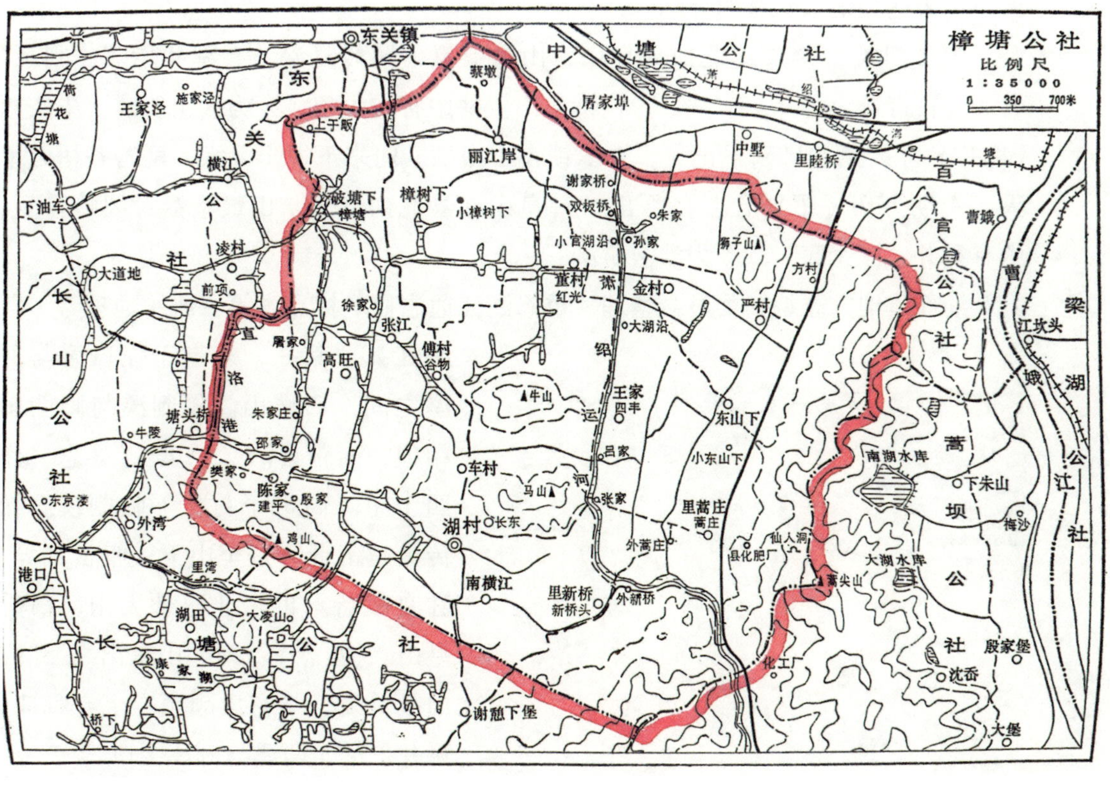

牛山位置（引自1984年版浙江省上虞县地名委员会编《上虞县地名志》“樟塘公社”图幅，邱志荣供图）

嵊州市

D54 舜皇山

□ 地理位置

经　度：120.829599

纬　度：29.71398

所在地：绍兴嵊州市清风大桥附近剡溪西岸

□ 简　介

舜皇山因舜帝南巡驻足于此而得名，山上曾有舜庙、舜井，后因修建龙皇水库，庙和井均被水淹没。不过，村名并未改变，这里的名茶仍以“舜皇云尖”来命名，以表达当地人对舜的怀念。

宋《剡录》卷二：“北曰舜皇山，山最崇矗，冈岭复深，有舜井焉。”《剡录》卷四《古奇迹 · 舜井》：“井二，在舜皇山。井中有蛇生角，今为沙土所翳。朱庆馀《舜井》诗：‘碧甃磷磷不记年，青萝锁在小山颠。向来下视千寻水，疑若苍梧万里天。’”明万历《绍兴府志》卷五：“舜皇山在县北四十里，山最崇矗，冈岭盘复，中有舜井，深无底”，“今为沙土所淤”。

浙江省地方志编纂委员会整理《重修浙江通志稿》标点本第一册《地理考 · 曹娥江》：“其一，东走于强口溪与回溪之间，曰嶀山。隔剡溪与画图山相望，南距县治二十里。《县志》作四十里。高可干霄，下临剡溪。相传吴越王钱镠舟至山下，叹赏其异，驻舟赋诗。再东北曰外大山，曰舜皇山。《县志》：即嶀山东出之一陇。山矗岭复，与嶀山颉颃，上有舜庙、舜井。尽于两溪与剡溪会口。”

舜皇山位置图

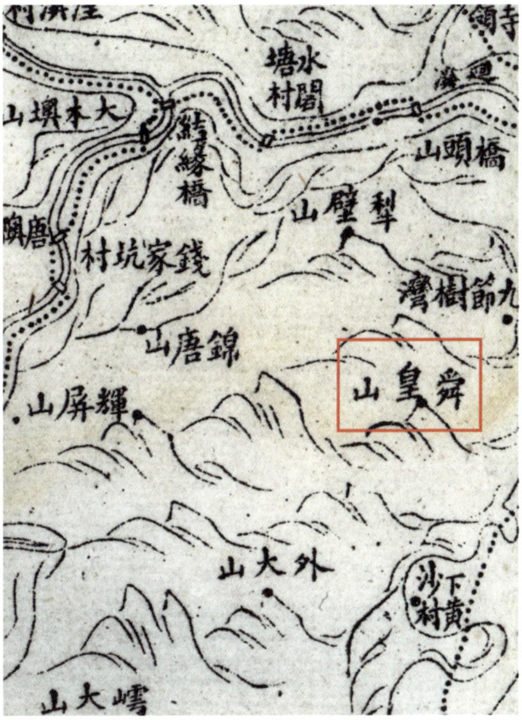

清光绪二十年（1894）《浙江全省舆图并水陆道里记》中标注的“舜皇山”（邱志荣供图）

舜皇山航拍（戴秀丽摄）

D55 舜皇庙

□ 地理位置

经　度：120.830118

纬　度：29.715796

所在地：绍兴市嵊州市仙岩镇舜皇村

□ 简　介

此庙原有前后两进，厢房五间，为建造龙皇水库，“文化大革命”时期被拆毁填埋，至今存有石柱残联：“龙伏内潭两圣井，舜坐嵊山朝四明。”庙内原先共有四口舜井，是舜皇山命名的缘由。今遗址尚存，另外石刻庙匾散落民间。

舜皇村名由来可追溯到尧舜时代，相传舜曾到舜皇山，其栖息之处曾建有舜皇庙。直接相关文字记载不多。据当地老人回忆，舜皇山上的寺庙曾经拥有较大规模，约有 12 亩地，那里的两眼井长年不涸，村民多到这里取水，遇到大旱年，方圆百里的百姓都会到这里取水。两口舜井，就在舜皇庙内天井中，井旧址已被库水淹没。建造水库时，曾挖出瓦砾、铜灯盏、石磨等文物。散落在外的至今还有石雕、石梁、石墩、石柱等残件，依稀可辨“龙伏内潭两圣井，舜坐嵊山朝四明”。

舜皇庙位置图

舜皇村位于仙岩镇西北部，东北与三界镇相邻。地势高峻，坐北朝南。舜皇村背靠嵊山，拥有古道众多，现保存较为完好的有“青云梯”“游谢古道”“朝舜古道”“舜井古道”。

舜皇村标识牌（戴秀丽摄）

舜王庙遗址，今为舜民水库（戴秀丽摄）

舜王庙遗址处石壁介绍（邱志荣摄）

D56 历山

□ 地理位置

经　度：120.851121

纬　度：29.752318

所在地：绍兴市嵊州市三界镇一带

历山位置图

□ 简　介

相传舜在此耕种。

西晋周处《风土记》：舜“耕于历山。而始宁、剡二县界上，舜所耕田于山下，多柞树。吴越之间，名柞为枥，故曰历山”[1]。《水经注》：“周处《风土记》曰：‘旧说“舜葬上虞”。’又记云：‘耕于历山，而始宁、剡二县界上，舜所耕田于山下，多柞树。’”

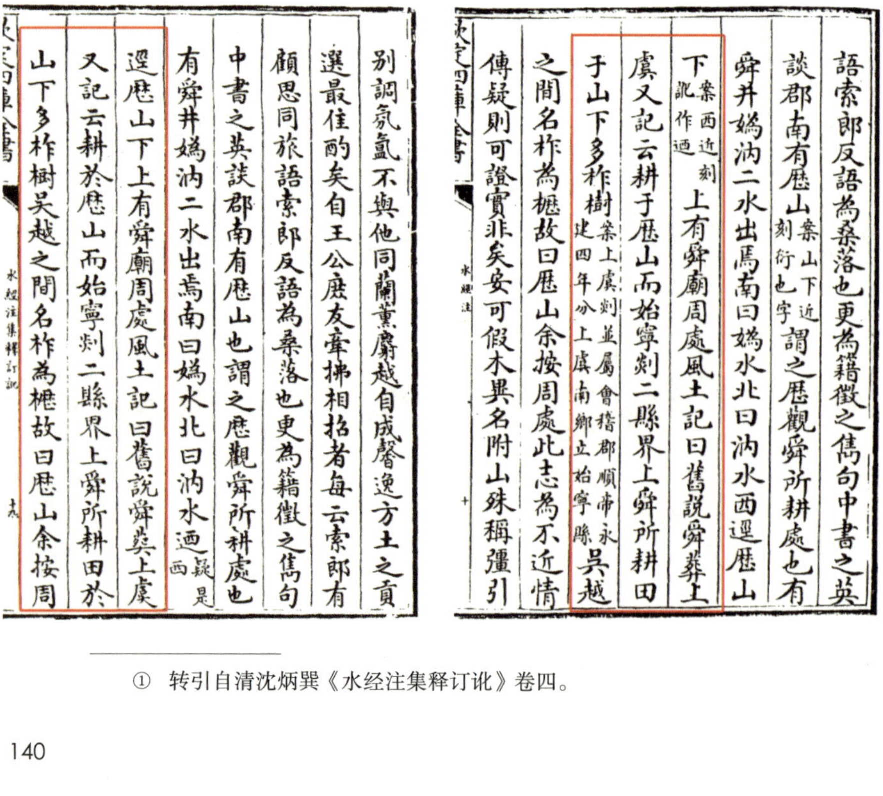
别調氛氳不與他同蘭薰麝越自成馨逸方土之貢
選最佳酌矣自王公庶友牽拂相招者每云索郎有
顧思同旅語索郎反語為桑落也更為籍徵之雋句
中書之英談郡南有歷山也謂之歷觀舜所耕處也
有舜井嬀汭二水出焉南曰嬀水北曰汭水迺疑是西
逕歷山下上有舜廟周處風土記曰舊說舜葬上虞
又記云耕於歷山而始寧剡二縣界上舜所耕田於
山下多柞樹吳越之間名柞為㰀故曰歷山余按周

語索郎反語為桑落也更為籍徵之雋句中書之英
談郡南有歷山案山下近刻衍也字謂之歷觀舜所耕處也有
舜井嬀汭二水出焉南曰嬀水北曰汭水西逕歷山
下案西近刻訛作迺上有舜廟周處風土記曰舊說舜葬上
虞又記云耕于歷山而始寧剡二縣界上舜所耕田
于山下多柞樹案上虞剡並屬會稽郡順帝永建四年分上虞南鄉立始寧縣吳越
之間名柞為㰀故曰歷山余按周處此志為不近情
傳疑則可證實非矣安可假木異名附山殊稱彊引

四库全书版《水经注》卷四记“历山”

① 转引自清沈炳巽《水经注集释订讹》卷四。

D57 谷来

□ 地理位置

谷来镇位置图

经　度：120.650431

纬　度：29.693603

所在地：绍兴嵊州市谷来镇

□ 简　介

谷来镇有谷来岭。《嘉泰会稽志》卷九："谷来岭，《十道志》云：舜耕于此，天降嘉谷之处。岭以此名。"

据民国版《嵊县志》记载："舜耕于此，天降嘉谷，故名谷来。"

传说舜的继母仇氏叫舜去种植稻谷，但是不给他稻种，舜祈求上苍赐予谷种，舜的诚恳求告感动上苍，百鸟飞来，并给舜衔来了谷种，帮他播下谷种。由于谷种是百鸟衔来的，故此地称"谷来"。

□ 附　录

谷来有田良村（谷来三村）吴山庙、水河湾舜王庙、白洋湖舜王庙、举头坑龙舜庙、马溪村紫岩寺、水见湾舜王庙，还有举坑太尉庙、下显潭太祖庙、上显潭胡

谷来航拍（程丹摄）

谷来镇来山大庙（张钧德摄）

公庙、岭头山庙、岭头山风车庙、岩潭太祖庙、岩潭老佛庙、漠东严朱庙、高岩头老公庙、外莫岙大仙庙、里莫岙三仙庙、来山庙、护国岭太祖庙、九里前乡主庙、城后山土地庙、城后龙山土地庙、稽坑太尉庙、横路坑天鹰庙亦等祀舜帝，另山墩村永兴庙祀舜王之娘舅。汇总如下。

谷来镇舜庙及参与祀舜的庙宇

吴山庙	
水河湾舜王庙	
白洋湖舜王庙	
举头坑龙舜庙（光绪年间建造）舜王神像	
水见湾舜王庙	
马溪村紫岩寺	供奉舜王
马村山墩永兴庙	祀舜王之娘舅，清光绪年建造，县文保单位
举坑太尉庙	参与祀舜
下显潭太祖庙	参与祀舜
上显潭胡公庙	参与祀舜
岭头山庙	参与祀舜
岭头山风车庙	参与祀舜
岩潭太祖庙	参与祀舜
岩潭老佛庙	参与祀舜
漠东严朱庙	参与祀舜
高岩头老公庙	参与祀舜
外莫岙大仙庙	参与祀舜
里莫岙三仙庙	参与祀舜
来山庙	参与祀舜
护国岭太祖庙	参与祀舜
九里前乡主庙	参与祀舜
城后山土地庙	参与祀舜
城后龙山土地庙	参与祀舜
稽坑太尉庙	参与祀舜
横路坑天鹰庙	参与祀舜

D58 水涧湾舜王庙

□ 地理位置

经　度：120.649302

纬　度：29.67373

所在地：绍兴嵊州市谷来镇谷来一村

□ 简　介

现存舜王庙，正殿供奉舜王及二妃，1995年新修。又有来山庙。

水涧湾位置图

水涧湾舜王庙（张钧德摄）

D59 吴山舜王庙

□ 地理位置

经　度：120.659974

纬　度：29.709946

所在地：绍兴嵊州市谷来镇谷来三村田良自然村

□ 简　介

吴山舜王庙始建于太平天国时期，原名泗洲堂。20 世纪 30 年代后期，翻修改建，易名吴山寺。1994 年重修扩建，增加了舜王等神像，并新建了戏台。大殿正中供奉舜王神像，舜王神像左侧是土地公公和土地婆婆坐像，右侧从左至右依次是为当地人治病积累功德的吴仙师、蒋仙师、陈仙师。大殿东西两侧各有文武判官两名。舜王神像前方有一个木制神龛，内有玉皇大帝小像一座。2012 年更名为舜王庙，正式成为双江溪舜王庙的下位庙宇和谷来片区的中心庙。

吴山舜王庙位置图

吴山舜王庙外景（程丹摄）

吴山舜王庙近景（程丹摄）

吴山舜王庙祭舜大典（张钧德供图）

D60 白洋湖舜王庙

□ 地理位置

经　度：120.647676

纬　度：29.668977

所在地：绍兴嵊州市谷来镇护国岭村

白洋湖舜王庙位置图

□ 简　介

该庙原供奉舜王。现因为建造高速公路已被拆除。

白洋湖舜王庙外景（张钧德摄于 2019 年）

D61 紫岩舜王庙

□ 地理位置

经　度：120.671696

纬　度：29.741524

所在地：绍兴嵊州市谷来镇马溪村

□ 简　介

此庙供奉舜王，现存。同时也供奉其他菩萨。[①]

紫岩舜王庙位置图

紫岩舜王庙外全景（程丹摄）

紫岩舜王庙（程丹摄）

① 邱志荣、张钧德、金小军主编：《浙江禹迹图》，中国文史出版社 2019 年版，第 117 页。

新昌县

D62 鼓山

□ 地理位置

经　度：120.895363

纬　度：29.513839

所在地：绍兴市新昌县南明街道

鼓山位置图

□ 简　介

相传大禹治水终于嵊州之了溪，舜帝捕获了夔，杀了夔，令巫咸用夔皮制成鼓，这儿是舜造鼓的遗址。[①]

鼓山航拍（戴秀丽摄）

① 吴宝炎:《虞舜遗踪集》，北京出版社 2016 年版，第 59 页。

鼓山公园（戴秀丽摄）

鼓山书院（戴秀丽摄）

杭州市

萧山区

A01 历山（小砾山）

历山（小砾山）位置图

□ 地理位置

经　度：120.193626

纬　度：30.111963

所在地：杭州市萧山区闻堰街道小砾山

□ 简　介

因地处小砾山，故名。曾名历山，位于闻堰东南 2.5 千米，海拔 18 米。据民国 14 年《湘湖志》载：“历山在湖之西南，历作砾，临钱塘江。明万历《绍兴府志》载：历山在县西三十里，相传为舜耕处（余姚也有历山，今并之）。”①

□ 附　录

砾山庙位于三江口村小砾山东山脚，又称心庵。民国 24 年《萧山县志稿》载：“心庵在安养乡历山东，清乾隆初，吴姓舍基建成，咸丰壬戌（1862）毁，光绪年间（1875—1908）张吴氏募资重建。”今重建。②

---

① 杭州市萧山区闻堰镇人民政府《闻堰镇志》编纂委员会编：《闻堰镇志》，西泠印社出版社 2011 年版，第 27 页。

② 杭州市萧山区闻堰镇人民政府《闻堰镇志》编纂委员会编：《闻堰镇志》，西泠印社出版社 2011 年版，第 568 页。有订正。

小砾山现状（邱志荣摄）

小砾山周边砾山庙（程丹摄）

小砾山引水枢纽（程丹摄）

A02 舜湖

□ 地理位置

经　度：120.254877

纬　度：29.954349

所在地：杭州市萧山区浦阳镇舜湖村

□ 简　介

舜湖村位于浦阳镇南部。舜湖位于村东部，相传为舜帝渔耕之地。村中以王、俞为主姓。现村内有“舜湖主河”，为舜湖村内主要河流，故名，开挖于 1965 年，长约 630 米。为镇村级河流。[①]

相传舜曾捕鱼于此。今舜湖已不存。

舜湖位置图

① 杭州市萧山区民政局、杭州市萧山区区划地名管理办公室编：《杭州市萧山区地名志》，内部资料（2014 年版），第 165、544 页。

考古发掘沉入湖底几千年的大木头（邱志荣摄）

□ 附 录

舜湖传说

萧山舜湖一带流传着一则故事，大意是说：舜出生在舜湖，小时候后娘虐待舜，舜却对后娘很孝顺。后娘每次打舜，舜都不哭。有一次，舜哭了。后娘问他为啥哭，舜说："娘经常打我，一打就痛。今朝娘打我，一点都不痛。我哭娘年纪大了，手无力了，都是儿子不孝之故。"这样一来，舜的名气越传越远，尧特地来找他。这天，舜在耕田，尧在田埂上大声地问他："耕田是雄牛快还是雌牛快？"舜特地放下犁，走到田埂边，洗干净脚，穿好草鞋，行过礼，才对尧说："耕田是雄牛快。"尧很高兴，又问他为什么不在田里直接回答。舜说，一则是回答长者不可无礼；二则，我那头牛是雌的，我当着它的面讲雄牛耕田快，它会生气的。尧一听，觉得舜果然不错，就把王位禅让给他了。在武义后树乡黄泥坑村，人们传说后娘逼着才七八岁的小虞舜到山上去开山种地。于是，老虎、野猪来帮他开垦，老鼠和麻雀又到天上去帮他偷来了稻谷种子。从此以后，天下便有了水稻。这里的人们把物种起源神话嫁接到了舜的身上，认为他是农业的发明人。

池底大木头

前几年村里给大池塘清淤，抽干水挖淤泥时，村民发现池塘淤泥2米底下有大段的木头，一排排，不腐烂，村民想不通到底是咋来的，询问村内90多岁的老人，老人也不知，猜测与几千年前的大规模海侵有关。

A03 舜湖祠堂

舜湖祠堂位置图

□ 地理位置

经　度： 120.255954

纬　度： 29.954594

所在地： 杭州市萧山区浦阳镇舜湖村

□ 简　介

舜湖村有一座宗祠。该祠堂建于清代，整体布局完整，占地500平方米，坐北朝南，呈“回”字形。分前厅和正厅两部分，前后厅之间为天井，天井为东湖石板铺设。东西两旁各是厢房，现有两扇门，正门朝南，朱红式木门。正门每逢重大节日才开，平时有事情进出都是走北面的偏门。据村里的老人说，以前在正堂上方挂的匾额是“舜耕湖上永名世”，与正堂上方的匾额相对应的还有一块石碑，刻着“东接三槐，西邻五柳，舜耕湖上，永铭也”的碑文。现已不存。

舜湖村以王、俞为主姓，所以祠堂名为“俞氏家庙”，又叫敦睦堂，寓意为敦厚和睦之意，教育俞氏后代要老老实实做人，和和气气相处，这也是历朝历代俞氏族人一直延续遵守的家风家训。

舜湖祠堂内景（程丹摄）

A04 余湖

□ 地理位置

经　度：120.251967

纬　度：30.0004558

所在地：杭州市萧山区浦阳镇小湖孙村

□ 简　介

原称鱼湖，相传舜在此耕田捕鱼，传授耕作、渔猎技术，北宋时改作余湖。

余湖位置图（底图源自桃北新村《桃北景图》，程丹摄）

余湖晚霞（邱志荣摄）

A05 舜壁山

□ 地理位置

经　度：120.146494

纬　度：29.918545

所在地：杭州市萧山区楼塔镇

舜壁山位置图

□ 简　介

相传舜巡游此地，登临于此山，留下传说故事。

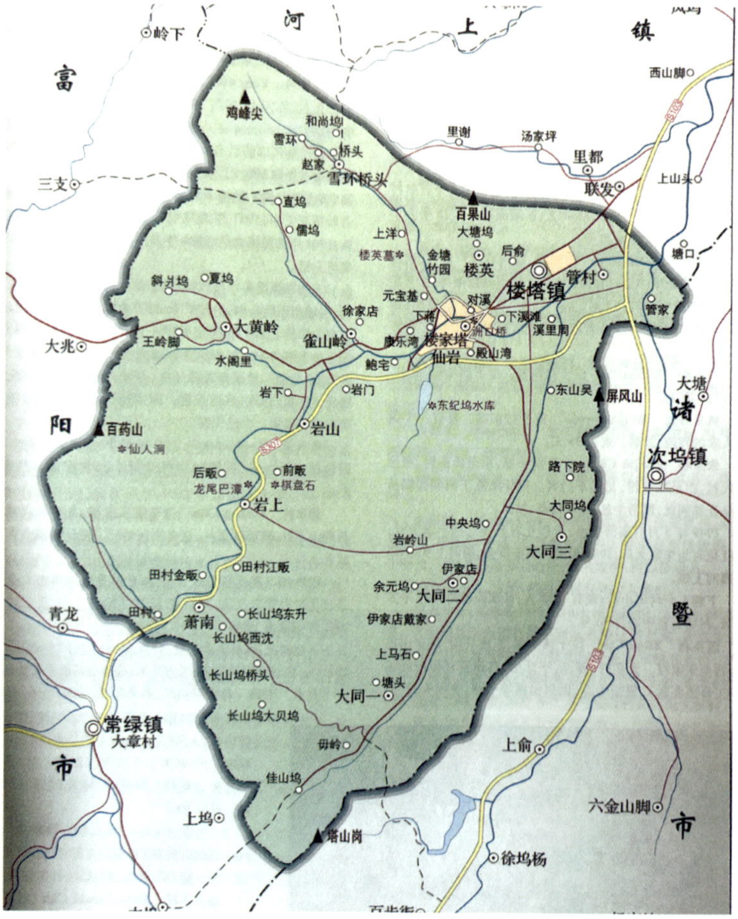

楼塔镇地图（引自2014年杭州市萧山区区划地名管理办公室编《杭州萧山区地名志》，邱志荣供图）

A06 渔浦

□ 地理位置

渔浦位置图

经　度：120.188543

纬　度：30.092335

所在地：杭州市萧山区义桥镇渔浦公园

□ 简　介

渔浦位于今萧山区西南15公里处，富春、浦阳、钱塘江之水流注于此，水面辽阔，水深莫测，古称“渔浦潭”。渔浦相传为4000多年前新石器时代晚期炎黄部落联盟领袖虞舜渔耕的地方，故名“渔浦”。[①]

《嘉泰会稽志》卷十《水·萧山县》：“渔浦在县西三十里。《十道志》云：渔浦，舜渔处也。”

□ 附　录

渔浦事实

［明］许姓人

县志云：渔浦在县西南三十五里。《十道志》云：渔浦，舜渔处也。《会稽三赋》云：水则有渔浦。《三抚》亦曰：舜所渔所游处也。

又按：渔浦本吾萧山四镇之一也。西兴、钱清、渔浦、和尚店是为四镇。渔浦旧有税课局一处，后因局司难以盘诘奸细，院司议将新城县东梓巡检司移建于本处。而税课司因寝废焉。事在宣顺时。至嘉靖间，迫于坍江，又移进南岸。至庆历间又坍毁。官无宁咎，寓于县城。有司方议择基重建，尚未果也。盖本浦当古先时，西抵富阳，江水从庙山至辉山浦，直出浮山湾，乃下钱塘江。其水既不经渔浦。南接诸暨七十二湖，水出至临浦灌麻溪，东从若耶江再至越城，出三江闸入海。临浦北

① 杭州市萧山区民政局、杭州市萧山区区划地名管理办公室编：《杭州市萧山区地名志》，方志出版社2014年版，第582页。

渔浦码头（邱志荣摄）

渔浦风光（程丹摄）

二里许，有堰一带，曰碛堰，界断诸暨水，又不出渔浦。故其浦狭小，止通一小舟。自傅家半里有一桥，曰庙桥，盖宋时郡马府前桥也。浦东为六都四图，浦西为六都一二三图，人烟繁盛，风土形胜，相传有自来矣。逮后山浦浮涨不通，涨至东江嘴二十余里，富阳江水沿沙直冲渔浦。自成化间碛堰又开，诸暨水又直冲渔浦而出钱塘江。二水交冲，日侵月削。西之浦口，始不过数丈，今则相隔数里。南之浦腹，始不过一舟，今则相隔里许。数千顷膏腴之地，悉变为汪洋。正所谓桑田成沧海也，可胜惜哉！又何怪乎风俗之浇漓，而人物之陵替耶？特述之以俟后人之知。

又按：渔浦乃吾萧山八景之一。县志云萧山八景：西村梅雨、北干松风、湘湖云影、西江月色、文峰拱秀、书院遗香、罗刹潮声、渔浦烟光，谓之八景。故前贤名士骚人逸客，至此皆有吟咏，详载县志。今七景虽存，稍逊于前，惟吾渔浦烟光如旧。世界沧桑，人物更变，为祖宗者，何幸而居于此耶？为子孙者，何不幸而生于此耶？噫！

（原载《渔浦许氏宗谱》，引自《杭州市萧山区地名志》，方志出版社 2014 年版。当为明代万历年间许姓人所作）

A07 湘湖

□ 地理位置

经　度：120.221555

纬　度：30.136275

所在地：杭州市萧山区湘湖景区

湘湖位置图

□ 简　介

纪念湘神（舜帝二妃）。据传远古时期，舜帝驾崩后，潇湘二妃跳入湘江，化身湘江女神。

明万历十五年（1587）刻本《绍兴府志·湘湖图》（邱志荣供图）

湘湖风光（邱志荣摄）

湘湖大观（邱志荣摄）

宁波市

余姚市

B01 余姚

□ 地理位置

经　度：121.163936

纬　度：30.052866

所在地：宁波市余姚市阳明街道秘图山

□ 简　介

余姚的县名与舜有关，南朝梁刘昭《续汉志》注：《山海经》句余之山（四明山），余姚、句章二县因以为名，《旧志》谓余姚为帝舜所生之地，故江曰姚江，南有句余山，合山水之名为余姚。”

唐《元和郡县志》卷二十上引《风土记》：“舜支庶所封之地，舜姓姚，故曰余姚。”张守节《史记正义》引《括地志》：“越州余姚县，顾野王云：舜后支庶所封之地，舜姓姚，故云余姚。”

《嘉泰会稽志》卷十二《八县·望余姚县》：“周处《风土记》云：舜后支庶所封。舜姓姚，故曰余姚。在府东北一百四十七里。东西六十里，南北二百六十里。”

黄宗羲《孟子师说》：“今余姚、上虞两县，皆以舜得名……其土中

余姚位置图

耕者往往得古陶器。舜之古迹在此两县为最多。”

《姚江文化史·舜禹的传说与史实》记述：“舜姓姚，号有虞氏，名重华，也称虞舜，是我国原始社会末期继唐尧之后的部落联盟的领袖，成为上古五帝之一。尽管上古文献缺乏，神话和史实混杂，但我们还是有充分理由认为，舜是人而不是神。”[①]

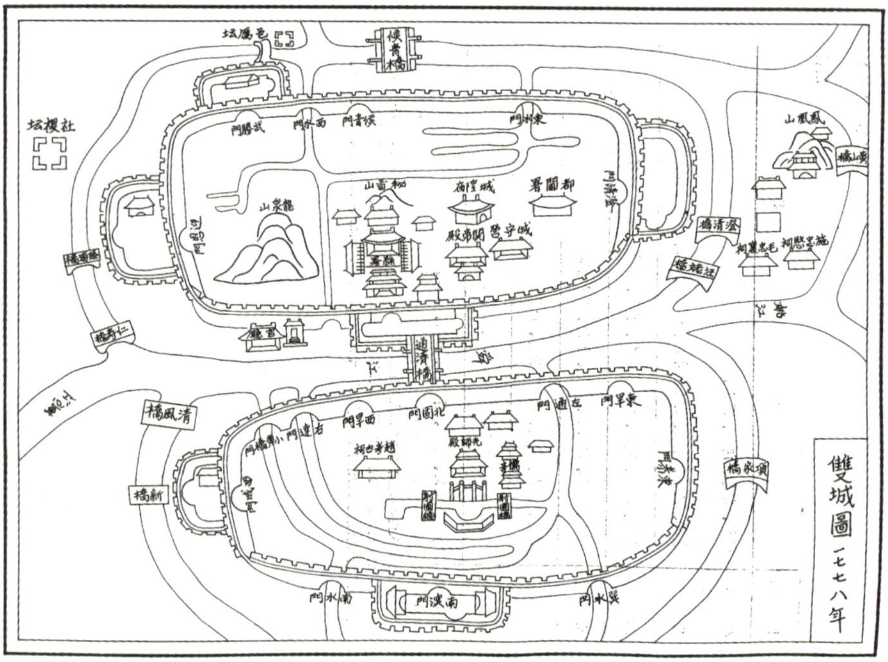

余姚城有舜江形成双城（邱志荣供图）

余姚城航拍（程丹摄）

① 邱志荣、张钧德、金小军主编：《浙江禹迹图》，中国文史出版社 2019 年版，第 118 页。

B02“姚墟古迹”题刻石碑

□ 地理位置

经　度：121.161791

纬　度：30.053208

所在地：宁波市余姚市阳明街道龙山公园

“姚墟古迹”题刻石碑位置图

□ 简　介

相传此地为舜的重要活动场所。其名与舜有关，现余姚龙山公园内有现代著名学者、史学家史树青先生题写的“姚墟古迹”石碑。

“姚墟古迹”碑刻（邱志荣摄）

宁波市余姚龙山公园东侧航拍图（程丹摄）

B03 姚江

□ 地理位置

经　度：121.272697

纬　度：30.016618

所在地：宁波市余姚市余姚江

姚江流域位置图

□ 简　介

姚江古称姚水，又称舜江或舜水，源出上虞县太平山。[①] 即因虞舜而得名。现姚江边建有舜江楼，姚江之上建有舜江桥（现称通济桥），是昔日姚江上最长、最高的桥，素有“浙东第一桥”之称。2019 年 10 月，余姚通济桥被国务院公布为第八批全国重点文物保护单位。

宁波姚江、通济桥与舜江楼（邱志荣摄）

① 余姚市地名委员会办公室编:《余姚市地名志》，内部资料（1987 年版），第 531 页。

B04 冯村

冯村位置图

□ 地理位置

经　度：121.111437

纬　度：29.987867

所在地：宁波市余姚市兰江街道冯村村

□ 简　介

冯村距余姚市区西南9公里。冯村古名诸冯，旧属会稽，亦称姚墟，相传为舜出生地。《孟子·离娄下》载："舜生于诸冯。"宋《剡录》卷一："余姚有诸冯之地，舜所生也。"南宋宝庆《会稽续志》卷一《风俗》："王铚《学记》云：余姚有

诸冯亭（邱志荣摄）

《舜帝颂》碑

诸冯之地，舜所生也。会稽之地，禹所没也。舜、禹功被万世，而有见于风俗。又王安石有《历山赋》，盖亦思舜而作也。则习俗之美，兼有舜之遗风矣。”

现村内还建有诸冯亭、诸冯胜迹石牌坊、舜帝像。

舜帝像（程丹摄）

入村石牌坊正面刻有“姚墟古迹”（邱志荣摄）

入村石牌坊背面刻有“诸冯胜迹”（程丹摄）

B05 清贤寺

□ 地理位置

经　度：121.115648

纬　度：29.997366

所在地：宁波市余姚市兰江街道冯村村

□ 简　介

清贤寺始建于三国时期，由东吴会稽王所建，东吴天纪元年（277）赋额“观堂寺”。西晋建兴二年（314）因战乱被烧，于东晋建武二年（318）由阿育王寺僧人重建，更名为“明真院”。东晋名士支遁、许询、王羲之、谢安、孙绰、刘真长、王蒙等时常在明真院讲经、著书、立说，成为探讨时政的场所。后人为了纪念许询，便有了“清贤”之说。[①] 后汉天福十二年（947）毁于战乱，北宋建隆三年（962）重建于笔架山，改称“明真讲院”。明万历三十八年（1610）被毁，天启五年（1625）重建，清同治十三年（1874）被毁。2011 年 5 月，村民叶鑫龙四处结缘，并报宁波市宗教事务局批准，重建清贤寺。现清贤寺为浙江省宁波市余姚市虞舜研究会挂牌地，2020 年在此举行余姚市虞舜研究座谈会。

冯村村清贤寺位置图

清光绪二十年（1894）《浙江全省舆图并水陆道里记》中标注的“清贤寺”（邱志荣供图）

① 叶龙虎撰：《桃花源里说冯村》，《宁波日报》2014 年 5 月 4 日。

清贤寺现状航拍（程丹摄）

清贤寺山门外景（邱志荣摄）

清贤寺内舜帝像（程丹摄）

□ 附　录

启建清贤寺缘起

中华余姚诸冯（冯村旧时称诸冯）舜帝故里，古属吴越东夷。二十四孝《孝感动天》是尧舜的发祥地，《地藏经》中的地藏王菩萨孝经是大乘佛教的经典，四千多年前的舜王亦是地藏王化身，王阳明先生称舜帝为古佛，民间称舜王为地官菩萨，地藏王菩萨与地官菩萨舜王一脉相承，是天地万物的化身。问苍茫大地，谁主沉浮？六亿神州尽舜尧。余姚清贤寺的创建，亦是舜王孝感动天，德土厚重，大孝所至，与地藏王孝经灵感融合的净土道场。

缘起者　叶鑫龙感言

（资料来源：冯村村清贤寺内。邱志荣现场拍摄，程丹整理）

B06 虞家地

□ 地理位置

经　度：121.104709

纬　度：29.981521

所在地：宁波市余姚市兰江街道冯村村

□ 简　介

唐《虞秀姚墓志铭》明确记载了余姚虞氏家族的发源地与舜有关。其铭所载："灵绪载繁，轩丘孕祉于枢电，白源克浚，姚泽隤庆于薰风。"说的是余姚虞氏支脉繁衍，源于孕育之地的光耀。前有白水冲之源，此处又是虞舜遗泽之地，润德阜民。

乌丹山又称作乌胆山。据清光绪《余姚县志》载："乌胆山在县西南四十里，山与上虞接，峰特秀，望之如笔，航海者视为指南。"据冯村村民赵宇尧介绍，此山又名乌丹山虞家地，相传为舜的出生地。

虞家地位置图

乌丹山虞家地（程丹摄）

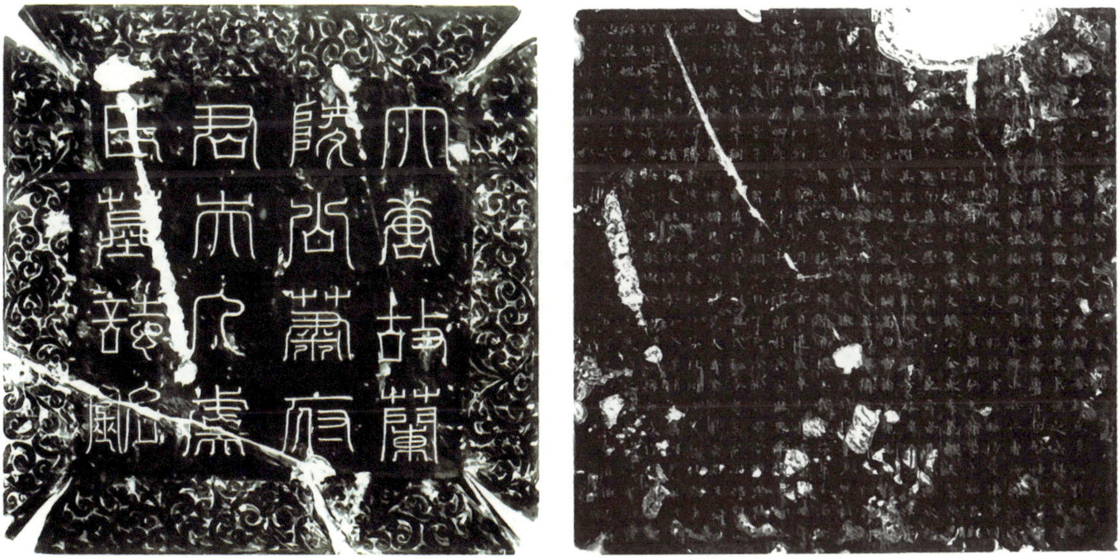

《虞秀姚墓志铭》拓片（程丹摄）

B07 馒头山

□ 地理位置

经　度：121.104709

纬　度：29.981521

所在地：宁波市余姚市兰江街道冯村村

□ 简　介

根据当地村民指路回忆，馒头山原先有一“窑顶”，相传舜在此制陶。现已不存，改为栽种三株茶树。

馒头山位置图

馒头山航拍（程丹摄）

窑顶旧址[①]（邱志荣摄）

① 据冯村村民姜张潮介绍，馒头山“窑顶”即此三株茶树所在位置。

B08 笔架山

□ 地理位置

经　度：120.689852

纬　度：29.792571

所在地：宁波市余姚市兰江街道冯村村清贤岭

笔架山位置图

□ 简　介

相传，舜在此拜务成子为师学习。

远眺笔架山（程丹摄）

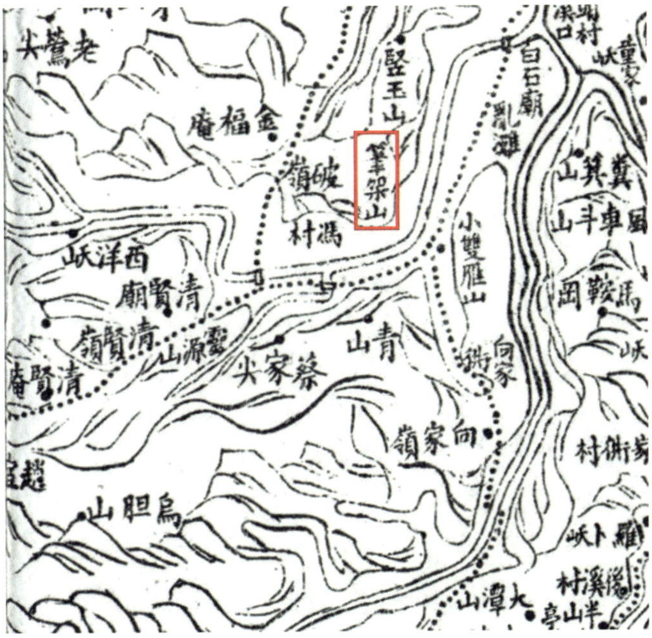

清光绪二十年（1894）《浙江全省舆图并水陆道里记》中标注的“笔架山”（邱志荣供图）

B09 龙池

□ 地理位置

经　度：121.102481

纬　度：29.977035

所在地：宁波余姚市阳明街道梁堰村伏虎山 / 石姥山

龙池位置图

□ 简　介

石姥山现已开发，龙池遗迹不存。据当地村委干部及村民介绍，原山上有一洞称“龙池”，即舜饮处，相传舜嘴巴干渴，蛟龙将一片洼地变成一口小池，使舜饮用清泉。在村西北处有伏虎山，也有水池，又有岳殿一座，现为余姚市文物保护单位。伏虎山又名花薷山。清光绪《余姚县志》载：“花薷山，在县西北十五里，是山产香薷。”①

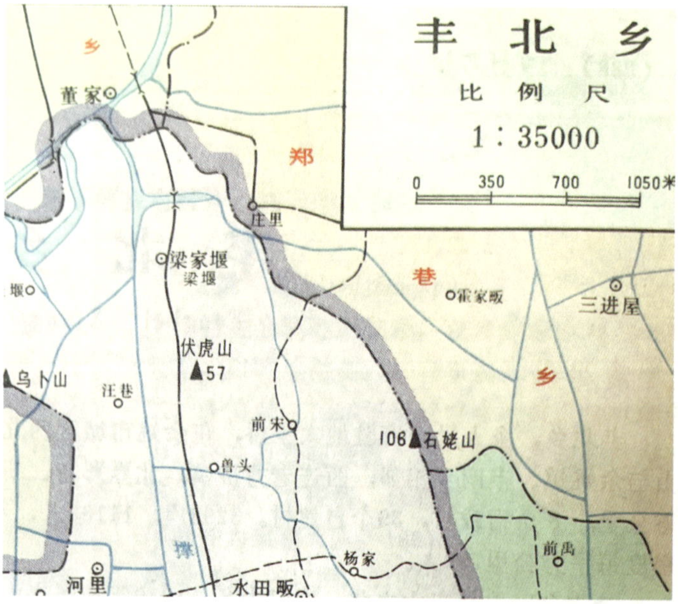

伏虎山位置图（引自 1987 年余姚市地名委员会办公室编《余姚市地名志》“丰北乡”图幅，邱志荣供图）

① 余姚市地名委员会办公室编：《余姚市地名志》，内部资料（1987 年版），第 290 页。

阳明街道梁堰村伏虎山（程丹摄）

阳明街道梁堰村岳殿[①]（程丹摄）

□ 附 录

梁家堰

堰起源于明朝弘治年间，已有村落形成，农作物种植广泛，手工制造业发展，村内河道通往县城的船往返繁忙，基本形成了物流的集散地，因河道落差较大，咸潮倒灌，饮水困难，旱涝灾害频发，庄稼歉收，黎民生活贫困。时有梁御史受命巡

① 阳明街道梁堰村岳殿，系清代为供奉五岳大帝而建的神庙。现存大殿一进，坐北朝南，重檐歇山顶，五开间。该殿以明、次间为一体，组成一穹顶，稍间用四根抬梁斜撑四角，构成八角形的宫殿式建筑。岳殿结构独特，雕刻精湛，彩绘生动，气势较大，有“姚北第一殿”之称，具有较高的历史、宗教和建筑艺术价值。

梁家堰（程丹摄）

邱志荣与村干部陈湖滨考察梁家堰（程丹摄）

查江南，民众请求拦河筑堰，以拦咸潮，拒洪水。梁依民意筑堰，造福一方。百姓为感恩，故称梁家堰。

由于过往船只较多，船民吃住在船上并等候过堰，此处逐渐形成商埠，各种商店沿河而建，岳殿、祠堂、油坊等随之兴起，商埠兴旺数百年。民国年间梁家堰、安山桥、油车弄号称县城北“三条街”，梁家堰街最负盛名。

（据现场调查整理）

B10 历山

□ 地理位置

经　度： 121.193581

纬　度： 30.173227

所在地： 宁波市余姚市低塘街道历山村历山旧址（现舜韵华庭小区）

□ 简　介

历山村西有历山，村袭山名。张姓为主，始祖从河南清河迁此[①]。

历山历史悠久。清光绪《余姚县志》引《康熙县志》记载：历山，在县北四十里，有象田、舜井、石床诸迹，山阳石壁镌“耕隐”二字，有石嵌空，横覆如床，可坐数人，相传为帝舜耕时避雨处。历山之名起源有二：一据晋代周处《风土记》载，“舜东夷之人，生于姚丘，耕于历山，舜所耕田于山下，多柞树，吴越之间，名柞为枥，故曰历山”。二说是古时历山，北为钱塘江海涂，相传渔民下海捕捞，上山沥网（即晒网），故又称沥网山。唐《史记正义》引《括地志》载，“越州余姚县有历山舜井”，盖历山之名由来已久。又据南宋《嘉泰会稽志》载，“历山舜帝庙在云柯乡”。

历山遗址位置图

西晋周处《风土记》：“舜东夷之人，生于姚丘”[②]，“耕于历山。而始宁、剡二县界上，舜所耕田于山下，多柞树。吴越之间，名柞为枥，故曰历山”[③]。

清乾隆《余姚县志》卷三《山川·历山》：“《野客丛书》‘历山有

① 余姚市地名委员会办公室编：《余姚市地名志》，内部资料（1987年版），第115页。

② 转引自［宋］罗泌：《路史》卷三十六。

③ 转引自［清］沈炳巽：《水经注集释订讹》卷四。

四’①，而余姚之历山不列其间。然自汉以来，余姚、上虞之名县皆以大舜，彼四历山之所无，此一证也。舜禹同时，禹之迹在会稽人所不疑，舜之迹在会稽乃独疑之乎？此又一证也。虞氏子孙盛于姚江者数千年，彼四历山未闻有显者，此又一证也。合此三证，则历山之在余姚者为是。”

“（历）山方广仅数亩，高寻丈许，磊磊皆石。循东麓而上有圆石出土，叩之有声。山阳石壁镌‘耕隐’二字，有石嵌空，横覆如床，可坐数人，相传为帝舜耕时避雨处。折而西，有石圆如盆盎，盛水一泓，亢旱不竭，即舜井也。”

舜耕遗址位于历山南麓。《光绪县志》载历山原有舜庙、石床、舜井、象田等遗迹，相传为帝舜耕时避雨处。20 世纪 50 年代后，历山因开采，已不存。今舜韵华庭小区即舜耕历山之旧址，园内还修建有舜耕桥和避雨亭。

张氏祖宅“聚和堂”②和历山旧照（1926 年张有德拍摄，刊登于 1927 年 2 月 19 日《天民报》图画附刊，张川供图）

① ［宋］王楙：《野客丛书》卷八，《南岳首阳历山涂山》列举了四处历山：“一河中府；二齐州历阳县；三济州；四濮州雷泽县。皆有舜之遗迹。”

② 厢记弄张氏祖宅“聚和堂”位于历山村南河头，为六品候选直隶州州同张广源建于清咸丰年间。门头有“派溯华阳承旧学，家傍舜岭效躬耕”石刻楹联，整体建筑保存完整，有“姚北第一高平屋”之称。

张氏祖宅“聚和堂”和历山现状航拍（程丹摄）

历山旧址园内重修的舜耕桥（程丹摄）

历山旧址园内重修的避雨亭（程丹摄）

B11 历山文化公园

□ 地理位置

经　度：121.199766

纬　度：30.16894

所在地：宁波市余姚市低塘街道高家桥路

□ 简　介

历山文化公园位于低塘街道历山村舜耕小学东。占地总面积 16000 多平方米，建筑面积 1500 平方米。始建于 2001 年，投资 290 万元。2012 年对文化公园进行改造，投入 350 万元，现园内有文化广场、虞舜孝德文化长廊、虞舜纪念馆、文化礼堂、家园馆、欢乐大舞台（韶乐戏台）、科普陈列基地。公园主要通过展示历山五千年文明发展历程和三十年改革开放成果，来体现“勤劳、创新、孝德”等历山人文精神。2013 年历山文化公园被列为余姚市“舜耕历山”爱国主义教育基地，其中虞舜纪念馆被列为省级非物质文化遗产“虞舜传说”传承基地。

历山文化公园位置图

虞舜纪念馆（程丹摄）

虞舜纪念馆及馆内舜帝像（程丹摄）

孝德文化长廊（程丹摄）

舜耕历山孝德牌坊（程丹摄）

农耕文化展示馆（程丹摄）

历山文化公园东面舜耕小学（程丹摄）

B12 舜井

□ 地理位置

经　度： 121.193581

纬　度： 30.173227

所在地： 宁波市余姚市低塘街道历山村历山旧址（现舜韵华庭小区）

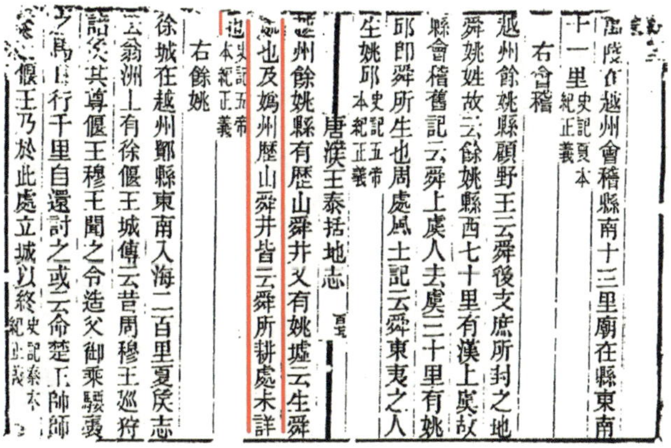
陵在越州會稽縣南十三里廟在縣東南
十一里 史記夏本紀正義
右會稽
越州餘姚縣顧野王云舜後支庶所封之地
舜姚姓故云餘姚縣西七十里有漢上虞故
縣會稽舊記云舜上虞人去虞三十里有姚
邱即舜所生也周處風土記云舜東夷之人
生姚邱 史記五帝本紀正義
唐濮王泰括地志
越州餘姚縣有歷山舜井又有姚墟云生舜
處也及媯州歷山舜井皆云舜所耕處未詳
也 史記五帝本紀正義
右餘姚
徐城在越州鄮縣東南入海二百里夏侯志
云翁洲上有徐偃王城傳云昔周穆王巡狩
諸侯共尊偃王穆王聞之令造父御乘騕褭
之馬日行千里自還討之或云命楚王帥師
偃王乃於此處立城以終 史記秦本紀正義

《括地志》载“舜井”

□ 简　介

民国9年版《余姚六仓志·山川》：“历山丽[①]大古塘……有象田、舜井、石床诸迹。”现已不存。

如今，历山村根据史料记载的尺寸等详细信息，在历山文化公园农耕陈列馆内按原尺寸仿制一口舜井。

按文献记载仿制的舜井（程丹摄）

① 丽，“附着”意。“丽大古塘”即紧贴大古塘。书中“丽”大古塘者计有破山、金山、担山、眉山、虎屿山、历山、庙山等七座山。原书“麗”并非“麓”之误。

B13 舜帝庙

□ 地理位置

经　度：121.193581

纬　度：30.173227

所在地：宁波市余姚市低塘街道历山村历山旧址（现舜韵华庭小区）

□ 简　介

“越中三舜庙”之一。南宋《嘉泰会稽志》卷六《祠庙·余姚县》：“历山舜帝庙，在云柯乡。事见古迹门。”

20 世纪 50 年代后因开采历山新造居民区，庙已不存。

历山镇舜庙之西庙照壁“帝舜故里”（楼莉波供图）

清代余姚盐民参加历山舜庙庙会（楼莉波供图）

B14 石床

□ 地理位置

经　度：121.193581

纬　度：30.173227

所在地：宁波市余姚市低塘街道历山村历山旧址（现舜韵华庭小区）

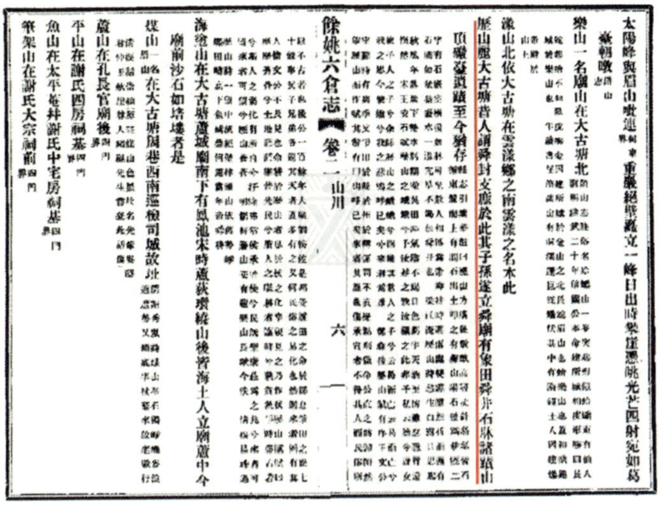

太陽峰與眉山毗連……重巖絕壁矗立一峰日出時紫霞照耀光芒四射宛如葛

嶺朝暾

欒山一名廟山在大古塘北

湶山北依大古塘在雲溪鄉之南雲溪之名本此

歷山距大古塘昔人謂舜封支庶於此其子孫遂立舜廟有象田舜井石牀諸蹟山

頂巖疊遺蹟至今猶存

餘姚六倉志 卷一 山川 六

海塗山在大古塘䖍城廟南下有鳳池宋時產荻環繞山後皆海士人立廟蘆中今

廟前沙石如培塿者是

煤山一名在大古塘閩巷西南巡檢司城故址

蕭山在孔長官廟後

平山在謝氏四房祠基

魚山在太平菴井謝氏中宅房祠基

筆架山在謝氏大宗祠前

民国 9 年版《余姚六仓志》所载“历山”

□ 简　介

虽然 20 世纪 50 年代后因开采历山，石床已不存，但历山一带还保留传统民俗，如正月初一游历山、初二走亲戚、拜年吃岁饭、互赠拜舜庙、睡石床等。

B15 象田

□ 地理位置

经　度：121.193581

纬　度：30.173227

所在地：宁波市余姚市低塘街道历山村历山旧址（现舜韵华庭小区）

□ 简　介

据传帝舜耕田于此，20 世纪 50 年代后因开采山石，现已不存。

象田遗址（程丹摄）

B16 姚丘（姚丘山）

□ 地理位置

经　度：121.012573

纬　度：30.166626

所在地：宁波市余姚市临山镇临山村姚北大道娘娘庙

姚丘位置图

□ 简　介

姚丘地处临山娘娘庙后，通往杭州湾之大路中段。①

宋《元丰九域志》记载：“（余姚）有姚丘山、罗壁山、余姚江。”

南宋《嘉泰会稽志》卷九《山·余姚县》：“姚丘山，在县西北六十里。《旧经》云：舜母握登感虹生舜之地。又引周处《风土记》以为证。《三朝国史》云：余姚县有姚丘山。”

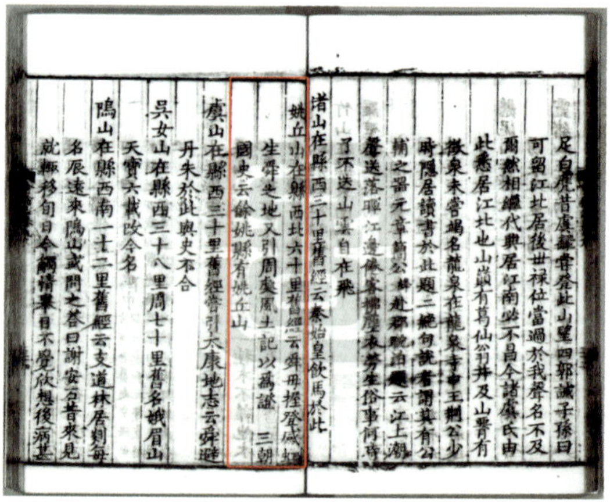

《嘉泰会稽志》卷九《山·余姚县·姚丘山》

雍正《浙江通志》卷十五：“姚邱山，弘治《绍兴府志》：在县西北六十里，舜余族所封。”

□ 附　录

千年古镇临山

这里曾经是一片浅海。五千年前，茫茫百里滩涂，寂寂几座孤山，荒无人烟。

临山之名，始于明代，临山历史，发祥于东山。

东汉末年，中原战乱，难民南迁，安居东山。余支掀开临山人居历史，迄今

① 余姚市地名委员会办公室编：《余姚市地名志》，内部资料（1987年版），第290页。

临山村娘娘庙与姚丘山（程丹摄）

临山村娘娘庙与姚丘山（邱志荣摄）

余姚临山镇南山公园碑记《千年古镇临山》（邱志荣摄）

一千七百余年。历经千年，子孙繁衍，形成自然村落华家岭、鸡鸣山、汪家岙、余家堰……

东晋时期，海潮渐退，大古塘以南便形成海防前线。隆安三年（399），孙恩起义，攻克余上。为保海运安全，屯兵陆家山麓。朝廷出兵剿敌，扎营汝仇湖畔。两军对垒，虎视眈眈。

唐时临山，旧称庙山，乡领六里，隶属东山。余福、余支、蒋德，分布龟山以南，李春、姚娘、安僧管辖集镇周边。

宋初承袭唐制，行政区划不变。庙山寨跨山据险，驻扎禁军、厢军数千。熙宁三年（1070）实施保甲，改里为都。元丰时期（1078—1085）改都为里，恢复从前。三峰里因大云、太阳、藤琪诸峰得名，石山里地处大河门九龙山。

元时，庙山寨改设巡检司，百名弓兵守关。

明初临山，屡遭倭患。洪武十年（1377），汤阳筑城，历时三年。卫城面山背海，故称临山。临山卫辖地广袤，西起沥海，东至三山。古城墙东西平陆，南北坐山岗，全长五里三十步，固若金汤；护城河东起虹霓岭，西至北海塘，周围八百四十丈，宛若天堑。卫城开四门，启明、迎薰、实城、凤鸣。城中藏三山，南有龟山，北有凤山，中有仓山。嘉靖三十五年（1556），宁绍参将戚继光坐镇临山。“戚家军”三战龙山，倭寇闻风丧胆。

明清以降，废卫所成集镇。三里长街，商贾云集，街市井然；“十庵九庙”，香客如云，热闹非凡。

千年古镇，人杰地灵。人才辈出，翘楚江南。临山先民余支，东山再起谢安，乐善好施姚娘，明代贤相谢迁；筑城建卫汤和，心学传人胡瀚；博学鸿词陈梓，雪湖居士冯兰。抗倭英雄戚继光，金融泰斗王槐瀚；北大校长蒋梦麟，越剧名伶戚雅仙……

时过境迁，山乡巨变。今日临山，百业领先。南山北海，风光旖旎，海鲜山果，四时特产；老城新区，交相辉映，多元发展，商机无限。

巍巍下东山，百里绵延；滔滔杭州湾，万顷波澜。好一个浙东“小扬州”，江南“吐鲁番”！

（撰文：赵顺峰）

临山镇人民政府

二〇一六年三月

（资料来源：余姚临山镇南山公园碑记，邱志荣现场拍摄，程丹整理）

B17 奉虞庵

□ 地理位置

经　度： 21.195742

纬　度： 30.174193

所在地： 宁波余姚市低塘街道历山村历幼新村57号

奉虞庵位置图

□ 简　介

位于村内历山旧址东麓、大古塘畔，当地百姓因感念舜帝遗风，供奉舜帝，故名"奉虞庵"，俗称东庵。据《余姚六仓志》卷二十五记载，此庵建于元朝至大三年（1310），后久废，明朝万历时期重建；清朝顺治五年（1648）重建，改名宁善庵；同治元年（1862），毁于太平军战乱；同治十二年（1873），里人张谦等复建，仍易名"奉虞庵"。民国

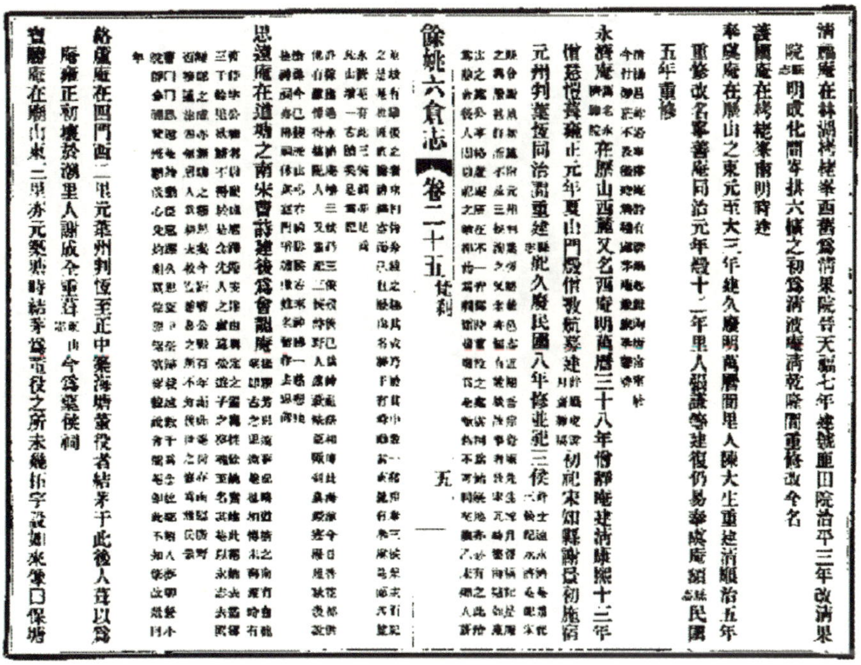

清涼庵在林湖楮[illegible]峯西舊爲清果院[illegible]天福七年建號[illegible]田院治平三年改清果院[illegible]明成化間寺[illegible]六櫃之初爲清波庵清乾隆間重修改今名

護國庵在楮[illegible]峯南明時建

奉虞庵在歷山之東元至大三年建久廢明萬曆間里人陳大生重建清順治五年重修改名寧善庵同治元年燬十二年里人張謙等建復仍易奉虞庵[illegible]民國五年重修

[illegible]

永濟庵[illegible]在歷山西麓又名西庵明萬曆三十八年僧靜庵建清康熙十三年僧慈[illegible]募[illegible]雍正元年重山門殿僧[illegible]募建[illegible]初祀宋知縣謝[illegible]初施宿元州判葉恆同治間重建[illegible]久廢民國八年修[illegible]三侯[illegible]

[illegible]

餘姚六倉志　卷二十五　[illegible]剎　五

[illegible]

思遠庵在道塘之南宋曾[illegible]建後爲會[illegible]庵[illegible]

[illegible]

格盧庵在四門西二里元葉州判恆至正中築海塘董役者結茅于此後人葺以爲庵雍正初壞於潮里人謝成全重葺[illegible]今爲葉侯祠

寶勝庵在廟山東二里亦元築塘時結茅爲董役之所未幾拆字設如來像[illegible]保塘

民国9年《余姚六仓志》卷二十五所载"奉虞庵"

5年（1916）重修。新中国成立后一度遭到毁坏，后由修正师太主持恢复，庵址东移，1992年得到新建。现占地1.3亩，建筑面积约1000平方米，为民间信仰点。

杨昌祚[①]有诗《过奉虞庵》:“有鲲崛起继陶唐，宫室于今付渺茫。不及微时耕种处，茅庵岁岁奉馨香。”

宁波市余姚市奉虞庵外景（程丹摄）

庵内匾额为时年90岁的住持修正师太题名（程丹摄）

① 杨昌祚，字幼麟，安徽宣城人，明崇祯七年殿试一甲第三名探花及第，授翰林院编修，累官至左中允，后归顺清朝。

B18 舜江楼

□ 地理位置

经　度：121.164031

纬　度：30.052835

所在地：宁波市余姚市梨洲街道北滨江路 49 号

□ 简　介

舜江楼俗称鼓楼，因纪念大舜而得名。楼高约 8 米，分两层，重檐歇山顶，三间两弄，底层四周回廊。舜江楼为余姚仅存的古城楼，与通济桥一起构成“长虹腾空、飞阁镇流”的建筑合体，堪称余姚古城的历史徽标。现存建筑为清光绪十一年（1885）重建，1985 年大修时，由著名书法家沙孟海题写“舜江楼”匾额。

《浙江通志》卷四十五“舜江楼”载：嘉靖《余姚县志》：“在县署谯门之南。”自元代余姚州判叶恒筑谯楼，制刻漏，用作报时始，经明清至现代，屡毁屡建。1981 年列为县级文保单位，2011 年与通济桥联合升级为省级文保单位。

如今，桥畔已建成滨江公园，成为人们游览休闲的场所。该桥被《中国科学技术史·桥梁卷》收录。

舜江楼正门（邱志荣摄）

□ 附 录

重建舜江楼记

［清］邵廷采

舜江楼者，故承宣亭址也。元皇庆间，鄞人州判叶君恒始建楼云。按邑志，亭楼之以舜江名有二：其一曰舜江亭，在治西南五十步平地，负城面江，以迎候客舫，后更名回澜亭。其一曰舜江楼，在齐政门东五十步城上，瞰临通济桥，望之隆然，为县之巽峰，开纳文明。方叶君时，余姚为州，而君至直大火后，乃作谯门，制刻漏，又崇是楼。陶学士安曾为之歌诗，有曰："凭栏出树杪，振衣在天半。诸峰绕城邑，万室夹江岸。鲸涛息狂沸，龙泉入清玩。"略足尽楼之胜概矣。

有明姚人物甲天下。迨嘉靖之季年，楼毁少替，谈者因以是楼觇衰盛。万历中，新蔡马君从龙为令，复理新之，县入职方，科目益衰。会康熙初年楼又灾，谈者益以为验。

四十二年秋，通判吴公来摄县篆，咨政所宜先，遂首重建舜江楼。悉复旧制，置钟其上；与士大夫集而登焉。周视千山环列，乌胆、客星横贯楼中，其下长桥状如伏龙。晨钟一鸣，万籁俱起。美哉！前三百年人文之盛，当与此楼俱振，微独巍科高爵，接武如曩日也。

余惟古名世佐大业者，多出刺史牧相，由乎一方，以施天下。凡有兴革擘画，动可为世法式，数代之间，指不多屈。即如舜江楼之建，仅公继叶君、马君而三。叶君名迹见陈旅《海堤记》，而马君落成是楼，则邑前辈翁大司马见海公记之。今余文不逮陈、翁而滥承公命，且书词谦挹，谓"未竟所设施"。度公斯心，欲相厚加福于吾民，岂有量哉！

继今姚人勿忘先泽，博闻敦善行，以前修自勖，曰相业如文正，理学、勋烈如文成，就义如忠襄、忠烈，古学如文恪，强谏如忠端，铨政如清简、恭介，馀各以类求其伦，则登斯楼也，有慨然而兴，念昔先民，顽廉懦立者矣。若夫朝挹南山之辉，夕览东海之潮，低昂眄眺，极目千里，骚人词客或有得于斯楼者，非我公所望于邦人之志也。

公以余言为是，记而碑之，警姚人焉。①

① 引自清光绪《余姚县志》卷三"城池"。字迹模糊者，参校邵廷采《思复堂文集》卷三《舜江记》，清康熙刻本。

B19 “与鹿游”门额

□ 地理位置

经　度：121.1649

纬　度：29.793384

所在地：宁波市余姚市海曙区章水镇李家坑村

□ 简　介

“与鹿游”出自《孟子》：“舜之居深山之中，与木石居，与鹿豕游，其所以异于深山之野人者几希；及其闻一善言，见一善行，若决江河，沛然莫之能御也。”意为：舜住在深山中的时候，与木、石为伴，与鹿、猪往来，跟深山中的野人差别极小，等到他听到一句好话，见到一件好事，从中获得的力量就像决了口的江河，汹涌澎湃，没有人能够阻挡得了。鹿又是旅游的吉祥物，李白诗中有“且放白鹿青崖间，须行即骑访名山”（《梦游天姥吟留别》），体现了一种“逍遥游”的意境。

此院落距今已150余年，占地450平方米，共9间房屋，平面呈曲尺形，与村前面的桃树横山和大溪坑相呼应，半开敞式的布局使之充满野逸之情。大门以丹石作框，四角上嵌有暗八仙雕刻，分别为宝剑、阴阳板、花篮、笛子等。门斗造型质朴大方，犀头上的对联“溪声常在耳，山色不离门”，正是与鹿游小院环境的最佳写照。

“与鹿游”匾额所在位置图

主人能以此为门额，充分展示了他的国学修养，也体现了舜文化的教化影响。

李家坑村航拍图（程丹摄）

“与鹿游”台门题刻（程丹摄）

慈溪市

B20 虞山

□ 地理位置

经　度：121.203504

纬　度：30.122325

所在地：慈溪市横河镇石堰村

虞山位置图

□ 简　介

石堰村处于慈溪、余姚两市的中心点，位于横河镇西，距镇政府驻地3.5公里，村域面积5.4平方公里。因村域内堰闸建在流亭山岩石上，故称石堰，村因堰而名。

清光绪《余姚县志》等记载：4000多年前，虞舜为避丹朱之乱，曾在此山下耕耘，后人为了纪念他的孝德与功绩，便把山命名为虞山。

2011年1月6日，横河镇石堰村“庙山头遗址”（新石器文化遗址）被公布为慈溪市第三批文物保护点，并立碑保护。

石堰村虞山航拍（程丹摄）

□ 附 录

石堰堰闸

东横河，西汉时已形成，发源于横河南部诸山，东起洋埔，西至余姚皇山桥，流入姚江，流经桥头、匡堰、横河镇与余姚城区，全长30.1公里。该河流经本村流亭山处，形成了C形大弯，不利于蓄泄和船只交通运输安全。

《会稽志》载：石堰闸建于唐景龙二年（708），距今已有1200多年历史了。当时筑土堰，至南宋时期，用石料改建成堰闸，节制石堰河网区与姚江水位，便于水上交通运输。据光绪《余姚县志》载：县东二十里，曰石堰头，上街设闸，谓石堰，乃是"余姚东北放水道之咽喉"，烛溪湖放水之源头，四乡十八都之水源。

石堰是慈北、姚北通往姚江的主要航道，横河为必经之要冲，石堰为西去之咽喉。唐宋时期上林、梅川一带的越窑青瓷、余姚（石堰）盐场白盐，均由东横河水运至余姚、上虞转京杭大运河到内地，或入姚江经宁波远销海外。清光绪《慈溪县志》载："鸣鹤场引盐由横河堰头、梁湖坝、曹娥江、东关河运抵绍兴，过掣转上江各地行销。"民国初，石堰场场署随海涂淤涨北移，迁庵东，改称余姚场，盐运随之北移。此后，境内运输以棉花等农产品为主，由内河船运至余姚、宁波、上虞、绍兴、杭州等地。

石堰堰闸全景航拍（程丹摄）

同时作为客运，航快船是主要交通工具，至民国时期航快船客运盛行。清末民初横河集镇每天有航快船西达余姚县城，东到鸣鹤、观城，北通胜山六塘，姚北、慈北的航运快船，由横河始发至余姚的每日往返班，彭桥、石堰均有始发至余姚的每日班。上江的水运船只到石堰水进江长石板桥落船，过翁郎桥靠撑船到张山坡车船过坝到姚城交易。民国20年（1931）建立石堰移坝委员会，有专司余姚石山渡盐场大使拆迁房屋变河道，造桥，车坝，把原来的古老工具改为铁坝桐，钢缆索车坝。随着陆上交通的发展，直至1984年12月1日经余姚县航运公司批准，撤销余姚至匡堰客轮航线，内河商业性客运至此告终。

石堰堰闸近景（程丹摄）

原石堰乡属横河下游的石堰河网区，地势较低，北岸永福庵至余姚五星村之间900亩面积，地面最低高程只有3.26米。降暴雨时，下游姚江水位上涨，排水不畅，上游东横河下泄涝水，故有“横河五洞拔（放），石堰要淹煞”之说。1958年前，石堰是抵御咸潮倒灌的堰坝，为车坝。1959年，姚江大闸建成后，坝存，仅抗旱节制时使用。

为增强蓄泄的能力和船只来往的安全，在1978年进行堰闸重建，截弯掘直，拆除老堰闸，在原堰坝的旧址上新建石堰堰闸。现为3孔闸门，净宽11米，砼梁板闸板，闸底高程0.6米，并建有船厢。1979年石堰船厢建成后，坝废。

（据现场调查资料整理）

B21 虞山庙

□ 地理位置

经　度：121.203504

纬　度：30.122325

所在地：慈溪市横河镇石堰村虞山北麓

虞山庙位置图

□ 简　介

虞山庙，始建年代不详，为木结构建筑，大殿七间三进，三间两厢房，中间有戏台一座。该庙原在虞山南麓，内设舜帝殿，供奉舜帝塑像。清康熙十年（1671）重建，乾隆元年（1736）扩建，1959 年被毁，1970 年在此庙遗址建石堰初级中学，1991 年由当地村民集资在虞山北麓重建虞山庙，重塑舜帝像。1994 年 5 月兴建舜帝殿。

虞山庙远景（程丹摄）

虞山庙外景（程丹摄）

虞山庙内景（程丹摄）

□ 附　录

舜帝避居的故事

离石堰堰闸不远处有一座虞山，相传为上古时期舜帝避居之所。因虞山的南山脚下有一座庙，北面又有一座庵，它又被称作庙山。庙山之上，春夏之交草木如茵，到了深秋时节又转作深黄，宛如琉璃一般，相看秋意更浓。

虞山的出名大概就是因为舜吧。当年，帝尧因儿子丹朱“心既顽嚣，又好争讼”，以为“不肖”，决意让位于舜。舜不愿与丹朱争天下，几度谦让不成，索性躲进深山，“与木石同处，与鹿豕同游”。

舜刚来这里的时候，虞山还只是座没有名字的荒山。山上石骨嶙峋，堆堆磊磊，甚至连村里人也只有在打鱼、砍柴的时候才会想起它。好在“土地可耜耕，山海可渔猎”，只要有一双勤劳的手，总不至于有果腹之忧、冻馁之患。此后数年，舜与娥皇、女英两位妻子在虞山脚下开垦荒地、种植菜蔬，过起了半耕半隐的生活。

舜这人有一颗仁善之心，即便不在“朝堂”，心里也记挂着百姓。不管到了哪里，不管什么时候，每听到一句善言，每想到一个善念，都会努力把它变成一个善举、一桩善事，用如今的话说，便是“情为民所系，利为民所谋”，因此深受村坊内外之人的爱戴。久而久之，追随他的百姓越来越多，“一年成聚，二年成邑，三年成都”。

也正是出于社稷考虑，舜最终还是出山承继了尧的位子，接下了他的担子。舜离开后，当地的人们为了纪念他，把他曾经生活、劳作过的山命名为虞山，并在山的南麓修建了一庙一庵，庙名虞山庙，规模宏大，内设大殿、经堂、斋堂，殿中供奉舜帝塑像。清朝康乾年间，地方府衙曾对庙宇进行翻修，修成后，共得大殿七间三进，三间两厢房，中间戏台一座，俱为木结构建筑。20 世纪 70 年代，古庙被拆建为石堰中学，所以，如今的虞山庙是善男信女们在原北庵堂的基础上建起来的。

据村里的老人讲，石堰村中与虞舜有关的遗迹还有许多，比如距离虞山不远的地方有一座石屋山，山上有石屋一间，除了进屋的坑道有些塌陷，其余设施、设备至今仍保存完好。进得石屋，给人一种“豁然开朗”之感。屋内面积宽敞，石床、石椅、石碗、石锅，一应俱全，相传这些都是当年舜用过的遗物。至于真真假假，非我等所能辨别。

虞山庙会

石堰村古迹有虞山（又名庙山）。

虞山庙原位于石堰村虞山南麓，何时建庙已不可考。相传 4000 多年前，中华民族的首领舜曾巡视该山，后人为了纪念便命为虞山，并在山麓建虞山庙，设舜帝殿，供舜帝像。清康熙十年（1671）重修虞山庙，立虞山庙重建纪事碑。20 世纪 70 年代拆建为石堰中学。现迁建于虞山北麓。

虞山大庙会大约肇始于明清时期，初时吸引了很多江湖术士，如卖膏药、耍杂技、算命测字、耍猴弄棒等，也逐步形成为民俗集会、商贸集市，成为附近村民赶集、游玩、拜佛、祈福的热闹盛事。

到后来庙会影响力逐渐扩大，每年时节一到，无论是开场庙会、兴旺庙会还是落场庙会，都是人山人海。

农历三月十五开始，每天下午演社戏，至少三天。虞山庙社戏有严格规定：演员根据剧情任务，不能戴错帽、穿错衣、走错步，否则要遭罚。另外虞山庙戏台不准演出《关公走麦城》这出戏，因为庙里大殿坐中堂的就是关公。

庙会也形成了拜礼拜、赛龙舟、设拳场擂台等形式的大型民俗活动。

重建虞山庙概况

4000多年前中华民族三皇五帝之一的虞舜，来石堰虞山"避丹朱之难"，居住在石屋山上，耕耘在虞山下（见光绪《余姚县志》）。当地老百姓为了纪念他的丰功伟绩和孝德，在虞山南麓建造虞山庙，内设舜帝殿，供奉舜帝塑像（始建年代无考）。据史料记载：于清康熙十年（1671）重建，乾隆元年（1736）扩建，1959年被毁，1970年在虞山庙遗址建石堰初级中学。

1991年由石堰村村民严荣盛、王勋木、王忠法、鲁凤仙等集资在虞山北麓重建虞山庙（三开间灰瓦平房），重塑舜帝神像。

1994年5月开始，以鲁凤仙为首主持虞山庙的日常管理工作。他集资3万元兴建舜帝殿。时任慈溪县副县长的胡章书为舜帝殿落成，题写"宽处积德"匾额一方，从此香火日盛。2003年鲁凤仙又集资6万元兴建大雄宝殿，宁波师范学院教授胡绳系专门为大雄宝殿落成，题写"观音誓愿弘深，菩萨悲心广大"联画一副。2004年春，台胞为新建的大雄宝殿捐赠精致石雕佛像，青铜铸佛像若干尊，古樟根雕弥勒佛像二尊。2004年夏耗资10万余元，重建关帝殿。时任中共浙江省委副书记梁平波为关帝殿落成，题写"晓日山川神禹迹，秋风禾粟有虞田"楹联一副。

2007年6月，兴建观音殿（九楼九底），耗资36万元。2008年兴建八角龙井亭，耗资6万元，供村民休闲。2010年4月集资17万元，兴建天王殿及附属用房，寺庙设施得到进一步完善，建筑面积达1860平方米，占地面积达3650平方米。

2008年7月30日，慈溪市民族宗教事务局和横河镇人民政府帮助石堰村村委成立了"石堰村民间信仰点活动中心领导小组"，负责石堰村小庵小庙管理工作，从此农村中自发的小庵小庙纳入管理考核范围。同时，虞山庙也成立了以鲁凤仙为首的监督管理领导小组，负责寺庙日常管理工作。

2009年横河镇人民政府对小庵小庙颁发了"民间信仰点管理制度"牌匾并上墙公示，以便群众监督，从此虞山庙管理工作走上制度化、规范化、常态化的正确轨道。

（以上三则，邱志荣、程丹根据现场调查资料整理）

B22 石屋山

□ 地理位置

经　度：121.204556

纬　度：30.127154

所在地：慈溪市横河镇石堰村白杨岙

石屋山位置图

□ 简　介

清光绪《余姚县志》载："山在县东北二十三里。"相传舜为避丹朱之乱，曾住此山。至今石床、石凳、石椅等尚存。

石屋山（程丹摄）

温州市

鹿城区

C01 三官殿巷

三官殿巷位置图

□ 地理位置

经　度：120.658833

纬　度：28.02393

所在地：温州市鹿城区五马街道百里坊社区三官殿巷

□ 简　介

历史上为棣华坊，元朝大德年间修建三元宫，而人们习惯把三元殿称为“三官殿”，巷也因此得名。三官殿内供奉尧舜禹“三官大帝”。当地居民介绍，三官殿早在几十年前就已经改建为学校用房。

三官殿巷（程雪婷摄）

三官殿巷街市（金小军供图）

三官殿巷吴氏民居宅（程雪婷摄）

三官殿巷徐宅（程雪婷摄）

湖州市

长兴县

E01 舜田

舜田位置图

□ 地理位置

经　度：119.822573

纬　度：31.127981

所在地：湖州市长兴县水口乡顾渚村

□ 简　介

元杨维桢《尧市山》诗曰："杯饮有尧井，象耕余舜丘。"

明《永乐大典》卷二二七九："（尧市山）山下田，父老号舜田。"相传舜当年在太湖和合溪、乌溪、箬溪之滨制陶，在尧市山下耕田，故有地名"舜田"。

顾渚村（戴秀丽摄）

E02 舜帝庙

□ 地理位置

经　度：119.850853

纬　度：31.11997

所在地：湖州市长兴县水口乡金山村金沙涧北岸

舜帝庙位置图

□ 简　介

清同治《长兴县志》卷十《山·尧市山》："山上有尧市……有尧庙、舜庙，在隔涧金山下。"

村民于此重建舜帝庙，供奉了很多菩萨，当中有土地公公和婆婆像。在千年演变中，"三皇五帝"之一的舜帝成了金山村的土地公公。①

村民重建的舜帝庙（邱志荣摄）

① 邱志荣、张卫东编：《中国禹迹图导读》，中国文史出版社2024年版，第520页。

E03 雷泽（余鱼浦）

□ 地理位置

经　度：120.181409

纬　度：31.007515

所在地：湖州市长兴县太湖沿岸

雷泽（余鱼浦）位置图

□ 简　介

《太平寰宇记》卷九十四转引周处《风土记》："太湖中有大雷、小雷二山，相距六十里，其间即雷泽，舜所渔处也。"清同治《湖州府志》卷二十七："余鱼浦，在县东北四十二里。周处《风俗记》云：'渚鱼浦一名余吾溪，昔舜渔于大小雷，此乡之人化之，昔捕鱼之人来居此浦，故名之。'《后汉书》刘昭注辨之，或又以尧市山下为舜所耕处，号舜田古迹。附会类如此。"

湖州长兴县夹浦镇雷泽（戴秀丽摄）

嘉兴市

嘉善县

F01 大舜乡

□ 地理位置

经　度：120.899324

纬　度：30.986755

所在地：嘉兴市嘉善县西塘镇大舜村

大舜乡位置图

□ 简　介

《浙江地名简志》：大舜镇“1950年东部属大舜乡，西部属红菱乡”。1950年前即有“大舜乡”。此地有姚家、姚象港、大舜公园及大舜桥等。有新石器时代遗址。

□ 附　录

非物质文化遗产——盘扣

西塘大舜乡是全国有名的纽扣之乡，这里生产的纽扣产量占据近一半的国内需求量。有人甚至做过这样的统计：全世界每个人身上平均有7至8颗纽扣是产自西塘的，而在这千亿颗纽扣中就包括手工盘扣。盘扣制作技艺作为传统纽扣制作技艺的一种被列为浙江省非物质文化遗产项目。

西塘吾巧盘扣手工编织社成立于2015年10月，并于2016年4月注册成立西塘云农农村文创专业合作社，合作社不仅从事传统盘扣技艺的传承，且设计开发盘扣衍生系列产品，现已开发盘扣衍生产品 30 余款。2017 年西塘盘扣先后参加了县文创协会组织的嘉善非遗文创精品展走进上海大世界活动，义乌举行的第 12 届中国（义乌）文化产品交易会——浙江省非遗衍生品生活主题馆以及第九届浙江·中国非物质文化遗产博览会等，并在现场演绎了传统盘扣的制作流程，受到了现场参会人员的热烈欢迎。

大舜村入口标识牌

大舜村党群服务中心（戴秀丽摄）

大舜村文化长廊（戴秀丽摄）

金华市

婺城区

G01 下溪蜀山庙

下溪蜀山庙位置图

□ 地理位置

经　度：119.580862

纬　度：29.011532

所在地：金华市婺城区长山乡雅溪村下溪自然村北面

金华市婺城区下溪蜀山庙（傅峥嵘供图）

□ 简　介

下溪蜀山庙为清代建筑。坐东南朝西北，占地面积235平方米，前后二进。第一进门厅、大殿均三开间，明间四柱七檩，五架抬梁前后单步；次间用中柱。一进前檐明间开设八字大门。一、二进间设台阶11级。二进各柱均用方形石柱，并有楹联题刻，后檐明间供奉禹舜王。

永康市

G02 舜帝庙

□ 地理位置

经　度：120.025358

纬　度：28.796768

所在地：金华永康市前仓镇历山村历山庙自然村

□ 简　介

永康是舜帝后裔集结之地。公元952年，由曾任乐清县令的陈旺牵头，将酷似祖籍地河东胜境的荆川西山，追号为历山，在历山上建立舜帝庙，供奉舜帝、两妃和九司官像，设置六十四签书，自此香火不断。

历山舜帝庙系民国建筑。坐西北朝东南，占地面积217平方米。砖木结构，单层建筑，硬山顶。该建筑为单体结构，面阔三开间，前为一大天井。明间梁架结构为五架梁带前后单步用四柱，次间山面梁架结构为分心前后双步梁带前后单步用五柱。明、次间前檐均用牛腿承托挑檐檩。庙供奉舜帝及其夫人。牛腿上雕有人物、动物等。雀替上雕有花草等。

舜帝庙位置图

金华永康市历山村舜帝庙全景（邱志荣摄）

金华永康市历山村舜帝庙门景（邱志荣摄）

金华永康市历山村舜帝庙殿堂（邱志荣摄）

G03 釜历山

□ 地理位置

经　度： 120.010498

纬　度： 28.788606

所在地： 金华永康市前仓镇历山村历山庙自然村

□ 简　介

釜历山也称历山，在永康县城南 13 公里处，新店乡西南，与缙云县交界。据说山下多陈姓子孙居住，陈氏祖自舜帝，而舜有耕于历山之说，因名。相传舜在此耕作，山上有舜田、舜井、舜潭。明嘉靖《浙江通志》卷六：“又南五里曰历山，高一百丈，周四十余里。其巅有田、有井、有潭，皆以舜名。里人因建祠以祀舜。夫舜耕历山，冀州之山也，乃兹以山名之同而思舜。”清光绪《永康县志》卷一：“历山，距县二十五里，高二百丈，周四十里。其上员峰屹立，状如覆釜，名神龟拜鼎，即此。山顶有潭，广三亩许，深可二丈余，俗名龙皇塘。山半下有岩，生成石池三，其水澄澈，亢旱不涸，今名三浙江。岁旱于此迎龙祷雨，多验。又有田，人谓舜田，有井，人谓舜井，因而立祠曰舜祠。乃陈氏始居祖于周广顺二年，与延福寺同建者。”

釜历山位置图

釜历山（邱志荣摄）

G04 舜田

□ 地理位置

经　度：120.010498

纬　度：28.788606

所在地：金华永康市前仓镇历山村历山庙自然村釜历山上

□ 简　介

相传舜在此耕作。

舜田、舜井、舜潭位置图

历山村宣传标牌（邱志荣摄）

G05 舜井

□ 地理位置

经　度：120.010498

纬　度：28.788606

所在地：金华永康市前仓镇历山村历山庙自然村釜历山上

□ 简　介

相传舜在此耕作。

历山传有舜井（邱志荣供图）

G06 舜潭

□ 地理位置

经　度： 120.010498

纬　度： 28.788606

所在地： 金华永康市前仓镇历山村历山庙自然村釜历山上

□ 简　介

舜潭俗称龙王潭，清澈见底，终年不涸。

历山传有舜潭（邱志荣供图）

历山上的跌水瀑布（邱志荣摄）

G07 历山虞舜古道

□ 地理位置

经　度：120.010498

纬　度：28.788606

所在地：金华永康市前仓镇历山村历山庙自然村釜历山上

永康历山虞舜古道牌（邱志荣摄）

□ 简　介

历山虞舜古道也称为驿道。驿道是古代陆地交通通道，同时也属于重要的军事设施，主要用于传输军用粮草物资、传递军令军情。历山村用鹅卵石铺成的虞舜古道是永康市“十大最美森林古道”之一。

永康历山虞舜古道（邱志荣摄）

G08 舜耕文化旅游小镇

□ 地理位置

经　度：120.057562

纬　度：28.799633

所在地：金华永康市前仓镇大陈风景区

□ 简　介

前仓镇位于永康市的东南端，毗邻丽水缙云，素有“十里南溪流长，百里山川秀美，千年农耕文明，万亩林海绵延”美名，展示着永康门户形象。2017 年，前仓镇“舜耕小镇”旅游风情小镇入选浙江省旅游风情小镇培育名单。“舜耕小镇”承历山山脉而建，因“舜耕历山”历史文化遗迹而闻名，拥有丰富的旅游资源，其中以国家 AAA 级景区大陈景区、盘龙谷生态旅游区、虎踞峡景区以及省级森林公园历山、中国历史文化古村后吴最有特色。

舜耕文化旅游小镇位置图

永康前仓镇沿途舜文化（邱志荣摄）

衢州市

开化县

舜山村位置图

H01 舜山村

□ 地理位置

经　度：118.569464

纬　度：29.163492

所在地：衢州市开化县林山乡舜山村

□ 简　介

舜山村在开化县城东 14 公里处，东邻常山县，属林山乡。舜山村是林山乡两个少数民族聚居村之一，是红色文化传承村，是浙皖特委召开红军和地方干部会议的会址。

舜山村题名刻石（邱志荣摄）

丽水市

缙云县

K01 舜帝公庙

□ 地理位置

经　度：120.012241

纬　度：28.7531

所在地：丽水市缙云县新建镇凝碧村碧中 167 号西侧

□ 简　介

舜帝公庙为清代建筑，面积 16 平方米。南北走向，二层重檐，面阔一间，进深二柱三檩，东西两侧设有五花山墙。一层用四石柱，下设石刻莲花柱础，四柱柱头用花卉纹牛腿、琴枋、宝瓶等雕花构件，南北向月梁两端刻有卷草纹，梁下用花卉纹雕花构件。东西向穿枋上各用两根木矮柱，直通二层屋檐，承托二层梁架。二层用四柱梁架，装饰与一层同。间内正中供奉舜帝，西侧供奉舜帝双夫人，东侧供奉土地爷。干旱时，为缓解旱情，民众会将庙内众神抬出祭拜，祈求雨水。

舜帝公庙位置图

凝碧村舜帝雕像

凝碧村舜帝文化墙[①]（邱志荣摄）

凝碧村舜（虞）帝宫塑像（邱志荣摄）

① 舜帝文化墙上文字内容：“舜帝文化：德为先，重教化。仁、义、诚、信、和谐、爱、美、智、德孝和德。孝是为人子女之善良本质的最基本体现。为人德为先，一个有道德的人必定是一个对人负责的人，乐于助人，受人称颂并能获得社会回报。以诚处事、以德兴业、以卓越的品质扬舜之威。”

K02 历山

□ 地理位置

经　度：120.010557

纬　度：28.788655

所在地：丽水市缙云县西北

□ 简　介

《古今图书集成·方舆汇编·职方典》卷一〇二七："历山，在县西北三十里，有……舜庙、舜井、舜田、龙田可祷。"清光绪《缙云县志》卷一：县西北四十里，有历山，上有推车坑、架鼓峰及龙潭诸胜……有舜田、舜井、舜庙，此后人因名思圣之义。"

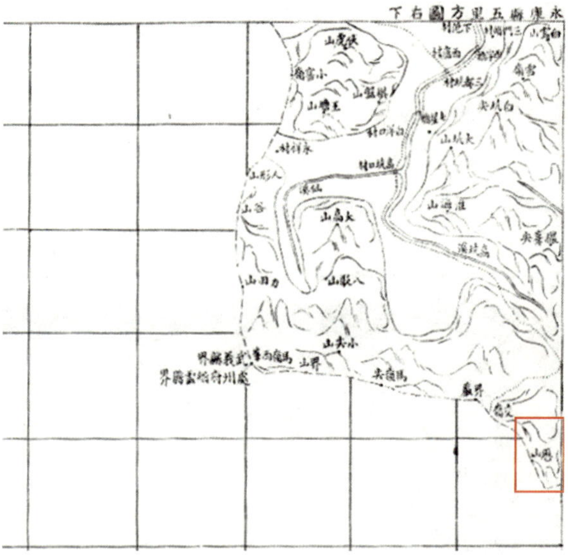

清光绪二十年（1894）《浙江全省舆图并水陆道里记》中标注的"缙云、永康之交东历山"（邱志荣供图）

□ 附　录

缙云永康之交东历山虞舜文化考察

王达钦

素有"东南锁钥"之称的仙霞岭，它向东延伸，经遂昌、武义，到达缙云、永康一带以后仍然向东。这一带山势骤然隆起，横亘天半。主峰海拔854.8米，它东北有乌龟拜鹤岩，高踞云空之上，几十里外望去，十分雄伟奇绝。山的南坡为缙云县，有茭岭、西青头、马堰、凝碧、玉溪、刘山、宏坦以及新建、览川、宅基等村，是缙云西乡膏腴之地；山的北坡属永康市，有石下、塘头、大陈、荆州和后吴等地，其中后吴人口最多，也为永康市南乡大村之一。南北各村，鸡犬相闻，世世通好，共同有一个世人千古共仰的名字——历山。

历山，是我国四千多年前五帝之一——虞舜发祥的圣地。《史记·五帝本纪》："舜，冀州之人也。舜耕历山，渔雷泽，陶河滨，作什器于寿丘，就时于负夏。"历山，都是由虞舜后裔迁居时“因名思圣”而取。它的具体地址，古籍说法很不一致。《中国古今地名大辞典》载，历山遍布大江南北，多达十一处。《浙江古今地名辞典》和新出版的《辞源》《辞海》等国家重点工具书，都把缙云、永康之间的历山列入其中，表明这处虞舜圣地为历史所公认。

一

永康历山定名，《中国古今地名大辞典》从《大清一统志》：“历山，在浙江永康南三十五里，圆峰屹立，状如覆釜，亦名釜历山。其巅有田有井有潭，皆以舜名。因山与冀州历山同故也。”《浙江古今地名辞典》亦说：“在永康县南十三公里，新店乡西南，与缙云县交界。据说山下陈姓子孙居住，陈氏祖自舜帝，而舜有耕于历山之说，因名。”

陈姓：《说文》：“宛丘，舜后妫满之所封。”《毛传谱》曰：“陈者，大皞虙戏氏之墟。帝舜之胄有虞阏父者，为周武王陶正。武王赖其利器用，与其神明之后，封

《缙云永康之交东历山虞舜文化考察》碑记（邱志荣摄）

其子妫满于陈，都宛丘之侧，是曰陈胡公。”《广韵·真韵》：“陈，姓。胡公满之后，子孙以国为氏。”《史记·陈杞世家》：“陈胡公满者，虞帝舜之后也。昔舜为庶人时，尧妻之二女，居于妫汭，其后因为氏姓，姓妫氏。舜已崩，传禹天下，而舜子商均为封国。夏后之时，或失或续。至于周武王克殷纣，乃复求舜后，得妫满，封之于陈，以奉舜祀，是为胡公。”缙云兆岸《平舆陈氏宗谱》称：

《大明一统志》载：“历山，高三百丈，周四十里，孤峰夙兀立，望之如覆釜。顶有舜祠。有池，广二丈，深一丈五尺，清冽如釜，号为一鉴泉。……天欲雨，必有白云覆其上，邑人以沾渗旱。上有井有田有潭，以此为舜名。麓下陈姓春秋奉祀。”

陈氏迁历山时间，缙云兆岸《陈氏宗谱》载：陈氏，亦为汉陈实之后，至唐代洛阳陈璩因护唐僖宗避黄巢乱入四川，以功封平舆侯，故其后裔以平舆为郡望。其长孙陈拱登（872—936），后唐庄宗朝官仆射。“因郭从谦陷国。”自洛阳隐居妃山掬岩。妃山，属宣平县。宋胡则《陈库墓志铭》：“祖姓陈，讳拱登，先真定人，后唐同光中（923—926）拜仆射，迁台寓括，居丽邑少微。”拱登第六子陈旺，官乐清县令，后周广顺二年由妃山徙永康荆川历山。历山又名后陇、历麓，其裔散处今麻车头、大陈、塘头、石雅、上园、下店、下陈、下新屋、双溪等。因此，釜历山之名由后周乐清县令陈旺，于广顺二年（952）从武义妃山迁永康荆山后而定名，已有近1050年的历史。

二

缙云历山的定名。崇祯《处州府志》：“历山，县西北四十里，上有推车坑、架鼓峰及龙潭诸胜。”光绪《缙云县志》亦载：

历山，在茭岭东北。《大明一统志》：“县西北四十里有历山，上有推车坑，架鼓峰及龙潭诸胜。”《（括苍）汇记》：“永康接壤，有舜田、舜井、舜庙，此后人因名，思圣之义。按：历山绝顶三峰鼎峙，名架鼓峰，中有天池，即龙潭，广周数亩，其深莫测，池北有坛，设醮祈雨祭虞帝处。池外有潭三，绝壁千寻，人迹莫至，即推车坑，上八都。”

蔾、历两字同音，缙云县新建镇宏坦后山，《缙云县志》称蔾山，明《括苍汇记》云“旧传有龙遗蔾于此，西北二十五里”。清张丹凤《凝碧地舆记》云：

凝碧，碧者宿也，西北之吉辰也。凝者，聚也，经纬所聚会也。远以祖龙而溯之，发脉于婺之太华，过武邑而地名白象，经永康而龙晰二支。翻身伏化，气象万千。旋至历山，起一祖屋，显胜之灵。乃忽焉鸟岩挺拔于东，大磜耸立于西。叠叠飞鹅，曜星夹送，而宅龙昂然以出，峰名“大爿”，巍巍乎如画屏之列焉。……闻说先时姚姓卜居，连登甲第……胜地发祥，应为有目者所共赏。

缙云新建《杞国楼氏宗谱》亦称:“宋参知政事楼钥(1137—1213)嘉定初携季子楼淯(1174—1258)玩游五云仙都诸胜。因此受室，配凝碧宣奉大夫尧俞姚公次女(1190—1259)，始居凝碧之西坑。”

姚，姓。《说文·女部》:“姚：虞舜居姚虚，因以为姓。”段玉裁注:《帝王世纪》云:“舜母名握登，生舜于姚墟，因姓姚氏也。《世本》：舜姓姚氏。”因此，姚氏是虞舜直接祖姓。古代居住凝碧的姚姓后裔，经调查走访，在缙云县七里乡小筠周堪头村发现。民国丁巳《五云筠川姚氏宗谱》称：唐宰相姚崇七世孙姚益(880—965)，号玉田，登进士后任括苍龙泉县令。乾化壬申(912)避黄巢乱，徙缙云七都下居凝碧桂香桥。第十七世姚承迁往筠川蒋弄，十八世姚儒迁下洪岭脚(王弄)，姚钦迁下洪(新建寺干一带)。清康熙间(1680)二十五世姚子望(1659—?)，最后一批从凝碧迁往梅溪。因此，筠川姚姓在历山南麓凝碧村，自五代末迁入，清初迁出，他们在这里繁衍了二十五代，聚居近八个世纪。

如果用小筠姚氏和永康荆川陈氏相比较：从入住时间、官宦之众、虞舜后裔各姓形成时间的先后而言那前者均略优于后者。出于祭祀高祖的需要，取此山名历山的姓氏，很可能是古凝碧姚氏，也就是说，历山之名始于缙云。

三

清乾隆三十二年(1767)《缙云县志》载:“虞帝庙，在历山，县西北三十里。”具体地址，最早在历山麓大爿峰下，称安顺坛。后迁西山沿，今称舜帝殿山，由姚姓氏族祭祖而建，始于北宋，大约已有1100年历史。元温州路总管府治中应觉翁有《广慈寺》诗云:“灵山波上谢明鸥，东历山前问牧牛。回首苍梧烟雾远，稻花香泠舜田秋。”明末凝碧张彪《历山云烟》诗:“重瞳何日耕历山，石田确确苔花斑。至今山灵为阿护，云舒气霭扬林间。安得六丁运雷斧，驱龙四壁作霖雨。忽慰双娥翠黛愁，且为苍生沃焦土。”葵岭章丹山亦有诗云:“矜高独耸冠诸峰，永缙毗交万壑容。潭水远连天一色，虞廷当日此桑农。”“龟生古井鹤芝田，龟鹤何堪住上巅。拜鹤不闻鹤起舞，至今犹跪历山前。”凝碧村口今存有“虞帝宫”一座，是缙云、永康之间整个历山地区最具规模、最具影响的纪念性建筑物。其建筑风格为嘉庆、道光特色。这应是姚姓迁出后，虞帝庙失修毁坏，由凝碧全村联合迁移重建的，作为全村永久朝拜、祭祀虞舜的场所。虞舜，中国古代传说时代的五帝之一，他和轩辕黄帝一样，同样属中华民族文明之祖，凝碧历山虞帝宫是缙云县内又一处有历史纪念意义的人文景点。

2001年2月15日

(收入本书时，引述文献及个别文字略作修订)

K03 舜庙

□ 地理位置

经　度： 120.012531

纬　度： 28.782788

所在地： 丽水市缙云县西北历山

舜庙位置图

□ 简　介

祭祀大舜，已废。清光绪《缙云县志》卷一：“历山绝顶三峰鼎峙，名架鼓峰，中有天池即龙潭，广周数亩，其深莫测。池北有坛，设醮祈雨，祭舜帝处。”

舜庙骑街楼南立面（傅峥嵘供图）

舟山市

岱山县

L01 大舜庙

大舜庙位置图

□ 地理位置

经　度：122.201442

纬　度：30.294234

所在地：舟山市岱山县岱东镇北二村

□ 简　介

民国《岱山镇志》记载："大舜庙。在孝岙。道光二十六年丙午，居民柴乾美等募资重建。因其地名孝顺岙，自古大孝莫如虞舜，故以祀之。"

清康熙年间（1662—1722），顺应民意，把舜祠改建成大舜庙，庙址迁到小山嘴，庙宇增大。道光二十三年（1843）秋，遭大风雨灾害，庙宇全部坍塌。道光二十七年（1847）春，境下弟子柴乾美等人，同心协力，四处奔波募资，在原址重建正大殿三间，左右厢房、前大殿五间，戏台、台门、围墙，范围扩大，庙貌焕然一新，列为岱山岛十八大庙之一。

"文化大革命"时期，大舜庙被毁坏一空。1979 年，民间发起重建庙宇一间。后境下弟子争相乐助，又得台胞支持，在原址重建，逐年投资，分段施工，到现在大舜庙宇，规模气派，设施比以前略胜一筹，且为老年人提供活动场所。

蓬萊山
蜀阜山
飛翼樓
種山
蕺山
火珠山
彭山
白馬山
清白堂
紹興府
鎮東閣
峨眉山
會稽縣
山陰縣
龜山
府學
鮑郎山
葛山
禹廟
石傘山
射的山
秦望山
會稽山
降仙臺
香爐峯
南鎮
陽明洞
望秦山
宛委山
日鑄嶺
嵊山
了溪
嵊縣
太白山
剡溪
銅牛山

下编 相关史料辑录

第一部分：论述

缙云黄帝文化的历史渊源

李学功*

梳理缙云与黄帝文化的关联，有两点值得注意的地方，即：一是历史的联系，这是从脉络上说；二是文化的联系。说到历史的联系，司马迁《史记·五帝本纪》中提到一个重要事件——“颛顼氏”“缙云氏”不才子被舜流“迁于四裔”。[①] 唐张守节《史记正义》注“缙云氏”谓：“今括州缙云县，盖其所封也。”[②] 我们认为，这或许可以从源头解释何以黄帝传说流传于浙江，流传于缙云的问题。

翻检史籍，晋郭璞《山海经》注提到缙云“三天子都”“黄帝曾游此”[③]。晋崔豹《古今注》，宋乐史《太平寰宇记》亦保存有魏晋南朝时期关于黄帝到浙江缙云山、黄帝乘龙上天的传说。兹撮录如下：

> 黄帝炼丹于凿砚山，乃得仙，乘龙上天，群臣援龙须，须坠而生草，曰龙须。……龙须草，一名缙云草。[④]
>
> 缙云山，《舆地志》云：永康县南忠义村下有石亭，长二十里，有缙云堂。即三天子都也。谢灵运《记》云：凡此诸山多龙须草，以为攀龙而坠化为此草，又有孤石从地特起，高三百丈以临水，绵连数千峰，或似羊角之状。[⑤]

---

* 李学功，中国先秦史学会副会长，浙江省历史学会副会长，湖州发展研究院院长、湖州师范学院教授。

① ［汉］司马迁：《史记·五帝本纪》，中华书局 1982 年版，第 37 页。

② ［唐］张守节：《史记正义》卷一，文渊阁《四库全书》本。

③ 按，《山海经·海内南经》有“三天子鄣山”，［晋］郭璞注“即三天子都也”。《太平御览》卷四七《缙云山》谓：“括苍县缙云山，黄帝游仙之处，有孤石特起，高二百丈，峰数十，或如羊角，或似莲花，谓之三天子都。”文渊阁《四库全书》本。

④ ［晋］崔豹《古今注》，文渊阁《四库全书》本。

⑤ ［宋］乐史：《太平寰宇记》卷九九，《江南道·处州》，文渊阁《四库全书》本。

根据史传资料，缙云建县于武周时期，县既名缙云，则与“缙云氏”——黄帝自然关系甚大。唐李吉甫《元和郡县志》载：“缙云县，万岁登封元年（696）分丽水县东北界、婺州永康县南界置，因山为名。缙云山，一名仙都，一曰缙云。黄帝炼丹于此。”[①]清光绪《缙云县志》亦载，缙云县于“万岁登封元年，分丽水县东北界、婺州永康县南界置”[②]，因境内有缙云山〔按：缙云山之名，“唐天宝七载，有彩云仙乐之异，敕改今名（仙都山）”〕[③]，故以缙云名。迄宋，这种认识相沿不改。

宋祝穆《方舆胜览》谓：

缙云山，在丽水县，旧传黄帝游仙之处。有孤石特起，高二百丈，峰数十，或如羊角，或如莲花。有龙须草，云是群臣攀龙髯所坠者。徐凝题诗：黄帝旌旗去不回，空余片石碧崔嵬。有时风卷鼎湖浪，散作晴天雨点来。[④]仙都山，在缙云东三十里，谢灵运《名山记》：山傍有孤石屹然，高二百尺，三面临水，周围一百六十丈，山顶有湖，生莲花。《舆地志》云：即三仙子都。[⑤]

宋李昉等《太平御览》记：

① ［唐］李吉甫：《元和郡县志》卷二七，文渊阁《四库全书》本。

② 光绪《缙云县志》卷一，台湾成文出版社有限公司 1970 年版，第 161—162 页。

③ 光绪《缙云县志》卷一，台湾成文出版社有限公司 1970 年版，第 193 页。

④ 按，“黄帝旌旗去不回，空余片石碧崔嵬。有时风卷鼎湖浪，散作晴天雨点来”在历代诗人题咏缙云鼎湖诗作中最负盛名。因所著录版本不同，诗文个别文字有差，但所咏内容、文意一致，不存在两个作品问题。惟其作者，版本书录不一。一说为唐白居易，一说为唐徐凝。寻检史籍，元道士陈性定撰《仙都志》，谓鼎湖诗作者为白居易，诗云“黄帝旌幢去不回，片云孤石独崔嵬。有时风激鼎湖浪，散作晴天雨点来”。参见［元］陈性定撰《仙都志二卷》（卷下），涵芬楼影印明正统刻道藏本。至于鼎湖诗题咏系徐凝所作，则分见《御定全唐诗》卷四七四，《题缙云山鼎池二首》和《方舆胜览》《诗话总龟》《梅溪后集》《记纂渊海》等。诗作内容，宋阮阅《诗话总龟》作：“黄帝旌旗去不回，空遗片石碧崔嵬。有时风卷鼎湖浪，散作青天雨点来。”宋王十朋《梅溪后集》作：“黄帝旌幢去不回，片云孤石独崔嵬。有时风击鼎湖浪，散作晴天雨点来。”宋潘自牧《记纂渊海》与《诗话总龟》同：“黄帝旌旗去不回，空遗片石碧崔嵬。有时风卷鼎湖浪，散作青天雨点来。”不惟如此，清陶元藻辑《全浙诗话》，绍介徐凝，并引《容斋随笔》《唐摭言》《唐语林》《郡阁雅谈》等笔墨析说白居易与徐凝的友情交往，以及白居易对徐凝诗才诗作的欣赏与赞评，其中所引《郡阁雅谈》谓“唐人徐凝多吟绝句……《题处州缙云山鼎湖》诗云：‘黄帝旌旗去不回，空携片石碧崔嵬。有时风卷鼎湖浪，散作青天雨点来。’”誉此绝句“后无题者”。《浙江通志·人物·文苑》卷一八二亦谓：徐凝“缙云一诗后来无敢题者”。基此，庶可定谳缙云仙都鼎湖诗作者当为徐凝。《仙都志》所持“白居易乐天”说，无妨备参。考索此诗坛故事，于吉光片羽之过隙了解唐诗之路画卷在浙江山川大地的云卷云舒，亦研究之幸事。参见文渊阁《四库全书》本；《全浙诗话》（外一种），浙江古籍出版社 2015 年版，第 92—94 页；《仙都志二卷》，涵芬楼影印明正统刻道藏本。

⑤ ［宋］祝穆：《方舆胜览》卷九，文渊阁《四库全书》本。

括苍县缙云山，黄帝游仙之处，有孤石特起，高二百丈，峰数十，或如羊角，或似莲花，谓之三天子都。有龙须草，云群臣攀龙髯所坠者。[①]

凡此，说明浙江缙云黄帝文化渊源有自。也因此在文化层面上有了缙云对黄帝的庙祭礼拜。检校史籍和方志材料，缙云庙祭黄帝起始时间，却有如鼎湖之云雾，缥缈难考。据清光绪《缙云县志》记载，唐代在仙都建有"黄帝祠"，时任缙云县令的大书法家李阳冰篆额"黄帝祠宇"四字，[②]后人相与摹写之。宋人胡志道[③]曾有《黄帝祠宇李阳冰篆》诗礼赞："李侯神仙才，宇宙在其手。古篆夸雄奇，铁柱贯金钮。标榜黄帝祠，字画气浑厚。"[④]南宋时人王铚亦有"行人鞠躬下马拜，仙都妙理吾能言。威神可畏凛如在，有台今亦祠轩辕"[⑤]的诗句。因此，从所能考见的史籍文献，不难看出，至迟在唐代，缙云地区已有官方祭祀黄帝的活动，黄帝祠宇即是其证。

不惟如此，不少学者如詹师子庆先生等都注意到一个现象，即缙云黄帝文化的发展与东汉以来道教的兴起，特别是东晋南朝和隋唐时期道教在南方的发展密切相关。[⑥]翻检相关资料，宋人著作如《路史》《太平寰宇记》《太平御览》等皆记载缙云有"缙云堂"，言之谓"黄帝炼丹处"。[⑦]此外，元道士陈性定有《仙都志》传世，明人白云霁《道藏目录详注·记传类》载《仙都志》云：

仙都山，古名缙云山。按道书，洞天三十六所，其仙山第二十九名，玄都

---

① ［宋］李昉等：《太平御览》卷四七，文渊阁《四库全书》本。

② 光绪《缙云县志》卷三，台湾成文出版社有限公司1970年版，第390页。

③ 按，检校［明］李蓘《宋艺圃集》卷十三和［清］厉鹗《宋诗纪事》卷三十，两书均载作者为胡志道，胡氏遗有《撷芳轩诗》，据《浙江通志·处州府》记载，撷芳轩在仙都山。《宋艺圃集》收录胡诗6首，《宋诗纪事》收录胡诗2首，参见文渊阁《四库全书》本。据此判断，光绪《缙云县志》卷三所载胡志通应为胡志道，估计是县志刊刻时误将"道"刻作"通"。参见光绪《缙云县志》，台湾成文出版社有限公司1970年版，第390页。

④ 按，胡志道诗分见［明］李蓘《宋艺圃集》卷十三和［清］厉鹗《宋诗纪事》卷三十，参见文渊阁《四库全书》本。翻检光绪《缙云县志》卷三记载诗句与《宋艺圃集》《宋诗纪事》略有差异，诗谓："李侯神仙才，宇宙归其手。古篆夸雄奇，玉柱贯金钮。瞻兹黄帝祠，运画出神授。"参见光绪《缙云县志》，台湾成文出版社有限公司1970年版，第390页。

⑤ ［宋］王铚：《缙云县仙都山黄帝祠宇》，《雪溪集》卷一，文渊阁《四库全书》本。参见光绪《缙云县志》卷三，台湾成文出版社有限公司1970年版，第390页。

⑥ 詹子庆：《略论缙云黄帝文化的形成》，《古史拾零》，东北师范大学出版社2005年版，第208页。

⑦《路史》卷二五，《太平寰宇记》卷九九，《初学记》卷二四，《太平御览》卷一七六。参见文渊阁《四库全书》本。

祈仙洞，周回三百里，黄帝驾火龙上升处。山巅有石屋，世传为洞天之门。其山隐名不一，而曰独峰山、步虚山、童子峰，山岩有隐真洞，山麓有水仙洞，东有金龙洞、天堂洞、双龙洞、忘归洞、初旸谷，西有伏虎岩、翔鸾峰、灵龟石，练溪之下有小蓬莱、仙释岩、天师岩、东蒙岩、玉甑岩、杨郎洞、仙岩洞、梯云洞、鼎湖丹井。①

《浙江通志·处州府》亦载：

仙都山：《仙都山志》：古名缙云山。按道书洞天三十六所，仙都第二十九，名元都祁先洞天，周回三百里，黄帝驾火龙上升处。山巅有石屋，世传为洞天之门。《史记》载，缙云本黄帝夏官之名。张守节云：括苍缙云县，其所封也。《太平寰宇记》云：唐置缙云县，又以括州为缙云郡，盖以其地有缙云山故也。今县在山之西二十三里。《图经》云：唐天宝七年六月八日，彩云起于李溪源，覆绕缙云山独峰之顶，云中仙乐响亮，鸾鹤飞舞，俄闻山呼万岁者九，诸山皆应，自申至亥乃息。刺史苗奉倩上其事于朝，敕改今名。②

从上引史志资料和目今所能考见的资料，不难看出，因着道教文化力量的推波加持，缙云黄帝祠宇之庙祭，至唐，可谓水到渠成。迄宋，据郑樵《通志》，缙云黄帝祠宇仍在。③元代学者虞集《道园学古录》和清代《浙江通志》记载，北宋英宗治平三年（1066），黄帝祠宇扩建为玉虚宫，此后“连年敕修”，藏书家叶梦得游历缙云，撰《仙都观记》，看到“唐李阳冰为令时书‘黄帝祠宇’四大字尚存”④。南宋孝宗朝，时任参知政事的楼钥于乾道五年（1169）十月曾赴仙都祭拜黄帝，据其《北行日录》载：

二十日……渡溪，入仙都玉虚宫路。回顾南岸，石笋森列，有亭翼然。仆夫曰：此初旸谷也。中有石鼓，扣之有声，以既济不复往。路转山回，已见独峰大松夹立，清溪映带，眇视林间，有巨石屹据如雪，且行且观，遇道童问石

---

① ［明］白云霁：《道藏目录详注》卷二，页四十二，《记传类·仙都志》，参见文渊阁《四库全书》本。

② ［清］《浙江通志》卷二一，《处州府》，参见文渊阁《四库全书》本。

③ ［宋］郑樵：《通志》卷七三，参见文渊阁《四库全书》本。

④ ［元］虞集：《道园学古录》，卷四八；［清］《浙江通志》卷二三四，《温州府》，分别参见文渊阁《四库全书》本。

之名……真使人忘归也。下行里许，益近独峰，峰之上相传有鼎湖，尝有巨莲，叶因风而下，石壁隐隐有车辙，世言黄帝由此飞升。塘曰：黄履，言遗履之地。地曰：静乐，言钧天至此。……是知此峰真众山之宗，非凡目所可窥测也。后山有石空洞，跻攀而上，一窦通明。昔刘先生于窦之外，横木为床以居，至今遗箦犹在，号隐真洞。……宫前有门，书祈仙总真洞天。是日行四十五里。二十一日癸卯晴……谒"黄帝祠宇"李阳冰篆额，今留县庠。①

据缙云当地学者项一中先生的研究，明万历年间，时任浙江巡抚常居敬曾率藩台、臬台等官员专程到仙都祭拜黄帝，并遗墨"鼎湖胜迹"传世。迄清，黄帝祠宇已是断壁残垣，清末已无迹可寻。②

放宽历史的视界，从全国范围看，对黄帝的祭祀，最早从《尚书》记载"有虞氏禘黄帝"，到《礼记》所记"夏后氏亦禘黄帝"，及《史记》载战国初秦灵公"祭黄帝"，至汉、唐、宋、元、明、清的皇朝庙祭，祭黄活动遂成为一项定制。具体到缙云而言，明确史有载记的官方祭黄活动，目今只能追溯到隋唐这样一个大时段范围，其后历宋元明清以及民国，缙云祭黄时断时续。新中国成立后，特别是改革开放新时期，缙云县与浙江省历史学会合作开启黄帝文化研究之旅，1998 年缙云举行首次黄帝祭典。2000 年 10 月，缙云县人民政府与中国先秦史学会合作举办全国首届黄帝文化学术研讨会，自此学术研究与文化传播成为缙云祭黄活动的显著特征。经过 20 多年的挖掘和研究，缙云祭黄已形成了自己独特的祭典文化——南祠祭黄。直入苍穹的仙都鼎湖峰为黄帝信仰和黄帝文化深入人心，提供了一个典型的具象化的不可替代的文化标识。

（本文摘录于李学功《拨开历史的迷雾——文化浙江与缙云黄帝文化研究论纲》，原载宫长为、陈湘钟主编:《黄帝缙云·文化浙江——中国第四届黄帝文化学术研讨会论文集》，中国社会科学出版社 2022 年版。个别文字有修订）

① [宋] 楼钥:《北行日录》(上),《攻媿集》卷一一一，参见文渊阁《四库全书》本。

② 项一中:《风雨千秋黄帝祠》,《缙云黄帝文化研究》，西泠印社出版社 2011 年版，第 61—62 页。

缙云黄帝文化景观浅析

王永莉　何炳武*

黄帝作为中华民族的人文初祖，自西汉司马迁《史记·五帝本纪》以来，后世传颂不绝于书。黄帝作为黄河流域中下游的部落联盟首领，其活动范围也主要以黄河流域中下游地区为中心。目前，陕西省黄陵县与河南省新郑市作为黄帝陵寝所在地、轩辕庙所在地，每年清明节、重阳节都会举行大规模的公祭与民祭活动，已经得到海内外中华儿女的基本认同与大力支持。浙江省缙云县作为黄帝祠宇所在地，其祭祀黄帝典礼也已列入国家非物质文化遗产保护名录，2021 年 10 月 14 日，由浙江省人民政府主办的中国仙都祭轩辕黄帝大典在黄帝祠宇隆重举行，标志着浙江缙云已经成为与陕西黄陵、河南新郑并驾齐驱的三大黄帝祭祀中心之一。随着缙云黄帝文化的繁荣发展与祭祀地位的日渐提升，当地经济建设、文化繁荣与黄帝文化渊源等方面的深入论证和广泛宣传已成为当务之急。

一、缙云、缙云山与黄帝

相传，远古时期，来自陕北高原的缙云氏迁移至古百越族聚居之地的浙江中部，建立了以“缙云”为名的方国。应劭《史记集解》曰：“黄帝有熊国君，乃少典国君之次子，号曰有熊氏，又曰缙云氏”“黄帝受命，有云瑞，故以云纪事也。春官为青云，夏官为缙云，秋官为白云，冬官为黑云，中官为黄云。”张晏曰：“黄帝有景云之应，因以名师与官。”据此，则缙云即黄帝之称号，亦为黄帝之夏官。缙云设县，则始于武周万岁登封元年（696），北宋《太平寰宇记》称：唐以括州为缙云郡，“盖以其地有缙云山故也。今县在山之西二十三里”。

《史记·封禅书》称：“黄帝采首山铜，铸鼎于荆山下。鼎既成，有龙垂胡髯下迎黄帝。黄帝上骑，群臣后宫从上者七十余人，龙乃上去。余小臣不得上，乃悉持龙髯，龙髯拔，堕，堕黄帝之弓。百姓仰望黄帝既上天，乃抱其弓与胡髯号。故后世因名其处曰鼎湖，其弓曰乌号。”当此之时，黄帝铸鼎、飞升之说与今浙江缙云尚无关联。及至西晋时期，崔豹《古今注》始称：“孙兴公（绰）问曰：‘世称黄帝炼丹于凿砚山，乃得仙，乘龙上天，君臣拔龙须，须坠而生草，曰龙须。有之乎？’

* 王永莉，陕西省社会科学院文化艺术研究所副教授、博士；何炳武，陕西省社会科学院古籍整理研究所研究员。

答曰：‘无也。有龙须草，一曰缙云草。’”以龙须草将缙云与黄帝炼丹、飞升附会在一起。但司马迁称黄帝采首山铜，铸鼎于荆山下，鼎成而驭龙飞天，崔豹则曰黄帝炼丹于凿砚山得仙乘龙上天，二者说法歧异，荆山与凿砚山是否有关联，暂且搁置。

南朝人虞荔撰《鼎录》，称“金华山（缙云山为其中一部分），黄帝作一鼎，高一丈三尺，大如石瓮，像龙腾云，百神螭兽满其中，曰‘真金作鼎，百神率服’”。可见，最迟在南北朝时期，黄帝铸鼎于缙云山的传说已经在缙云一带流传。

唐开元年间，著名学者张守节为《史记》作注，即《史记正义》。该书称：“今括州缙云县，盖其（黄帝）所封也。”中唐人李吉甫《元和郡县图志》卷二十六《江南道二》“处州缙云县”条下曰：“缙云山，一名仙都，一曰缙云，黄帝炼丹于此。”至此，缙云山与黄帝炼丹之地形成了某种对应关系。

缙云山从自然景观到文化景观的变迁过程，与龙须草等黄帝传说有密切关系。缙云县作为武周时期设置的县级地方行政单位，先因县境内的缙云山而得名，后因县境内的鼎湖峰与黄帝铸鼎、炼丹、驭龙升天等传说之间的关联，成功地转变成黄帝文化的重要衍生物，奠定了缙云作为中国南方唯一保存黄帝祭祀礼仪文化的人文圣地的崇高地位。

二、缙云地区的黄帝文化景观

缙云地区最典型的黄帝文化景观非鼎湖峰、步虚山莫属。鼎湖峰，又名仙都石、缙云山、丹峰山，相传为黄帝炼丹之处。东晋谢灵运《名山记》即曰：“缙云山旁有孤石，屹然干云，高二百丈，三面临水，周围一百六十丈，顶有湖，生莲花。有岩相近名步虚，远而望之，低于步虚，近而视之，步虚居其下。中岩上有峰，高数十丈，或如羊角。古志云‘黄帝炼丹于此’。”南朝宋郑辑之《东阳记》亦曰：“仙都山，一名丹峰山。昔黄帝尝乘龙车登此山，辙迹犹存。”该峰孤高独立，高达二百丈，三面临水，与步虚山相去不远。步虚山在仙都山前，上有斗岩、缙云台。元《仙都志》记曰：“步虚山，在仙都山前，正与玉虚宫相对，叠嶂倚空，群峰掩映。又有小峰列如北斗，名曰斗岩。……刘澄《山水记》云：缙云台，黄帝炼丹之所。”鼎湖峰、步虚山虽然只是自然造就的山峰，但其凝聚了史前时代至今的缙云地区乃至周边人民对华夏历史与黄帝的久远记忆，彰显着生生不息的黄帝精神，具有强烈的社会影响与文化象征意义，是名副其实的文化景观群落。

缙云堂，位于仙都山中鼎湖峰下，据传为黄帝飞升之地。相传曾是轩辕黄帝三大行宫之一——三天子都所在地，始建于东晋成帝咸和（326—334）年间。顾野王《舆地志》即曰："缙云堂即三天子都。山巅平敞，有若坛墠，是其地也。"唐玄宗天宝七载，敕令建祠宇祭祀黄帝，此后，经宋、元、明、清历代沿袭不绝。《图经》云："唐天宝七年六月八日，有彩云起于李溪源，覆绕缙云山独峰之顶，云中仙乐响亮，鸾鹤飞舞，俄闻山呼万岁者九，诸山皆应。自申至亥乃息。刺史苗奉倩上其事于朝，敕改今名。"元《仙都志》亦记载："自唐天宝戊子以独峰彩云仙乐之瑞，刺史苗奉倩奏闻敕封仙都山，周回三百里禁樵采捕猎。建黄帝祠宇，岁度道士七人以奉香火。"对此，《旧唐书·玄宗本纪》之记载似乎可为佐证：天宝七载五月壬午，唐玄宗大赦天下，令免百姓来年租庸，"三皇以前帝王，京城置庙，以时致祭。其历代帝王肇迹之处未有祠守者，所在各置一庙"。按，黄帝是三皇以后之首位帝王，缙云作为其肇迹之处而未有祠守者，的确符合置祠庙之条件。"黄帝祠宇"四字为缙云县令、篆书大家李阳冰手书，雍正《处州府志》卷一"古迹"条下记载："黄帝祠，唐邑令李阳冰手篆'黄帝祠宇'四字，胡志通书碑后诗，'李侯神仙才，宇宙在其手。古篆夸雄奇，铁柱贯金钮。标榜黄帝祠，字画气浑厚。想当落笔时，云梦吞八九。每传风雨夜，蜿蜒龙蛇走。光怪发岩窦，草木润不朽。鬼物烦撝呵，一旦忽失守。随烟遽飞腾，无复世间有。因访山中人，石刻尚仍旧。谁能一新之，易若运诸肘。'"极力称颂李阳冰篆书功力之深厚。元《仙都志》"碑碣"条下亦称，"黄帝祠宇，石刻四大字。唐缙云令李阳冰篆。碑石元在玉虚宫后，为县人辇置邑庠。庆历间于碑阴刊屯虽瞻所撰学记，今石尚存焉。"北宋治平年间，宋英宗御赐改名为玉虚宫。宋徽宗宣和年间，毁于方腊起义的战火。"道士游大成乃即旧基，再谋营造。时宫东坐西向，阴阳者流谓虎瞰而角法宜改。为景定庚申，郡守安刘取朝旨，命道士陈观定迁宫地向，不期年而告成。元延祐庚申，道士赵嗣祺钦受宣命，佩服颁降处州路仙都山玉虚宫提点所五品印章，主领宫事。再奉玺书护持，改复甲乙，及蒙集贤院暨天师正一教主大真人、特进上卿玄教大宗师，各给榜据，俾永遵守。"缙云堂、黄帝祠宇、玉虚宫，作为历代官府、百姓祭祀黄帝的重要公共场所，是当之无愧的缙云黄帝文化景观，见证了唐宋以来的沧桑巨变与社会变革。

缙云作为南方唯一的传承黄帝祭祀的地方，吸引了古往今来不计其数的文人墨客前来祭拜题咏，他们赏美景，祭拜人文初祖，留下了许多优美绝伦的书法墨宝、碣石碑刻与诗文美篇，吟咏、重塑客观存在的鼎湖峰、仙都山、黄帝祠，成为缙云黄帝文化景观的有机组成部分。

元《仙都志》记载："自唐白乐天以下，古今名贤，留题有什。"《全唐诗》中也保留了不少仙都、缙云的题咏诗，大诗人李白有《琴曲歌辞·飞龙引二首》，分别曰："黄帝铸鼎于荆山，炼丹砂，丹砂成黄金。骑龙飞上太清家，云愁海思令人嗟。宫中彩女颜如花，飘然挥手凌紫霞。从风纵体登銮车。登銮车，侍轩辕，遨游青天中，其乐不可言。""鼎湖流水清且闲，轩辕去时有弓剑。古人传道留其间，后宫婵娟多花颜。乘鸾飞烟亦不还，骑龙攀天造天关。"顾况亦有《悲歌六（一作攀龙引）》诗传世，诗曰："轩辕黄帝初得仙，鼎湖一去三千年。周流三十六洞天，洞中日月星辰联。骑龙驾景游八极，轩辕弓剑无人识。东海青童寄消息。"中唐诗人白居易亦曰："黄帝旌幢去不回，片云孤石独崔嵬。有时风激鼎湖浪，散作晴天雨点来。"晚唐诗人曹唐有相关诗二首，其一曰："蟠桃花老华阳东，轩后登真谢六宫。旌节暗迎归碧落，笙歌遥听隔崆峒。衣冠留葬桥山月，剑履将随浪海风。看却龙髯攀不得，红霞零落鼎湖空。"其二曰："黄帝登真处，青青不记年。孤峰疑碍日，一柱独擎天。石怪长栖鹤，云闲若有仙。鼎湖看不见，零落数枝莲。"唐代诗人描述缙云美景时纷纷提及黄帝铸鼎、炼丹、登真、骑龙等，充分说明他们已经开始认同黄帝与缙云、鼎湖乃至驭龙升天的传说。

三、缙云地区的黄帝祭祀活动

唐代韦翃、张鹭、李季贞等地方官员在他们游历仙都山之后，不约而同地撰写了《仙都山铭》，让我们窥见唐代江南地区正式祭祀黄帝的情景，三篇《仙都山铭》均以仙都山美景为视角，融入黄帝铸鼎、炼丹与驭龙飞天等传说，及黄帝祠宇与祭祀活动。

韦翃《仙都山铭》："亭亭仙都，峻极维嵩。屹立溟右，削成浙东。发地直方，摩霄穹崇。灵沼在上，祥云积中。圭埴千仞，柱宁四封。目视不及，翰飞靡穷。群阜奔走，列仙会同。轩后攸访，碧岭是冲。丹穴傍起，金溪下融。日照霞附，月映绡蒙。壤绝栖尘，木无寓丛。居幽不昧，守一而雄。万寿报响，九成来空。佳名来复，展礼斯洪。纂作惩止，年祈感通。莫高匪兹，造物之功。"① 很显然，韦翃借用仙都仙乐的传说，对仙都、鼎湖地区山清水秀的美景逐一写实描摹，陈述黄帝在此开创文化、铸鼎炼丹与驭龙飞天的伟大事迹，既是对黄帝作为中华民族人文初祖地位的承认，也表达了对黄帝的尊崇和怀念。其中提到的"圭埴""展礼斯洪""年祈感通"或许就是缙云早期祭祀黄帝活动的文学写照。

张鹭《仙都山铭》："仙都有山，山出万山。直上千寻，入烟霞深。圆如笋抽，高突云阴。标表下国，权舆象帝。日欤月欤，万有千岁。东西大镇，川泽四卫。造

① 据光绪《缙云县志》卷十二"碑碣"核改。

化无言，莫知往制。晴岚依依，宿雾洞开。仿佛有像，神仙下来。灏气氤氲，灵鸟环回。永殊尘杂，不鼓纤埃。绝顶霄崿，澄湖在上。人罕戾止，孰窥其状。日烛云披，风飘液飞。如雨雨空，微洒沾衣。谷来松音，潭影曙晖。往往鹤戾，不知所归。唐垂百年，元宗体元。响应万岁，声闻上天。帝祚明德，祠堂在焉。永怀轩后，功成此地。丹灶犹存，龙升万里。事列方志，道高青史。无复仙容，空流溪水。百越之内，此山为大。恍若壶中，疑生象外。直而不倚，高而不殆。古往今来，独立沧海。”①张鹭等人应是唐玄宗天宝七载之后不久游历仙都鼎湖的，因此其铭文中无一例外地提及仙都仙乐之传说，与韦翃着眼仙都美景不同，张鹭直称“帝祚明德，祠堂在焉”，在阐述唐代中期修建黄帝祠宇祭祀黄帝的客观史实的基础上，追忆黄帝功德，为我们留下了黄帝祠宇的较早书写，对后人研究黄帝祭祀文化及其景观提供了文学佐证。

李季贞《仙都山铭》：“元混播形，厚载孕灵。雄冠群山，孤高亭亭。挺拔俊秀，氛氲青冥。岚凝丹穴，霞驭云屏。上摩九霄，旁碍五星。龙髯莫睹，凤管时听。降自穆武，求之靡宁。徒开荒政，曾不延龄。物有殊异，昔人乃铭。愿勒斯文，缙云之坰。”②李氏之铭与韦氏颇有相似之处，先描述美景，后怀念始祖，所不同者仅行文耳。

北宋统治者崇尚道教，故祭祀黄帝往往以道教形式进行，宋范镇《东斋记事》即曰：“道家有金龙、玉简，学士院撰文，具一岁中斋醮，投于名山洞府。”周昭礼《清波杂志》亦记曰：“天下名山洞府，朝廷每岁投龙简。天圣中，下道录院，定岁投龙简二十处。”缙云地区的黄帝祭祀亦不例外。据元《仙都志》记载：宋天禧四年（1020），朝廷派中使到仙都祭黄帝，投金龙、玉简于金龙洞中。后来，当地地方官将李阳冰《黄帝祠宇》碑移到县邑孔庙之中，庆历四年（1044），缙云县尉毛维瞻又于该碑阴刻《处州缙云县新修文宣王庙记》，开启了缙云地区将祭祀黄帝和祭孔结合起来的先例。北宋末年，南方方腊起义，玉虚宫毁于战乱。直至南宋景定二年（1261）才基本修复。咸淳三年（1267），两浙转运使缙云人潜说友拨款扩建玉虚宫，有殿、堂、祠、宫、轩、廊、亭、门共99间，占地30多亩，一时之间，鼎盛无两。两宋时期，不少诗人先后履迹缙云，留下了不少脍炙人口的佳篇杰作，北宋转运副使叶清臣即曰：“黄帝车辙马迹周遍万国，丹成云起，因瑞名山。则独峰之登，固宜有是。”两浙转运副使李建中亦曰：“岩岩仙都山，肃肃黄帝宫。巨石临广泽，千仞凌高穹。……云軿去路存，丹鼎遗迹空。……升龙扳矫矫，飞凤鸣

① 据［元］陈性定《仙都志》卷下（瞿氏铁琴铜剑楼抄本）核改。

② 据光绪《缙云县志》卷十二“碑碣”核改。

噰噰。……金简奠至诚，玉书铭代工。功成解冠剑，栖息期此中。”曾担任过缙云郡倅的梁鼎亦称：“黄帝升天石，高名壮斗牛。孤根斜照水，寒色不知秋。”起居舍人、转运使孙何亦曰：“黄帝升天去不还，空留片石在人间。千寻杳杳撑红日，万古峨峨出众山。湿雾好花宫女困，倚云乔木羽林闲。时人不信飞升路，辙迹龙髯竟可攀。”上述诗篇大多与黄帝及其传说有关，足见黄帝在缙云铸鼎、炼丹、飞天等传说早已深入人心。明代统治者加强对宗教的控制，玉虚宫逐步毁圮。清初，仅余孤亭一座。缙云官方黄帝祭祀活动亦慢慢沉寂。

缙云作为中国南方唯一一座保存黄帝祭祀文化的人文圣地，随着黄帝祭祀典礼纳入国家非物质文化遗产名录，正在崛起为与陕西黄陵、河南新郑三足鼎立的黄帝祭祀与黄帝文化研究中心，应及时把握有利时机，深入挖掘古往今来缙云地区黄帝文化景观的巨大潜力与历史文化价值，在保护现存祭典仪式的基础上，充分开发黄帝铸鼎传说、炼丹传说、驭龙飞天传说等非物质文化遗产，并与缙云当地自然景观、文化景观紧密结合，打造缙云黄帝祭祀品牌，规划包括鼎湖峰、仙都山与黄帝祠宇在内的经典旅游线路，为缙云的非物质文化遗产保护传承、经济发展与文化繁荣提供动力。

（原载宫长为、陈湘钟主编：《黄帝缙云·文化浙江——中国第四届黄帝文化学术研讨会论文集》，中国社会科学出版社 2022 年版。个别文字有修订）

绍兴的尧舜古道

张钧德

2013 年初，我与同人探寻了“绍兴尧舜古道”。

经过一番探寻，所谓“尧舜古道”是从柯桥区稽东镇尧郭村的老街出发，经傅家岙翻过龙池山到七十二岙或者从另一侧下山经新华村到王坛镇南岸村上玄凤岭再从大泄岭和小泄岭下山到冢斜村，翻过村后的小岭大龙山到车头村。

车头村曾经有个舜王庙。《嘉泰会稽志》卷六《祠庙·会稽县》载：“舜庙在县东南一百里。《述异记》云：会稽山有虞舜巡守台，下有望陵祠。”2007 年第三次文物普查时我们还看到快要倒塌的大殿……

一

尧郭现属稽东镇稽江村。

从前尧郭是个大地方，往南进绍兴山区有三个街市，即平水、尧郭、王城。

当时船只只能到平水埠头，从平水到尧郭只能撑排，至今仍有小地名叫廿里排（牌），货到尧郭后再进山就全靠车运背挑了，尧郭是处货物集散地，于是形成街市。再后来公路开通，尧郭街市从此衰落。但尧郭老街的痕迹尚在——一溜的河卵石街路，两旁是各式店铺，只是如今住的是居民。老街还有一处葬屋，就是外观像人家，内部却是坟墓，如今门坊尚存，但里面已是人家，只是仍被叫葬屋。

曾经，尧郭人自诩道："走遍天下，不如尧郭木里桥下。"

村后的古道也依稀尚存，古道与注入平水江水库的一条溪水大致平行，也以河卵石铺设，只是下半段已淹入平水江水库了。上半段如今也少有人走，靠近水库边便造了林，此地有二路水在尧郭汇合后入水库，一路从南首茅山村而来，一路从东边傅家岙村来。

尧郭旧有土地庙，庙里主建筑叫"尧王殿"，尧王殿毁于"文化大革命"，后来重建。2007 年全国第三次文物普查时我们曾进驻尧郭，了解到村民为重建后的庙应该叫尧王庙还是土地庙已争执了好多年了。

二

傅家岙村与尧郭隔省道绍甘线而邻，循着溪流进村，村后有上山古道，山叫龙池山，上龙池山的石级很好，两边长满了本地叫"狼萁草"的蕨类植物。山顶是大小不一的几口天然水凼，旁边是已经废弃的龙王庙。

我们最初探寻的时候曾由龙王庙翻过山脊下到七十二岙，走出长达十里的"青陶峡谷"到王坛镇南岸村口，再从南岸村借道玄凤古道经冢斜到车头舜王庙，完成探寻"尧舜之道"的全程。

后来王坛打造"游走小镇"，重新开通了龙王庙到"樵柯遗迹"的山路。"樵柯遗迹"是新华村岭下自然村的土地庙，出村穿过省道绍甘线是去南岸村的路。

南岸村主要景点有玄凤岭和岩屋。

岩屋是个自然山洞，在玄凤岭上，也叫"玄凤洞天"，一听就属道家天地，但如今却是佛门世界。

一般游山者也就到此为止！回转了。但如果能从岩屋后找不起眼的一条小路继续上山，上面竟是一个大平岗，平岗上是个很大的茶场，有一排无人的瓦屋，写着

"许行山"什么什么茶场。

右转下岭是冢斜村，向左翻山是板溪村。

三

冢斜是个国家级历史文化名村。

冢斜到车头公交车仅一站，如何避开公路选择一条适宜驴友的山路？我们一时陷入困境，为此便找老家车头的林文彪教授求助。

林教授陪我们到车头，他的发小、冢斜村村委会余主任已等在那里，在余主任的带领下我们从车头翻过叫大龙山的小丘走到了冢斜。上山之前我们见到路边有一个突兀的岩头，林教授说这就是冢斜十景之一的"岩岭激湍"——原来小舜江流经村南向阳处，而农田在山北是背阴田，农业学大寨时号召战天斗地，村民将溪流与农田作了对调，因此"岩岭激湍"也就徒有其名了。

大龙山不高，山中一个叫虬岙的岩崖下曾有一座始建于唐代的白崖庵，余主任说门口有一口清澈见底的水凼，门前两旁还有两株桂花树，一株金桂，一株银桂，每当八月中秋，桂花馥香扑鼻，盛时有和尚尼姑 20 余人，但如今早已全部倒塌成了废墟。最后一个和尚叫五三，人称"关门和尚"。过大龙山即是冢斜，传说有舜妃墓、禹妃墓和仙人洞。

总结余主任带的路，反转行进的路线即是冢斜村→大龙山→车头村。

不过冢斜村的永兴公祠也须提一句，当地传说永兴公是舜王的娘舅，每年都有盛大的祭祀活动。

车头村外流淌着的溪流叫作小舜江，所以企业多以"舜"命名，如我们在车头路口就看到一块大型广告牌叫"舜王服饰"，余主任安排我们吃中餐的地方叫"越舜酒楼"等。舜王庙就在车头村陈后山，可惜已坍塌殆尽。

四

车头舜王庙介于陈家山与大王尖的小盆地中，此地民国时称舜水乡，新中国成立后改名车头乡。2007 年夏全国第三次文物普查时我们尚看到它已趋于屋漏墙塌的大殿，2013 年探寻"尧舜古道"与其再次相遇时已是一堆堆躺在草丛中的曾是栋梁之材及木雕构件，任其腐败。

据《稽东镇志》载："舜庙原仅有三间大殿和东首三间侧厢楼，正殿壁厢端坐（行宫和坐宫）舜帝偶像。其头顶梁上依次悬挂'孝感动天''永赖虞天''帝德配天''大孝配天''连开九品'等七块匾额。侧厢住僧人十来名做佛事。经多次座谈和现场踏勘，老人都说它早于双江溪舜庙。查考文献，据南宋《嘉泰会稽志》载：‘舜庙在县东南一百里。’《述异记》一书系南朝梁时任昉所撰，则可证明早在梁代，会稽山已出现了有关舜的陵祠，车头正处会稽山中心，又濒小舜江之畔，地点方位县域与《述异记》所述全符合。当今有考古专家，在陈家山腰里寻觅得千百年前那‘巡狩台’基石及其痕迹。”

书中还介绍，解放后舜庙一度成为土改工作队的驻地，在“四清”和“文化大革命”时期，舜王庙更成了公社机电站，经活拆硬改，遭到毁灭性的破坏。

五

说起大王尖，我们曾于2010年初夏得林教授邀请做过一次登临，不过山也是很寻常的山，但现在想来，不知此大王是否与舜王有关!

车头也有老街。这里有个小地名叫白果树下，当地人说：“走遍天下，不如白果树下。”

从白果树下上山即是修于20世纪的老公路，如今早已废弃，被开垦成菜畦，但轮廓尚在。走不多远就遇到一个小水库，叫“长湾山塘”。

但走着走着路被茶山覆盖了，翻过茶山，远远望去此路仿佛又现身了，继续探寻，估计进入茅山村地界后此公路才算是彻底消失了。

茅山村曾经有过一个真正的地标叫“宦堂驿亭”，古道从宦堂穿亭而过。1958年未通公路前，山区物资交换全靠肩挑，尤其是春夏期间卖茶、挑茶叶担的或抬茶叶篓形成的队伍行到宦堂驿亭，领头的“歇”一声喊，几十个杂拄便齐声落地歇肩，一时蔚为壮观。

亭内摆着茶桶茶缸茶碗竹管等，一年四季免费提供茶水。亭西首路旁有纪念何氏的“忠荩寺”，在一块天然岩壁上刻有颂其德政的碑文。旁边有一口名为“神泉”的古井，那烧茶之水就取于此。

亭内还挂着草鞋，行人可自取。

农历腊月二十以后，更有民间自行组织的“千灯会”奉上灯笼供行人方便。这“千灯会”颇具风情：于亭前树一根二丈来高的木柱子，顶端点亮一盏竹制纸糊燃红烛的灯笼，由水车车骨当作滑轮可上下，任人随取。因所备货源充足，故名曰“千灯”。

解放以后，这些自发的善行统被打成“非法组织”遭取缔，有的头面人物甚至被打上“企图以小恩小惠收买人心与党争夺群众”的罪名不得翻身。

茅山所处在车头舜王庙和尧郭之间，《越绝书》说：禹“到大越，上茅山，大会计，爵有德，封有功，更名茅山曰会稽”。《吴越春秋》另载：“禹巡天下，登茅山，群臣乃大会计，更名茅山为会稽。”不管此茅山是不是彼茅山，毕竟此茅山也处在会稽山中。只是此茅山于 1956 年建立农业生产高级合作社时更名为雄鹰村，原因是当时有部苏联影片讲的是雄鹰农业合作社。

茅山村后有条塘坞岭是到尧郭的，于是我们再次上山，过岭遇到一个叫“猪柴凹”的山塘，从溢洪道下向左进山是洋中村，从洋中从里到外到尧郭，向右钻出小树林沿溪行也可以到尧郭。

《虞舜文化》序

陈桥驿

《虞舜文化》一书编纂就绪，行将公开问世，这对于弘扬我国的传统文化和民族文化，都有重要的意义，是令人鼓舞的。

中国是个多民族的国家，在历史上（包括史前）经过长期的融合过程，终于形成了中华民族。所以在中华民族之中，除了汉族的传统文化以外，还兼容并蓄，吸取了其他民族，包括在历史发展过程中已经流散泯灭的若干民族文化。

在古代，中国境内民族分布的格局大致是，汉族主要繁衍生息于黄河中游，在他们的北边是许多可以统称为骑马民族的少数民族，他们之间虽然有种种差别，但他们的共同文化特点是草原文化。在汉族的南边，除了以江湖文化为特色的楚族比较先进以外，其余各族就是孟子所称的“南蛮鴃舌”。汉族显然是所有这些周边民族中文明程度最高、文化最发达的民族。过去不少人认为，中华民族融合的过程，主要就是周边民族汉化的过程。不错，由于汉族势力强大，文化优越，少数民族慑于汉族的武力，仰慕汉族的文化，因而在接触交往的过程中逐渐汉化的情况是存在的。不过，各民族之间的文化交流与影响，实际上并不是单向的。以汉族与北方骑马民族的关系而言，早在战国时代，一位著名的汉族领袖赵武灵王，就在其在位的 19 年（前 307）下令：“胡服骑射以教百姓。”这就是一个汉族吸取周边民族文化的例子。

在南方，许多“南蛮鴃舌”的部落之中，越族（於越）是很重要的一支。这是一支活动于东南沿海的以海洋文化为特色的民族，儒家经典一直把它作为汉族的后裔。《史记・越王句践世家》：“越王句践，其先禹之苗裔，而夏后帝少康之庶子也。”如同《史记・匈奴传》：“匈奴，夏后氏之苗裔也。”汉族的儒家们，一心要把这个祝发文身的南方蛮子和那个逐水草而居的北方游民拉扯成为一对兄弟，事实当然绝非如此。自从河姆渡文化发现以后，人们于是恍然大悟，越人的史前文化既不晚于也不逊于汉人的仰韶文化。只是由于第四纪海进的干扰，使这支在宁绍平原已经发展了稻作文化的民族，因为海水吞噬了这片平原逼使他们迁入会稽、四明山地，使他们的生产方式，如《吴越春秋》卷六记述的，倒退到“随陵陆而耕种，或逐禽鹿而给食”的刀耕火种的迁徙农业和狩猎业的落后状态。而正是由于这种自然和人文的巨大变化，古代越族中才产生一个后来为汉族和其他民族广泛传播的神话。

我在拙作《越族的发展与流散》(《东南文化》1989 年第 6 期》一文中提及：

越族居民在会稽、四明山地的山麓冲积扇顶端，俯视这片茫茫大海，面对着这块他们祖辈代代相传的，如今已经为洪水所吞噬的美好故土，当然不胜感慨。他们幻想和期待着有这样一位伟大的神明，能够驱走这滔天洪水，让他们回到祖辈相传的这块广阔、平坦、富庶、美丽的土地上去。

越族先民们的这种意愿，显然就是舜、禹神话的滥觞，这是我国史学权威顾颉刚的《古史辨》中所早已阐明的。凡是受到过第四纪最后一次海进（卷转虫海进）的地区，代代相传的这类神话，后来被记载在世界各地的古代文献中的，实很多见。《旧约·创世记》中诺亚造方舟的故事就是广泛传播的一种。希伯来人的神话载入《圣经》，也正和越人的神话载入“四书五经”一样。这中间，都经过年代久远的口口相传，而且都经过以后的一些聪明人的移植和美化，使这种神话更引人入胜，劝人为善，成为一个地区人们的行为准则和道德规范。这正和前面提及的赵武灵王吸取草原骑马民族的文化一样，“南蛮鴃舌”的文化也同样为中原汉人所吸取，而且以后经过广泛的渲染和传播，成为我们中华民族的共同文化。所以我不仅不反对这种传播和移植，而且很喜欢读这些古代的著名文献，如“四书五经”和《圣经》，等等。

我的话绝不是逢场凑合。最近出版的《当代百家话读书》(广东教育出版社、辽宁人民出版社 1997 年联合出版）一书中，有我的一篇《读书之乐乐何如》的文章，追溯了我毕生读书的经历。我在拙文中说：“读‘圣贤书’是我读书的第一阶段，而读《圣经》则是我读书的第二阶段。”我在“圣贤书”下加了一条注释：“文天祥说：‘读圣贤书，所学何事。’所指实为中国儒家典籍。我第一阶段所读，大概多不出《十三经》范围，其实非常孤陋，所以借用‘圣贤书’一词”。的确，我在小学三年级时，就在祖父的教导下，读背了《学》《庸》两篇。以后读《尚书》，在《尧典》《舜典》《大禹谟》各篇中，才知道尧、舜时代的洪水和禹治平洪水的故事，使我非常景仰这些人物的崇高伟大。我在初中时代就开始读《圣经》。我在拙文中说："从《旧约·创世记》到《新约·启示录》，一共有66篇，每一篇我都仔细读过。"年龄稍长，"又仔细读了《圣经》的英文本"。"从这里，我当然获得许多知识，古代中近东的历史知识和地理知识，希伯来人的历史，耶稣基督的故事，等等。但特别重要的是，我在这部重要的书中，悟出了许多自然和社会的道理。"

以后，我的读书当然没有中辍，随着自然科学和人文科学的进步，使我懂得了其他许多道理。让我理解了，诸如诺亚造方舟和大禹治水的神话，都是第四纪海进的产物，而宁绍平原正是尧、舜、禹的故事的策源地。《尧典》中的"汤汤洪水方割，荡荡怀山襄陵，浩浩滔天下"；《舜典》中的"俞咨禹，汝平水土，惟时懋哉"；《大禹谟》中的"俞地平天成，六府三事允治，万世永赖，时乃功"。实际上都是越人在海进时代流传的神话，经过汉人移植和加工以后，成为世代相传的儒家经典。我们且不论儒家经典中也存在不少糟粕，但是应该承认，儒家学说中的许多方面，几千年来一直成为社会公认的道德规范和衡量是非的准则，其中不少内涵并且延续到今天。作为这些故事策源地的宁绍平原的越人，正如西亚的希伯来人一样，他们对人类的文明进步作出了卓越的贡献。

上虞位于宁绍平原的中心，显然是虞舜文化的重要策源地和扩散中心。十多年以前，我的研究生乐祖谋君为了研究有关这方面的课题，曾经作了为时一年余的探索。他首先遍阅这个地区的地方志和其他文献，然后又花几个月时间到上虞、余姚、绍兴等地作了实地调查，而调查的结果，在15处有关虞舜传说的故迹中，落于今上虞市境内的达到十处。由于此文有关章节已经收入这本《虞舜文化》之中，读者可以自己作出分析和判断，这里不必赘述。

前面已经提到，中华民族是许多民族在历史上经过长期融合而形成的。在这个历史过程中，各民族的许多优异文化都被吸收和融合在中华民族的文化之中。虞舜文化是以上虞为中心的古代越族文化，经过历史上的传播、移植和儒家们的加工修饰，终于成为中华民族传统文化中的一个锦绣的光环。现在，这种文化策源地上虞，编纂成这样一部既是地方文献又可传扬各地的《虞舜文化》，追本溯源，广征博引，意义深长，确实不同凡响。

我在《大禹研究》（浙江人民出版社1995年版）一书的序言中曾经指出："禹是越地土生土长的人物，他的崇高精神和伟大人格，他的人定胜天的坚强意志和卓越不凡的治水方法，一直扎根在这个地区，现代绍兴人可以理直气壮地说：禹是我们的。"现在，我可以重复那篇序言中的话，虞舜的崇高品德和伟大人格是令人肃然起敬的。他自己谦逊禅让，又能选贤与能，任用禹、稷、契、皋陶等并十有二牧。巡行四方，躬耕畎亩，为芸芸众生鞠躬尽瘁。在儒家经典中，虞舜确实是一位至圣完人。但是这个故事的渊源却无疑出自上虞，他是上虞土生土长的人物。所以，现代上虞人可以理直气壮地说：虞舜是我们的。

1997 年 12 月于杭州大学

（本文为陈桥驿先生为上虞市政协文史资料委员会编《虞舜文化》所作序言，收入本书时编者作了文字订正）

绍兴王坛舜帝庙

王坛舜帝庙位于绍兴城东南王坛镇两溪村舜王山之巅。《嘉泰会稽志》卷六：“舜庙在县东南一百里。《述异记》云：会稽山有虞舜巡守台，下有望陵祠。”据《乾隆嵊县志》《万历会稽志》《剡录》等记载，在 1500 多年前的南朝梁建炎元年，此地已有舜王庙，且颇具规模。今舜王庙，据庙内现存《有县志一篇》碑文所记，为清代“咸丰年间（1851—1861）监生孙显廷（王坛孙岙村人）重建。同治元年（1862），正殿、后殿寇毁，显廷集资重建之”。1989 年及 1998 年做过大规模修缮。

舜是我国远古时代部落联盟领袖，姓姚名重华，史称虞舜。当年推行禅让制度，到唐尧传位给虞舜的时候，尧的儿子丹朱与舜争位，舜避乱到南方，来到绍兴、上虞一带并常来此游憩。后人为纪念他，在此建立庙宇。舜王庙原址在对岸老鼠山上。咸丰年间，舜王庙移建于此地，舜王山原名为乌龟山，建庙后改称舜王山。

双江溪的舜王庙古时称大舜庙、舜帝庙、虞舜庙。舜王庙是沿用了清代以后的民间称呼。

舜王庙建址在舜王山之巅，前瞰长江（小舜江），后临旷野，群山环抱，绿树相映，青山相衬，山雾缭绕，红墙绿荫，飞檐翘角。置身山巅，如临仙境。

从舜王山麓东侧的石质台阶拾级而上，山顶有一块长数丈的石板平台，站在这里向东南俯瞰：小舜江像一条飞练玉带环绕在山脚，江中游鱼首尾相接，头向舜王庙，似在朝拜舜帝。庙前有两株桐柏，挺拔苍劲。一株数人合抱粗的巨樟屹立阶旁，荫蔽亩余。

大舜庙门朝东南，中间山门敞开，两旁花窗用数块石板雕镂而成，四周花格密布，中间是一幅浮雕：四位老翁正在展图细视，笑容可掬，栩栩如生。山门外的梁柱上尽是形象生动的木雕，这些珍贵的艺术品，大小不过数寸，却神态逼真。进山门，重檐挑角的戏台映入眼帘。台顶呈鸡笼状，四根石制台柱挺立四角，舞台三面眉梁和两厢侧屋门窗之上雕刻着我国古典小说《封神演义》《三国演义》《水浒》中的一些人物。布局精当，构图巧妙，形态各异，情趣盎然。过天井即是规模宏敞、气势宏伟的前殿和后殿。舜王庙的前殿和后殿各有3间，高9米，宽13米，两条粗大威猛的巨龙盘绕在石柱上，龙柱两侧是双凤石柱。大殿两侧的山墙上镶嵌着两块巨幅青石浮雕，上刻“西湖十景”。布局合理，立体感强。殿后保留了我国传统式样——挑角形，并塑有威风凛凛的“瓦将军”，大殿屋脊上正中为砖雕，写着“国泰民安”四字，两端设“龙吻”等。前后大殿原各有虞舜像一尊。前殿塑像高大庄严，供香客朝拜祈祷。后殿雕像取材樟木，大小如人形，戴平天冠，披黄龙绸皇袍，履云靴，供迎神用，称为行宫。

舜王庙建筑以山门、戏台和前后大殿为中轴。庙的主体建筑由山门、戏台、大殿、后殿、配殿、东西看楼、外厢房及台阶组成。设计巧妙，构筑别致。是一座集建筑、雕刻、书画于一体的艺术殿堂和舜越文化的展馆。

舜王庙悠久的历史，精湛的雕刻艺术，独特的建筑风格，秀丽的山川风光，吸引了众多国内外游客。日本松山芭蕾舞团团长清水正夫一行6人，不远万里，来舜王庙观光游览、摄影留念。我国著名电影艺术家孙道临和一些著名演员也来舜王庙山麓体验生活。上海电影制片厂拍摄的《笔中情》曾到此取景。

1979年，舜王庙被定为县级文物保护单位。1989年1月1日，经修复后正式对外开放。1997年，被定为省级文物保护单位。2013年3月，舜王庙升格为全国重点文物保护单位。

舜王庙建筑构件上的石雕、木雕、砖雕艺术，反映了清代的雕刻艺术，称为“三绝”。从舜王庙的大门到后殿，从侧厢到戏台，整座庙宇的一砖、一瓦、一石、一木，显现着各种各样的雕刻图案，千姿百态，犹如一座雕刻艺术博物馆。雕刻手法有浮雕、透雕、圆雕、贴花等，内容多为当地风土人情、民间习俗，寓意深刻。

木雕塑代表作各建筑构件上的“牛腿”雕刻。这些“牛腿”上的雕刻以单体人物形象为主，体高70厘米左右。大多采用整体镂空雕凿，立体感强，形象饱满生动，充满人情味。山门檐柱“牛腿”为“文武财神”，给人以进门遇财神、发财有希望的彩头。戏台“牛腿”雕有“和合二仙”刘海钓蟾”“刘海戏钱”及“龙、凤、狮、象”等；大殿“牛腿”雕刻民间流传中的“福、禄、寿、禧”四大吉祥物；后殿牛腿则雕以象征春夏秋冬的“兰、竹、菊、梅”，并辅以人物形象；两侧看楼和配殿的“牛腿”上刻的是家喻户晓的十二生肖动物以及“渔、樵、耕、读”和“八仙”

等题材。其他梁架、桂枋、雀体等木件上则用浮雕、深刻或贴花等手法镂凿装饰。题材多花鸟、流传典故，古代人物和象征吉祥如意，宣传孝道孝行之类，如《三国演义》《西游记》《封神榜》《水浒》及“二十四孝”“蝙蝠”等，刀法细腻考究。

石雕的代表作当数大殿前檐的四根石质檐柱和大幅《西湖十景图》。中间两根石柱直径60厘米，刻有“云龙”，飞龙腾空，形象十分逼真。龙首雕凿于柱高约三分之一处，龙尾缠绕而升，其间雕凿的云纹轻柔缥缈，上下呼应；次间两根石柱浅刻栖凤，形态生动优美，闲适自然。两侧山墙上分别是“西湖五景”，合为“十景”。两幅石画宽均为68厘米，高123厘米。东首“五景图”下衬“松鹤延年”图案，西首“五景图”下衬“鹿衔灵芝”图案。构图匀称合理，刀法流畅，是不可多得的石雕艺术珍品。

砖雕艺术和彩绘壁画在庙内也广为分布，主要用在榫头、檐下，在石木雕难以安置地方。

舜王庙还有三奇，即舜王庙内及周围的“奇地”“奇树”“奇鱼”。

“奇地”。庙的大殿左侧，有一块不到5平方米的泥地，其周围其他地方铺着石板，但这块地无论铺石板或浇筑混凝土，没过多久，都会被拱开，传说是乌龟的心脏，心脏跳动把面板震裂，至今仍是泥地一块，故称之为“奇地”。

“奇树”。舜王庙前山坡上有一棵巨樟，树冠盈亩，绿意盎然。但多年前此树主干杈口曾有一大孔，小孩可在洞口进出戏耍。后来竟慢慢长合，不留一点缝隙。1976年，此树曾枯败而死，然而时隔3年，1979年枯枝竟然复活，绽出了新芽，故人称“奇树”。

“奇鱼”。舜王庙前有舜王潭，早年每到九月二十七舜王生日这一天，人们从四面八方赶来参加庙会，而舜王潭里的鱼也会成群结队，头朝舜王庙方向悬浮在水面，似在拜舜王，年年如此，人称“奇鱼”。只是后来溪中鱼类资源匮乏，此景观再难得一见。

（摘编自《王坛镇志》，第599—605页）

绍兴舜王庙会

自古以来，庙会是广大群众喜闻乐见的一种文化活动，演戏、祀神外，多同时举办集市贸易。舜王庙会有很古老的传统，传承至现在，近150年间发生几次变化：建庙初期至民国初年，大体上保持着古老的庙会形式；新中国成立前，抗日战争和解放战争时期，庙会活动衰落中断；新中国成立后，20 世纪 50 年代中期至 70 年代末，由于“解放思想，破除迷信，移风易俗”，庙会活动完全停止；至 80 年代，庙会活动逐渐恢复，内容和形式在继承的基础上有了明显的变化和发展，作为旅游资源来开发的意识日益加强起来。特别是自 2000 年舜王庙会期间首届“舜越文化旅游节暨农特产品交易会”举办以来，“文化搭台，经济唱戏”，促进了地区经济的发展。

传统庙会

舜王庙会始于清咸丰十一年（1861）。当时，监生孙显廷重建舜王庙竣工，方圆数十里的民众赶来进香，祭祀。此后庙会便年复一年延续下来，且规模和影响也越来越大。

庙会每年以传说中舜王生日，农历九月廿七为“正日”，前伸三天，后延一天，会期一般五天。尤以廿六、廿七、廿八为最盛。其间，汤浦、枫桥、崇仁、谷来、平水等，方圆百里的民众和商贩纷至沓来。庙内香烟袅袅，鼓乐喧天，庙外商铺林立，游人如织。用绍兴土产甘蔗削皮雕花做成的行牌，竖立在舜王山麓路中。有布商用布头结成的花结行牌，搭于舜王庙正殿，把舜王庙里外装扮一新。

为方便庙会期间隔江行人来往，每年农历九月初九重阳节，由磊士岭村把桥山上的毛竹砍伐下来，在罗镇街大埠头到双江溪“宝昌”店门口架设一座竹桥，至次年清明再拆。

舜王庙会的宗教活动主要是祭祀虞舜。

庙会第一天的第一项活动是祭神，即请菩萨。由当值社头带领各个社头祭神，在前殿的舜王神像前置五牲福礼、三茶、三酒、三饭、五盘水果。所谓五牲即猪、羊、鸡、鹅、鱼。猪用猪头，羊用羊头，鸡、鹅是整只的。鱼，在解放前因难以办到，只用白鲞代替。

祭品放好后，点燃香烛，在天井燃放爆竹。社首们在神前行三拜九叩之礼，当值的社首在最前面，口中说些祈求舜王大帝保佑国泰民安、风调雨顺、五谷丰登、六畜兴旺之类的话。同时，绍剧团演唱请寿戏，请寿戏分为台上请寿和台下请寿。台上请寿是演员在台上扮福、禄、寿三星唱祝寿词。落地请寿就是演员下台，在神前扮演福、禄、寿三星唱祝寿词。祭神仪式完毕后，九月廿七的庙会活动就算正式开始了。

庙会期间，宿山进香也是祭祀舜、祈求舜帝保佑的形式。庙会前几天，善男信女便斋戒茹素，以示虔诚。入庙后，整夜在殿内念佛，即谓“宿山”。宿山者多数为中老年妇女，一桌一桌地坐在厢房念佛，一般是7人、9人或13人一桌，都是相约而来。他们念的是阿弥陀佛或心经、高皇经之类的佛教经典，一连几天几夜都不睡觉，念好后，烧在菩萨面前的香炉中。他们念佛有的用小麦秆，有的用黄纸，但大多用的是小麦秆。用小麦秆念佛经是王坛一带的特色，把小麦秆剪成13—15厘米长，7人或13人围坐在圆桌或晒匾边，一边念佛，一边传递麦秆，一天念下来，用线把麦秆串起来，卷成一团，中间是长约20厘米，也是念过经的麦头。也有用黄纸折成元宝，用佛珠和点红点记数。

宿山者大都自带干粮，还带一些番薯干、炒六谷、炒南瓜子、炒花生、南瓜干等分给大家吃，叫作“结缘”。后来随着生活水平的提高，宿山者带的是饼干、糖果、糕点之类，都是店里买的。庙里还有快餐供应，不带干粮也没有关系。

庙会期间的香客主要来自绍兴南部山区、诸暨枫桥一带、嵊州北部山区、上虞汤浦以西的地区，还有从这些地区出外定居在杭州、上海等地的人，在庙会期间也专程来朝山进香，祈求舜王大帝保佑。进香者有的求子，有的求财，有的求婚姻，有的求健康，有的求平安。在善男信女心目中，舜王大帝是万能的，他们在神面前默默祷告，祈求菩萨保佑，许下心愿，如达到目的，则来还愿。还愿的方法很多，有的用三牲福礼或五牲福礼来请菩萨，有的会捐给庙里一笔钱，作为庙堂的修缮费用，也有的来演戏还愿，有的来扮犯人。

扮犯人是指那些有病或有危难的人在舜王菩萨前许了愿，愿望实现了，来还愿的人。有的只扮一次，有的每年都来扮，叫作世代犯人。扮犯人有两种形式：一种是在神前扮犯人，扮的人首先向庙祝（管庙的人）要一份黄纸，填好自己的姓名、年龄、地址，盖上庙印，用一块黄布包在头上，腰围短裙，戴上木制的手铐，点上香烛，在菩萨面前三跪九叩头，默默地自我忏悔，祈求菩萨保佑。还有一种是舜王菩萨出巡的时候扮犯人，夹在武校会中间。黄布、短裙、木枷，可向庙祝借用，也可自备。

庙会期间，求签的人很多。签经是写在小纸片上的，“文化大革命”前在后殿东首有一柜，里面放着签经纸，求签者自己取，不用花钱，也没有解签人，庙祝解签是尽义务的，不用给钱。后来，求签者要在庙里买诗签纸，2元钱一张。解签也要收取费用。

舜王庙的诗签有两个版本，大同小异，解签者就是根据这两个本子来讲解的。舜王庙的诗签是清咸丰年间监生孙显廷召集100余位秀才写出来的，颇具文采，每首诗都有一个典故，颇有哲理，其内容多为劝人为善之语。舜王庙100张签中，上上签22张，中上签45张，中下签23张，下下签仅10张。中签共68张，占的比例比较大，中签是以鼓励为主，又提醒小心行事，这迎合了一般求签者的心理。

九月廿七庙会还具有一定的经济职能。

由于庙会期间，朝山进香、旅游览胜、参与祭神和看热闹的人很多，这就吸引了大量商贾前来摆摊设点、推销产品，附近农民也把自己种的农副产品拿来交换。

舜王庙坐落于双江溪村，舜王山下的小舜江在上虞市的上浦镇浦口村汇入曹娥江。旧时，因交通不发达，小舜江成了绍兴会稽山区的主要交通线。当地出产的茶叶、柿子、板栗、稻谷等都在王坛村和两溪村装上竹筏运出去，竹筏沿小舜江东流，经曹娥江到上虞市的曹娥村靠岸，再由运河运往杭州、上海或宁波等地，回程时再带些盐或杂货之类。舜王庙处于水路交通要道上，其优越的地理位置有利于庙会经济活动的开展。

庙会期间，小舜江畔的河滩上有大量的缸甏、陶瓷器，因此也称舜王庙会为“缸甏会”。陶瓷制品主要来自上虞，也有从江西来的。山区农民一般过年都自己酿酒，用糯米做土白酒，有钱的人家还自己酿制黄酒。酿酒少不了缸缸甏甏，山区农民还有制咸菜、霉干菜的习惯，也需要缸甏。在山区，基本上没有缸甏店，农民只有在庙会期间才能买得到缸甏。因此庙会期间，缸甏生意是最好的了。

东阳人的木勺也受山区农民欢迎，山区农民用木勺舀谷米，但平时是买不到木勺的，只在庙会期间才有。

永康的铁器在庙会上也很受欢迎，主要是家具、厨房用具，山区虽有小铁匠铺，但质量没有永康的好，特别是犁头和镬，那是一定要买永康的。

布摊上卖的主要是余姚大布，即余姚土布，质地厚实，最受农民欢迎；也有一些洋布，主要是土洋布，即靛青色的细洋布，只有比较有钱的人才买得起。余姚、慈溪人卖的旧衣，当地人称为退衣，对山区的贫苦农民来说，还是很实用的。光顾退衣摊的多是贫苦农民。

庙会上还有湖州人的毛笔摊，安徽人的墨摊，也供应毛边纸、宣纸、方格本等，这是小学生最喜欢的地方，也有文人墨客光顾。

化妆品摊主要卖胭脂、水粉、红绿丝线、发夹、顶针、针、洋棉纱线等，那是妇女们光顾的地方。山区妇女平时难得上街，门口的货郎担虽然也有这些东西，但常常货色不好，价格偏贵，所以在庙会期间妇女们会备足一年之所需。

庙会上，卖吃的主要有诸暨人开设的香榧摊，黄岩人开设的蜜橘摊，还有绍兴城里人开设的馄饨摊、包子摊。黄岩蜜橘摊上的香团是很受欢迎的，人们把香团买回去放在灶神前，烘干，有客人来，掰一片放在茶里作香料。

做糖人、面人的摊子，小孩爱看，有钱的小孩也会买一两个回家去玩。

卖梨膏糖的叫声是很能吸引人的，卖糖者站在凳子上，手拿小锣，边敲边念，说梨膏糖吃了有许多好处。据说，梨膏糖能治哮喘病，山区老人多患有此病，所以有人买。

大力士卖武膏药，围观的人最多，因为有杂技表演。武膏药专治跌打损伤，大力士每次开场表演节目之后，就当场治病，疗效神奇。所以，有不少人会买几个膏药或几包伤药回去。

当地农民在庙会上卖的东西少，只有少数人拿自己出产的柿子、糖梗来卖，不值多少钱。

舜王菩萨巡会

巡会是舜王庙会的形式之一，俗称迎会、迎菩萨。

舜王菩萨巡会在全盛时期，要好多天，东到王化和上虞的渔浦（即渔家渡），西到东山下陈、车头、上冯。

每年农历八月初一，各社首在舜王庙举行例会。通过求神问卜的方式，决定今年搞不搞巡会，巡会经过哪些村子，在什么地方吃中饭（俗称晏斋），在什么地方过夜。

菩萨出巡的前一天晚上 10 点举行菩萨梳妆仪式。梳妆仪式十分庄重，不准闲杂人或妇女等在场。仪式由童家岭罗汉会主持，点燃香烛后，小罗汉在前，大罗汉在后，行三跪九叩首之礼。然后由两名德高望重的大罗汉手执拂尘，把菩萨掸干净，替菩萨换上蟒袍。然后，罗汉们再一次跪拜，仪式结束。

菩萨出巡时，拆去戏台台板，先用五牲福礼祭神，社首们行三跪九叩首之礼，然后，由两个德高望重的老年妇女扶舜帝神像上轿。后殿的舜神像用樟木雕成，四肢活动，足下装有轮子，活动方便。神像上轿完毕，司仪高喊“起马”，这时，放大炮，放铳，放鞭炮，敲锣打鼓，八人抬着舜王神轿缓缓起步。轿夫由校会担任，还备有八名候补轿夫。神轿从正门而出，由校会、提炉会、旗会、执事会等会开路，大臣会紧跟轿后，各个会先后跟上。香烟缭绕，旌旗蔽日，锣鼓喧天，万铳齐鸣，巡会队伍上万人，浩浩荡荡，其气势之雄伟，远胜古代之帝王。一路上，常有小伙子接轿，小孩子从轿下钻过去。据说，这样可以消灾消难，增福增寿。沿路各村设有路祭，摆着供筵。

供筵有不同格局。大户人家的供筵在路旁搭棚，放两张八仙桌，点燃香烛，供茶、酒、水果、三牲福礼或五牲福礼：小户人家的供筵只是在路旁放一张八仙桌，点燃香烛，供些水果、糕点而已。在菩萨经过时，供筵主人三跪九叩首，祈求菩萨保佑平安。在比较大的供筵面前，司仪高喊“驻马”，舜王菩萨的神轿停下来。供筵主人会给司仪和轿夫发赏钱——红包。

按规定路线，中午时分在舜王菩萨驻马的村中，各家办斋饭，富人家的斋饭多办几桌，一般人家少办几桌。斋饭分主斋和客斋两种，参加舜王庙会的村子办的斋饭叫主斋，是荤斋，一般有猪肉、鸡肉、鸡蛋之类。在山区，鱼是很少的，也可以用咸鲞或咸鳑头（咸的小海鱼干）代替。不参加舜王庙会的村子，办的斋饭叫客斋，全是素菜。山区人好客，人们对巡会的人招待是很热情的，即使是素斋，素菜和豆制品也是很丰盛的。若办了斋，没有巡会的人来吃，被认为是很不吉利的。所以，只要巡会的队伍一进村，各家各户都会热情地招待。

舜王菩萨巡会过夜的第一个村子，以南岸居多。有一首童谣说：“哐哐喳，坎上肇湖吃晏斋，岭下南岸来过夜。”菩萨抬到庙里过夜，庙里的戏台结构与舜王庙戏台相似，戏台中间的台板卸下，供舜王菩萨进门。

在过夜的村子里，所有的会都要表演。附近各村的人都会赶来，也就是来看表演，有的村还会自己请绍剧团来演戏。所在村的社首要备五牲福礼祭神。

巡会的路线和时间不一定，有一天、两天、三天。如果是一天，一般经肇湖、坎上、王坛、沙地、钱家山，再经竹来山、沙坞、俞家、湖头、罗镇、两溪，回到舜王庙。菩萨出巡，不走回头路，不住庵堂寺院。巡会队伍回到庙里，有的会中途退出回去了，有的会必须回庙，如大臣会必须进殿谢神后才可卸装。菩萨进殿，由两名德高望重的老年妇女扶菩萨升座，社首设五牲福礼谢神，巡会正式结束。

舜王庙会的巡会不是每年都搞。抗战时期，老百姓温饱都成问题，自然而然没了巡会。

新中国成立后，舜王庙也巡过一次会，是在 1952 年，从舜王庙出发，途经肇湖、王坛、竹来山、沙坞、俞家、湖头、罗镇、两溪，回舜王庙，在王坛吃晏斋。这是舜王庙的最后一次巡会，规模空前。

舜越文化旅游节

在舜王庙传统庙会的基础上，为进一步挖掘舜越文化，展示王坛深厚的文化底蕴，加强王坛文化事业的发展，提高王坛的知名度，促进地区经济的发展，王坛镇党委、政府积极引导和营造舜王庙会氛围，于 2000 年舜王庙会期间举办首届“舜越文化旅游节暨农特产品交易会”。节会以“观赏舜江风景，挖掘舜越文化，展示山区特色，振兴王坛经济”为主题，举行六项活动：开幕式；农业产品展销交易及农业投资项目洽谈；绍兴市区大型商场商品下乡直销；青梅现代化示范园区奠基；

文化科技下乡及王坛经济发展恳谈；研讨舜文化的渊源、内涵，弘扬光大舜越文化及绍兴小百花专场演出。

2001 年，举办第二届绍兴舜越文化旅游节，其间隆重推出六项活动：组织舞龙、舞狮及绍剧等表演；召开王坛可持续发展恳谈会；开展文化、卫生、科技三下乡；举办“舜越文化”知识竞赛；特色农产品及地方商品展销；召开“香雪梅海”景区规划论证会。邀请文化界人士 70 余人参加，一批书画家在现场挥毫泼墨，绍兴电视台进行全景摄像、宣传。

2002 年，举办第三届绍兴舜越文化旅游节。其间举办“舜江杯”拔河比赛；召开王坛籍在外创业人士招商引资恳谈会和文化、科技、卫生三下乡等活动。推出“绿色王坛之夜”文艺晚会，并举行了《舜文化和舜王庙》一书的首发式。

2003 年、2004 年，继续举办舜越文化旅游节。

2005 年，绍兴舜越文化旅游节更具特色。10 月 26 日（农历九月廿四）举办绍兴舜越文化旅游节开幕式暨祭舜王庙典礼活动，参加者有绍兴县的有关领导、特邀来宾、王坛镇的各界人士、新闻单位记者等近 150 人。节会活动本着“隆重简朴、注重实效”的原则，以“寻找舜越文化，再现民俗风情”为主题，开展“寻舜迹、游舜庙、看踩街、听大戏”等一系列文化教育活动。

2005 年绍兴舜越文化旅游节期间，还举行了王坛镇经济发展恳谈会，王坛镇休闲观光旅游招商推介、特色农产品和地方商品展销会，把舜越文化与当地的经济发展紧密结合起来，极大地促进了王坛的经济和文化的发展。

2010 年，“舜越文化旅游节”更名为“虞舜文化旅游节”。

舜王庙庙会于 2006 年 6 月被列为绍兴县第一批非物质文化遗产名录，2007 年 6 月被列为省级非物质文化遗产名录。

（摘编自《王坛镇志》，第 562—570 页）

余姚舜帝庙

历山，位于余姚市东北部，今属低塘街道历山村。古时候这里地处海滨，是钱塘江入海的必经之地。历山之名起源有二，据晋代周处的《风土记》记载，“舜东夷之人，生于姚丘，耕于历山，而始宁、剡二县界上，舜所耕田于山下，多柞树，吴越之间，名柞为枥，故曰历山”。二说是古时历山，北为钱塘江海涂，相传渔民下海捕捞，上山沥网（即晒网），遂俗称为沥网山，后称之为历山。唐朝《史记正义》一书引《括地志》载："越州余姚县有历山舜井。"因此余姚之历山与舜的故事，并非今人所杜撰附会，盖舜耕历山之相传由来已久。

相传历山上有舜庙，起于何时，已不可考。据南宋嘉泰元年（1201）《会稽志》记载"历山舜帝庙在云柯乡"，距今也已800多年。嘉靖余姚县志载"旧庙，正殿重檐，周廊有寝、有庑、有中门、外门，缭以周垣"。据康熙《余姚县志》记载"明朝隆庆年间，居民张、许二姓相争，析庙为二，其西偏，祀太白龙神"。张姓属东庙，许姓属西庙。康熙十年，知县潘云桂重修，道光廿八年修之，咸丰十一年毁，光绪五年复建。据老年人讲，东庙一共五进，第一进山门，门额"古历山庙"，第二进是第一殿土谷神，祈求平安丰收，《六仓志》载是"民得春祈秋报，岁以为常"。第三进是舜帝殿，俗称大王菩萨、舜王菩萨、舜帝菩萨，两边有厢房，东为天堂殿，西为地狱殿。第四进为观音堂，奉祀观音菩萨，第五进为斋堂。西庙称历山庙，主要供奉太白龙神，即龙王，主要求风调雨顺，康熙年间，把龙神迁第一进，中殿供奉土谷神。明朝万历十五年（1587）《绍兴府志》中保留了一张"历山舜庙旧图"，是目前存世最早的历山舜庙图像，距今400多年。

历山上除舜庙外还有舜井、石床、象田、摩崖石刻等遗迹。舜井位于历山东麓，俗称龙潭，传说亢旱不竭。石床，据县志记载"有石嵌空，横覆如床，可坐数人，相传为帝舜耕时避雨处，双跖隐然"。摩崖石刻有二，《余姚六仓志》载"历山大龙潭摩崖，刻高九寸，广三尺八寸，横书四字，字径八寸，敬佛智慧"。另有"耕隐"二字，相传为秘图山续兰亭会参加者之一郑彝所书。历山于20世纪50年代后被开采所毁，至70年代已荡然不存，2009年由帅康集团在历山原址开发为舜韵华庭小区，在小区内规划建设了舜耕遗址公园，保留了原历山南坡遗址，并建有舜耕桥、避雨亭等纪念舜耕遗迹。

（根据庙内介绍整理）

车头舜帝庙考录

历史遗留越中的舜庙，有余姚历山、上虞百官、绍兴车头等三座，前二座早已堙废不存，车头舜庙（亦称舜王庙、虞舜庙）。世人谓之舜王庙是清代后的民间称呼。

车头舜庙标名曰大舜庙，地处绍兴古城东南 37 公里，会稽山中小舜江（北溪）上游之滨，介于虞舜后裔陈姓的陈家山与东首王见岗山麓的大王尖（谐音见）聚落间形似八卦的平地中。西，邻拾级而上的陈后（候）山堡和官山岙的舜义亭及一箭之遥处后列的舜茶亭；东，相距三里是传说有舜妃墓的冢斜村。车头为绍兴、嵊县、诸暨交界处，称“古越南疆”。民国《绍兴县志》资料载，车头为舜水乡辖地。新中国成立后为车头乡驻地，今隶属稽东镇。

舜，姓姚，名重华。其先国于上虞，故号虞舜，曾在历山耕种。传说虞舜是我国的第二个贤帝。《史记》云，尧把帝位授予舜。从（远祖）穷蝉到帝舜，都是平民百姓，到舜是第七代了。舜 20 岁时，就以孝顺闻名，因他明君，孝子，大治天下后人为他建庙世代崇奉。

车头自古是会稽山中交通枢纽和要冲，卵石古大道一马平川通越都，往东转南至嵊县现为省级公路，向西达诸暨。秦置县始设驿站。据传，远古虞舜离开国都巡行于此境内，后人遂于此建陵庙纪念。

舜庙坐北朝南，占地面积 1200 平方米，四周原有枫、榉、檀、柏等高大古树环抱，背正对陈家山岳龙脉，面临古道傍舜江，南朝山岳王见岗（按，立其岗可南望嵊县五百岗，向北俯视绍兴城）。

车头大舜庙与处于会稽山下之大禹庙的建造时间大致相同，堪称为绍兴最早的祠庙之一。加若耶溪源头的尧郭尧王殿，则尧、舜、禹遗迹三点成一直线矣。

现残留遗存的舜庙，据古建筑研究专家剖析，认定为明代建筑。相传山门和西首侧厢及左右偏殿是后来增添的。共二进，山门五间，宽 22.84 米，进深 6.63 米，前置牛腿，梁、柱雀替上增雕飞禽走兽、八仙、二员武将浮雕。入内卵石道地，可供搭临时戏台演戏，左右各三间侧厢置楼。殿分正、偏，隔墙。正殿三间，通高 7.36 米，面宽 10.24 米，进深 8.81 米，穿斗式，三架梁，木柱直径 30 厘米。殿前檐柱子上端雕两员武将等饰物的牛腿。

百姓祈望尧天舜日，舜王大帝成了人民群众的神。以迎神、娱神、祭神、祷神为中心的庙会，规模大，内容丰富多彩，设立旗会、铳会、锣鼓会、高照会、提炉会、文武校尉会、轩轿会等。“庙产”有田 28 亩、地 28 亩、山 28 亩。至民国 21 年（1932）上冯村农民胡友善为庙祝时，尚有田 20 亩和山 7 亩。庙产的使用和种植收益，除须供庙内开支外，于庙会时须设供园献供品办酒席等，敬舜帝后慰劳迎会者之用。

庙会一年两次，每次会期三天，即一日迎会，两天演“绍兴大班”。即使遇兵荒马乱、自然灾害的年代，逢毛笋旺生的“大年”必定举行。农历六月初一，旌旗招展，敲锣打鼓，百铳齐鸣……轩轿中坐着舜帝（木雕行宫）赴四处（聚落）供园稍停，至前坞聚落，从石苍山庙里迎接来陈胜圣（四）菩萨（行宫）到舜庙（避暑）度夏，接着演两天两夜的“绍兴大班”。农历八月二十，又迎会赴四处聚落的供园，送陈胜圣灵回石苍山庙堂，再演“绍兴大班”两昼夜。庙会丝毫不掺杂商贸活动，是车头一带农民出于对舜君的纯粹纪念。

黎民对虞舜的崇敬，不仅逢是日举行的迎舜庙会，平常时日，有来自诸暨枫桥、嵊县崇仁、绍兴平水等方圆百里的善男信女云集，前来朝拜，祈求降福，香烛旺盛。令人叹为观止的，是庙前有一舜潭，清澈见底，可引水灌田，终年不涸。令人惊奇的是每逢庙会时日，潭中鱼整齐地头朝庙前，合嘴鼓腮如吹唢呐，摇身摆尾欢舞。究其因，按现代科学说，兴许是庙堂清净之地突然鼓乐喧天的“条件反射”吧！

抗战时期，金戈铁马，日军犯绍，车头成了保卫古城的边陲重镇，舜庙则成为国共两党代表会晤的最佳之地。1943 年 5 月 1 日，曾任诸暨县长的郑重为被浙江省政府调至绍兴任县长，其县军、政机关设在车头附近的袭村，他派人到诸暨旧部招兵买马。中共会稽地委获悉，认定是打通会稽与四明山政治交通线的机会，由经延安学习后回绍任会稽地工委副书记马青精选六七十人，从诸暨到袭村绍兴县军、政机关工作，敦促郑重为国共团结一致，共同抗日，制止其倒退、投降。1945 年四五月间，新四军浙东纵队司令部秘书长兼浙东抗日中心革命根据地参议会秘书长郭静棠，率领六名警卫员和一青年干部，赴车头舜庙与国民党绍兴县长郑重为谈判。郑随带一个武装警卫班和特务秘书郭松泰及宋子亢，在秘密交谈中，新四军代表把话锋一转，动员郑率部起义。郑称，团结抗日不分彼此，若国民党停止抗日，我可以跟共产党抗日到底；若国民党硬是来个“攘外必先安内”，到那时再谈起义之事。

据当年庙祝长子、现年 82 岁的胡作云说，那时候，舜庙四周岗哨戒备森严，由郑重为的警卫班负责安全之责。是日，住庙剃头（按，植舜田须给民众尽义务理发）的方阿万夫妻俩，给烧茶水招待。新四军代表离别时，拿出“抗币”酬谢方氏夫妇。

中华人民共和国成立初，土改工作队进车头，又择舜庙为驻地。

“四清”和“文化大革命”时期，舜庙被拆改，变成了公社机电站，舜庙原貌被毁。

（摘编自《稽东镇志》，第 380—382 页）

宁波余姚市低塘街道历山村舜文化传承（摘录）

一、舜文化的古迹遗存

1. 舜生姚墟

关于舜的出生地，历来争议颇多。《孟子·离娄章句》记载：“舜生于诸冯，迁于负夏，卒于鸣条。东夷之人也。”汉代的赵岐在此句下作注说：“诸冯，地名也，负海也，在东方夷服之地，故曰东夷之人也。”上古时期的余姚居民为百越族，即属蛮夷，余姚又北靠大海，位于大陆之东，故称舜为东夷之人。另有资料称，今余姚兰江街道冯村，古称诸冯，疑为舜所生之地，且冯村已无冯姓，以姚、赵两姓为主。西晋《风土记》载“舜文庶所封之地，舜姓姚，故曰余姚”。因此余姚为舜余留在出生地的支庶姚姓后裔而名。

又《竹书纪年》曰：“帝舜有虞氏，母曰握登，见大虹意感而生舜于姚墟。”西晋时周处《风土记》说：“舜东夷之人，生姚丘。耕于历山，而始宁、剡二县界上，舜所耕田于山下，多柞树，吴越之间，名柞为枥，故曰历山。”唐朝贞观十六年（642）成书的《括地志》载：“越州余姚县有历山舜井，舜姓姚，故云余姚。县西七十里有汉上虞故县，去虞三十里有姚丘，即舜所生也。”后张守节于开元二十四年（736）编《史记正义》，引《会稽旧记》载“去虞三十里有姚丘，即舜所生也”。北宋《元丰九域志·两浙路》亦载：“余姚有姚丘山、罗壁山，余姚江。”南宋嘉泰元年（1201）《会稽志》记载“历山舜帝庙在云柯乡”。宋代以后，关于舜生于余姚、耕于历山等传闻与文献记载，则更是不胜枚举。

2. 茅湖遗址

相传“舜耕历山，历山之人皆让畔；渔雷泽，雷泽上人皆让居，陶河滨，河滨器皆不苦窳”，只要是他劳作的地方，便兴起礼让的风尚。他到了哪里，人们都愿意追随，因而“一年成聚，二年成邑，三年成都”。距离舜耕历山遗址约 1 公里处，果然发掘了与虞舜同时代的史前文明遗址，距今约 5000 年。

茅湖遗址，位于低塘街道黄清堰村锭子山东麓，分布面积 8000 平方米，为新石器时代河姆渡后续文化遗址。1955 年开挖小河时发现。当时采集到泥质灰陶、夹砂红陶、夹砂灰陶等陶片，器型有壶、鼎、盆、碗等，另有石斧、石镞的残件。在发掘中发现的器物纹饰有弦纹、席纹等。

茅湖遗址是余姚市境内最早发现的史前聚落遗址，也是同“虞舜传说”最相近的历史遗迹。

3. 九缸岭窑址

《史记》载舜耕历山，渔雷泽，陶河滨，作什器于寿丘。因此舜是余姚历史上有记载以来，最早一位制作陶器的人，而瓷器由陶器发展而来，而余姚正是世界“母亲瓷”——越窑青瓷的发源地。这样的传承，一定有历史的根据。九缸岭窑址的发现，为我们解开了这个谜团。距离舜耕历山遗址约 2 公里处，位于低塘街道黄湖村黄湖北部山坳中，水陆交通可以东西转运，南北群山又为制瓷提供了充足的原料和燃料。窑址内有面积长 20 米、宽 4 米的瓷片堆积层，但厚度不明。废品堆积层西侧有高 1 米以上的缓坡，其土呈暗红色，由南至北逐渐与山体混为一色。九缸岭瓷片纹饰与战国印纹硬陶极其相似，器耳纹饰具有汉代特征，这可以大量汉代墓中出土瓷器加以印证。产品器形大、矮壮、胎厚，应属东汉瓷窑。东汉时期的窑址在我市是迄今发现的最早的窑址，并且仅发现这一处。九缸岭窑从印纹硬陶纹饰的传统继承，到陶质向瓷质的一大跨越，为陶瓷的渊源关系及演变、发展提供了实物资料。1987 年 10 月，九缸岭窑址被列入市级文物保护单位。是目前余姚烧造时间最早的窑址。

4. 奉虞庵

奉虞庵，舜耕文化遗迹之一，位于历山东麓，大古塘畔，俗称东庵。据《余姚六仓志》记载，始建于元朝至大三年（1310），距今已有 700 多年，后久废，明朝万历年间，里人陈大生重建。清朝顺治五年（1648）重修，改名为宁善庵。同治元年（1862），毁于太平军，同治十二年（1873），里人张谦等复建，仍改名为奉虞庵。民国 5 年（1916）重修。现存部分建筑为清朝同治年间所建，1992 年新建部分庙宇，现占地 1.3 亩，建筑面积约 1000 平方米，住持为修正师太，从庵名可知，原庵因感念舜耕孝德，以此供奉“舜帝”作为纪念，故名“奉虞庵”，现为民间信仰点。杨昌祚有《过奉虞庵》诗：“有鲲崛起继陶唐，宫室于今付渺茫。不及微时耕种处，茅庵岁岁奉馨香。”杨昌祚，字幼麟，安徽宣城人，明崇祯七年（1634）刘理顺榜进士及第，殿试一甲第三名探花，授翰林院编修，累官至左中允。奉虞庵后，有历山路亭，因在大古塘沿朝北，俗称为朝北凉亭，为古代的慈善事业。据《余姚六仓志》载，历山路亭系茶亭。茶亭一般由乡人发起建造，并创设茶亭会，捐资助产，每年以收租生息的积累方式经营，由庵堂主持管理，常年为行路之人免费提供茶水，以解渴休息、躲风避雨之用，同时负责茶亭的修缮等事项。在历山老街，另有广济茶亭，创建于乾隆年间，为富户翁忠粹所资助。古时大古塘为姚北东西往来之要道，途经历山不足 2 公里，却设有茶亭两处，可见此地舜耕遗风千古不衰。

5. 广墅庙

广墅庙，年代久远，已无从所考，相传为祀奉尧帝所建。现存建筑建于清同治七年，庙宇坐北朝南，前后三进，头殿后有两庑殿，格局较大，占地 1876.15 平方米，2004 年 7 月公布为余姚文保点。该庙最后一进旧为广林寺，大殿西壁嵌有“三官神会碑记”，三官即执掌天、地、水三位官员，也有资料显示说三官即尧舜禹三圣。相传尧帝曾访贤于历山而得舜帝，后舜果然德播天下，历山人民为了纪念这位伯乐，于是建了广墅庙来纪念尧帝。目前余姚存世最早的嘉靖版县志就已经记载了广墅庙。广墅庙现为民间信仰点，并建有圣贤殿，祀奉尧、舜、禹、皋陶等上古四圣。

6. 独角金牛

相传历山西麓石壁上有扇石门，石门里面有一只独角金牛，这只独角金牛是舜帝在历山种田时候的大象所变。当年舜帝因为遭到继母虐待，独自一个人来到历山耕种生活，但即使再苦再累，也从不埋怨他的父亲与继母，他的孝道终于感动了上天，上天就委派一只大象和飞鸟为他耕耘，使他有好的收成。但那时候的历山地处海滨，经常有野兽出没，还有海里的水怪常来偷吃他种的粮食，大象为了保护舜的粮食，跟水怪进行搏斗，有一次不小心弄断了象牙，断了象牙的大象非常丑，上天看到大象这么勤恳地帮助舜，就把大象变成了金牛，把大象的鼻子变成了牛角，所以成了独角金牛。舜去中原受禅做了皇帝以后，就派人在历山的西山脚挖了一个山洞，让独角金牛住在里面拉磨，磨出来的却是一只只的金元宝，舜帝为了让历山人民依旧保持踏实、勤劳、创新的精神，在山洞外面装了两扇石头门，并且设下了一个机关，如果有人能在一个晚上搓出绕历山一圈的稻草绳的话，可以去石门前叫一声“笃笃石门开，金牛走出来”，石门就会自动打开，独角金牛出来后，就可以取到里面的金元宝。一代代的历山人，执着地坚信着这个美丽的传说，用勤劳的双手和创新的智慧创造了物质财富，经济的快速发展使历山成了姚北地区名副其实的“金牛”。

二、韶乐戏台重现尧舜时代

韶乐，史称舜乐，起源于 5000 多年前，为上古舜帝之乐，是一种集诗、乐、舞为一体的综合古典艺术。

《竹书纪年》载：“有虞氏舜作《大韶》之乐。”《吕氏春秋·古乐篇》亦载：

“帝舜乃命质修《九韶》《六列》《六英》以明帝德。”由此可知，舜作《韶》主要是用以歌颂帝尧的圣德，并忠心继承。此后，夏、商、周三代帝王均把《韶》作为国家大典用乐。韶乐是中国宫廷音乐中等级最高、运用最久的雅乐，由它所产生的思想道德典范和文化艺术形式，一直影响着中国的古代文明，韶乐因而被誉为“中华第一乐章”，然而在历代的发展演变中，韶乐几近失传，目前国内一些研究者根据诸多文献记载及多种宫廷音乐中戏曲韶乐的文化元素，创作了新的韶乐。

历山村根据舜作韶的典故，再结合自身地方文化特色，投入 60 多万元，规划建设了 200 平方米古戏台，并组织创作以虞舜文化为核心的各类节目曲乐，如历山村村歌《舜的故乡》、快板《历山处处换新貌》、小品《历山真是个好地方》等，用来丰富基层群众文化生活，传承弘扬虞舜传说的文化，使虞舜的孝德、勤劳、创新、智慧等精神以韶乐戏台为载体，辐射到当地群众中去。

三、舜耕小学文化薪火相传

舜耕小学，始创于 1937 年春，由乡贤翁济初先生独资创办。翁济初，谱名哲明，字濬明，光绪三年（1877）出生于历山村翁家。儿时勤奋好学，就读于历山张氏宗祠“养正小学”，后经商棉花业发迹，在家乡常有修桥铺路、赈济之举。1937 年春，他借用翁姓大厅为临时校舍，先行开课，招生 90 余人。随即与堂弟翁昭明先生商讨决定独自创办一所完全小学，使历山镇周围六七里的学龄儿童，有入高等小学求学的机会。于 1938 年 7 月建成舜耕小学，耗资 9000 银圆。办校伊始，对于校名曾有争议，有人提议命以“济初”，翁氏族人主张“翁家”，但先生经再三斟酌，力排众议，借舜耕历山之典故，定名为“余姚私立舜耕小学”，希冀莘莘学子，毋忘稼穑，树立务实勤奋的学风，不失虞舜五千年勤劳朴素的品德。

1941 年 4 月 23 日，余姚沦陷，日伪政府饬令学校登记后才发给教科书，以推行奴化教育。时任校长茅忠兴等全体教师予以抵制，拒不履行登记手续。在种种困难下，自印教材，全校教职工不分校长、教师，每月仅有大米 130 斤来维持办学。1944 年下半年，日伪“清乡”之风骤起，学校被迫停办，直至抗战胜利。这种绝不屈服日伪的行动，充分反映了“舜小”师生们的民族气节和爱国主义精神。

四、历山村村歌

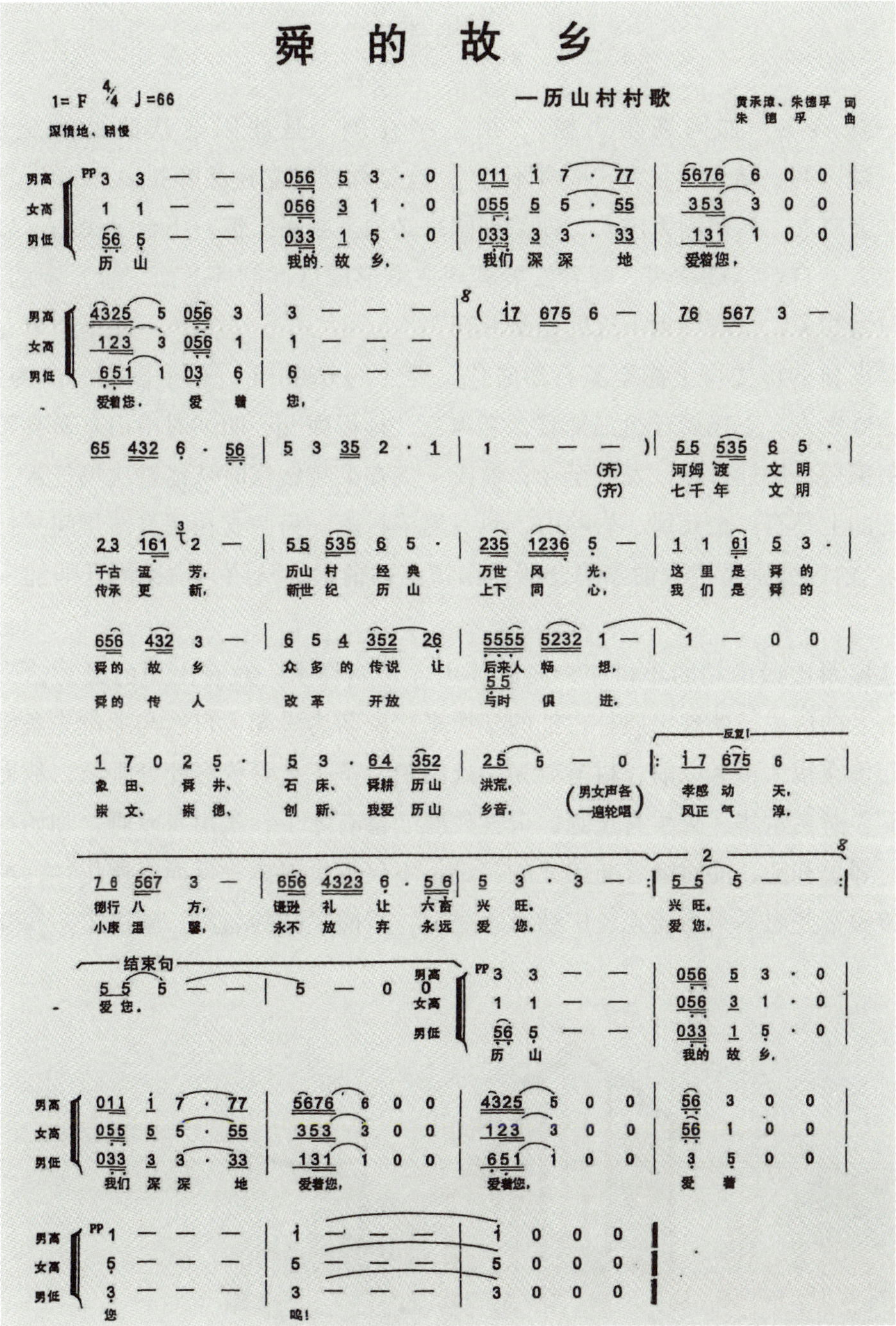

（资料来自《舜文化社区读本》，张川提供，程丹整理）

舜禹勤劳治，德功千秋存

陈惠敏

一撇斜飞，如同翘角飞檐，“川”字在侧，是浦阳江从此处蜿蜒涌动，“顺”“舜”两字结合，意为“顺舜不息”，这是舜湖村党建品牌 logo。“顺”字的本义是顺天应人，所谓顺天应人，即治理国家必须上顺乎天道，下合乎民心。做到了顺天应人，自然能成章法，随着发展顺理成章形成良性循环。而“舜”字的来源，既与村名相关，又联结到不灭的先圣慈怀。

舜湖村的历史可上溯至新石器时代，距今约 6700 年。村中以王、俞为主姓，各有 300 多人。王氏始迁祖王舜宾，字秀三，排行廉九，明朝时由山东莘县赘居十三都彭家桥，后迁舜湖，发族至今；俞氏一支在吴越钱镠时从诸暨次坞迁入，定居楼塔镇的上马石、余元坞、岩岭山、斜爿坞等村落。另两支在明嘉靖年间（1522—1566），俞氏分别从诸暨俞家坞迁居浦阳镇江西俞村，从绍兴俞家潭迁居浦阳横江俞村。

这座萧山最南端的小村庄，三面环山，一面临水，兼有山川的灵秀，又因缥缈而古老的传说，展现出质朴古拙的气质来。取名为舜湖，自然与那位先圣密不可分。相传在很久很久以前，村落原为一处湖泊，圣王大舜曾在此处生活，故而得名“舜湖”。舜名重华，天生有重瞳，天性仁厚、富有才干，虽出身乡野，却始终恪守礼仪，邻里和睦，面对继母与弟兄的刁难，不仅不生怨怼，反而以德化之，纯孝至善。传说帝尧愿举天下能人，广纳贤才之际，听闻了舜的名声，就决定一探究竟。

舜湖村（萧山区社会科学界联合会提供，刘亚宁摄）

尧来到舜湖村，看到正在劳作的舜，站在田埂边问舜："耕田是雄牛快还是雌牛快？"舜看到问话的是一位白发苍苍的老者，赶忙放下犁把，跑到田埂边，洗净手脚，穿好草鞋，走到尧面前施礼后回答说："是雄牛快。"尧见舜礼仪周全，非常高兴，又问他："你刚刚为什么不在田里回答，而要走到田埂，穿鞋行礼后再回答呢？"舜答道："一则回答长者之问，不能无礼；二则刚才正在耕作的牛是雌牛，若我当着它的面说雄牛耕田快，它听了会不高兴的。"尧听了舜的回答，非常高兴。于是尧将自己两个女儿娥皇、女英嫁给舜，来考察他的品行和能力，后来尧又让舜参与政事，管理百官，舜将政事处理得井井有条。经过多方考验，舜的政治才干得到尧的认可，尧于是选择吉日，举行大典，立舜为继承人。

为纪念舜的功德，传承礼仪之风，舜湖村的村民们自发建立起一座祠堂，以"舜耕湖上永名世"匾额悬在正上方，并立起"东接三槐，西邻五柳，舜耕湖上，永铭也"石碑与之呼应。沧海桑田，匾额与石碑皆遗落在历史长河之中，但先圣意志却成了舜湖村永不失色的精神烙印。"舜耕垄亩沐甘霖，湖美田肥曙色新。春燕绕梁蛙鼓乐，晓风千古习俗醇。"今人所书旧体诗，用传统的方式展现出了传承的意义。

江南礼仪厚土，萧山人才辈出，舜走过浦阳镇的土地，涂川村也留下了禹的痕迹。早在《越绝书》中，就记载了涂川村和大禹的渊源："涂山者，禹所取妻之山也，去县五十里"（县指山阴县，即现在的进化镇涂川村）。在今天，涂川村祀奉大禹的涂山福主庙，仍旧屹立在这座山水村落中。

在远古的传说时代，会稽山下是一片汪洋海域，大禹来到这里治水时，用一种传说可以自己生长的土壤——息壤，撒向海域，南北围起，使得海水只得东流，于是会稽山下露出了大片的土地，这时，有一只修炼千年的乌龟，偷吃了一块息壤，

涂川村（萧山区社会科学界联合会提供，刘亚宁摄）

神力大增，在这片土地垒起了一个窝，这个土垒就称为涂山。从此，千年的神龟就在这里居住下来，自己做了一方土地爷。待到大禹疏通内地江河时重经此处，却几次三番都无法移动涂山分毫。这时聪慧灵巧的涂山姑娘经过，言语点拨，大禹得以沟通神龟，又堙疏并用，引内水，通江河，绕道挖川。以涂山堵住海潮，在乡亲与神龟的帮助下，大禹很快便在山脚下挖好了三条川，开通了两条江，使内河之水流入东海。涂山姑娘亦因治水才能与聪慧善良，与大禹结缘。

二圣传说缥缈久远，本来旁证稀缺，只因血脉代代相传，故而萧山仍旧留有千年前的遗音，既写在地名上，且记在心间，表现于家家户户、举手投足。

本文参考《浙江文史记忆——钱塘萧山卷》(浙江人民出版社 2023 年版)一书所载《先圣茫茫——舜、禹在萧山的传说》(作者钟妙明)。

（原载“萧山八千年”公众号，舜湖村村委会提供）

第二部分：文献辑编

尚书·舜典

曰若稽古。帝舜曰重华，协于帝。浚哲文明，温恭允塞。玄德升闻，乃命以位。慎徽五典，五典克从。纳于百揆，百揆时叙。宾于四门，四门穆穆。纳于大麓，烈风雷雨弗迷。

帝曰："格！汝舜。询事考言，乃言底可绩，三载。汝陟帝位。"舜让于德，弗嗣。

正月上日，受终于文祖。在璇玑玉衡，以齐七政。肆类于上帝，禋于六宗，望于山川，遍于群神。辑五瑞，既月乃日，觐四岳群牧，班瑞于群后。

岁二月，东巡守，至于岱宗，柴。望秩于山川，肆觐东后。协时月正日，同律度量衡。修五礼、五玉、三帛、二生、一死贽。如五器，卒乃复。五月南巡守，至于南岳，如岱礼。八月西巡守，至于西岳，如初。十有一月朔巡守，至于北岳，如西礼。归，格于艺祖，用特。

五载一巡守，群后四朝。敷奏以言，明试以功，车服以庸。

肇十有二州，封十有二山，浚川。

象以典刑。流宥五刑，鞭作官刑，扑作教刑，金作赎刑。眚灾肆赦，怙终贼刑。"钦哉，钦哉，惟刑之恤哉！"

流共工于幽州，放驩兜于崇山，窜三苗于三危，殛鲧于羽山，四罪而天下咸服。

二十有八载，帝乃殂落。百姓如丧考妣，三载，四海遏密八音。月正元日，舜格于文祖，询于四岳，辟四门，明四目，达四聪。

"咨，十有二牧！"曰："食哉惟时！柔远能迩，惇德允元，而难任人，蛮夷率服。"

舜曰："咨，四岳！有能奋庸熙帝之载，使宅百揆亮采，惠畴？"

佥曰："伯禹作司空。"

帝曰："俞，咨！禹，汝平水土，惟时懋哉！"禹拜稽首，让于稷、契暨皋陶。

帝曰："俞，汝往哉！"

帝曰："弃，黎民阻饥，汝后稷，播时百谷。"

帝曰："契，百姓不亲，五品不逊。汝作司徒，敬敷五教，在宽。"

帝曰："皋陶，蛮夷猾夏，寇贼奸宄。汝作士，五刑有服，五服三就。五流有宅，五宅三居。惟明克允！"

帝曰："畴若予工？"

佥曰："垂哉！"

帝曰："俞，咨！垂，汝共工。"垂拜稽首，让于殳斨暨伯与。

帝曰："俞，往哉！汝谐。"

帝曰："畴若予上下草木鸟兽？"

佥曰："益哉！"

帝曰："俞，咨！益，汝作朕虞。"益拜稽首，让于朱虎、熊罴。

帝曰："俞，往哉！汝谐。"

帝曰："咨！四岳，有能典朕三礼？"

佥曰："伯夷！"

帝曰："俞，咨！伯，汝作秩宗。夙夜惟寅，直哉惟清。"伯拜稽首，让于夔、龙。

帝曰："俞，往，钦哉！"

帝曰："夔！命汝典乐，教胄子，直而温，宽而栗，刚而无虐，简而无傲。诗言志，歌永言，声依永，律和声。八音克谐，无相夺伦，神人以和。"

夔曰："於！予击石拊石，百兽率舞。"

帝曰："龙！朕堲谗说殄行，震惊朕师。命汝作纳言，夙夜出纳朕命，惟允！"

帝曰："咨！汝二十有二人，钦哉！惟时亮天功。"

三载考绩，三考，黜陟幽明，庶绩咸熙。

分北三苗。

舜生三十征，庸三十，在位五十载，陟方乃死。

（周秉钧导读、注译：《尚书》，岳麓书社 2024 年版）

论 语

一

子曰："无为而治者其舜也与？夫何为哉？恭己正南面而已矣。"（卫灵公篇）

二

子曰："巍巍乎，舜禹之有天下也而不与焉！"

舜有臣五人而天下治。（泰伯篇）

（杨伯峻译注：《论语译注》，中华书局 2006 年版）

中 庸

子曰："舜其大知也与！舜好问而好察迩言，隐恶而扬善，执其两端，用其中于民，其斯以为舜乎！"

（王文锦译注：《大学中庸译注》，中华书局 2008 年版）

孟 子

一

大舜有大焉，善与人同，舍己从人，乐取于人以为善。（公孙丑章句上）

二

尧舜之道，不以仁政，不能平治天下。（离娄章句上）

三

当尧之时，天下犹未平，洪水横流，泛滥于天下，草木畅茂，禽兽繁殖，五谷不登，禽兽逼人。兽蹄鸟迹之道交于中国。尧独忧之，举舜而敷治焉。（滕文公章句上）

四

孔子曰："大哉尧之为君！惟天为大，惟尧则之，荡荡乎民无能名焉！君者舜也！巍巍乎有天下而不与焉！"尧舜之治天下，岂无所用其心哉？亦不用于耕耳。

闻用夏变夷者，未闻变于夷者也。（滕文公章句上）

五

舜相尧二十有八载，非人之所能为也，天也。尧崩，三年之丧毕，舜避尧之子于南河之南，天下诸侯朝觐者，不之尧之子而之舜；讼狱者，不之尧之子而之舜；讴歌者，不讴歌尧之子而讴歌舜，故曰，天也。夫然后之中国，践天子位焉。而居尧之宫，逼尧之子，是篡也，非天与也。（万章章句上）

六

尧舜之道，孝弟而已矣。（告子章句下）

七

不教民而用之，谓之殃民。殃民者，不容于尧舜之世。（告子章句下）

八

欲轻之于尧舜之道者，大貉、小貉也；欲重之于尧舜之道者，大桀、小桀也。（告子下）

九

舜发于畎亩之中，傅说举于版筑之间，胶鬲举于鱼盐之中，管夷吾举于士，孙叔敖举于海，百里奚举于市。故天将降大任于是人也，必先苦其心志，劳其筋骨，饿其体肤，空乏其身，行拂乱其所为，所以动心忍性，曾益其所不能。（告子章句下）

十

舜之居深山之中，与木石居，与鹿豕游，其所以异于深山之野人者几希；及其闻一善言，见一善行，若决江河，沛然莫之能御也。（尽心章句上）

十一

鸡鸣而起，孳孳为善者，舜之徒也；鸡鸣而起，孳孳为利者，蹠之徒也。欲知舜与跖之分，无他，利与善之间也。（尽心章句上）

十二

尧舜，性之也；汤武，身之也；五霸，假之也。（尽心章句上）

（杨伯峻译注：《孟子译注》，中华书局 2008 年版）

荀　子

一

尧问于舜曰："我欲致天下，为之奈何？"对曰："执一无失，行微无怠，忠信

无倦，而天下自来。”（尧问篇）

二

夫曰“尧、舜擅让”，是虚言也，是浅者之传、陋者之说也，不知逆顺之理，小大、至不至之变者也，未可与及天下之大理者也。（正论篇）

（张晚林注译：《荀子》，岳麓书社 2022 年版）

吕氏春秋

舜却苗民，更易其俗。（召类篇）

（张双棣等译注：《吕氏春秋》，中华书局 2022 年版）

史记 · 五帝本纪

［西汉］司马迁

尧曰：“嗟！四岳：朕在位七十载，汝能庸命，践朕位？”岳应曰：“鄙德忝帝位。”尧曰：“悉举贵戚及疏远隐匿者。”众皆言于尧曰：“有矜在民间，曰虞舜。”尧曰：“然，朕闻之。其何如？”岳曰：“盲者子。父顽，母嚚，弟傲，能和以孝，烝烝治，不至奸。”尧曰：“吾其试哉。”于是尧妻之二女，观其德于二女。舜饬下二女于妫汭，如妇礼。尧善之，乃使舜慎和五典，五典能从。乃遍入百官，百官时序。宾于四门，四门穆穆，诸侯远方宾客皆敬。尧使舜入山林川泽，暴风雷雨，舜行不迷。尧以为圣，召舜曰：“女谋事至而言可绩，三年矣。女登帝位。”舜让于德不怿。正月上日，舜受终于文祖。文祖者，尧大祖也。

于是帝尧老，命舜摄行天子之政，以观天命。舜乃在璇玑玉衡，以齐七政。遂类于上帝，禋于六宗，望于山川，辩于群神。揖五瑞，择吉月日，见四岳诸牧，班瑞。岁二月，东巡狩，至于岱宗，祡，望秩于山川。遂见东方君长，合时月正日，同律度量衡，修五礼，五玉三帛二生一死为挚，如五器，卒乃复。五月，南巡狩；八月，西巡狩；十一月，北巡狩：皆如初。归，至于祖祢庙，用特牛礼。五岁一巡狩，群后四朝。遍告以言，明试以功，车服以庸。肇十有二州，决川。象以典刑，流宥五刑，鞭作官刑，扑作教刑，金作赎刑。眚灾过，赦；怙终贼，刑。钦哉，钦哉，惟刑之静哉！

驩兜进言共工，尧曰不可而试之工师，共工果淫辟。四岳举鲧治鸿水，尧以为不可，岳强请试之，试之而无功，故百姓不便。三苗在江淮、荆州数为乱。于是舜归而言于帝，请流共工于幽陵，以变北狄；放驩兜于崇山，以变南蛮；迁三苗于三危，以变西戎；殛鲧于羽山，以变东夷：四罪而天下咸服。

尧立七十年得舜，二十年而老，令舜摄行天子之政，荐之于天。尧辟位凡二十八年而崩。百姓悲哀，如丧父母。三年，四方莫举乐，以思尧。尧知子丹朱之不肖，不足授天下，于是乃权授舜。授舜，则天下得其利而丹朱病；授丹朱，则天下病而丹朱得其利。尧曰“终不以天下之病而利一人”，而卒授舜以天下。尧崩，三年之丧毕，舜让辟丹朱于南河之南。诸侯朝觐者不之丹朱而之舜，狱讼者不之丹朱而之舜，讴歌者不讴歌丹朱而讴歌舜。舜曰“天也”，夫而后之中国践天子位焉，是为帝舜。

虞舜者，名曰重华。重华父曰瞽叟，瞽叟父曰桥牛，桥牛父曰句望，句望父曰敬康，敬康父曰穷蝉，穷蝉父曰颛顼，颛顼父曰昌意：以至舜七世矣。自从穷蝉以至帝舜，皆微为庶人。

舜父瞽叟盲，而舜母死，瞽叟更娶妻而生象，象傲。瞽叟爱后妻子，常欲杀舜，舜避逃；及有小过，则受罪。顺事父及后母与弟，日以笃谨，匪有解。

舜，冀州之人也。舜耕历山，渔雷泽，陶河滨，作什器于寿丘，就时于负夏。舜父瞽叟顽，母嚚，弟象傲，皆欲杀舜。舜顺适不失子道，兄弟孝慈。欲杀，不可得；即求，尝在侧。

舜年二十以孝闻。三十而帝尧问可用者，四岳咸荐虞舜，曰可。于是尧乃以二女妻舜以观其内，使九男与处以观其外。舜居妫汭，内行弥谨。尧二女不敢以贵骄事舜亲戚，甚有妇道，尧九男皆益笃。舜耕历山，历山之人皆让畔；渔雷泽，雷泽上人皆让居；陶河滨，河滨器皆不苦窳。一年而所居成聚，二年成邑，三年成都。尧乃赐舜絺衣，与琴，为筑仓廪，予牛羊。瞽叟尚复欲杀之，使舜上涂廪，瞽叟从下纵火焚廪。舜乃以两笠自扞而下，去，得不死。后瞽叟又使舜穿井，舜穿井为匿空旁出。舜既入深，瞽叟与象共下土实井，舜从匿空出，去。瞽叟、象喜，以舜为已死。象曰：“本谋者象。”象与其父母分，于是曰：“舜妻尧二女，与琴，象取之。牛羊仓廪予父母。”象乃止舜宫居，鼓其琴。舜往见之。象鄂不怿，曰：“我思舜正郁陶！”舜曰：“然，尔其庶矣！”舜复事瞽叟爱弟弥谨。于是尧乃试舜五典百官，皆治。

昔高阳氏有才子八人，世得其利，谓之“八恺”。高辛氏有才子八人，世谓之“八元”。此十六族者，世济其美，不陨其名。至于尧，尧未能举。舜举八恺，使主后土，以揆百事，莫不时序。举八元，使布五教于四方，父义，母慈，兄友，弟恭，子孝，内平外成。

昔帝鸿氏有不才子，掩义隐贼，好行凶慝，天下谓之浑沌。少皞氏有不才子，毁信恶忠，崇饰恶言，天下谓之穷奇。颛顼氏有不才子，不可教训，不知话言，天下谓之梼杌。此三族世忧之。至于尧，尧未能去。缙云氏有不才子，贪于饮食，冒于货贿，天下谓之饕餮。天下恶之，比之三凶。舜宾于四门，乃流四凶族，迁于四裔，以御螭魅，于是四门辟，言毋凶人也。

舜入于大麓，烈风雷雨不迷，尧乃知舜之足授天下。尧老，使舜摄行天子政，巡狩。舜得举用事二十年，而尧使摄政。摄政八年而尧崩。三年丧毕，让丹朱，天下归舜。而禹、皋陶、契、后稷、伯夷、夔、龙、倕、益、彭祖自尧时而皆举用，未有分职。于是舜乃至于文祖，谋于四岳，辟四门，明通四方耳目，命十二牧论帝德，行厚德，远佞人，则蛮夷率服。舜谓四岳曰："有能奋庸美尧之事者，使居官相事？"皆曰："伯禹为司空，可美帝功。"舜曰："嗟，然！禹，汝平水土，维是勉哉。"禹拜稽首，让于稷、契与皋陶。舜曰："然，往矣。"舜曰："弃，黎民始饥，汝后稷播时百谷。"舜曰："契，百姓不亲，五品不训，汝为司徒，而敬敷五教，在宽。"舜曰："皋陶，蛮夷猾夏，寇贼奸轨，汝作士，五刑有服，五服三就；五流有度，五度三居：维明能信。"舜曰："谁能驯予工？"皆曰垂可。于是以垂为共工。舜曰："谁能驯予上下草木鸟兽？"皆曰益可。于是以益为朕虞。益拜稽首，让于诸臣朱虎、熊罴。舜曰："往矣，汝谐。"遂以朱虎、熊罴为佐。舜曰："嗟！四岳，有能典朕三礼？"皆曰伯夷可。舜曰："嗟！伯夷，以汝为秩宗，夙夜维敬，直哉维静絜。"伯夷让夔、龙。舜曰："然。以夔为典乐，教稚子，直而温，宽而栗，刚而毋虐，简而毋傲；诗言意，歌长言，声依永，律和声，八音能谐，毋相夺伦，神人以和。"夔曰："於！予击石拊石，百兽率舞。"舜曰："龙，朕畏忌谗说殄伪，振惊朕众，命汝为纳言，夙夜出入朕命，惟信。"舜曰："嗟！女二十有二人，敬哉，惟时相天事。"三岁一考功，三考绌陟，远近众功咸兴。分北三苗。

此二十二人咸成厥功：皋陶为大理，平，民各伏得其实；伯夷主礼，上下咸让；垂主工师，百工致功；益主虞，山泽辟；弃主稷，百谷时茂；契主司徒，百姓亲和；龙主宾客，远人至；十二牧行而九州莫敢辟违；唯禹之功为大，披九山，通九泽，决九河，定九州，各以其职来贡，不失厥宜。方五千里，至于荒服。南抚交阯、北发，西戎、析枝、渠廋、氐、羌，北山戎、发、息慎，东长、鸟夷，四海之内咸戴帝舜之功。于是禹乃兴《九招》之乐，致异物，凤凰来翔。天下明德皆自虞帝始。

舜年二十以孝闻，年三十尧举之，年五十摄行天子事，年五十八尧崩，年六十一代尧践帝位。践帝位三十九年，南巡狩，崩于苍梧之野。葬于江南九疑，是为零陵。舜之践帝位，载天子旗，往朝父瞽叟，夔夔唯谨，如子道。封弟象为诸侯。舜子商均亦不肖，舜乃荐禹于天。十七年而崩。三年丧毕，禹亦乃让舜子，如舜让尧子。诸侯归之，然后禹践天子位。尧子丹朱，舜子商均，皆有疆土，以奉先祀。服其服，礼乐如之。以客见天子。天子弗臣，示不敢专也。

自黄帝至舜、禹，皆同姓而异其国号，以章明德。故黄帝为有熊，帝颛顼为高阳，帝喾为高辛，帝尧为陶唐，帝舜为有虞。帝禹为夏后而别氏，姓姒氏。契为商，姓子氏。弃为周，姓姬氏。

（中华书局 2006 年版）

淮南子

［西汉］刘　安

一

昔舜耕于历山，期年而田者争处墝埆，以封壤肥饶相让；钓于河滨，期年而渔者争处湍濑，以曲隈深潭相予。当此之时，口不设言，手不指麾，执玄德于心，而化驰若神。使舜无其志，虽口辩而户说之，不能化一人。是故不道之道，莽乎大哉！夫能理三苗，朝羽民，从裸国，纳肃慎，未发号施令，而移风易俗者，其唯心行者乎！（原道训）

二

舜之时，共工振滔洪水，以薄空桑。龙门未开，吕梁未发，江、淮通流，四海溟涬，民皆上丘陵，赴树木。舜乃使禹疏三江五湖，辟伊阙，导廛、涧，平通沟陆，流注东海。鸿水漏，九州干，万民皆宁其性，是以称尧、舜为圣。（本经训）

三

故尧置敢谏之鼓也，舜立诽谤之木……夫圣人之于善也，无小而不举；其于过也，无微而不改。尧、舜、禹、汤、武王，皆坦然天下而南面焉。（主术训）

四

尧《大章》，舜《九韶》，禹《大夏》，汤《大濩》，周《武象》，此乐之不同者也。故五帝异道，而德覆天下；三王殊事，而各施后世，此皆因时变而制礼乐者。（氾论训）

五

国之所以存者，道德也；家之所以亡者，理塞也。尧无百户之郭，舜无植锥之

地，以有天下；……有王道也。（氾论训）

六

尧、舜、汤、武，世主之隆也。（氾论训）

（陈广忠译注：《淮南子》，中华书局 2022 年版）

新　语

［西汉］陆　贾

一

尧以仁义为巢，舜以禹稷契为杖，故高而益安，动而益固。然处高之安，乘克让之敬，德配天地，光被四表，功垂于无穷，名传于不朽。（辅政第三）

二

夫道莫大于无为，行莫大于谨敬。何以言之？昔虞舜治天下，弹五弦之琴，歌《南风》之诗；寂若无治国之意，漠若无忧民之心，然天下治。（无为第四）

（景上海涵芬楼藏明弘治刊本）

风俗通义

［东汉］应　劭

一

《易传》《礼记》《春秋》《国语》《太史公记》：黄帝、颛顼、帝喾、帝尧、帝舜，是五帝也。

谨按：《易》《尚书大传》："……舜者，推也，循也。言其循尧绪也。"（皇霸第一）

二

《易》称："先王作乐崇德，殷荐之上帝，以配祖考。"……故黄帝作《咸池》，颛项作《六茎》，喾作《五英》，尧作《大章》，舜作《韶》……；《韶》，继尧也。……（声音第六）

（汉魏丛书本）

越绝书

［东汉］袁　康　吴　平

一

尧有不慈之名。尧太子丹朱倨骄，怀禽兽之心，尧知不可用，退丹朱而以天下传舜。此之谓尧有不慈之名。

舜有不孝之行。舜亲父假母，母常杀舜。舜去，耕历山。三年大熟，身自外养，父母皆饥。舜父顽，母嚚，兄狂，弟敖。舜求为变心易志。舜为瞽瞍子也，瞽瞍欲杀舜，未尝可得。呼而使之，未尝不在侧。此舜有不孝之行。

舜用其仇而王天下者。言舜父瞽瞍，用其后妻，常欲杀舜，舜不为失孝行，天下称之。尧闻其贤，遂以天下传之。此为王天下。仇者，舜后母也。（越绝吴内传第四）

二

当禹之时，舜死苍梧，象为民田也。（越绝外传记地传第十）

三

范子曰："……夫尧舜禹汤，皆有豫见之劳，虽有凶年而民不穷。"越王曰："善。"以丹书帛，置之枕中，以为邦宝。（越绝外传枕中第十六）

（张仲清译注：《越绝书》，中华书局2020年版）

论　衡

［东汉］王　充

一

儒书言："舜葬于苍梧，禹葬于会稽者，巡狩年老，道死边土。圣人以天下为家，不别远近，不殊内外，故遂止葬。"夫言舜禹，实也；言其巡狩，虚也。舜之与禹，俱帝者也，共五千里之境，同四海之内；二帝之道，相因不殊。《尧典》之篇，舜巡狩东至岱宗，南至霍山，西至太华，北至恒山。以为四岳者，四方之中，诸侯之来，并会岳下，幽深远近，无不见者。圣人举事，求其宜适也。禹王如舜，事无所改，巡狩所至，以复如舜。舜至苍梧，禹到会稽，非其实也。实禹舜之时，鸿水未治，尧传于舜。舜受为帝，与禹分部，行治鸿水。尧崩之后，舜老亦以传于禹。

舜南治水，死于苍梧，禹东治水，死于会稽。圣贤家天下，故因葬焉。（书虚篇）

二

传书言："舜葬于苍梧，象为之耕；禹葬会稽，鸟为之田。盖以圣德所致，天使鸟兽报祐之也。"世莫不然；考实之，殆虚言也。夫舜禹之德，不能过尧。尧葬于冀州，或言葬于崇山。冀州鸟兽不耕，而鸟兽独为舜禹耕，何天恩之偏驳也？或曰："舜禹治水，不得宁处，故舜死于苍梧，禹死于会稽。勤苦有功，故天报之；远离中国，故天痛之。"夫天报舜禹，使鸟田象耕，何益舜禹，天欲报舜禹，宜使苍梧会稽，常祭祀之。使鸟兽田耕，不能使人祭。祭加舜禹之基，田施人民之家。天之报祐圣人，何其拙也！且无益哉！由此言之，鸟田象耕，报祐舜禹，非其实也。实者，苍梧多象之地，会稽众鸟所居。《禹贡》曰："彭蠡既潴，阳鸟攸居。"天地之情，鸟兽之行也。象自蹈土，鸟自食苹，土蹶草盛，若耕田状。壤糜泥易，人随种之。世俗则谓为舜禹田。海陵糜田，若象耕状，何尝帝王葬海陵者邪？（书虚篇）

三

传语曰："圣人忧世深，思事勤，愁扰精神，感动形体，故称尧若腊，舜若腒；桀纣之君，垂腴尺余。"夫言圣人忧世念人，身体羸恶，不能身体肥泽，可也；言尧舜若腊与腒，桀纣垂腴尺余，增之也。齐桓公云："寡人未得仲父极难，既得仲父甚易。"桓公不及尧舜，仲父不及禹、契，桓公犹易，尧舜反难乎？以桓公得管仲易，知尧舜得禹契不难。夫易则少忧，少忧则不愁，不愁则身体不臞。舜承尧太平，尧舜袭德，功假荒服。尧尚有忧，舜安能无事？故经曰："上帝引逸。"谓虞舜也。舜承安继治，任贤使能，恭己无为而天下治，故孔子曰："巍巍乎！舜禹之有天下而不与焉。"（语增篇）

（四库全书本）

崇让论

［西晋］刘　寔

舜禹有天下不与，谓贤人让于朝，小人不争于野，以贤才化无事，至道兴矣。已仰其成，何与之有？此直指任贤使能，为无为而治之本。

（［清］刘宝楠撰《论语正义》卷九，南菁书院续经解本）

太平御览

［北宋］李昉等撰

又曰：人固不能自知，人主独甚。存亡安危，勿求于外，务在自知。尧有欲谏之鼓，舜有诽谤之木，汤有司过之士，武王有戒慎之鞀，犹恐不能自知。今贤非尧、舜、汤、武，而有掩蔽之道，奚由自知哉。

又曰：昔舜欲稽古而不成，既足以成帝矣；禹欲帝而不成，既足以成王矣；汤欲继舜而不成，既足以服田荒矣；武王欲及汤而不成，既足以为诸侯长矣。

又曰：不使不仁加乎天下，用武胜残，而百姓以济，此仁形于拨乱，黄帝是也。时有万物，必世而后仁，此著于治平，尧舜是也。

袁子《正论》曰：尧舜之人，比屋可封。非尽善也，犹在防之水非不流也。桀纣之人，比屋可诛，非尽恶也，犹在壑之水非不停也。

崔寔《政论》曰："自尧舜之帝、汤武之王，皆赖明哲之佐、博物之臣。故皋陶陈谟，而唐、虞以兴，伊、箕作训，殷、周以隆。及继体之君，欲立中兴之功者，曷尝不赖贤哲之谋乎！

邓子曰：尧置敢谏之鼓，舜立诽谤之木，汤有司直之人，武有戒慎之铭，此四君者，圣人也。

又曰：夫尧舜所起，至治也，汤武所起，至乱也。问其成功孰治，则尧舜治；问其孰难，则汤武难。

又曰：尧舜黑，禹胫不生毛，文王至日昃不暇饮食，故富有天下，为天子矣。

（卷七十七"皇王部二·叙皇天下"，四库全书本）

会稽风俗赋

［南宋］王十朋

有君曰："舜生于诸冯，孟子以为东夷之人。历世逾远，流传失真，太史公以为冀州。然耶？否耶？然越之邑则有上虞、余姚，山则有虞山、历山，水则有渔浦、三忨，地则有姚邱、百官。里焉有粟，陶焉有灶，汲焉有井，祀焉有庙，皆其遗迹也。意者不生于是，则游于是乎？舜为人子，克谐以孝，故其俗至今蒸蒸是效。舜为人臣，克尽其道，故其俗至今孳孳是蹈。舜为人兄，怨怒不藏，故其俗至今爱而能容。舜为人君，以天下禅，故其俗至今廉而能逊。若是何如？"子真矍然离席而立，拱手而对曰："於戏噫嘻，尽善尽美，虽甚盛德，蔑有加矣。昔季札观乐而止于韶，自韶之外不敢观。余问风俗亦极于舜，自舜之外，不复问矣。"

（［清］雍正《浙江通志》卷二百八十六，四库全书本）

越问·序

［南宋］孙　因

越，舜禹之邦也。古有三圣人，越兼其二焉。

（清雍正《浙江通志》卷二百六十八）

南宋《嘉泰会稽志》

（清嘉庆十三年刊本）

卷第六·祠庙

舜庙在县东南一百里。《述异记》云"会稽山有虞舜巡守台，下有望陵祠。"

余姚县

历山舜帝庙在云柯乡。事见古迹门。

上虞县

舜帝庙在县西三十五里。

卷第九・山

余姚县

姚丘山在县西北六十里，《旧经》云舜母握登感虹生舜之地，又引周处《风土记》以为证。三朝国史云："余姚县有姚丘山。"

虞山在县西三十里。《旧经》尝引《太康地志》云"舜避丹朱于此"，与史不合。

历山，在县西北八十里，《旧经》云在会稽县东南，昔舜耕所也。又云越有历山、舜井、象田者，以舜之余族所封。舜姚姓，故曰余姚，盖其子孙思舜故乡，取像于此，亦犹汉新丰之义。盖此山虽非舜之耕所，亦因舜而得名也。王介甫《历山赋序》云："余姚人与季父争田，予为直之。将归，闵然望历山而赋之。历山在上虞界中。"案，此山实属余姚，介甫谓在上虞界中，误矣。苏鹗《演义》云："历山有四：一河中，二齐州，三冀州，四濮州。雷泽又其二，不闻。"又云：耕之与渔，宜皆在雷泽。《史记》注云："历山在河东渔泽，今属山阴，然则舜之耕不在明矣。"《演义》云："历山其二不闻，岂此山乃其一耶？"梁江文通题历山诗："云愁生白露，日思起秋风。落叶下楚水，别鹤噪吴田。嶂气阴不极，日色亏半天。酒至情萧瑟，凭尊还惘然。"《文通》："会稽永兴人所题乃此山也。"

指石山，在县西南四十五里。《旧经》云上虞县有立石。所谓指石者，俗呼为公崭，言舜登此石。

握登山，在县西南四十里。山有握登圣母庙。

象田山，在县西南四十里，周四十余里，山平行，俗呼小天台，南有舜井。

卷第十・水

会稽县

小舜江在县东南九十里，源出浦阳江。东北流至锡浦以至于江。

萧山县

渔浦在县西三十里。《十道志》云："渔浦，舜渔处也。"梁丘希范《旦发渔浦》诗云："渔潭雾未开，赤亭风已飚。"谢灵运诗云："宵济渔浦潭。"钱起诗云："渔浦浪花摇素壁，西陵木色入秋窗。"

余姚县

余姚江在县南一十步，源出上虞县通明堰，东流十余里经县江东入于海。江阔四十丈，潮上下二百余里，虽通海而水不咸。

渔浦湖在县西北六十里，一名白马湖。《旧经》引夏侯曾先志云："驿亭[①]埭南有渔浦湖，深处可二丈。汉周举乘白马游而不出，时人以为地仙，白马湖之名由此。"《水经注》云："渔浦湖中有大独、小独二山。唐贞元中置湖门三所，别于北门置放水塘四百步。"

上虞县

上虞江在县西二十八里，源出剡县东北，流入。江分二道：一出曹娥江，一自龙山下出舜江，又北流至三江口，入于海。（《初学记》云："凡江带郡县以为名，则有会稽江、山阴江，上虞江是也。"）

卷第十一・井

上虞县

舜井在县西北三十五里兴教寺，傍有象田，或者以为的对[②]。

卷第十一・桥

上虞县

百官桥在县西北三十五里。《寰宇记》云："越州余姚舜桥避丹朱于此，百官候之，故亦名百官桥。"[③]《晋太康地记》云："舜避丹朱于此，故名县；百官从之，故县北有桥繇此。"《十道志》："上虞县百官桥一名舜桥。桥虽以舜得名，然谓避丹朱于此非也。"（舜生于诸冯，迁于负夏，卒于鸣条，孟子以为东夷之人。《史记》"舜耕历山，渔雷泽，陶河滨"，其地宜皆在冀方也。今县有舜桥、百官里，以舜支庶封于此，故名。详见山类。）

卷第十八・拾遗

舜庙下溪　在会稽县东。

蜂扶里　《旧经》云："上虞县北有渔浦湖，传是舜渔处。村民绕湖乱居，故名。其地为蜂扶里。"其说舛。上同。

粟里　《旧经》云："上虞县粟里，舜供储在此。非也。"

姚丘　在上虞县西四十里，一名桃丘，俗传舜所生处，傍有虞滨妫石。《风土记》云："舜生于姚丘妫水之内（汭），指石之东。后人傅会其说，非也。"

---

① 白马湖及驿亭现均在上虞境内。——编者注

② 各版本皆为"的对"，疑为"正对"之意。——编者注

③ 与《寰宇记》原文略有出入。——编者注

南宋宝庆《会稽续志》

［南宋］张淏纂修（清嘉庆十三年刊本）

卷第一·风俗

前志论风俗之美谓有禹之遗风。王铚学记云："余姚有诸冯之地，舜所生也，会稽之地，禹所没也，舜禹功被万世而有见于风俗。"又王安石有《历山赋》，盖亦思舜而作也。则习俗之美兼有舜之遗风矣。（或谓舜居河东，历山、雷泽各有其地。越人别指历山、舜井、象田，仍以余姚、上虞名县。《风土记》曲为之辞，未免附会。此周文忠公、陆氏翼孟音解序也。然自《书》《传》厄于秦火，彼是此非无从折衷，是否当不必问，今但取其风俗之美耳。）

明万历《新修上虞县志》

新修上虞县志序

虞为舜封地，自禹会诸侯，迄秦汉晋宋以迨明兴，而人文彬彬盛矣。江海环带，山川盘郁，推望邑焉。余尝经行其地，求所谓太傅东山、仙人坛，宴与夫历山、夏盖、百楼七十二湖……

嗟乎！后之视今，犹今之视昔。且弗论披图牒者尚友循良，景行耆硕，班班可考；彼姚丘、舜井、孟宅、曹江，有不烂焉，指诸掌者乎。而余，实假之梯航，则于虞之山川人物，岂曰小补云乎哉。

首卷·旧序一（张叔温·至正戊子）

上虞为东越望邑，由帝舜封支庶得名。

首卷·旧序三（郭南·正统辛酉）

上虞山川胜概与会稽埒。自舜封禹治以来，灵踪秘迹殆亦不鲜。然其清淋之气钟，而为人物者忠孝节义，今昔相仍，贤达显藏，乡邑间作，况俗尚淳古，素亲耕读，犹有舜禹之遗风，实为越东望邑也。

首卷・修志公移

上虞，故舜封地。江海环带，山川盘郁，为浙东名邑。其间名公巨卿，骚客墨子又代不乏人，固宜邑之有志也。

上虞，故舜封地。襟江阻海，环邑皆山，介于余会之间，盛于汉晋之际，亦浙东一望邑也。其间名公巨卿，骚人墨士，无代无之。

卷之一・舆地志一

粤稽虞分隶扬州，春秋为越绝。当禹会计群牧，虞疆落神圣辇毂间。遐想玉帛万国趋跄郊甸猗与盛已乃。传者言有虞氏封食兹土，又云禹尝虞乐于此。则虞以古名，不特声教首濡，抑亦襟江枕海，山川盘礴之为胜耳。历祀以来，称皇舆之隩区。有足述者作舆地志。

沿　革

羲易云：改邑不改井。人代互易，井闬不移，而名系焉。秦罢侯设守，寓内郡县棋置星列，离合分并，递袭递更，不皆沿古，亦时势使然也。若虞之得名自有井疆，以来所不易，已志沿革。

邑所繇名以舜封也。秦始为县，属会稽郡。前汉因之。王莽改入会稽。东汉光武中兴后复旧名。至顺帝永建四年，会稽守周嘉上书分上虞之南乡为始宁县。《古图经》云：“晋太康间镇户千三百十有三。”隋平陈开皇元年废上虞及始宁，并入会稽。唐德宗贞元元年刺史王密奏请复析会稽置上虞。长庆初并入余姚，后复置。又，《唐书・地志》：“高祖武德四年以剡与始宁为嵊州。八年，州废，始宁复归上虞。”是后无变革，为上县。宋为望县，元为中县，国朝仍之。旧治在百官，唐长庆二年徙置今所。

按《风土记》，舜，东夷之人，生于姚丘妫水之汭，指石之东。姚丘本作桃丘。又，始宁界有舜所耕田。今有吴北亭、虞滨，皆在小山里。去县五十里对小江岸，临江山上有立石谓之指石，俗呼荐公崭。《郡国志》云：“上虞有姚丘，舜葬之所；东又有谷林，云舜生之地。复有历山，舜耕于此，而嘉禾降之。”《太康地记》云，上虞为舜避丹朱之所。夏侯曾先《地志》云：“姚丘即舜母握簦感垂虹之祥生舜之地。”《寰宇记》云：“渔浦湖乃舜所渔处。”而江村之间又有东西赤岸、舜井、古陶、重华石、粜米石、虹祥村等名，皆舜侧微之遗迹。说者因而信之，谓舜生于虞。岂司马氏之记非耶？至若阚骃（骃）《十三州志》谓禹会诸侯于会稽，相与虞乐于此地。《府志》云："虞衡掌山泽之利于其上，故名。"则又并舜迹而去之，岂诸说尽妄耶？夫数千年以前之事而区区欲悬定于纸上，无参验，而必之愚也。不能必而信之，诬也。与其凿为一定之论，不若两存而阙其疑。虞之舜迹虽多，而姚、妫之名散见于诸书者，若濮州有姚丘，西城有姚方、姚墟，杜佑谓舜生于此；长沙有妫水，祝阿故县有泺水，俗称娥姜，上有舜庙，下开大穴为舜井；兖之泗源有陶墟，又有舜井，其西阜号妫亭山，下泽方十五里，为舜渔处。《郡国志》言阳城邑西有舜田，而今潭之益阳，岳之沅江，梁之重华，并有虞帝城。蓝山有舜水、舜乡，偃师西北有舜庙、舜井、妫水、汭水，而《上谷记》洛城西南亦有历山及舜庙。《水经注》云："历城历山上有舜祠、舜井，为舜所耕处。"郑康成言："舜耕历山在河东，渔雷泽在济阴，作什器于寿丘。"皇甫谧云："寿丘在鲁东门之北，河滨即陶丘，乃定陶西南乡。"《九域志》谓济南、濮阳、河中皆有历山，俱存祠庙，而秦地池阳、澧阳、始宁、上虞、无锡并有之。《列子》云："舜耕河阳。"《援神契》云："舜生姚墟。"应劭谓姚墟近雷泽。《寰宇记》谓在雷泽县东十三里。而周处《记》言始宁界有舜所耕田，山下多柞，因谓枥山，以具区为雷泽。即据诸书，舜迹之在上虞者，什伯之一耳。夫舜虽大圣，止于一身，何其遗迹之多如此？意者南巡时或驻跸之故地陟方后，或为支庶之封邑，民感其恩而子孙思表其德，因随在而立祠以祀之。又想像其微时之经历者而指以名之，则上虞之遗迹盖其后裔报本反始而不忘乃祖之烈云尔。以故宋华镇云："舜之后封于会稽。"罗佖云："舜之支庶或食上虞。"晦庵朱子亦曰："上虞、余姚二邑皆以舜名，而虞之村墟特多舜迹者，疑其子孙所封。"当有见也。不然百官者岂真舜避丹朱之地而百官相率以迎者耶？或云姚丘止见于虞，不知姚墟、陶丘古字通称，总一类而已。又以虞世南对唐太宗云"诸冯在东海滨"，而据"晴日地生盐"之语以实之者，非也。诸冯为春秋之诸浮，冀州之地，司马氏非无征也。使舜果生于虞，则握登圣母必葬于虞。舜既为天子矣，宜必封其墓如后世帝王之陵寝；大禹亲承其统，身履其乡，亦必为之表章旧里，如后之汤沐邑，而史皆绝不闻，何也？若夫指象田为有庳之迹，则益无涉。象田乃唐天祐十三年吴越钱武肃王所命名为禅院者也。虞之人岂不欲显附大圣人以光其桑梓之乡？顾事属传疑，并无的证，庸敢诬之。即如支庶所封，亦不详其何名，始于何代，而稍近实。故从其说，以俟后之博古者更参考焉。

卷之二·舆地志二

山 川

姚丘，即圣母感虹生舜之地。

虹漾山，生舜时虹照两岸，其地即名东西赤岸，曰虹漾村。

握登山，上有握簦圣母祠，题曰“祥虹阁”，可以眺山水之胜。

有井名舜井，或云三井，上有风自来，曰自来风。

象田山（在县西南二十里），山峻险，路屈曲，呼为小天台。南有井，亦名舜井。西有罗汉石，试刀石，石分为二。麓有二庵，去庵一里曰兴教寺。曰象田岭，度岭东南曰覆船山，曰瑞象山（在县西南十五里）。

历山，谓舜所耕处也。（在县西南。《会稽旧记》云：“在小江里，始宁、剡二县界。”《吴录》云：“历山在始宁。”苏鹗《演义》云：“历山有六，一河中，二齐州，三冀州，四濮州，又其二不闻，疑此与余姚者。”宋江淹诗：“愁生白露日，思起秋风年。落叶下楚山，别鹤噪吴田。嶂气阴不极，日气亏半天。酒至情萧瑟，冯高还惘然。”）

小江（在县西南四十里）水出会稽诸山，入娥江。（《水经注》云：“水出㟃山，谓之㟃浦。”）

自曹娥江至龙山曰舜江，北至三江口入海即旧名浦阳江也（《禹贡》：三江既入，韦昭以为吴淞、钱塘、浦阳为三江，潮汐之险，与钱塘埒）。江之中有石曰“落星石”（在县西北四十余里），高丈余（《寰宇记》云：“江潮汗漫石亦不没。”欧阳修云：“吴越宝正六年封宝石山。”）。石之东南长亘里许，阔寻丈。有石曰“粜米石”，俗谓舜粜米之路。凶岁石现，米价腾踊。土人用以占年。

白马湖（又名鱼浦湖，在县西北夏盖南，环湖系二三十都，创自东汉，周四十五里八步），三面皆山，三十六涧之水悉会于湖中。有三山：曰“癸巳山”，曰“羊山”，曰“月山”（傍有沟闸，曰横塘沟、石堰闸、西斗门，溉永丰之田四十余顷。《水经》云：“白马潭深无底，创湖之始塘屡崩，投白马祭之乃成，因名其湖。”或谓故县令周鹏举出守雁门，志务幽闲，思上虞景物之胜，乘白马泛铁舟，全家溺于此。时人以为地仙，白马之名由此而得。湖顶有祠，居民以香火祠公，为土谷神云）。又云上虞江外有“渔浦湖”，湖有三山，曰“大独山”，曰“小独山”，曰“覆舟山”（《会稽图经》有任屿湖而无白马湖。《舆地志》云：“渔浦湖，舜渔处。”夏侯曾先《志》云驿亭埭南有渔浦湖，湖深可二丈。唐贞元中置湖门三所，别于北门，置放水塘四百步。元人以湖为田纳粮。自宋迄今侵田废复之故详见“夏盖湖下”）。

自龙山西尽曰“百官”。相传舜避丹朱，百官朝会其地。尝建县治。有百官街。临江有舜帝庙，庙前有石曰“重华石”，击之有声；东西有井，湮为二墩。吴越武肃王复浚得谶记宝物甚多（有记，见古迹志）。

百官河（在县西北四十里，由夏盖湖直抵七都），河之西北曰“夏盖湖”。

形　胜

左右有娥江舜江之流，前后有金罍玉带之秀。纵览四郊，山水吐吞，高深掩映，居然大观，诚他邑之鲜俪者也。

风　俗

虞自昔舜支庶所封，渐被声教，民习于勤俭，安于耕织，不乐商贾，以故富籍无千金之产，臧获无百指之家。内外之辨甚严，贵贱之分不远；士勤诵读，尊师友，以廉耻为尚，以气节相高，故胡元毕世无一人立于其朝。

世庙时分宜当国，权倾中外，虞人入仕籍者辄毅然首斥其奸，雷霆震加，弹章踵接，至其父子有云：“天下容我，独虞人不能容我。”此可以概其俗矣。

卷之四・舆地志四・水利

江

上虞江，在县西三十余里，南自剡县东北来，至曹娥庙前曰曹娥江，至龙山下曰舜江，北至三江口而入海，即旧名浦阳江也。《禹贡》：“三江既入，韦昭以为吴淞江、钱塘江、浦阳江为三江。”

小江，在县西南四十里，水出会稽界而入大江。《水经》云：“小江源出眺山，谓之嵯浦。”

水

舜水，在县南，自会稽界东经县界五十三里，东入虞江。

卷之六・建置志二・祠祀

庙　祠

梁湖镇有虞舜行宫、陈总管庙（凡莅虞者入境必宰牲致祭）。自此向北过龙山十里有舜帝庙（乡民崇奉，岁时设供具，元宵灯火殊盛。宋陆游诗：“云断苍梧竟不归，江边古庙锁朱扉；山川不为兴亡改，风月应怜感慨非。孤枕有时莺唤梦，斜风无赖客添衣；千年回首消磨尽，输与渔舟送落晖。”宋林景熙诗：“老断薰弦万壑幽，三千年事水空流；衮衣剥落星辰古，野庙凄凉鹿豕游。孝友风微惟旧井，神明胄蛉尚荒丘；九疑回首孤云远，老眼斑斑盼楚舟。”）

桥 渡

由镇西北过龙山十里曰百官桥（一名舜桥）。

百官渡（在百官市口，渡夫二名。宋李光诗："晓雨微茫水接天，隔江茅店有炊烟；杖藜独步沙头路，犹记当时赶渡船。"）

卷之十九·典籍志·碑刻

吴越·钱镠浚舜井得宝佛碑记。

清康熙《上虞县志》

卷之二·舆地志·山川

东山不二里许曰石镜山，曰姚丘，即圣母感虹生舜之地；曰尚湖（周二里，溉田二百顷）；曰虹漾山，生舜时虹贯两岸，其地即名东西赤岸；曰虹漾村；曰圆湖（周一里，溉田一十顷）；曰握簦山，上有握簦圣母祠，题曰"祥虹阁"，可以眺山水之胜。

去新窑而东者曰黄洞溪，曰车岭（在县西南二十五里），有井名舜井，或云三井，上有风自来，曰自来风。

象田山（在县西南二十里），山峻险，路屈曲，呼为小天台，南有井亦名舜井。

曹娥江至龙山曰舜江，北至三江口入海，旧名浦阳江（《禹贡》三江既入，韦昭以为吴淞、钱塘、浦阳为三江。潮汐之险与钱塘埒）。江之中有石曰落星石（在县西北四十里），高丈余（《寰宇记》云："江潮汗漫石亦不没。"欧阳修云："吴越宝正六年封宝石山。"石之东南长亘里许，阔寻丈，有石曰粜米石，俗谓舜粜米之路。凶岁石现，米价腾踊，土人用以占年。

龙山西尽曰百官。相传舜避丹朱，百官朝会。其地旧尝建县治，有百官街，临江有舜帝庙。（庙）前有石曰重华石，击之有声，东西有井，湮为二墩，吴越武肃王复浚得谶记宝物甚夥。

卷之二·舆地志·风俗

虞自昔舜支庶所封，渐被声教。民习于勤俭，安于耕织，不乐商贾，以故富籍无千金之产，臧获无百指之家。内外之办甚严，贵贱之分不远。士勤诵读，尊师友，以廉耻为尚，以气节相高。明嘉靖严嵩当国，权倾中外。虞入仕籍者辄毅然首斥其奸，雷霆震加，弹章踵接。至其父子有云：“天下容我，独虞人不能容我。”此可以概其俗矣。风会虽趋，直道不改，虞由古之虞也。而迩来习尚侈靡，更相煽效，节啬之遗稍变，朴茂之风顿殊，是非长民杜者，躬先教化，与学士大夫遵矩而倡导之，将安终乎？

卷之四・舆地志四・水利・溪

象田溪，在县西南，发源象田诸山，注于江。

卷之六・建置志二・祠祀・庙祀

再十里至梁湖镇有虞舜行宫、陈总管庙（凡莅虞者入境必宰牲致祭）。自此向北过龙山十里，有舜帝庙（乡民崇奉，岁时设供具，元宵灯火殊盛。宋陆游诗：“云断苍梧竟不归，江边古庙锁朱扉；山川不为兴亡改，风月应怜感慨非。孤枕有时莺唤梦，斜风无赖客添衣；千年回首消磨尽，输与渔舟送落晖。”宋林景熙诗：“老断薰弦万壑幽，三千年事水空流；衮衣剥落星辰古，野庙凄凉鹿豕游。孝友风微惟旧井，神明胄冷尚荒丘；九疑回首孤云远，老眼斑斑盼楚舟。”）

象田岭下有伏虎将军庙，稍东约七里许有潴湖庙，过西二十里许有握登圣母庙（在握登山，相传为舜所生处，以祀舜母）。

卷之七・建置志三・桥渡

过龙山十里曰百官桥（一名舜桥）。

卷十九・典籍志・地[1]

舜井，在百官市舜帝庙北，东西各一，昔堙为二墩。吴越时钱王镠复浚，得谶记宝物。（《钱镠记》：吴越宝正中，旌教僧仪恩奏云：按图经，西北去三十五里有舜井三[2]口，深三丈。舜子生时，井为涌井，即淘金之处也。世传秦始皇封塞，作两墩，各高一丈，相去三十余丈。晋宋以来，僧为佛寺。乡人或耕锄，多得古砖甃石。南去半里有舜庙，北去半里为百官桥，东去二百步有机证院。唐僖宗朝赐额。宝正三年闰八月初九日奏上。当月十四日，钱王差西都上直官五十人，东都上直官五十人，赍火粮畚锸至井所开掘，得谶记宝物一百二十余件。都抽领西都上直厢虞

① 原书有缺页或漫漶，以康熙《绍兴府志》参校。

② 府志作“二”。

侯盛瑗，东都上直厢虞侯孙弘，西都随身虞侯闾丘稔，勾当拜祭内直殿十将于轩。十六日凿西井，十九日得银环六，赤珠一，金盒一，古文钱二千三百四十，琥珀珠一，当十大钱三，当五十大钱二十四，太平钱百，值百三铢二十四，大钱二百五十四，五铢钱九百六十，货泉钱二百八十，半两钱三十。石狮一，镌其背曰："重华井，天明可开。"腹内有水精珠一，东井得银塔一，高一尺五，层内有金瓶舍利二颗，散金瓶二，金铃六，铜铃一，银环六，银铃一，水精珠十四，琥珀珠九，杂珠大小三十五，小琥珀狮子三十，玛瑙珠七，玉人一，玉环一，铜镜三，铜炉一，小玛瑙珠六，土瓶一。以上共三十四件，并有石匣盛之，题云：唐永徽四年于此造塔。镇井有重华石一片，阔三尺，厚九寸左右，有索痕，深二寸。宫中令造深沙神一躯，足履四石。宝正四年六月廿九日差钱文殷祭神镌石："吴越国王宝正三年八月十九日重开舜井，收得重华石一片，窃恐年移代远，莫测端由，特令镌刻，用记年月。己丑岁林钟之月二十九日。天下都元帅吴越国王记。"）

又一（井）在象田山南。（唐朱庆馀诗：碧甃磷磷不记年，青萝深锁小山颠。向来下视千寻水，疑是苍梧万里天。）

姚丘　在县十二都。（周处士《风土记》云："舜生姚丘。"夏侯曾先《地志》云："即舜母握登感大虹生舜之地。下有虹漾村，东西赤岸。"《风土记》云："舜，东彝之人，生于姚丘、汭水之内[①]，指石之东。"又《章图四书》云："舜生于诸冯。"诸冯即上虞也。《旧志》载：其地有握登山、历山、舜江、虞江、舜井、舜庙、百官、象田、粟里。）

百官里　《旧经》云：在上虞，沿舜百官牛羊仓廪之义。又云：禹会诸侯百官，会聚于此。

扶蜂里　《旧经》云上虞县北有渔浦湖，传是舜渔处。村民绕湖乱居，故名。

粟里　《旧经》云上虞县粟里，舜供储在此。

虹漾村　在上虞西南载初乡，有握登圣母祠，东西谷有二赤岸，相传以为舜生之祥。

① 内，通"汭"。

清康熙《会稽县志》

卷三・山川志・形势・山

舜哥山，在县东南四十里铜牛山西。（一名笔架山。俗传大舜游憩于此，故名。山高可十里余，上有水田可稻，缁黄之流往往茨其上。）

卷四・山川志下・溪

大舜溪，出太平山，以其地有舜庙故名。

卷四・山川志下・江

小舜江，在县东南九十里（俗名东小江。《郡志》："源出浦阳东北，流经汤浦，以入于江。"唐陆羽诗："月色寒潮入剡溪，青猿叫断绿林西。昔人已入东流去，空见年年江草齐。"皇甫冉诗："江上年年春草，津头日日行人。借问山阴远近，犹闻日暮钟声。"）

卷十四・祠祀志上・庙

舜虞庙，在县东南一百里，二十一都太平乡舜山之阳。（《述异记》："会稽山有虞舜巡狩台，下有望陵祠。"《路史》："舜庶子七人。圭、胡、负、遂、庐、蒲、卫、甄、潘、饶、番、传、邹、息、有、胡母、辕、余姚、上虞、濮阳、余虞、西虞、无锡、巴陵、衡山、长沙，皆其裔也。"圭、胡等并国名见《路史・国名记》。古者帝王封子弟多于疏远，如有庳可知。夫余姚、上虞始皆会稽地。舜之庶子封此，后裔守此。而以舜名其山川、井田以识不忘，且表见其先德殆人情与。陆游诗："云断苍梧竟不归，江边古庙锁朱扉；山川不为兴亡改，风月应怜感慨非。孤枕有时莺唤梦，斜风无赖客添衣；千年回首消磨尽，输与渔舟送落晖。"林景熙诗："声断薰弦万壑幽，三千年事水空流；衮衣剥落星辰古，郊野凄凉鹿豕秋。孝友风微惟故井，神明胄冷尚荒丘；九疑回首孤云远，老泪斑斑楚竹愁。"）

越中杂识

［清］悔堂老人

一

舜井，在上虞县西北三十五里百官市虞帝庙北，东西各一。钱武肃王浚之，得谶记宝物。（川）

二

虞舜支庶封于余姚，又封于上虞。以虞称国，故因曰上虞；以姚称姓，故因曰余姚。而其地有历山、舜井、舜田、陶灶，皆其子孙象舜所居而名之者。旧以为舜实生长于是，则附会矣。（人物·帝王）

（浙江人民出版社 1983 年版）

清光绪《余姚县志》

卷二·山川

历山在县北四十里，有象田、舜井、石床诸迹。（康熙志原注：野客丛书云历山有四，而余姚之历山不列其间。）然自汉以来，余姚、上虞之名县皆以大舜，彼四历山之所无，此一证也。舜禹同时，禹之迹在会稽人所不疑，舜之迹在会稽乃独疑之乎？此又一证也。虞氏子孙盛于姚江者数千，彼四历山未闻有显者，此又一证也。合此三证，则历山之在余姚者为是。叶华滋曰：历山方广仅数亩，高寻丈计，磊磊皆石。循东麓而上，有圆石出土，叩之有声。山阳石壁镌“耕隐”二字。有石嵌空，横覆如床，可坐数人，相传为帝舜耕时避雨处，双跖隐然。折而西，有石圆如盆盎，盛水一泓，亢旱不竭，即舜井也。黄宗羲《孟子师说》案《史记》：“舜，冀州人，耕于历山，渔于雷泽，陶于河滨，作什器于寿丘，就时于负夏。”冀州，今北京、山西境；历山，晋地；雷泽，曹地；负夏，卫地。皆中土也，孟子何以云东夷乎？是《史记》不足凭也。今余姚、上虞两县皆以舜得名，其水之经余姚者曰姚江，亦曰舜江；其水之经上虞者曰百官江。余姚有历山，上虞有握登山，舜母之名也。有虹漾，握登见大虹意感而生。有象田，其土中耕者往往得古陶器。舜之古迹在此两县为最多，故会稽旧记云："舜，上虞人，去虞三十里有姚邱，即舜所生也。"周处《风土记》云："舜，东夷之人，生姚邱，此皆与孟子之言相合。顾野王云："余姚，舜后支庶所封之地，是乃附合《史记》，而后人反信以为实，然大概舜之生在余姚上虞，故曰东夷之人。"迁于负夏，始在中土耳，卒于鸣条。《史记》云：南巡狩，崩于苍梧之野，葬于江南九疑，是为舜陵。今湖广永州宁远县是也。案《竹书记（纪）年》云，五十年，舜陟鸣条。鸣条在古之海州，今山东莱州府胶州境，其地有苍梧山，与孟子言合。永州无鸣条，则知非卒于彼矣。嘉泰志案《旧经》云："历山在会稽县东南，昔舜耕所也。"又云："越有历山、舜井、象田者，以舜之余族所封。舜姚姓，故曰余姚，盖其子孙思舜故乡取像于此，亦犹汉新丰之义。盖此山虽非舜之耕所，亦因舜而得名也。"王介甫《历山赋序》："余姚县人与季父争田，予为直之。将归，闵然望历山而赋之。历山在上虞界中。"案：此山实属余姚，介甫谓在上虞界中，误矣。苏鹗《演义》云：历山有四：一河中，二齐州，三冀州，四濮州雷泽，又其二不闻。所云其二不闻者，岂此山乃其一耶？梁江淹《历山》诗："愁生白露日，思起秋风年。落叶下楚水，别鹤噪吴田。嶂气阴不竭，日色亏半天。酒至情萧瑟，凭尊还惘然。"文通，会稽永兴人，所题乃此山也。

余姚江：在县南五十步，阔四十丈，入明州。（《太平寰宇记》）在县南一十步，源出上虞县通明堰，东流十余里，经县东入于海。潮上下二百余里，虽通海而水不咸。（《嘉泰会稽志》）源出太平山，上流至上虞县六十里，下流至慈谿县九十里。（《元一统志》）又名舜江，江桥西旧产蕙，亦称蕙江。（《万历府志》）

舜帝庙志

［民国］谷旸编辑

序

浙江有两大祀：一曰禹庙，在会稽；一曰舜庙，在上虞。会稽历代多大儒表扬祠宇，得春秋赐祭，而上虞之舜庙阙如，殆亦荐绅之耻也。今岁春，水利局水标站职员王君庆生，以修庙志请，余韪其言。因忆四十六年前与蔡子民先生同修《上虞县志》，采摭旧闻，志舜帝之事特详，今请搜罗而编辑之。或曰舜生于上虞，或曰舜葬于上虞，然皆无考证，惟《汉书·地理志》载上虞有仇亭，舜避丹朱于此，百官朝之。《路史》亦云舜支庶封地。然则，上虞始为舜驻跸之所，后为舜子孙所封邑，立庙祀之，如鲁颂新庙、春秋夷伯之庙，固家庙也。上虞旧治在百官，自秦以来，或隶会稽，或并余姚，迁徙不常，至唐而始定。人民皇皇然思舜之德，复立庙祀之，是为里社公立之庙。千百年来，县则迁于今所，庙则仍在百官。吴越宝正中钱武肃王《浚舜井记》有曰：图经西北去三十五里有舜井，南去半里有舜庙。是独非唐时已有舜庙之证耶？今禹庙修葺告成，舜庙无重修之款，志成，谨告四方君事，求将伯之助焉云尔。

中华民国二十四年四月　日上虞谷旸自序

卷二

舜帝庙在十都百官市（《嘉泰志》作在县西三十五里，《正统志》作在县西北百官市），唐时建（据《碑志》），乡民崇奉，岁时设供具，元宵灯火甚盛（《万历志》）。庙前为百官坝，商货往来。八社绅耆董理其事，总计运送货物之需，以其力之所入给以值，而存其羡余归之公，作为灯祭之费（据《碑志》）。清道光二十三年毁于火，里绅谷连元等捐资重建（《王氏备稿》）。庙凡三殿：第一殿祀舜帝；第二殿祀后稷；第三殿祀四岳。民国十年，连元曾孙谷肇祥又垫款重修。（新纂宋陆游《舜庙怀古诗》：云断苍梧竟不归，江边古庙锁朱扉。山川不为兴亡改，风月应怜感慨非。孤枕有时惊客梦，斜风无赖客添衣。千年回首消磨尽，输与渔舟送落晖。）

握登圣母庙在十二都握登山巅。旧传舜母握登氏生舜处（《嘉泰志》、《正统县志》：庙在县西北四十里握登山，祀圣母），有祥虹阁，可以眺山水之胜。（《万历志》）

虹漾山　在县西南四十里，下有虹漾村，东西赤岸，傍虹漾山，《旧志》谓握登生舜之地。（《於越新编》）

历山　在县西南四十里（《万历府志》），舜所耕处也。《会稽旧记》云在小江里始宁、剡二县界。吴录云在始宁。苏鹗《演义》云历山有六：一河中，二齐州，三冀州，四濮州，又其二不闻，疑此与余姚者。（《万历志》。案《嘉泰志》以历山属余姚。《演义》云宜在濮州雷泽。《风土记》云始宁、剡二县界上。王安石《历山赋序》云在上虞界中。据诸说，舜之历山当以《演义》为是。虞之有是山，殆《嘉泰志》所云，其子孙思舜乡，取像于此，犹汉新丰之义，必谓虞无此山固矣！又案《万历志》云：三界市即汉始宁县治。历山既在始宁、剡二县界，则在三界以上，非邑西南四十里山内。是历山，今当属嵊，姑据《旧志》仍之。）

象田山　在县西南二十里（原作四十里，涉下四十讹），周四十余里。（《四明山志》作周五十里，又云以象耕鸟耘为虞帝故迹。）山平衍，俗呼小天台。南有舜井（《嘉泰会稽志》），井上有风自来，曰自来风。又有金鸡洞，云钱王弹金鸡处。山峻险，路屈曲，西有罗汉石、试刀石，石分为二。（《万历志》）明黄宗会诗：仗头已拨千峰雾，入水拖泥何处去；岭头日落黄芦暗，老麂呼风毛欲竖；岭底溪深泥正紫，中有幽人草茅住；长年袖钵垂手归，濯足溪头弄新句；天寒路冻绝无人，䦆头铿然掘苦芋；我来一笑调偶同，摩挲寒烟数烟树；夜深孤灯倒牛篋，忧更病雁亦哀诉；雄峰大刹列相望，两宗法席纷旁午；子独何为饿穷谷，笑勘诸方都不顾；垂钩岂解钓蛟龙，元赏时与古人同。）东北三里许为象田岭，岭上石缝成井，曰划开井。（《唐志》）

指石山　在县西南四十五里。《旧经》云：上虞有立石，所谓指石者，俗呼荐公崭，言舜登此山石（《嘉泰志》），临江射西而出。（《万历志》）（《王氏备稿》云：指石即东山上临江之石，山下江深无底，产鳊鱼，甚美。）

龙山　即龙头山，在县西三十里（《旧志》作西北），东连兰芎，西瞰舜江，石势险阻，江潮啮其趾。宋绍兴中，凿磴道以便往来。山有九湾，迢递七八里。一名九龙山。（《一统志》案《水经注》：山崖之间有石井，冬夏常洌。清泉南带长江，东连上陂湖之道。）万历十三年，士人加修磴道，置茶亭为憩息之所（即今龙饮亭）。山崖间有泉，清莹如玉，曰龙头山井。（《万历志》）上有兰峰，顶盘石广丈余，葛洪尝坐其上。（《太平御览》）（明陈震诗：龙山插晴昊，秋色染芙蓉；叠嶂丹青裹，奇峰紫翠重；更无人落帽，言有客扶筇；抚景归来晚，枫林带醉容。）

舜江　自曹娥江至龙山曰舜江，北至三江口入海，即旧名浦阳江也。（《万历志》）（清全祖望《浦阳江记》：浦阳江水发源义乌，分于诸暨，是为曹娥、钱清二江。其自义乌山南而出者，道由蒿坝所谓东小江者也，下流斯为曹娥。其自山北而出者，道由义桥所谓西小江者也，下流斯为钱清、曹娥之水。由诸暨行而东，至嵊至余姚，则已折而北，始至上虞，遂由会稽入海。钱清之水由诸暨竟西下至萧山及东向山阴入海。一曲一直，源流不同，然六朝皆以浦阳之名概之。盖尝考浦阳之名，汉时所未有，故《班志》不录，然《班志》于浦阳东道之水则曰柯水，而系之上虞即曹娥也。西道之水则曰潘水，而系之余、暨，即钱清也。《续志》则有潘水而失柯水，其以浦阳名江也。始见于韦昭然《续志》，出昭之后，尚未登其目，则不大著也。浦阳之名至宋齐之间而大著，其时合曹娥、钱清二水皆曰浦阳。谢康乐《山居赋》中所云浦阳皆指曹娥。李善因之。而《南史》所载争战之事，则皆指钱清。历考唐人所作《十道志》《元和志》皆无此二江之名。《元丰九域志》：曹娥以镇属会稽，钱清以镇属山阴，尚未有江名，其以江名也自南宋始。吾读郦氏注《水经》，其所志浦阳之水本皆属曹娥，其末始引及萧山之潘水，则是钱清之上流，而疏析不精，不知其已分而二而反以为合而为一，故曰上虞江水东至永兴与浙江合，则是太康湖滹浦之水能至义桥麻溪以入海。移东就西，其谬已甚，盖郦氏未尝身至江南以有此失也。抑或者六朝世堤堰未备，东小江之水尚能西出，则东道之水得至永兴亦未可定，是非为郦氏回护也。考其时则然矣。乃施宿辨之而不审，近来越人遂谓浦阳非曹娥但属钱清，以此纠郦氏。虽黄氏《水经》亦有此言，则又非也。夫郦氏以浦阳为曹娥，本之康乐《山居赋》，康乐身居其地者也，岂有误取百里以外之江名加之所居之江者，此固不待辨而可明也。况《南史》浦阳江南北津各有埭司以稽察。胡梅涧曰：南津埭即今之梁湖堰，北津埭即今之曹娥堰，其与西陵埭、柳浦埭实与六朝称四埭，然则浦阳终以东道曹娥之水为经流，而西道汇于钱清者为支流。六朝官制，盖班班足与水道相证明，安得反以之纠郦氏也。是所谓考古不详反生疑论者。盖浦阳之水东行者，当堤堰未兴之日，自余姚达于勾章之境，凡虖浦、峠浦、渔浦、剡溪、篁溪胥会焉。由柯水而东，直达于勾章之渠水而止，非犹夫今日之曹娥，郦氏之言可考也。斯所以为吴越三江之一，若但以钱清为缠络则狭矣，奈何反沟曹娥而绝之乎？郦氏以上虞江称曹娥而钱清则否，以是知曹娥之为浦阳经流无疑也。乃若《汉志》，上虞柯水即曹娥，而张元忭谓即山阴柯桥之水，则益谬之甚者。盖使以钱清之尾言之，或可引至柯桥而又安得系之曹娥以东乎？山阴令舒树田《同舟过梁湖》语及此，故记之。）

上虞江　在县西二十八里，源出剡县东，北流入江，分二道，一出曹娥，一自龙山下出舜江，又北流至三江口入于海。（《嘉泰会稽志》）（案洪稚存《乾隆府厅广州县图志》，上流曰剡溪，由嵊县北流入会稽县界曰曹娥江，又入县北界曰上虞江。钱玫补稿曰：上虞江乃曹娥、舜江之总名，非专属一江也。）

小舜江　一名小江，在县西南四十里，水出会稽界而入大江。《水经注》：小江源出峠山，谓之峠浦，名小舜江，西为会稽，东为上虞，其源出浦阳江，东北流经汤浦入曹娥江。（《万历府志》）

上虞县治　旧治在百官（据《水经注》）案《水经注》“江水东经上虞南”，条下引《晋太康地记》之说，有曰，舜避丹朱于此，故以名县，百官从之，故县北有百官桥），长庆中徙今地。（据《太平寰宇记》）

汉始宁县治顺帝时分上虞南乡为始宁县，隋废。（《嘉泰志》）三界市即汉始宁县址。（《万历府志》）《水经注》：旧治水西常有波涛之患，晋中兴初，治今处，前则犹在水西也。隋开皇九年，入会稽郡，隶会稽《嵊县志》谓明成化间，始隶嵊县。《乾隆府厅州县图志》：废县，在县西南五十四里。（钱玫补稿）

汉司盐都尉治 《水经注》：江水东经上虞县，南至王莽之会稽也。本司盐都尉治也（戴校本无也，今据全氏、赵氏本增），地名虞宾。（《浙江通志》）

三怃 南逢吉《会稽三赋》注《图经》：上虞有地名虞滨，其水经妫石入东海。江里有上、中、下三怃，言二女降时，妫地高险回曲，使者至，怃然而叹，故曰三怃。（沈奎补稿）

仇亭 在县西北一十里。（《水经》）《汉书》《音义》《晋志》皆云本邑有此亭，废久莫考。（《正统志》）

姚邱 在县西北四十里，一名桃邱，相传为舜所生处，旁有虞滨、妫石，《旧志》在指石山之东。（《嘉泰会稽志》）

谷林 《郡国志》云：上虞县东有姚邱，即舜葬之所，东又有谷林，即舜生之地。复有历山，舜耕于此，嘉禾降此山也。（《太平寰宇记》）

粟里 《会稽三赋》注云：舜时供储于此。（《乾隆府志》）

百官里 《旧经》云：沿舜百官牛羊仓禀备之义。又禹会诸侯百官，曾聚于此。（《万历志》）

扶蜂里 《旧经》云：县北有渔浦湖，传是舜渔处，村民绕湖乱居，故名。（《万历志》）

百官市 在县西北四十里。（《万历志》）

牛羊村 金仁水《通鉴》前编引苏氏古史：舜生于诸冯。甚者指会稽上虞牛羊村。百官渡为舜所居，盖因孟子之言而附会之也，今莫指其地。（钱玫补稿）

虹漾村 东西赤岸，在县西南四十五里，相传舜生时垂虹所照。（《弘治府志》）

百官渡 在县西北四十里百官市口，渡夫二名。（《万历志》）道光间，陈绮树等设立惠济局，先后募捐田四百余亩。同治、光绪年间，姚、宁各商续助田九十余亩，有碑在义渡亭及舜庙。（《新纂》）

虹桥 在县东南一百五十步，即虹漾桥。（《嘉泰志》）

百官桥 一名舜桥，在龙山麓。（《万历志》）

重华石 在百官市舜帝庙前，击之有声。（《万历志》）

粜米石 在舜江滨，长亘里许，阔寻丈，俗谓舜粜米之路。凶岁石现，米价腾涌，土人用以占年。（《万历志》）

舜井 在百官市舜庙北，昔湮为二墩，吴越王钱镠复浚，得谶记宝物。（《万历志》）

（据上虞市政协文史资料委员会编《虞舜文化》，1997 年版）

第三部分：诗赋选录

无锡县历山集诗

［南朝梁］江　淹

愁生白露日，思起秋风年。
窃悲杜蘅暮，揽涕吊空山。
落叶下楚水，别鹤噪吴田。
岚气阴不极，日色半亏天。
酒至情萧瑟，凭樽还惘然。
一闻清琴奏，歔泣方留连。
况乃客子念，直置丝竹间。

（《汉魏六朝百三家集》卷八十六《梁江淹集》）

小舜江

［唐］皇甫冉

江上年年春早，津头日日人行。
借问山阴远近，犹闻薄暮钟声。

（《浙江通志》卷十五“东小江”）

小舜江

［唐］陆　羽

月色寒潮入剡溪，青猿叫断绿林西。

昔人已入东流去，空见年年江草齐。

（《浙江通志》卷十五“东小江”）

舜　井

［唐］朱庆馀

碧甃磷磷不记年，青萝深锁小山颠。
向来下视千寻水，疑是苍梧万里天。

（清乾隆《绍兴府志》卷六）

历山赋（并序）

［北宋］王安石

余姚县人有与季父争田，于县、于州、于转运使，不直，提点刑狱令余来直之。将归，闵然望历山而赋之。历山在县西上虞县界中，或曰“舜所耕”云。

历山之峨峨兮，予汝耕之，孰汝强之？此匪予私云然兮，谁汝使予？人之子兮，余师。历山之峨峨兮，则维其常。人之子兮，云曷而亡？云曷而亡兮我之思，今孰继兮我之悲。呜呼已矣兮，来者为谁？

（《临川先生文集》卷三十八，原稿“余杭县”误，已核改）

题百官步

［南宋］李　光

晓雨微茫水接天，隔江茅店有炊烟。
杖藜独上沙头路，犹记当时赶渡船。

（李光《庄简集》卷六）

再题百官步

［南宋］李　光

茅舍荆扉尚宛然，重来白首记当年。
几回倚杖沙头路，独立苍茫唤渡船。

（李光《庄简集》卷六）

题舜帝庙

［南宋］赵汝普

苍梧云断帝升遐，奇石江边自古夸。
莫道薰弦无逸响，鸡鸣寸念亦重华。

（清光绪《上虞县志》卷三十一“舜帝庙”）

舜庙怀古

［南宋］陆　游

云断苍梧竟不归，江边古庙锁朱扉。
山川不为兴亡改，风月应怜感慨非。
孤枕有时莺唤梦，斜风无赖客添衣。
千年回首消磨尽，输与渔舟送落晖。

（陆游《剑南诗稿》卷一，四库全书本）

舜庙在龙山右

［南宋］张　侃

水来江尾难分燕，山到崖头合号龙。

见得人心尊万乘，片帆飞过亦朝东。

（张侃《张氏拙轩集》卷四，四库全书本）

舜　庙

［南宋］林景熙

声断薰弦万壑幽，三千年事水空流。
衮衣剥落星辰古，野庙凄凉鹿豕秋。
孝友风微惟故井，神明胄冷尚荒州。
九疑回首孤云远，老泪斑斑楚竹愁。

（林景熙《霁山文集》卷一，四库全书本）

过舜祠

［元］张养浩

太古淳风叫不还，荒祠每过为愁颜。
苍生有感歌谣外，黄屋无心揖让间。
一井尚存当日水，九疑空忆旧时山。
能令子孝师千古，瞽叟元来不是顽。

（张养浩《归田类稿》卷十九，四库全书本）

过渔浦

［元］王　冕

十八里河船不行，江头日日问潮生。
未同待诏沈金马，却异看花在锦城。
万里春风归思好，四更寒雨客灯明。
故人湖海襟怀古，能话旧时鸥鹭盟。

（王冕《竹斋诗集》卷四，清光绪邵武徐氏丛书本）

后历山赋（并序）

［元］郑　彝

王文公宰鄞时，有与季父争田于县、于州、于转运司不直，提点刑狱命公直之。将归，闵然望历山而作赋，其辞有曰：呜呼已矣，来者其谁？盖伤承宣者不得其人，而民俗所以不古若也。后公一百余年，太梁刘侯佐是邦，受履田之命于郡，息争田之讼七十余事。父子兄弟各还其天者，盖多有之，又何民俗之易化也？然则来者固有其人，惜文公不及见也。余耕于历山者也，于侯之化，幸亲见之，乃作《后历山赋》。赋曰：

历历苍苍兮，土地茫茫。
维昔先民兮，圣人之氓。
耕者让畔兮，孰贪孰争？
时弗古若兮，斯人之伤。
化有所自兮，污隆弗常。
侯承于后兮，民既乐康。
兹为之兆兮，来者可望。
来者可望兮，历山苍苍。

（清唐若瀛纂《余姚志》卷三十七《艺文·赋》）

题海堤卷诗

［元］爱理沙

潮汐东来势蹴天，一堤横捍万家全。
陵迁谷变人谁在，海晏河清事独贤。
晓日山川神禹迹，秋风禾黍有虞田。
河渠他日书成绩，应并宣房与代传。

（《御选元诗》卷五十八，四库全书本）

历山张氏合族名行诗

［明］王阳明

贤良方正，祈天永锡，崇德广业，富有日新。

文成明达，茂先宏通，祖于鹤鸣，世肇景宣。

功继忠猷，道学华阳，元迪维则，嗣乃克昌。

注：王阳明之从姑，嫁于历山山前官房里张克明为妻。其第五子张和，明朝嘉靖中郡庠生（秀才），某日以合族名行诗相请阳明先生，遂写下此四言语三章四十八字。自二十九世始，近五百年来，历山张氏后裔取名排算，多以此诗为准。

帝舜赞

［明］孙承恩

大孝格天，玄德配帝。
精一执中，圣学攸始。
焕乎文章，巍巍成功。
千万世下，仰瞻无穷。

（孙承恩《文简集》卷四十一，四库全书本）

上虞百官江口舜庙

［清］厉　鹗

重瞳此地有遗苗，
野庙空江玉座销。

无复百官趋早朝。
话渔樵，
一半儿龙工一半儿鸟。

（厉鹗《樊榭山房集》卷二十，四库全书本）

渡百官江

［清］桑调元

猎猎回风乱落霞，百官江上布帆斜。
寒云半锁岩腰树，浊浪平淘岸脚沙。
雨雪连朝迷客渡，涂泥一尺困牛车。
莫嗟行路难如此，好就津头卖酒家。

（光绪《上虞县志》卷四十六）

渡百官江易小舟

［清］桑调元

依依故乡路，一苇乱舜江。
江面非阔远，风湍激奔泷。
行客竟利涉，沙岸相舂撞。
临江虞帝祠，神鼓秋逄逄。
敝屣帝天下，陋彼巫言哤。
仿佛白云阴，三妃袅灵幢。
小憩重华亭，水石闻寒淙。
斜阳澹流影，鱼艓无篷窗。
夕风起潮溆，飞过白鹭双。

（桑调元《弢甫集》卷十四，参校光绪《上虞县志》卷四十六）

舜　庙

［清］曹恒吉

帝辇何年过，荒祠起暮风。
百官藓古石，两岸漾飞虹。
松矗屯江鹳，莎深蓐塞鸿。
垂衣天子象，野老话重瞳。

（曹恒吉《曹江集》卷七，康熙三十五年刻本）

过历山

［清］杨昌祚

一望中流绝壁撑，顽山依旧势峥嵘。
田畴高下鱼鳞叠，何处当年帝舜耕？

（余姚市政协文史委员会等编著《余姚历代风物诗选》）

舜江晚渡

［清］王　瓒

夹岸青山江水肥，渡头暝色上征衣。
春潮暗落海门远，凉雨初来津树微。
柔橹一声惊雁过，短篷三尺逐鸥飞。
红墙明灭[①]炊烟外，指点灵祠孝女扉。

① 红墙明灭，《虞舜文化》作“半边红处”，第 259 页。

盖水秋渔

［清］王　瓒

天光湖色净琉璃，闲看青衫[1]理钓丝。
秋水才添新雨过，渚风微动夕阳迟。
断荷浦外竿双影，疏柳桥边桨一枝。
软笠轻蓑随处好，何人重谱志和词？

（以上二首，引自清潘衍桐撰《两浙𬨎轩续录补遗》卷六，光绪十七年浙江书局刻本）

① 青衫，《虞舜文化》作“青山”，第261页。

第四部分：传说故事

关于尧舜禹的传说

范文澜

《书经》有《尧典》等篇，叙述尧舜禹禅让的故事。春秋战国时人，尤其是儒墨两大学派，都推崇取法这三个古帝，因此关于他们的传说，似乎比黄帝以下诸帝，较富于真实性。

照传说，尧是帝喾的儿子，距黄帝五代。舜是颛顼的七代孙，距黄帝九代。禹是颛顼的孙子，距黄帝五代。三人世次，显然有很大的错误。

尧都平阳（山西临汾县），居地在西方。孟子说："舜生于诸冯（山东诸城县），卒于鸣条（河南开封附近），东夷之人也。"是舜居地在东方。禹父鲧居地在崇。崇就是嵩，在河南西部。禹都阳翟（河南禹县），也略偏西部。各人自有部落，各治其事，未必像《尧典》所说，许多人聚集在一处，似乎后世的朝廷那样。

《尧典》等篇，大概是周朝史官掇拾传闻，组成有系统的纪录；虽然不一定有意捏造，夸大虚饰，却所难免。其中"禅让"帝位的故事，在传子制度实行已久的周代，不容无端发此奇想，其为远古遗留下来的史实，大致可信。据说尧在帝位，咨询四岳（炎帝族），四岳推举虞舜作继位人。舜受各种试验后，摄位行政。尧死，舜正式即位。舜也照样咨询众人，选出禹来摄行政事。舜死，禹继位。禹在位时，众举皋陶作继位人。皋陶死，又举皋陶子益（似乎已有父死子继的意义）。禹死，子启夺益位自立。"禅让"制度，从此废弃。

尧舜禹当氏族社会末期，选举方式已不十分民主，最后决定权，握持在首领的手中，所以启攻益夺位，并不是偶然发生的现象。

所谓"禅让"制度，实际就是氏族社会的会议选举制度。这种制度在后世落后民族中如乌桓、鲜卑、契丹、女真、蒙古都曾行施，有记载可以考见。

"禅让"是一种选举方式，尧舜以前，这种方式应该早已存在。

尧舜"禅让"就是许多部落的联盟，共同选举一人当大酋长，主要任务是主持祭祀及对苗黎的防御。

特别是禹被选作大酋长以后，建都阳翟，征伐苗黎，追到长江流域，从此苗黎不能北上侵扰。黄帝族在中原的地位，更趋于巩固。周公希望成王像禹一样，用武力横行天下，无有不服，足见禹的武功，为后世所推崇。黄帝以下，征伐苗黎当作主要事业，禹把这个事业完成了。

禹治洪水，没有实证，因而是不可确信的事件。相传他凿开龙门，疏通九河；石器时代的人力，如何能胜任。照孔子说“禹尽力乎沟洫”，大概他发明原始灌溉工程，在那时候，自然是农业上一个进步。

在伐苗的胜利中，俘获苗黎作奴隶，是可以想见的。民苗同声，没有文字以前，民就是苗。周朝才有苗民黎民的名称。金文民字像足上挂器械的形状。现时有些苗族对待汉人俘虏，还保持这个习惯。从金文推想民字的本义，是苗黎俘虏当奴隶。奴隶是财产，禹部落中增加了这种财产，势必促成旧制度的破坏。

“禅让”的传说，在政治上思想上起了很大的影响。“天下为公”成为革命的口号。统治阶级自相篡夺，“禅让”成为一种篡位的公式。清乾隆时代，广东侨商罗芳伯在爪哇建立“禅让”式的共和国，与华盛顿创造美利坚合众国同时。所以尧舜“禅让”是中国旧式的最高政治理想。

（节选自范文澜著《中国通史简编》，商务印书馆2010年版，第15—17页）

上虞“尧山”和“尧田”的故事

罗兰芬*

尧、舜、禹是古代中国历史传说中的三位著名部落联盟首领，其中尧、舜被列入中国远古“三皇五帝”的“五帝”加以推崇，至今家喻户晓。在上虞，舜的传说和遗迹较多，如舜江、百官、象田等20余处，禹的遗迹有夏盖山、百官里等，但尧的遗迹很少。目前收集到的只有尧山和尧田遗迹各一，据说和尧考察舜有关。

上浦东边有一座不高的山叫象田岭，传说是有虞氏族舜象耕的地方。当地老百姓又称它为“尧山”，因为这里是尧千里迢迢从山西太原到上虞考察舜站立远眺的山丘；而下面的一方田畈称为“尧田”，是尧和舜一起踏足交谈的地方。

* 罗兰芬：供职于绍兴市上虞区史志研究室。

尧田远眺（刘育平摄）

一、关于尧的生平

传说，黄帝之曾孙帝喾继承父亲颛顼的部落联盟首领地位在位 70 年崩后，长子执继位，在位 9 年。由于执为政不佳，禅让给诸侯和民众拥戴的同父异母兄弟尧，自此进入中国原始社会的陶唐纪尧时代。

关于尧的生平，西晋皇甫谧《帝王世纪》记载："帝尧陶唐氏，伊祁姓也。母曰庆都，孕十四月而生尧于丹陵，名曰放勋。或从母姓伊祁氏。年十五而佐帝挚，授封于唐，为诸侯。身长十尺，尝梦天而上之，故年二十而登帝位，以火承木，都平阳。""舜摄政二十八年，尧于方回游阳城而崩。《尚书》所谓二十有八载，放勋乃殂落是也。百姓如丧考妣三载，四海遏密八音。凡尧即位九十八年，年百一十八岁。"《帝王世纪》是专述帝王世系、年代及事迹的一部史书，内容多采自经传图纬及诸子杂书，载录了许多《史记》及两《汉书》阙而不备的史事，有很高的史料价值。从上可知，尧在 15 岁即辅助帝政，并被封为诸侯，20 岁登帝位，在位 98 年。在位 70 年时得舜辅政，享年 118 岁。

二、帝尧全方位考察舜

西汉史学家司马迁撰写的《史记》卷一"五帝本纪第一"记载：……尧曰："嗟！四岳，朕在位七十载，汝能庸命，践朕位？"岳应曰："鄙德忝帝位。"尧曰："悉举贵戚及疏远隐匿者。"众皆言于尧曰："有矜在民间，曰虞舜。"尧曰："然，朕闻之。其何如？"岳曰："盲者子。父顽，母嚚，弟傲，能和以孝，烝烝治，不至奸。”尧曰：“吾其试哉。”四岳说这个人很有孝行，家庭关系处理得十分妥善，并且能感化家人，使他们改恶从善。尧准备先考察一番，然后再决定。

于是，年届 90 岁的帝尧发挥“耳闻之不如目见之”和“没有调查就没有发言权”的求真精神，路远迢迢亲自到上虞实地考察舜。两个女儿娥皇和女英听说尧帝要出远门南下考察，坚持要跟着一起来，一是放心不下年迈的老父王，二是也想看看慕名已久的江南好风景。帝尧思想开明，权衡再三就点头同意了。

帝尧择了个吉日，带着女儿娥皇、女英，带侍卫乘马车，从京都平阳出发，千里迢迢一路颠簸，终于到达东夷上虞的有虞氏族地界。他们登上高矮起伏的象田岭，被眼前的景象惊呆了：天蓝得如洗过一样清爽，青山逶迤、碧水荡漾，干栏高屋、炊烟袅袅，田稻园蔬、鸡豕成群，农民荷锄、儿童玩耍……一派田园风光、人勤物阜景象。这有河姆渡文化遗址出土实物证明，当时的人民吃稻米饭，菜是鱼、虾、鳖、蚌、蛤等河鲜，过着“饭稻羹鱼”的生活。

帝尧叫侍卫们远远跟在后边，只带两个女儿和一个侍卫进村庄微服私访。四人直奔山下人家，恰巧一干栏屋中走出来一位老妇，热情招呼他们喝茶解乏，还拿出点心招待。帝尧他们喝茶后，顿觉喉咙清润，长途跋涉的疲劳一扫而光，遂问这么好的茶叫什么茶？老妇告知乃“都君茶”，并解释说是部落首领舜王教他们上山采草药炒制成的，喝了此茶，六月旺天勿发痧。因为舜王名重华字都君，所以大家给茶叶取名“都君茶”。尧帝点头，又问舜王待老百姓如何？老妇更是赞不绝口，舜王爱老百姓比自己老婆还要好，不过他还没有讨老婆，他的好处三日三夜也说不完。老妇看尧帝他们没有不耐烦反而颇有兴趣，就兴致勃勃开始讲。说舜小时候十分孝敬父母亲，尽责照顾弟弟；长大后，勤劳致富多发明创造；做了部落首领后，爱百姓如子，治水修路都亲力亲为，还医术高明治病救人。听得娥皇耐不住，问舜还会看病啊？老妇的眼睛笑盈盈看着美丽的娥皇，手指山上正在采茶的姑娘们说，前面唱歌的那个姑娘叫丫儿，前几年患了瘟大头病，村民们怕传染将她扔到荒山野岭，还不准亲属相见。丫儿是父母的独养囡，两老哭得死去活来。舜不怕传染仗义出手，采草药亲自喂药煎服，几天后丫儿病就好了。如今，她家堂前还供着舜王木雕神像，天天拜舜王。后来拜医术高明的巫盐为师，所以舜还是方圆百里的名医，经常救死扶伤治病救人。

帝尧心想：巫盐是我的大臣（兼巫师），明明在朝廷出班，也没听他提起过舜，怎么与舜有师徒情了？ 便穷根究底追问。老妇笑哈哈告知是舜王弟弟“霸王”牵过来的线。原来舜小时候家境比较特殊，父亲脾气暴烈，继母心术不正，弟弟自私霸道人称“霸王”。有一天，“霸王”爬树扪鸟，舜王劝不住。“霸王”不小心从树上摔下来伤了左手，痛得一连声哭喊，父母怪罪舜没有管好弟弟，对舜又骂又打，舜默默承受不解释。家里鸡飞狗跳，门外一位郎中早站立多时，自告奋勇说他能治疗，不用吃药和开刀。郎中进门走到“霸王”身边察看左手，乘其不备突然用力将“霸王”左手一拉再一按，巧妙把脱臼骨头上进。“霸王”开始歇斯底里喊，几分钟后抽噎着不哭喊了，左手又能运动自如了。郎中又给他敷了些草药。舜在一旁佩服得五体投地，心想如果学了医术就能治病救人，就能减轻百姓痛苦，于是提出拜郎中先生为师。郎中先生也不是一般人物，正是帝尧朝中的巫盐，很是识人察事。在游方途中已耳闻舜忠厚孝顺的美德，今见瞽叟怪罪舜却默默承受，郎中先生心里不平，有心想帮扶舜，就同意收为徒。这就叫鱼来网凑。

帝尧他们辞别老妇人，继续往前走。路上向百姓打听舜在哪里。人们热心指路，说舜这时在历山耕田呢！帝尧四人便来到一座低矮的小山上（即历山），远远看见水田畈中有一青年跟在一头牛后面在犁田。走近一瞧，只见青年身材魁伟、体阔神敏，右手稳稳扶犁，左手轻泛拿鞭，赤着双脚聚精会神在耕地。奇怪的是，青年隔一会儿吆喝一声打鞭，但鞭子没有打在水牛身上，而是打在水田中。四人看了好笑，上前到田头问青年：“听说牛犯贱不打不向前，你为啥不打耕牛反而打水田？”青年人停住犁田走上田塍，双手作揖解释：“牛为我们耕田出力流汗很辛苦，供我们衣食，而吃的是草睡的是棚，再鞭打于心何忍！”帝尧一听，觉得这个青年既有智慧又有善心，对牛尚如此仁爱，对百姓肯定爱民如子慈爱宽厚。遂问他的姓名，知道这就是千里寻访的舜。帝尧两眼放光，但还是追问：“你做了有虞氏族首领，为啥还要下田操忙？”舜老实作答：“我部落还穷，我要以身作则、勤劳耕作，大家都勤奋，生活才会好起来。”帝尧和舜两人就站在田塍上谈庄稼、谈民生、谈天下，舜明事理、晓大义，其观点非一般凡人之见。娥皇和女英的眼珠子也直直看

象山庙遗址（刘育平摄）

象山又名“尧山”（刘育平摄）

着舜，真是越看越喜欢。

帝尧又走访了方圆百里，都夸赞舜是一个贤良之才，便带着女儿和随从回到都城。虽然眼见为实，但帝尧处事十分谨慎，他先发招贤令要舜到朝中做虞官。招贤令送到有虞氏部落，长老们都不同意，老百姓也三五成群挤在舜屋门外不让走。舜晓以大义，称要服膺中原统一，天下一统才是大道理；且中原发端早、部落大、人口多、范围广，社会文明比我们氏族发展成熟，他们在帝尧贤君统领下，九族既睦、百姓昭明、合和万国。我们主动纳入中原版图实现南北大统一，才能达到心目中追求的小康社会、大同世界、共同富裕。

百姓们被说服了，舜告别父母和弟弟来到中原。帝尧和大臣们见舜身高八尺，举止大方衣衫整洁，方口大耳天庭饱满，背板厚实肩膀平阔，不愧是当世英雄人间豪杰，均很中意。最后让位之前，帝尧决定再试试舜。他把两个女儿娥皇、女英嫁给舜以观其德，把九个儿子安排在舜周围以观其行，又赐给舜细布衣服和琴及牛羊，为其修建盛粮食的仓房等。舜和娥皇、女英住在妫水河边，依礼行事、恭敬谨慎，帝尧的两个女儿不敢以贵骄事舜亲戚，恪守妇道，尧九男皆益笃。舜把父母和弟弟也接到中原一起居住后，帝尧又暗地里授权舜父瞽、继母和弟弟象三次“暗算”舜（《尚书》和《史记》都有记载），舜以他的恭敬忍让美德圆满处理家庭事务，愈发显示舜的高尚品行。其弟象后来也被封为诸侯，这是后话。

品行过关后，帝尧又让他接待宾客、参与朝政、总揽百官，受各种锻炼，舜治理天下的才干进一步提高。此后，帝尧让舜独自到山林川泽、暴风雷雨中，经受大自然考验。舜在深山和暴风雷雨中头脑清醒不迷失方向，依然行路，很快就走了出来，显示出很强的生存能力，虎豹毒蛇也被他驯服。帝尧对舜的考察，无论从形式到内容、从德能勤绩到家庭操守是多种多样、严肃残酷的，比现在考核官员还要严密繁杂，而且考察时间长达20年。

三、帝尧禅让舜有为

试舜三年后，帝尧认为舜确是个品德良好又成熟可靠能干的人，让舜在太庙拜了帝尧的先祖，把首领的位子禅让给了舜，摄行天子之政。帝尧退居避位，28年后去世，“百姓悲哀，如丧父母。三年，四方莫举乐，以思尧”，人们对他的怀念之情极为深刻。舜接位后，安邦定国、爱民如子、勤劳俭朴，受到大臣和百姓的信任，而后之中国践天子位焉，是为帝舜。

上浦虹蚌一带百姓也尊重帝尧，更感恩帝尧对舜的慧眼识珠和禅让之德，对帝尧眺望田野站立的象田岭又称为“尧山”，和舜一起谈论站过的田畈又叫“尧田”。如今，“尧山”“尧田”之名一直沿用至今。

（2021年9月16日）

虞舜传说

彭尚德

一、上虞虞舜传说的分期

我们将上虞的虞舜传说，分为“上古时期”“中古时期”“现代和当代”这样三大块，对其历史沿革和传承作一个粗略的表述：

（一）上古时期

关于虞舜出生等原生态的传说，完全是通过民间的口头创作并通过口耳相传进行传承。由于没有文字记载的资料，我们无法具体地描述当时的状态，但有一点是可以确定的：产生于上古时期那些原生态的虞舜传说，虽然经过了数千年的流传变异，但其基本的核心内容却仍然是今天所流传的虞舜传说的核心和基础。

（二）中古时期

虞舜作为上古时代的道德典范和杰出领袖，不仅得到了民间的肯定，也得到了中古时期主流文化的肯定。比如在《史记》和儒家的经典著作《论语》中，就把虞舜尊为圣帝和道德典范。这个时期，民间口头传承虞舜传说肯定也会受到史书、典籍的影响，增加一些新的内容，发生了一些变异。

另外，上虞民间很早就自发建造了纪念虞舜的“舜帝庙”（民间也称“大舜庙”）和纪念虞舜母亲握登的“圣母庙”，通过塑像、壁画、庙志等记载和庙会活动，记述和传承了虞舜的传说。据上虞《舜帝庙志》卷二所载：

舜帝庙在十都百官市，唐时建（据《碑志》），乡民崇奉，岁时设供具，元宵灯火甚盛。庙前为百官坝，商货往来，八社绅耆董理其事，总计运送货物之需，以其力之所入给以值，而存其羡余归之公，作为灯祭之费。清道光二十三年毁于火，里绅谷连元等捐资重建。庙凡三殿：第一殿祀舜帝；第二殿祀后稷；第三殿祀四岳。民国十年，连元曾孙谷肇祥又垫款重修……握登圣母庙在十二都握登山顶。旧传舜母握登氏生舜处，有祥虹阁，可以眺山水之胜。

《舜帝庙志》卷三中还有一篇《浚舜井记》，记录了吴越宝正年间吴越王派人疏浚舜井的具体情况。摘要如下：

吴越宝正中，旌教寺僧仪恩奏云：“按图经，西北去三十五里有舜井二口，深三丈。舜子生时，井为涌泉，即淘金之处也。世传秦始皇封塞，作两墩，各高一丈，相去三十余丈……南去半里，有舜庙；北去半里，为百官桥；东去二百步，有机证院。唐僖宗朝赐额。宝正三年闰八月初九日奏上。”当月十四日，钱王差西都上直官五十人，东郡（都）上直官五十人，赍火粮畚锸至井所开掘，得谶记宝物一百二十余件……十六日凿西井。十九日得……石狮一，镌其背曰：“重华井，天明可开。”腹内有水精珠一。东井得……三十四件，并有石匣盛之，题云：“唐永徽四年，于此造塔镇井。”有重华石一片，阔三尺，厚九寸左右，有索痕，深二寸。宫中令造深沙神一躯，足履四石。宝正四年六月廿九日，差钱文殷祭神镌石：“吴越国王宝正三年八月十九日重开舜井，收得重华石一片，窃恐年移代远，莫测端由，特令镌刻，用记年月。己丑岁林钟之月二十九日。天下都元帅吴越国王记。”①

从这篇关于疏浚舜井的记载中，我们可以看出当时舜帝庙的盛况及上虞民间对虞舜的重视，从中也可以折射出上虞虞舜传说流传的深厚基础。

虞舜的传说还通过其他载体得以传承，如曹娥庙中就有关于虞舜传说的壁画。

① 引文部分，由张卫东参校光绪《上虞县志》卷二十五上整理。

曹娥是东汉时期的孝女，汉以后历代皇帝都有加封。曹娥庙的香火延续至今。曹娥和虞舜一样，都是被列入中国古代《二十四孝》的道德典范。虞舜传说能通过曹娥庙壁画这一载体得以传播，可谓是相得益彰，从中也显示了虞舜的“孝道”对民间的深远影响。

（三）现代和当代

清以后，中国社会进入了动荡、变革时期，传统文化受到各方面的冲击。抗战时期，舜帝庙的主建筑毁于日寇飞机的轰炸。“文化大革命”期间，被儒家尊为圣帝的虞舜当然也没人敢公开宣扬，就连舜帝庙残存的建筑也都被拆除。但是，虞舜传说并没有因此消亡，因为它根植于上虞人民的心中。改革开放以后，虞舜传说这一宝贵的文化遗产又被发掘出来，并得到了发扬光大。

1988 年至 1989 年，上虞县民间文艺家协会在民间文学普查和民间文学三套集成编纂中，就开始收集整理虞舜传说，并把部分故事编入三套集成。

1997 年，上虞市政协文史委员会编印了《虞舜文化》，比较系统地收集了有关虞舜的资料及上虞民间流传的虞舜传说。同时，上虞市委、市政府明确提出了“举舜旗”和“弘扬虞舜精神”的口号，这对于保护虞舜传说这一宝贵的非物质文化遗产提供了非常重要的社会保障。

2000 年，陈秋强在他的《舜水长流》中记录了部分虞舜传说。

2002 年开始，上虞市人民政府拨巨资建造“舜耕公园”，并请著名美术大师韩美林依据民间的虞舜传说制作了巨型花岗岩群雕舜耕。同时由阮文龙、阮其龙合作，在舜耕公园西面的山崖上制作了大型花岗岩浮雕舜的传说。

2005 年，上虞市人民政府在曹娥江三十八里景观带的建设中，把民间传说“舜会百官”，制作成大型花岗岩群雕，与“东山雅聚”“白马春晖”一起，作为景观带上的三大主题景观。

2006 年，上虞档案馆新馆落成后在展厅设置中新设了《上虞掌故》专栏，其中有很多与虞舜遗迹有关的传说。

2007 年，上虞市人民政府决定在舜耕公园内重建大舜庙。

2007 年，上虞民间艺人吴宝炎把上虞的虞舜传说改编成绍兴地区群众喜闻乐见的民间曲艺莲花落，在上虞及周边县市演唱，为虞舜传说的传播增加了新的载体。

另外，虞舜后代的的宗族活动也是虞舜传说的重要传承载体。据《古虞姚氏宗谱》所记，上虞夹塘姚氏宗族，是虞舜的后代。“舜姚氏，尧所赐也。《通志》及古史别云：舜生姚墟，因氏姚，为姚氏得姓之始。”（《古虞姚氏宗谱》）上虞夹塘姚氏祠堂名曰“耕山堂”，含“舜耕于历山”之典。古虞姚氏家谱至今已记载到136世。上虞夹塘姚氏134世通七辈姚桥木（字仲忠，1929年生），是这个古老家族中的长辈，他对自己的祖先虞舜十分景仰，也为自己是虞舜的后代感到骄傲。在“文化大革命”期间，他冒着很大的政治风险把《古虞姚氏家谱》保存了下来。现在他虽然已经八十高龄，但仍是氏族活动的热心组织者，也是虞舜传说的积极传播者。

二、虞舜传说的内容和特点

（一）虞舜传说的主要内容

虞舜位列中国古代“五帝”，他的道德人格和治国安邦的思想、业绩为历代所称颂。从民间传说到历代儒家经典和史书都有对虞舜的评述和记载，所以虞舜传说的内容丰富，传播广泛，概括起来，主要包括以下几个方面：

1. 虞舜的出生和出生地的传说。相传虞舜出生在上虞的上浦虹漾村（又称“象田村”）。舜的母亲握登由彩虹感身而怀孕生下舜。彩虹在民间信仰中是龙的化身，故舜出生时家里的上空有金龙盘旋，祥光笼罩，人们称虞舜出生的地方为“虹漾村”，其由来也是如此。舜生下来时，两只眼睛都是双瞳孔的，所以就取名“重华”。舜的母亲握登死后葬于村旁小山，后人称之为“握登山”。为纪念握登，人们在山上建造了一座“圣母庙”，故“握登山”又名“圣母山”。

2. 关于虞舜以孝道治家的传说。这类传说的内容很丰富，也很感人。其主要内容是舜坚持以孝、以德对待家人、感化家人，舜的孝德得到了大家称道，这也是他日后被举荐为尧的接班人的一个重要因素。

3. 关于虞舜成人后艰苦创业的传说。其中最主要也最具有神话色彩的是象耕鸟耘的传说。

4. 执政后治国安邦的传说。这类传说的内容也很丰富，可以分为两部分：第一部分的内容是讲述舜在被举荐代理尧执政时期，如何接受考验并发挥了他各种才能；第二部分是讲述舜在继位后的治国安邦的思想和业绩。

5. 百官及与舜的遗迹有关的地名传说。

（二）虞舜传说的主要特点

1. 原生态的地域特点。上虞是虞舜的故乡，有关虞舜的古迹10多处，相应的传说内容丰富而完整，特别是关于舜的出生的传说、舜的母亲握登的传说、舜避丹朱之乱与百官相会的传说等等，数千年来，内容完整而结构稳定，并与当地的地名、古迹完全相对应，具有原生态的地域特征。

2. 民间文学的艺术特点。民间文学是劳动人民口耳相传的历史，反映的是人民群众对历史的评价和对生活的愿望和态度，它有一定的历史依据，但又不完全等同于历史。上虞流传的虞舜传说具有鲜明的民间文学的特征。首先，它符合原始神话和传说的特征。传说的内容既有对历史的记述（即反映了那个时期人们的生活内容），又富有神话色彩和传奇色彩，反映了原始社会后期人们的思维方式和审美特点。虞舜传说结构成熟、完整，细节丰富，具有民间文学的鲜明特征，是研究中国古代神话和传说的经典作品。

3. 多功能的价值特点。上虞流传的虞舜传说，不仅反映了原始社会后期的社会生活和人民的道德观念、思维形式和审美观，而且反映了第四纪海进以后东南沿海地理环境的变化及由此引起的社会生产方式和整个人文环境的变化，这是以往的历史文献和对虞舜的研究中没有引起注意的。因此说，虞舜传说还具有反映历史地理、社会经济和思想文化演变等多种功能的价值特点。

三、上虞的虞舜传说

上虞流传的虞舜传说内容丰富，以下是根据各方面搜集的资料，经过适当的技术处理整理出来的 20 个故事。

1. 重华降世

传说在公元前 2174 年，上虞上浦境内有个叫镜山的地方，名叫姚丘，这里住着夫妻两人。主人姓姚，因患眼疾，人称瞽叟；老婆叫握登，贤淑善良。一天晚上，握登梦见彩虹缠身，醒来发觉自己怀了身孕。

尧帝四十年，也就是公元前 2173 年的一天，雷声隆隆，电光闪闪，倾盆大雨劈头盖脑而来。霎时间，雨停雷歇，灿烂阳光透出云层，姚丘的东南西北出现了七色彩虹。凤凰飞来了，麒麟走来了，姚丘人们见所未见，无不拍手称奇。

正在此时，一声嘹亮的婴儿啼哭声震天动地，舜降生了。人们一齐拥向握登家，但见生下的孩子面色黝黑，眉骨高耸，双耳肥厚，鼻高嘴大，天庭饱满，地阁方圆，特别奇怪的是眼珠子乌黑滚圆，而且目有双瞳。夫妻俩一商量，因有重瞳，故名重华。

舜降生时天气异样的变化成了上浦百姓的美谈，“虹现”古称“虹漾”，从此姚丘村改名为虹漾村。

2. 四岁学琴

重华自小绝顶聪明，生下来半岁就能走路，八个月就能讲话，二岁就能按大人的吩咐传东递西，三岁时，学着父亲的样子，用树叶或者草片，学鸡鸣鸟叫，而且活灵活现。

四岁那年，重华便跟着父亲学弹五弦琴。瞽叟虽然双目失明，但擅长弹五弦琴。他发现儿子生性聪明，又特别有音乐天赋，就开始教儿子弹琴。他传授乐曲靠的是口授，三四遍弹下来，重华就能把父亲教的乐曲，在五弦琴上弹拨得有板有眼，得心应手了。

由于重华自小接触过音乐，所以长大后对音乐情有独钟。据说，重华年轻时与一伙人一起到一个地方去开垦荒地，所有的荆棘、灌木丛都砍光了，最后只剩下一株高大的梧桐。他们用二十五人分别拉住五根麻绳共同拉梧桐，但由于用力分散，梧桐树就是纹丝不动。怎么办？重华想了一个办法，他要人们熟记“宫、商、角、徵、羽”五个口音，然后要大家按节奏边哼音边用力拉。第一个音刚过，五根绳子便绷得紧紧的；第二个音哼过，梧桐树开始颤抖了起来；等哼过第三声，梧桐树发出了一阵轰鸣，随之轰然倒下。后来，在树根里又长出一棵小梧桐树来，重华就用这小梧桐制作了一支五弦琴。他亲手操琴演奏；说来也奇怪，重华一弹这支五弦琴，就会引来百鸟和鸣，白鹿击蹄，人们也都会跑来高高兴兴地和着旋律跳舞。

3. **五岁丧母**

天有不测风云，人有旦夕祸福。舜的母亲握登自从生下舜之后，身体十分虚弱，后来又患了风寒，一直未愈。等舜四岁时，母亲的病日趋严重。懂事的舜终日守在母亲的床边，帮助父亲悉心照料母亲，端水喂食，熬汤煮药。但好景不长，待舜五岁那年，握登病逝，父子俩抱头痛哭不已。

上浦曹娥江边上有一座小山，人们称“握登山”，又名“舜母山”，山顶原建有握登圣母庙，就是老百姓为纪念舜母握登而建的。

握登的病故给瞽叟和舜打击很大，家庭也因而不幸。开始瞽叟带着舜每天在田里辛勤劳动，但回到家里还要做饭洗衣，日子过得非常艰难。后来邻居们看不下去了，就张罗着为他续弦。舜的后妈是一个脾气暴躁、性格怪异的女子，名叫仇，结婚以后，生了一个儿子叫象。后妈对自己的儿子象溺爱有加，但发现舜相貌非凡、资质聪明，比自己的儿子象要好得多时，十分嫉恨，把舜视为眼中钉、肉中刺，于是常在瞽叟面前搬弄是非，说舜的坏话。

瞽叟因眼疾没有医治好，双目完全失明了。疾病的折磨，使他脾气变得十分暴躁。久而久之，他好坏不分，一味听信后妻之言，经常对舜进行打骂。这样，舜开始生活在水深火热之中。对于父母亲的种种虐待，舜采取了“大杖避，小杖受”的逆来顺受办法：在面对父母亲打骂时，他站立不动，任父母亲打骂，直到父母打累了才含泪离去；有时发现父母亲走极端要把他置于死地时，他采取回避的办法，不使父母担当“杀子”的罪名。

4. 兄弟种豆

一天，舜的后妈叫他们两兄弟一块去种豆，并规定，谁的豆生不出来就罚谁饿肚皮。说完后，后妈取出两小袋豆分别给了舜与象。

路上，馋嘴的象拉开袋子，抓起豆吃了一粒，但因为是生豆，一点没有味道。他又一手夺过哥哥舜的那袋豆，拿来咬了一粒，发现哥哥那袋豆既香又脆，便硬与哥哥换了个袋子吃了起来。

其实这是后妈预先设下的一个计谋，她有意将舜的那袋豆炒熟了来加害于他。过了几天，舜种下的那些豆都整齐地发芽长叶，而象种的豆未见一棵幼苗。舜虽然胜利了，但后妈反而更怀恨在心。

5. 象耕鸟耘

舜在打打骂骂中逐渐长大，虽然他过得很艰难，但仍然孝顺父母，对弟弟也友爱如初。尽管这样，后妈还是视他为眼中钉，不但继续虐待舜，还添油加醋挑拨离间，致使瞽叟大怒，终于将舜赶出了家门。

有家不能归的舜只好来到了历山山麓搭了个茅棚住下，开始烧荒垦地。他以野果充饥，日出而作，日落而息。

一天，正当舜在地头休息的时候，突然听见了“扑哧扑哧”的鼻息声，抬头一看，只见一头大象从对面山上一步步走向他开垦的地方，还用鼻子卷起一块巨大而尖利的石块，一下一下用力地刨，由于象力大无穷，不到一个时辰，就刨好了一大块地。

从此之后，大象天天帮舜耕地，久而久之，舜与大象建立了感情，舜就正式训练大象耕地。

舜有了大象的帮助，耕地多了，种上庄稼之后，地里杂草丛生，一个人忙不过来了。正当舜发愁的时候，一群小鸟蹦蹦跳跳帮助舜啄去了地里的杂草与害虫。

从此象耕与鸟耘成了上虞的一个千古美谈。至今，上浦有象田村、象田山、象田岭、瑞象山等名。据传，舜耕田累了，就休憩于一块大青石板上，后人称之为“石床”。石床是由四根石柱撑起的一块简单粗糙的大石板，四周略高，中间略低，中央还有一个圆孔，供凉水冲刷石床后出水用。可惜石床在“文化大革命”期间被解体做了村民的墙基，现尚存几块，残垣仍清晰可辨。

6. 捕鱼制陶

舜通过辛勤开荒，勤耕苦作，把收获后的粮食供给父母，又送给附近缺粮的老百姓，还动员和引导别人在附近垦荒种地。他的身体力行和言传身教，使大家懂得了怎么垦荒，怎么下种，怎么护苗，怎么助长，怎么收获。除此之外，他还经常帮助劳动力弱的人家耕作。由于舜的倡导和示范，上浦一带营造了一种友善、和睦的良好氛围。

上浦境内有一条小江，这里流水舒缓，沿岸芦苇成带，是个天然渔场。舜经常到江边捕鱼。在舜的带领下，捕鱼人越来越多，时间一长，相互难免要发生争吵。舜就把好捕鱼的地方让给人家，还发明了捕鱼的工具，教大家如何捕鱼。在舜的感召下，人们变得互相谦让起来，不再发生争吵。

舜在农闲时节，开始制陶。经过他的反复试验，反复摸索，反复改进，终于获得成功。舜烧出来的陶器，工艺精美，实用大方，受到人们的普遍欢迎。

自此以后，上浦一带烧制陶器成了一种风气。经过千百年的传承和发扬，上虞不但成了越窑青瓷的制造中心，也因此成了中国越窑青瓷的发源地。至今上浦境内还保留着大量的古窑址，有的是国家级文保单位，有的是省级文保单位。人们为了纪念虞舜的功绩，把上浦境内的那条小江叫“小舜江”，现在的曹娥江叫作“舜江”。

7. 四岳荐舜

舜的时代，部落首领叫唐尧。尧帝年龄大了，想退位让贤。他共有九个儿子，但生得比较一般，性格和能力都不足以担当起治国安邦的重任：小儿子丹朱雄心勃勃，很想成为尧帝的接班人，但“知子莫若父”，尧帝知道这个小儿子心术不正，野心太大，他不能够使大权落在这个儿子的手里。怎么办？他想在老百姓中找一个理想的接班人。

一次，他召集统领四方的四位大臣“四岳”来商量，请大家推荐一个人来做他的接班人。四岳经过考虑之后，一致推荐舜，说舜既孝又有才干。尧帝听了之后，为慎重起见，派了自己的两个心腹大臣羲仲和放齐，专门到上虞来暗访。羲仲和放齐千里迢迢一路寻访过来，一天到了上浦境内，发现这里的田地都开垦了出来，但见菜花绽放，麦子初黄，一派丰收的景象。羲仲、放齐又找了地里耕作的几位老人打听，老人们指着不远处正驾着两头牛在耕田的一位三十左右的后生说，这位后生叫舜，是个大孝子，这里的地都是他开垦出来送给大家的。

两个大臣走到舜的旁边，发现他的牛鞭只敲自己的斗笠而从不抽牛的背，问他是怎么回事？舜说：牛已经够辛苦了，我不忍心再抽打它们，敲敲斗笠吓唬吓唬就够了。

两位大臣回去向尧帝如实作了汇报。尧帝发现舜心地宽厚，德才兼备，便将自己的两个女儿娥皇、女英嫁给他，打算作进一步的考察。

8. 修廪遭焚

娥皇、女英根据父亲尧帝的决定，嫁舜为妻，来到上浦虹漾村的家里。舜的后妈和弟弟象看到舜不但没死，反而带着两个美貌的妻子和尧帝赏赐的葛布、五弦琴和一群牛羊，心里妒忌得不得了。

舜一方面向父母解释自己没有向父母禀告而结婚的原因，一方面将尧帝赏赐的葛布孝敬给父母。但舜的这种行为没能将父母感化，特别是弟弟象望着两位玉貌姣容的嫂子，更是妒意横生。

三个人背地里商量，还不如把舜谋害了，这样娥皇、女英及全部财产就归他们了。

一天，后妈假装说装粮食的仓廪顶破了，要舜上去修复。

舜上了仓廪，正聚精会神修补仓顶之时，象和后妈偷偷地将梯子抽走，瞽叟在下面放起了火。当舜发现时，仓廪已被烈火包围。舜寻不着梯子，也不见后妈与象，幸亏临走时妻子叫他戴了两顶斗笠，只好张开两个斗笠往下跳。这时正巧一阵大风刮来，鼓起了他展开的斗笠，使舜平安地在田野里着陆。

仓廪烧成了灰烬，象和后妈欢喜若狂，他们迫不及待奔回家中，却见舜正在弹五弦琴。象只好硬着头皮说：“哥，你受惊了吧?”舜淡淡地说：“天灾人祸，始料不及，往后小心就是了……”

9. 淘井遇险

自从修廪遭焚一事发生，舜知道是父母和弟弟故意设的圈套，但他佯装不知，和善如故，想用自己的一番孝悌之心来感化他们。哪知道弟弟未肯善罢甘休，一计不成，又心生一计。

一天，瞽叟叫舜去挖井。舜为了防止再度遇害，便把此事告知了两位妻子。娥皇、女英为舜制作了一件挖井用的龙工衣，提醒舜要小心提防。舜挖井到一定时候，便在井壁上挖了一个直通地面的暗道。当舜把井挖得很深时，瞽叟、后妈和弟弟三人共同推下了石头泥土把井填死，他们认为舜这次必死无疑，于是兴高采烈地回家。象高兴地想：“现在两个嫂子和所有财产都归我所有了！”

再说舜见井口落石，急忙躲进暗道，穿上了龙工衣从暗道中爬了出来。正当象得意忘形之时，舜微笑着从外面走了回来。象大惊失色，满脸尴尬，只好假惺惺地说：“我正在想念哥哥呢。”舜和颜悦色地说：“弟弟，我正好有事与你商量。”尴尬的场面被舜巧妙化解，一场风波又过去了。

10. 酒中阴谋

两次阴谋均未得逞，舜的父亲、后妈和象还是不甘心。他们越想越气，于是一不做二不休，决定用药酒将舜灌醉，然后一刀把他杀掉。

一天，瞽叟对舜说："我活到今天非常高兴，明天中午要好好庆祝一下，我要办一张酒席，请全家人一起喝酒，大家必须一醉方休。"

舜知道这又是一个阴谋，怎么办？两位妻子说不要紧，今天晚上我们做些准备。到了晚上，娥皇煮了一桶热水，女英将几味草药放入桶中，然后叫舜脱掉衣裤，在药桶里沐浴浸泡。

第二天中午，舜参加了父亲的宴席。父亲、后妈和弟弟象轮番给舜灌酒，舜照喝不误，毫不推辞。从中午一直喝到月亮升了起来，舜一直豪饮不停，准备将酒全部喝光。结果是瞽叟、后妈和弟弟象都烂醉如泥，而舜因为预先有了防备，竟毫无醉意。这件事后，他们三个认为舜不是凡人，知道自己不是对手，所以只好歇手。而舜也并不计较和追究，一如既往对父母孝顺、对弟弟友爱。从此一家人开始和睦相处。

11. 舜会百官

尧帝 91 岁高龄时，他已经对舜进行了长达 3 年的全面考察和 17 年代理自己掌管行政大权的实践锻炼，觉得自己的选择是正确的，才放心地退位，将天子的位置禅让给舜。

自舜执政以后，尧帝儿子丹朱忌恨在心，但碍于父亲的面子不便发作。舜 58 岁那年，尧帝驾崩，丹朱认为机会来了，便蠢蠢欲动起来。

舜知道丹朱的心思，等三年守孝毕，按理应该正式登上帝位，但他却悄悄回到故乡上虞隐居了起来。今天龙山脚下的隐岭便是昔日大舜隐居之地。丹朱见舜自动放弃，正中下怀，认为从此可以大权在握。不料百官不买他的账，他们不约而同地往上虞找舜来了。

那一日，龙山脚下莺飞草长，舜江水面碧波荡漾。百余位气宇轩昂的首领簇拥着大舜，在龙山山麓聚会。

面对端坐如仪的百官，大舜百感交集，他取出了五弦琴，轻轻地弹了起来。悠扬的琴声如诉如泣，此时凤凰来仪，百鸟和鸣，百官听得如醉如痴，情不自禁地击石敲地，和着歌声跳起了舞蹈。

地以人传，"舜与诸侯会事讫，因相娱乐，故曰上虞"。"上虞"这个名字从此在华夏大地应运而生，"百官""百官桥""舜江"等名字也传了下来。

12. 惩治"四凶"

自从舜会百官之后，丹朱知道自己不得人心，只好灰溜溜地离开帝位，百官簇拥大舜坐上了天子的宝座。

但当时天下除丹朱之外，还有一股邪恶势力在兴风作浪，连尧帝也奈何不得。

这股凶恶势力主要来自四个人，人称“四凶”：一个是黄帝的不肖子，人们叫他“浑沌”，他不仁不义，处处行凶作恶；一个是少皞的不肖子，名叫“穷奇”，专门颠倒是非，打击忠良；一个是颛顼帝的不肖子，名叫“梼杌”，不通人性，顽劣到无可救药的地步；还有一个是炎帝的不肖子，叫“饕餮”，贪财越货，无恶不作。这四个人个个都是帝王之后，也都有一定的势力，人们合称“四凶”，尧帝感到很头痛，但一直没能找到治服他们的办法。

大舜认为要治理好国家，首先必须惩治这四个人。他经过再三考虑，便果断地将四凶的家庭全部流放到离帝都四千里以外的荒蛮之地，让他们去那里抵御魑魅。

由于大舜大刀阔斧地清除了国家的内部隐患，从此四门肃穆，天下太平，老百姓无不拍手称快，高兴地传唱道：“真好啊，没有凶人了啊！”

13. 杀鲧羽山

大舜以德治国，注重教化，不主张任意诛杀，所以对“四凶”也刀下留情。但他也有例外，比如大禹的父亲鲧是他主张诛杀的。

此事发生在尧帝还在执政的时代。当时因为洪水滔天，而负责治理水灾的共工因玩忽职守被革职处理，四岳便推荐鲧负责治理洪水。鲧本是一位天才的建筑专家，他治水九年，采用的是筑堤挡水的办法。由于洪水太猛，堤塘每每被洪水冲垮，这样一来，劳民伤财，尸横遍野。

尧帝发现鲧治水不力，便命舜与大司农查明真相。舜与大司农逢山过山，逢水过水，晓行夜宿，一路查访，目睹了鲧的治水方法问题严重，回帝都之后如实向尧帝作了汇报。

尧帝听了汇报之后，非常愤怒，问众臣如何处置？因为用鲧治水是四岳的主张，四岳自然不敢作声。舜与皋陶认为鲧不但是造成洪灾浩劫的罪魁祸首，而且与共工、驩兜有谋反之心，应明正典刑，便提议派德高望重的老臣祝融前往殛杀。尧帝接受了舜的意见，派祝融寻访鲧来到了羽山，祝融用尧帝亲赐的宝刀杀了鲧。宝刀穿腹而过，将鲧钉死于一株大树上。

舜提议杀鲧的目的在于告诫人们：在洪水泛滥的非常时期，必须排除干扰，举全国之力，尽快解民于倒悬。

14. 举禹治水

鲧虽然被祝融殛杀于羽山，但水患依然不断。谁来接替鲧去治水呢？尧帝忧心如焚。

一天，尧帝召见群臣，商量治水大略。舜站出来大力推荐鲧的儿子禹来担当此任。他的理由是：他亲眼所见，在鲧治水时期，禹曾经向鲧提过很多治水建议，特别是主张治水应用疏导排泄的方法。可惜鲧没有采纳禹的意见，才造成后来的恶果。为了慎重起见，自己愿意保举禹治水，倘若失败，愿与禹一同受罚。大舜这种不惜以自家性命来担保仇家之子继承父业治水的行为，完全出自公心，尧帝便听从了舜的建议，起用禹负责治水工程。

舜为了确保禹治水一定成功，便叫他先到自己的故乡上虞治理舜江，一则是练兵，二则也为家乡做点贡献。禹遵照舜的意见，来到了上虞，开始了调查研究。

过去的江河是不明显的，一下大雨，洪水就漫山遍野。禹拿了伏羲赠送的玉简度量土地，根据山川地理的走势和洪水泛滥的状况，绘制了一张地图，呈到舜的面前。舜的妹妹媒是第一个看图的人，她不懂其中缘由，嘲笑大禹不该把新建的舜江绘得那么弯弯曲曲。禹解释说："江太直了，洪水一多一下子泻不光，便会泛滥成灾。如果弯弯曲曲，江河承受的面积就会大大增加，这样洪水才不会泛滥成灾。"舜听了觉得很有道理。自此之后，大禹便正式开始了治水工程。

15. 狴犴立功

由于舜的极力保荐和支持，大禹治水进展顺利。他率领伯益、后稷等助手，跋山涉水，踏遍九州，测量地势，竖立木桩为标记，根据调查资料，制定治水规划。为了治水，大禹与助手们辛勤奔走了13年，吃的是粗糙食物，穿的是破旧衣衫，露宿野外，树叶野草当床；身为领导的大禹更是身先士卒，每天蓬头垢面辛勤工作，小腿上汗毛全部掉光，脚趾甲全部脱落，人们看了十分感动。他因王命在身，一心为公，"三过家门而不入"的佳话为后世传颂。

一天，天刚蒙蒙亮，大舜刚刚起床，猛然见禹的助手伯益赶来报告，说大禹治水碰到了难题。原来，在巴蜀地域，当地生灵习惯于沼泽洼湿的环境，竭力反对大禹用疏导的方法治理环境，故而群起阻挠。他们串通了沼泽地的虫豸毒物，如蜈蚣、蝎子、毒水蛭、毒蜘蛛、鳄鱼、蟾蜍等组成了反抗治水的造反派大军，还公推蜈蚣为大元帅，誓师拼战。大禹虽为一个骁勇的悍将，但因蜈蚣的毒汁如烈焰难挡，所以治水大军损失惨重，治水工程受阻。

大舜听后便安慰伯益道："不必惊慌，我自有办法。"

原来大舜早命会稽人陶皋训练了一支狴犴大军。狴犴是什么？它是龙的十子，又懒又馋，满身分泌一种腥臭的涎汁，不仅会呼风唤雨，而且还会翻江倒海，专门吞食最毒的动物。

第二天，伯益在前面带路，陶皋率领的狴犴大军直奔巴蜀前线。有句话叫"蜈蚣独怕蜒蚰蜗"，战争十分惨烈，狴犴把对方杀得屁滚尿流。从此，毒虫恶豸销声匿迹，狴犴龙立了大功。

至今上虞上浦还保留着一种奇特的“狴犴龙”舞，曾经在1945年欢迎浙东纵队解放章镇时舞过，现在又作为非物质文化遗产的抢救保护项目而重新出现在人们的眼前。

16. 抚慰三苗

尧帝时代，国家的疆土不是很大，比如北边只到达南岳衡山。舜执政之后，派禹治水，辟九江，通九泽，决九河，定九州，大大开拓了国家疆土，东临辽阔大海，西至遥远沙漠，共建十二州。舜帝的仁德和声威远播四海。

但由于尧帝年老时，洪水泛滥，国家艰难，南方三苗便趁机在江淮、荆州数次作乱，与北方民族产生了严重对立。舜帝执政之后，三苗依旧不服。大禹此时治水已经成功，便请求带兵前去征服，但舜却说：“我德不厚而动武，是不道德的，还是以教化为好。”他不同意大禹用武力征服三苗的办法。

舜帝对三苗这种少数民族，采取的是怀柔政策。一次，虞舜带着随从路过三苗居住地，刚登上一座山峰，忽听鼓角齐鸣，苗民团团将他们围住，意欲杀戮。在万分危急之际，只见舜帝不慌不忙地叫人奏起了韶乐，一时间百鸟和鸣，凤凰来仪，凶蛮的苗人被妙不可言的音乐感化了，一场干戈化为玉帛，从此舜演奏韶乐的山峰就叫“韶山”。虞舜把三苗集体迁移至北方，使南方民族与北方民族融合，民族习俗得以同化，实现了华夏集团与少数民族大团结的局面，从而实现了各民族的大统一。

17. 象庙象棋

自从虞舜登上帝位之后，他虽然公务繁忙，但心里还是惦记着故乡的父母和弟妹。有一次他用车载着天子的旌旗，回上虞虹漾村来看望自己的亲人。

象知道自己和父母过去对兄长一向不好，所以看见舜帝不敢提什么要求。但父亲瞽叟听说儿子威风十足，心想如果能给小儿子讨个诸侯什么的，岂不是更威风了？所以对舜帝说：“你现在是帝王了，给弟弟封个诸侯吧！”舜帝听了父亲的话后，为难地答道：“家人有什么困难，我可以帮助解决，至于分封诸侯，这事关系到国家大事，我实在无法帮忙。”

后妈一听急了，心里很不高兴，但强装笑脸对舜帝说：“你弟弟过去对不住你，做兄长的一定要原谅，今天的事，我们做父母的算是求你了。”

舜帝恭敬地答道：“兄弟犹如手足，我不会记仇的。但老百姓也是我的父母，做任何事情都得为百姓考虑。”

舜帝回到帝都之后，派人送来了栎树苗，叫弟弟象在上虞种植，可以养蚕，也算是对家人的一种回报。后来弟弟果然种植了大片栎林，妹妹娵和妹夫专门养蚕。后来他们又种植了桑树，妹夫还是一位嫁接桑树的发明家，人们称其为“桑王”，也称妹妹为“蚕花娘娘”。过去百官大舜庙的后殿中还专门供奉了他们夫妻的塑像。而象因为种植栎林造福百姓，崧厦吕家埠专门建造“栎林庙”，把象奉为神明，所以“栎林庙”实际就是“象庙”。

象自从种植了栎林之后，生活过得很充实。一天闲着没事，到栎林丛中散步，看见两个老人在下棋。他好奇地坐下观看，只见棋盘上画满了方格，两边摆满了棋子，中间画着界河，两老头各坐一边，像将军一样认真地指挥着自己的棋子，或进或退，或攻或守，难分难解，挺有意思。日子长了，老头们知道了象的身份，便对他说：“你如有兴趣，我们教你下棋。”象欣然答应，拜两位老头为师学棋。三年之后，他不但棋艺精通，而且也懂得了做人的道理。以后象开始教百姓下棋，弈棋流传越来越广。因为象的缘故，后人把它称为“象棋”。

18. **选禹接班**

光阴荏苒，眨眼舜践帝位已经22年，舜83岁了，已经不再年轻，他打算退位。但谁来接班呢？原本他想将这副担子交给儿子商均。商均是女英所生，又是长子，但他整日沉溺于醉酒与歌舞。舜经过相当长的一段时间考察，决定选大禹为自己的接班人。

这一天，祖庙披红挂彩，气氛庄严而热烈。舜帝、禹、四岳、皋陶、伯夷、后稷以及群臣百官济济一堂。

乐工演奏，音乐开始，全场群臣百官翩然起舞，热闹异常。当《箫韶》旋律反复演奏九遍之后，神鸟飞来了，雄者为凤，雌者为凰，成双结对，朝仪于庭。

凤凰来仪，百官应和。在一片祥和与热烈的氛围中，舜帝当众荐禹于天，由禹摄行天子事。此时彩云集结，光辉迂缓回旋，舜帝和百官有感而集体作《卿云歌》一首：

> 卿云烂兮，糺缦缦兮。日月光华，旦复旦兮。明明上天，烂然星陈。日月光华，弘于一人。
>
> 日月有常，星辰有行。四时从经，万姓允诚。于予论乐，配天之灵。迁于贤圣，莫不咸听。鼚乎鼓之，轩乎舞之。精华已竭，褰裳去之。

《卿云歌》是君臣共作，前半部是百官对帝舜的赞誉：“绚丽缤纷的云霞哟，彩绸般布满天空。光芒万丈的日月啊，普照大地，一天一天没有穷尽。”后半部是帝舜的感慨和期待。

一曲《卿云歌》，洋溢着君臣团结、政治清明、国泰民安、歌舞升平的欣慰。

那一天，天空出现的彩云和灿烂的日月，象征着国家事业如日中天，各色人才相与为继。

19. **南巡苍梧**

大禹刚接位不久，南方三苗又起兵作乱。大禹立刻召开会议，决定用武力镇压三苗。大禹出征三苗 30 天，三苗并没有归顺。伯益是大禹的得力助手，劝大禹还是按照舜帝的老办法用德教化为宜。禹采纳了伯益的建议，班师回朝。

舜帝一则为了替禹分忧，二则为了教化三苗，便多次南巡，其足迹遍布南疆各地。南巡期间，他不带一兵一卒，一边以德教化，一边替民解忧。沿途了解南方少数民族的种种疾苦，帮助他们兴修水利，消除灾害，造福百姓。所到之处，深受欢迎。

一次，他来到苍梧。苍梧是今湖南、广东、广西三省区交界之处，是三苗作乱的中心。此时正逢南风徐徐吹来，面对和煦的南风，舜帝思潮澎湃，禁不住手抚五弦琴，高高唱起了《南风歌》：

温煦的南风啊，
可以缓解我民众的忧愁和烦恼啊；
应时的南风啊，
可以丰富我民众的财富和生活啊。

舜帝通过弹唱《南风歌》为自己的臣民祈祷上苍，切切思虑着拯救万民于水火，思虑着富国富民的方略。

20. **崩葬九嶷**

公元前 2085 年 8 月 12 日，这是舜帝第 12 次南巡。89 岁的他由于年高患病，积劳成疾，体力已明显不济。那天他来到了九嶷山上。

九嶷山方圆数百里，莽莽群山，连绵起伏，山势雄浑，层峦叠翠，有如千帆竞发，无一不朝自己奔腾而来。他不由得感慨万千。望着蓝天白云，舜帝安详地倒在了崇山峻岭之中，慈祥的脸上还留着勤勉尽终、死得其所的微笑。

苍天含悲，大地挥泪，万峰垂首，溪泉低泣。一代圣帝离百姓而去，人们沉浸在无比悲痛之中。

当舜帝驾崩的消息传到帝都，娥皇、女英两人一边哀哭不止，一边寻找舜帝陵墓。她俩踏遍了九嶷山的山山水水，却始终找不到舜帝墓穴。只见高高的三分石出现在二妃视野之中，巍然挺立，那高大石峰仿佛变成了大舜。二妃哭声更加凄惨，一滴滴血泪洒在竹上，成了斑斑点点的斑痕。从此九嶷山就有了天下独一无二的斑竹。为此，毛泽东曾写过“斑竹一枝千滴泪”的著名诗句。

优秀的历史文化遗产是人类共同的宝贵财富。至今在上虞流传的虞舜传说是上虞人民通过世代的口耳相传，对自己的祖先、对远古时期中华民族的杰出领袖的记忆和传颂。通过这些传说的传承，不仅证明了虞舜的后代血脉相传，生生不息，同时也证明了由虞舜倡导的以孝为核心的道德文明，作为中华民族宝贵的精神财富和文化遗产，不仅世代相传，而且得到了发扬光大。

（彭尚德主编：《上虞市物质文化遗产集锦》，中国文化文艺出版社 2009 年版，第 13—26 页。阮其龙提供资料）

湘湖与舜的传说

《湘湖古诗五百首》[①] 中就有不少关于湘妃、湘神、湘灵、湘君的记载，只是没被人重视。明朝正德进士邵经邦（今杭州人）《弘艺录》中有《宿渔浦》诗：“楚歌可答湘神鹜，汉客如生严濑明。”《萧山湘湖志》中载清朝黄元寿《湘湖杂咏》诗：“若把西湖比西子，也将湘水拟湘灵。”清朝张文瑞《六湖先生遗集》中《过乐丘魏尚书墓下作》诗：“百里湘湖君子泽，千秋偃盖大夫松。”清朝单隆周《湘湖采莼歌二首》：“仙灵钗股合还分，解佩生丝递相续。”

湘妃、湘神、湘灵、湘君、湘夫人等为舜之妃不同的称呼，受之以湘湖，有其民间传说的渊源和土壤。1999 年版缩印本《辞海》有“湘灵”“湘夫人”“湘君”的记载：

湘灵：神名。《楚辞·远游》：“使湘灵鼓瑟兮，令海若舞冯夷。”王逸《楚辞章句》以湘灵为“百川之神”。李贤注以湘灵为虞舜之妃，即湘夫人。

湘夫人：《楚辞·九歌》篇名。战国楚人屈原作。与《湘君》为姊妹篇。本篇为祭湘夫人之歌。

湘君：《楚辞·九歌》篇名。战国楚人屈原作。（1）司马迁《史记·秦始皇本纪》载秦始皇渡湘江时遇大风，因问博士：“湘君何神？”博士言：“尧女，舜之妻，死而葬此。”刘向《列女传》亦谓舜之二妃“死于江湘之间，俗谓之湘君”。（2）王逸《楚辞章句》以湘君为湘水神，湘夫人为舜之二妃。（3）郭

① 杜永毅选编：《湘湖古诗五百首》，浙江人民出版社 2006 年版。

璞《山海经注》谓“天帝之二女而处江为神，即……《九歌》所谓湘夫人称帝子者是也”。以为湘君、湘夫人都不是舜之二妃。（4）韩愈《黄陵庙碑》以为“尧之长女娥皇为舜正妃，故曰君；其二女女英，自宜降曰夫人也”。

以上记载虽不十分一致，但湘妃、湘神、湘灵、湘君、湘夫人等无疑为传说中的舜帝之妃。

萧山及周边县市是虞舜遗迹与传说的集中区，这使得关于“湘神”的传说和“湘湖”名称的形成有了社会土壤。湘湖周边是舜传说故事集中区域，萧山许多书籍都记载有湘湖周边的历山、渔浦、舜湖等传说，这就使得舜之妻、尧之女娥皇、女英化身的“湘神（水仙神）”传说有了依据。“历山”即今闻堰镇小砾山，宋前称历山，史籍记载舜耕于历山，舜后人亦耕于此。《十道志》载，历山（今小砾山）为舜耕耘之地。“渔浦”古为湖，上承临浦湖、浦阳江之水，下注钱塘江，《十道志》记载，舜曾渔于此，故名。“舜湖”为“深湖”的原名，位于萧山浦阳镇浦阳江支流凰桐江右岸，是舜的出生地和生长地，舜自小在那里生活和驾牛耕田，是尧发现舜之处，后人俗传“舜湖”为“深湖”，所建祠堂的匾额镌有“舜耕湖上永名世”。有研究表明，禹的后代姓氏多达 89 个，今萧绍一带的姒姓、夏姓、楼姓皆为大禹后人。楼塔“细十番”古乐曲源于夏朝，流传至今。

萧山周边的县市有许多关于舜的传说。如舜为嫦娥主婚、支持大禹治水、巡狩会稽山、为尧建新都、陶河滨、渔雷泽、耕象田、百官随舜、射天狼、舜江等。又有众多舜迹。宋王十朋在《会稽风俗赋》中说：“舜生于诸冯，孟子以为东夷之人，历世逾远，流传失真，太史公以为冀州，然耶，否耶？然越之邑，则有上虞、余姚，山则有虞山、历山，水则有渔浦、三忼，地则有姚邱、百官，里焉有粟，陶焉有灶，汲焉有井，祀焉有庙，皆其遗迹也。意者不生于是，则游于是乎？”（《浙江通志》卷二百六十九）

古人以湘神、湘灵、湘君比湘湖，如同西子比西湖。“欲把西湖比西子，淡妆浓抹总相宜”。用湘神、湘灵、湘君等比湘湖，不足为怪。清朝黄元寿《湘湖杂咏》“若把西湖比西子，也将湘水拟湘灵”不是没有道理的。且湘湖之“湘”除以上所用外，还见于众多古代写湘湖的诗词。以写“湘浦”“湘水”为例：“而今秋色涵湘浦，红蓼洲前放棹来”（清王勉《湘湖秋泛》），“乘舟直入湘浦里，四顾千山万山紫”（明来集之《湘湖采莼歌》），“飞锡还归湘水东，丹崖翠壁旧龙宫”（清毛奇龄《莲公还住净土寺》），“压乌何事浮湘水，度项中年忆范增”（明方以规《压乌山》），“庙祀湖堤花满砌，泽流湘水昼长春”（明倪朝宾《萧山八景·书院流芳》）。

总之，湘湖之名始于唐朝，湘湖之“湘”的来源既有文献记载，也有广泛的民间传说。湘湖之“湘”是指湘神（湘妃、湘神、湘灵、湘君、湘夫人等），其“湘”名较多地见于明清古诗文。“景若潇湘”是文学语言，且指“湘景”，非指“湘神”，作为志书记载误导了后人。

（方晨光等著：《湘湖史》，中国社会科学出版社2022年版）

上虞“神州舜迹”组雕

神州舜迹组雕，由十八块蕴含历史时空的原生态自然石构成。著名雕塑家贺中令设计主创，福建省鼎立雕刻艺术有限公司精心制作。作品延续我国古代岩画和画像石的自然、古朴、粗犷的原始风貌，雕工大气韵致、转虚为实，天工人工完美结合，艺术再现道德始祖大舜一生践行德孝的文明足迹。

大舜精神千古！

癸巳年冬月

“神州舜迹”组雕简介

1. 虞舜生　名重华

桥生瞽叟，妻曰握登，意感大虹而生舜于姚丘，姚姓，名重华，字都君。

2. 生母故　舜守孝

舜幼年丧母，失去母亲的舜，日夜哭守在母亲坟旁，三载。

3. 继母嚚　赶舜去

瞽叟更娶妻而生象，嚣张的继母将舜赶出家门。

4. 耕历山　象耕田

舜来到历山，大象帮他耕田，群鸟替他播种，历山人皆让畔。

5. 渔雷泽　舜让渔

舜来到雷泽捕鱼，他总是将自己发现鱼多的地方让给渔民捕捞，雷泽人皆让渔。

6. 陶河滨　器不窳

舜来到黄河滨制陶，从此陶器质量不再粗糙。

7. 尧选贤 四岳举

尧年事已高，欲选贤人接任其职。舜年三十以孝闻，帝尧问可用者，四岳咸荐虞舜。

8. 妻二女 婚沩汭

尧将娥皇、女英妻舜，陪古琴、赐绨衣，筑仓廪、予牛羊，在沩水转弯处结婚，以观其内。

9. 遭焚廪 自扞去

舜父瞽叟盲，爱后妻子，常欲杀舜，一日使舜上涂廪，瞽叟从下纵火，舜乃以两笠而下，得不死。

10. 遭实井 匿空出

瞽叟从象又生一计，使舜穿井，舜穿井为匿空旁出，舜既入深，瞽叟与象共下石实井，舜从匿空出。

11. 救父母 逃水患

舜虽然遭受种种陷害，但对父亲、继母一直孝行不变，对弟弟爱护有加。当家乡孟门山洪水暴发，他背着父亲，领着弟弟，娥皇、女英搀扶继母逃难于负夏，舜孝闻天下。

12. 尧禅让 丹朱乱

舜代尧摄政，举八恺主后土，揆百事；举八元布五教：父义、母慈、兄友、弟恭、子孝于四方，内平外成。尧乃授舜天下。尧的儿子丹朱记恨在心，欲行叛乱。

13. 避丹朱　聚上虞

尧崩三年丧毕，舜让避丹朱于南河之南上虞，天下人都归向舜。禹、皋陶、契、后稷、伯夷、夔、龙、倕、益九大臣等百官会事契，舜奏南风曲，凤凰来仪，百官娱，娱同虞故曰上虞。上虞聚天下治。

14. 巡四岳　达四聪

舜继帝位后，经常到各地巡视，考察诸侯，体察民情，设诽谤木，听取百姓心声。

15. 改刑制　流四凶

舜修改刑制将有罪之人不杀，流共工至北边幽州，放驩兜至岭南崇山，迁三苗至极西三危，殛伯鲧至东面羽山。民心大快。

16. 行德治　三苗归

舜修政偃兵，执干戚而舞之，鼓韶乐感三苗，三苗来归。

17. 勤民事　苦忧人

江水泛滥，舜关爱黎民饥苦，视百姓若亲人。

18. 南巡狩　终苍梧

舜受帝位三十八年，八十三岁南巡至苍梧，积劳成疾，大禹临危受命接帝位。舜为苍生不为身，苍梧千秋埋圣骨，上虞万古昭舜魂。

（邱志荣、程丹现场摄影整理）

第五部分：比较研究

湖南舜帝胜迹[①]

明《三才图会》载虞舜画像

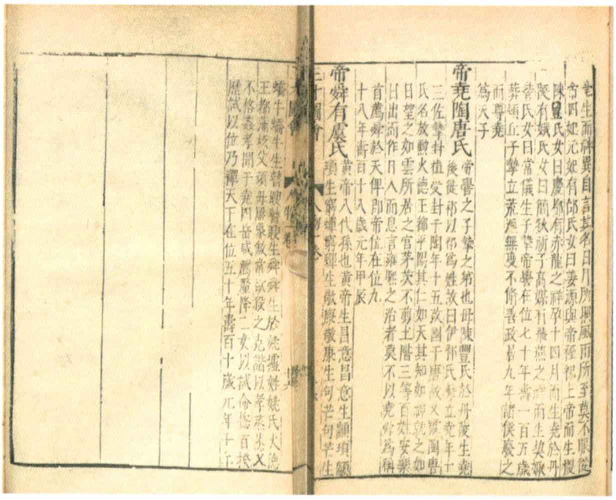
帝舜有虞氏
帝堯陶唐氏

明《三才图会》“人物一卷”载“帝舜有虞氏”：黄帝八代孙也。黄帝生昌意，昌意生颛顼，颛顼生穷蝉，穷蝉生敬康，敬康生句芒，句芒生蟜牛，蟜牛生瞽瞍，瞽瞍生舜。舜生于姚虚，姓姚氏，火德王[②]，都蒲坂。父顽，母嚚，象傲，常欲杀之。克谐以孝，蒸蒸乂不格奸。孝闻于尧，四岳咸荐。厘降二女以试，命总百揆。历试以位，乃禅天下。在位五十年，寿百十岁，元年壬午

① 本文稿由湖南省文联委员、《财富地理》总编辑赵涛提供。

② 火，疑为“土”之误。[元]舒天民《六艺纲目》卷上：“舜姓姚……土德王，都蒲阪，国号虞。”[清]钟渊映《历代建元考》卷二：“帝舜有虞氏，姚姓……以土德王，都蒲坂。”

一、宁远县九疑山

清光绪《湖南通志·地理志》[①]载“九疑山”：在县南六十里。(《明统志》)南方苍梧之丘，苍梧之渊有九疑山。(《山海经》)舜之所葬，在长沙零陵界。(《山海经注》)舜葬于江南九疑。(《史记·五帝纪》)望祀虞舜于九疑。(《汉书·孝武帝纪》)江汉之阳，亘九疑，为长沙。(《汉书·诸侯王年表》)九疑山，在营道县。(《汉书·地理志》)应劭云：山在零陵营道。文颖云：其山半在苍梧，半在零陵。如淳云：山在苍梧冯乘县。《皇览》云：山有九峰，皆相似，故名。(《汉书注》)营道南有九疑。(《后汉书·郡国志》)营道有九疑山。(《隋书·地理志》)山下有舜祠，故老相传舜登九疑。(《营阳郡记》)九疑山，隔湘江，跨苍梧之野，连营道县界。(《述异记》)九疑山，连峰接岫，竞秀争高，含氛卷雾，分隔天日。(《荆州记》)山表复有一峰，望之似人形，映出云端，如积玉，高于诸山，顶有飞泉如带。(《神境记》)盘基苍梧之野，峰秀数郡之间，罗岩九举，各导一溪。岫壑负岨，异岭同势，游者疑焉，故曰九疑山。山南有舜庙，自庙仰山极高，直上可百余里。古老相传言，未有登其峰者。(《水经注》)第二十三洞天九疑山，周回三十里，名相真太虚之天，在道州。(《洞天记》)山在延唐县东南一百里，九山相似，行者疑惑，故名九疑山。有九峰：一曰朱明；二曰石城；三曰石楼，形如楼；四曰娥皇，下有舜池，池傍春日百鸟，生卵取之，则迷路；五曰舜源，最高，上多紫兰；六曰女英，舜墓在此；七曰箫韶，峰下即象耕种处；八曰桂林，马明生，遇安期，授金液神丹之处；九曰杞林，周义山开石函，得经读之，得仙。有九水，七则归流岭北，二则翻注广南。(《元和志》)山在唐兴县东南一百里(《括地志》)，亦名苍梧山。九峰各有水源，朱明为潇水源，石城为沲水源，石楼为巢水源，娥皇为池水源，舜源亦名华盖，为瀑水源，女英为砅水源，箫韶为漭水源，桂林为洑水源，梓林。(即杞林)为洄水源。(《方舆胜览》)山在衡、永、郴、桂之间。(《明史·地理志》)又有舜峰，在舜祠南四十里，三峰鼎立，一名三峰，不列九峰之内。(《旧志》)

---

① 清光绪《湖南通志》卷十九，下文皆以光绪《湖南通志》为底本。

明崇祯《九疑山志》载“九疑山图”一至八

（一）［汉］蔡邕《九疑山铭》

岩岩九疑，峻极于天。触石肤合，兴播连云。时风嘉雨，浸润下民。芒芒南土，实赖厥勋。逮于虞舜，圣德光明。克谐顽傲，以孝蒸蒸。师锡帝世，尧曰受徵。受终文祖，璇玑是承。泰阶以平，人以有终。遂葬九疑，解体而升。登此崔嵬，托灵神仙。

清康熙九年《永州府志》“卷一·图象”载“九疑山图”

（二）［唐］元结《九疑山图记》

九疑山方二千余里，四州各近一隅，世称九峰相似，望而疑之，谓之九疑。亦云舜登九峰，疑已而悲，从臣有作《九悲》之歌，因谓之九疑。九峰殊极高大，远望皆可见也。彼如嵩、华之峻峙，衡、岱之方广。在九峰之下，磊磊然如布棋石者，可以百数。峰之下水无鱼鳖，林无鸟兽，时闻声如蝉蝇之类，听之亦无。往往见大谷长川，平田深渊，杉松百围，榕栝并之，青莎白沙，洞穴丹崖，寒泉飞流，异竹杂华。回映之处，似藏人家。实有九水出于山中，四水南流，注于南海，五水北注，合于洞庭。若度其高卑，比洞庭、南海之岸，直上可二三百里，不知海内之山如九疑者凡几焉。或曰：若然者，兹山何不列于五岳。对曰：五帝之前，封疆尚隘，

清嘉庆《宁远县志》“卷首·图像”载“九疑山图”

衡山作岳，已出荒服。今九疑之南万里，臣妾国门，东望不见涯际；西行几千里，未尽边陲，当令以九疑为南岳，以昆仑为西岳。衡、华之辈听逸者，占为山居，封君表作园囿耳。但若当时议者拘限常情，牵引古制，不能有所改创也，如何。故图画九峰，略载山谷，传于好事以旌异之。如山中之往迹、峰洞之名称为人所传说者，并随方题记，庶几观者易知。时永泰丙午年也。

（三）［宋］黄表卿《九疑山赋》

天下一景，湖南九疑。按诸古以为据，考其图而可知。龙驾不还，万世衣冠安在；马蹄所至，十分山水争奇。戴尧天而身属尧民，履舜土而心知舜事。数十年、千百载之遐迹遗踪，三十六、七十二之洞天福地，此则居其一也。何为渺茫，彼乃疑其九焉；见诸图志，父老常言，迄今以传。巫中、黔中，属乎楚之邦、吴之境；零陵、春陵，分于秦之后、汉之前。仙踪显天皇之始载，郡名标贞观之初年。地方千里，而物外胜地；天南一角，而壶中有天。攀断龙髯，黄鹤莫留于仙驭；空遗虎鼎，白鸦犹养于元田。八井俱涸，而一井涌泉；九峰齐高，而三峰压众。桂林、杞林，左右森列；石楼、石城，东西护送。有朱明，有华盖，而簇成葶绿一华；曰娥皇，曰女英，而对笑桃花一洞。下临玉

清乾隆《宁远县志》“卷一·舆地”载“九疑山图”

琯，依稀玉琯之吹鸾；上有箫韶，仿佛箫韶之来凤。古者得道，帝之有虞。浮湘江而溯潇浦，登疑岭而坐苍梧。洒湘江之泪兮，斑斑之纹竹千亩；奏南风之琴兮，戛戛之古松数株。三麓床中，丹炼九转；万岁山上，声齐一呼。所以《尚书》已有陟方之语，至于《史记》，广为考古之图。乾坤大而圣境亦宽，日月长而仙家不老。碧虚岩前，千怪万状；紫霞洞中，十洲三岛。六月无夏，惟木惟石；四时有春，非花非草。兹境为胜，异时可考。经藏石室，隐然六甲之护持；亭立仙梯，宛若五丁之开道。客难之曰：舜居蒲坂，本属乎冀之北；舜卒鸣条，不在乎夷之西。殊不知无本不立，非文孰稽。有舜江则可浣可漱，有舜坛则可扳可跻。月披兮明月上，云阁兮白云齐。九溪源下之流派，万丈天边之石梯。鸟篆穹碑，刺史元公之笔；电文怪字，舍人李峤之题。予应之曰：百岂无于一二，十未丧其八九。紫霞高卧，前后十四辈；白日飞升，小大三百口。不然是赋也，何为作焉？以代门下，抠衣而借手。

（四）［明］邓云霄《九疑山记》

癸丑季秋十六日，从永郡南门渡江，行二十余里，小憩淡崖。又五十里，宿麻滩驿。十七日，行八十里至道州。诘晨，具牲祭濂溪祠。日午，入宁远县境。远望石山，干云矗立者以十数，中有如马者，大小各一。余意必九疑也，询之为县治后山。暮宿县署。二十日，出南郭，微雨洒尘，行数里始霁。回顾大小马，尚趁人来。又十余里，此二马者瞠乎后矣。夹道石山，颖拔黛绿，大类吾粤英州道中。忽见五山排列如指，所谓五臣山也。山回溪转，日向午，觉热，若夏初。旋入淹口，两壁陡狭若门，山风从峡口出，著人如万箭，冷如冬杪，肤起粟。过此，热如故。出淹口，北望石山峭削，若冠带巨公秉笏森立，高插霄汉，以数十计。其他丰隆而峙、瘦险而锐者，如旌幢幡盖、剑戟盔牙之属，累累护巨公南向去，若朝舜陵焉。又数里，见三峰石，独冠群峰，若华盖骞举，一名三分石，盖两粤及楚三分界云。回望五臣并数十石山，踊距翕集，直趋九疑之麓。询之，数十石山乃仙政乡也。日下舂，至王氏虚堂。是夕，为霜降节，山气寒甚。

二十一日凌晨，遥望秉笏、趋朝诸巨公，濛濛白露幂其顶。行数里，至太平营，溪益深，松竹益密，石磴益险峻，盘辟诘曲，舆人喘极缓行。因得恣观道傍水石之异，有石卧田中，如牛羊，旭日散牛羊于田中，与石相乱；又一石，斑剥如虎。转二里许，至下西湾。又里许，至上西湾。百折千盘，非复人

民国《蓝山县图志》“卷五·古迹景物录”载“三峰石”:《九疑山志》以三峰石即舜峰，盖去舜祠四十里，三峰插天，相距各四五里，山拥泉飞，晴天亦雨，晴天亦雨，斗崖瀑练，人迹罕至。上有石桃、石棋，马蹄石迹；又有香炉石，足耳俱备；有壕，以铜为碑，字不可识，传为舜墓。旧称“疑山远障，影泛难取”，以此代之

境。有水曰青涧，白石齿齿，生苔如绿发，长数尺，披拂石上。王歆之《神境记》：九疑有青涧，生黄色莲花，芳气盈谷，即此涧也。沿涧行二里，傍列怪石，具百物人鬼之状。石罅古木，枯丫独立，苔藓封之，枝干皆作铁色。余意为石，而土人反曰木。石洼处果树寓生，垂条吐颖袅袅然。余意为木，而土人反曰石。余乃骇，向者见石似牛羊，似虎，似人鬼，已心疑之。今直使木石罔别，山灵吊诡若是，殆凡百可疑，宁仅九也。

离西湾，转入山坳，邃若瓮底，天为之窄。又转，则娥皇峰在外，端正秀丽。层累而上，古木交翠。又转，则为玉盘石，土人云舜南巡下马石也。少顷，见舜源峰。百步许，即为舜祠。各源瑶[1]长率男妇百余人伏谒道旁，男瑶帕其首，击长腰鼓，吹笙舞跃前导；女子辫发缠三小竹于发为椽，绣红绒布覆其上，如漫屋然。妇人带黑油笠，着花裙，跣其足，随男瑶后，所谓负版瑶也。男瑶笙鼓舞跳余前，揖让有礼。妇女和而歌，为靡曼声。译其语，有“蜜蜂飞来千丈高，盘王子孙在山好”之句，盖彼实盘瓠种云。余皆颂官府抚绥，意甚佳。余乃具牲币，祭虞帝，毕，瑶长率男妇分两行鼓吹歌舞如前仪。余循

① 原作“猺”。以下径改不注。

旧格，赏诸瑶金帛有差，遣散去。乃纵观祠景。祠倚舜源峰麓，殿宇宏敞，中列古碑多剥落，前有古杉十四株，大合抱，皮脱，存劲骨，叩之作铜铁声，数千年物也。又楮木二：一当祠门，大数十围；一在祠侧。娥皇峰正对舜祠，女英峰列于左。祠右有大马、小马二峰，左有旗、屏二峰，拱护如城郭。舜源、娥、英诸峰皆壁立千仞，亭亭云表。循舜源左，南去五里许，至九疑营。又里许，为紫霞岩。初循石磴上，磴旁多梧桐。至岩口，缘石磴下，已又复上。有石坡，逶迤仄立。岩壁亦仄，如坡势，劈成斜坑，深数十丈，故又名斜岩坡。北尽处成高阜，有白石如盆，承岩上水滴沥有声。旧传岩上钟乳结龙头形，水出其口，向口前吹画角，则泉迸出，愈吹愈淋漓，罢吹则滴沥如故。龙头久为祷雨者捶去。余命试吹角向之，良然，亦大奇也。循坡而北，始为正岩门户，当户有石柱拔起数十丈。柱下石田层级相次，可十数亩。田有塍畔，中涵软土，所谓仙人田也。绕石田而下，土极软，然不沾履。已复上，得高坪，广数百步，叠石作案者二，供神佛像数座。岩隈深黝处有编竹僧寮，僧三人，面黑而瘦，和南谵谵苦行哉。坐高平观岩顶，石乳结成古树根，作龙蛇盘屈状，岩口如满月石柱，当中若壮夫临关。从岩口仰视，日光惨淡，如隔人世。时鼓吹大作，闹身触石欲裂。从佛座后叩上岩，冶铁锢之，不可入。僧云此法主刘公藏经洞也。下岩更幽邃，多怪物，非列炬稠，人不敢入。乃命从人列百余炬前导。岩口仅容身，弓腰而入，炬烟眯目，摸壁拟足，可十余丈始达。又更下，别有一洞，高阔加于中岩，宛委百折，其远莫测。炬光如昼，人争鼓噪，祛怪物虚声，与岩石相应，若殷雷焉。岩壁结乳，具云霞、草木、禽兽之状。俄得一石，柱大数围，高不至顶，莹白如傅蜡，拊之甚腻。又有石柱，倒悬乳溜，斑剥可玩。再进，得红门楼，又得白门楼。道上布细沙软土，仅不没跗。有水凡九渡，瀌瀌循流，不知源于何来，流于何去。水中丹石莹彻，圆如杨梅。已又得学堂，相传昔人游此，闻读书声，有石案，傍立石童子，中设高座，若讲经焉。又得大士莲座一，罗汉像二，皆石乳结成，珠璎宝珞，环列成仪。旁有唐宋人诗刻，苔渍不可读。土人谓：再进有风雷诸洞，再进不已，一日许可达东粤连州江浒。余曰：此去吾乡近乎？人将谓我逃官，且冥搜极索，山灵将怒，观且止。寻旧磴返，从所历达岩口，可五六里，如梦初觉。觅袖中所携石杨梅，已失去，相诧为异。出岩行，过桑塘。又行，见双翅岭，两峰相对，如翅飞动。俄过呼猪峡，甚陡急，悬磴如云梯。数级之下有马蹄石，蹄痕深半寸，大倍常。马蹄峡石间有仙人掌，大如箕，指腕逼肖。峡据险处若剑门，为九疑营旧址。弘[①]治间，有周巡检者，与瑶斗，死之，营因以迁。巡检灵异，瑶为立祠峡下，岁椎牛以祭祠前。苦竹凄凄，令人有国殇之感。过峡，平田万顷，烟村四匝，皆负版瑶聚落也。土人指东南山际曰：彼处有无为洞，下临深潭，不可渡。余怅望久之，因循玉琯岩而南。见茅殿一，颇高壮，而四壁不蔽风雨，僧亦鸟散，询之，为永福寺基。玉琯岩为汉哀帝时，零陵文学奚景得玉琯十二献之朝，岩因以名。然浅隘不称，中供何侯像，相传为何侯石室。何侯者，舜时飞仙也。昔有《何侯记略》刻于石，辞颇怪诞，已为近日尹编修錾去，独汉蔡邕《山铭》及宋刺史方信孺所书“玉琯岩[②]”三大字，笔法遒劲。时日已下舂，问何侯宅及九井、麓床、月帔、铁瓮诸奇迹。土人遥指烟莽荆榛于叠嶂之外，因道茀难陟而返，仍宿王氏虚堂。明月正上，犹照见诸峰如揖客然。九疑之脉，大都从两粤而来，向北奔赴，崇隆连亘，若大屏幕。其九峰悉列屏幕前，耸特秀异，扈从舜陵，故名闻史传。若仙政诸山，鸣珂振玉，翕然朝宗，皆舜陵堂阶下物，故虽奇而名不著。余入山竟日，未损屐齿，而得昔人所未得者已种种。假令买山长隐，一一搜寻，其奇胜可胜载哉？土人云：三峰石下即苍梧县界，史称舜死苍梧之野，葬九疑山。疑古者剌剌不休，真痴人前说梦也。余请以兹游为解纷。

（五）[明]蒋鐄《游九疑记》

九疑于五服名山为最。古在有虞氏[③]，邻三苗之窟。三苗终帝世跳梁，至神禹受命后，犹顷雨[④]阶千羽。盖是时百粤虽王，未隶版籍。九疑实西南之穷边，其势逶迤磅礴，几二千里，不与五服名山争奇于一丘一壑，而以鸿庞元气，含吐三楚，下临百粤，屹然长城。登兹山者，如登碣石，临紫塞，作壮士枕戈之色，斯可为兹山吐气。

余庚申奉延唐之檄，友生皆贺余得九疑为希觏。已而吏人来谒，问九峰之胜闻于通都者，皆以斜岩对。余曰：高山大荒，独无胜概，可荡胸臆，而沾沾一岩，则皆茫然不置对。余意殊不尔。

其明年春甲子，修祀舜陵，时弥月雷雨，从余行者章生君振、徐生端蒙

① 原作“宏”。

② 清光绪《宁远县志》作“九疑山”。

③ 清光绪《宁远县志》“氏”作“时”。

④ 一作“烦两”。

暨余侄洵、从孙懋先。一夕，止王氏虚堂宿。质明入山，雨乍止。未至里许，山瑶男女百余人伏谒道旁，皆负版，衣文衣，吹竹笙和歌。余慰遣之，已而入斜岩。岩上下皆奇绝，上三岩俱倾仄，若覆釜，玉柱拔起擎之。其右有石龙，衔水滴滴。然下岩从窦入，中跨九渡，或如户如台，如柱如莲花，悉石乳结撰，而黑不辨色，须数十炬前导。余性畏深黑，忆昔年入林屋洞深处，至今念之毛竦，因止不复入。而章生、徐生独奋往，既出，夸所见傲余。余曰：不闻昔有突炬烟而死者乎？吾宁迁乔，毋入谷。告馔夫，亟觅他岩，曰玉琯，汉奚璟得玉琯处也。岩仅容一席许，上有蔡邕书《九疑山铭》及方信孺大书“九疑山”三字，历传以为法物。岩后即何侯宅。时已薄暮，雨气濛濛，欲蚀诸峰，遂策马还。计所历者五臣山，娥皇、女英、舜源三峰。祠前有古楮二，左右有古杉十五，高可插天，大可数抱，夜尝有光烛天，此所谓天灯树，不知几千年物也。余恨所见不如所闻，乡先生或告余曰：公未识九疑面目，宜觅三峰石，长啸临风，九峰可俯而有也。自九疑观迁于唐，千年胜事，鞠为茂草，瑶民秘之，如秦人之避桃源，唯恐达官之物色也。公能从樵夫牧竖争胜于草屦芒屩乎？余祝曰：发宏誓愿，何事不可。是岁仲秋，复举舜陵享礼，会诏至，朝夕临，乃更卜享。而余乡程来宾、张瑞之、徐熙和暨余弟鏃毕至，乃以九月朔入山，再憩王氏宅。午夜，骤雨如惊涛，客相顾沮丧。至辰雨止，行飨礼竟，再入斜岩。时余初成《九疑志》，乃召土人习山径者，按志叩之，三峰石竟日乃达。顾崭绝鸟道，无庐可栖。瑶人至，止裹糇一升，拥青蓑，露宿而已。他所载名迹，一一指掌。凭肩舆而前，履高冈，有石若窦，曰马蹄石；绝壁有纹如指，曰仙人掌；对玉琯而峙者曰飞龙岩；败栋颓垣，而灌莽榛榛者曰永福寺；断石齿齿，

清《四库图志·湖广通志》卷二载“九疑山图”

青苔覆之，曰宋元残碣。

予熟视，摹其文，仅百余字可识。土人云：永福古名刹，丰碑林立，宦游者率令墨工摹拓。瑶人以为扰，尽椎剥，杂他石筑堤以扞水。余行视堤，白石磷磷，山泉漭漭，猝发之，未便可得，而重费畚锸，瑶且生心，遂止之。或谓如先迹且泯，何永福，恐无文献矣。予谓杜荆州岘山碑，沈其一于深渊，曰安知千秋后，陵谷不变迁也。既归，游者誉斜岩不去口。余曰：诸君曾觌九疑面目邪？奈何尝一脔而夸全鼎。客曰：吾登九疑，意天下无奇石；吾入斜岩，意九疑无奇石。若乃朝发三峰，暮探两粤，五岭为襟，洞庭为带，使帝子翱翔，南薰再奏，则请俟使君之双舄。余笑曰：有是哉！遂援笔记之。

二、宁远县玉琯岩

清光绪《湖南通志》“地理志十九·山川七”载“玉琯岩”：在县东南。（《一统志》）汉零陵文学奚景于泠道舜祠下得玉琯十二。（《元和志》）今舜祠后石室，即奚景得玉琯处也。（《方舆胜览》）

清嘉庆《宁远县志》“卷首·图像”载“玉琯岩图”

三、宁远县舜帝陵

清嘉庆《宁远县志》“卷十·陵墓”载“虞陵”：在九疑山舜源峰，《寰宇记》名“永陵”，三代祀于大阳溪。秦始皇、汉武帝皆望祭。宋禁樵采，置守陵五户，明因之。国朝置守陵四户。清光绪《湖南通志》“地理志三十三·古迹二”载“舜宫”：在大阳溪，古祀舜处。（《县志》）

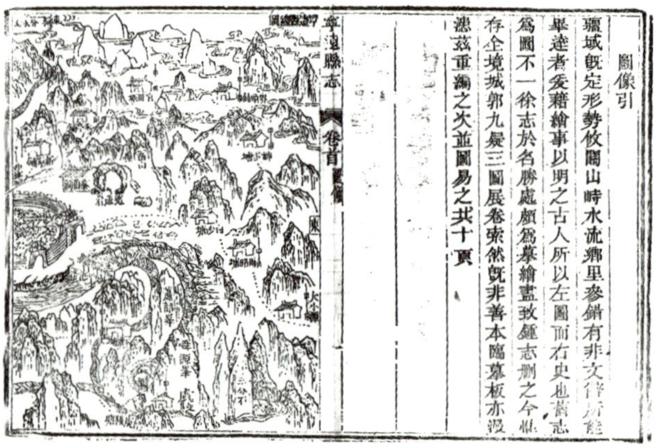

清嘉庆《宁远县志》“卷首·图像·宁远县总图”（局部）载“虞陵”

长沙马王堆西汉古墓出土的帛书地图所标记的“舜帝陵”位置

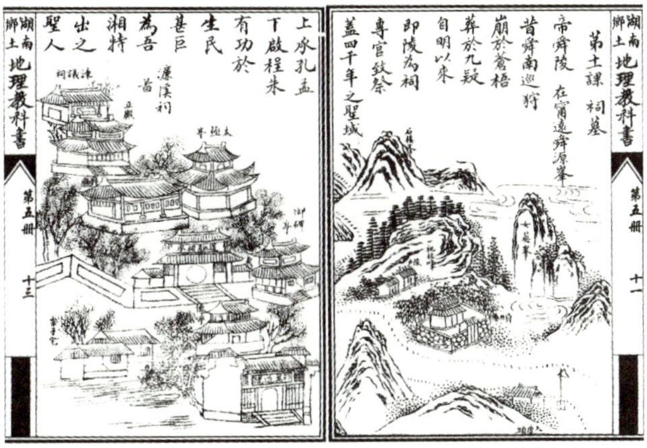

清宣统《湖南乡土地理教科书》“第五册·第十一课·祠墓”载“帝舜陵”：在宁远县舜源峰，昔舜南巡狩，崩于苍梧，葬于九疑。自明以来，即陵为祠，专官致祭，盖四千年之圣域。

四、宁远县舜帝庙

清嘉庆《宁远县志》“卷三·建置·庙宇”载“虞庙”：在舜源峰下，庙制正殿三楹，龙亭一座，后殿一楹，拜亭一座，东西朝房各三间，大门一楹，两旁拜亭各一座，周围墙垣六十丈。

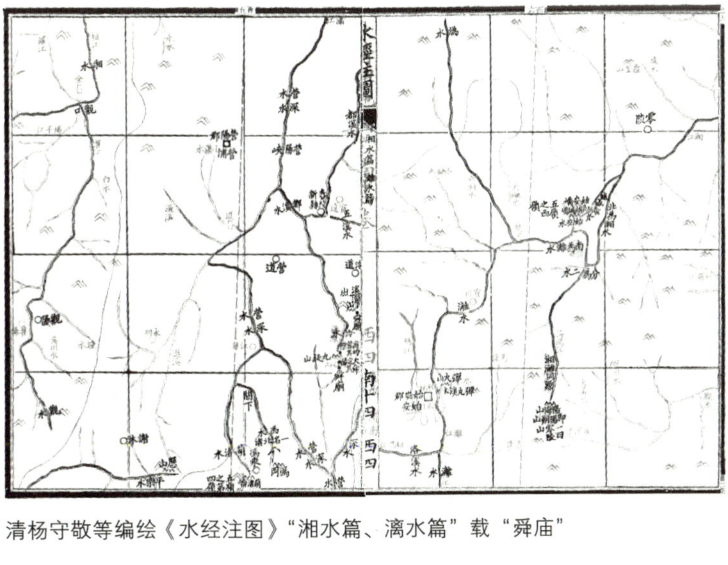

清杨守敬等编绘《水经注图》“湘水篇、漓水篇”载“舜庙”

清嘉庆《宁远县志》“卷首·图像”载“虞庙图”

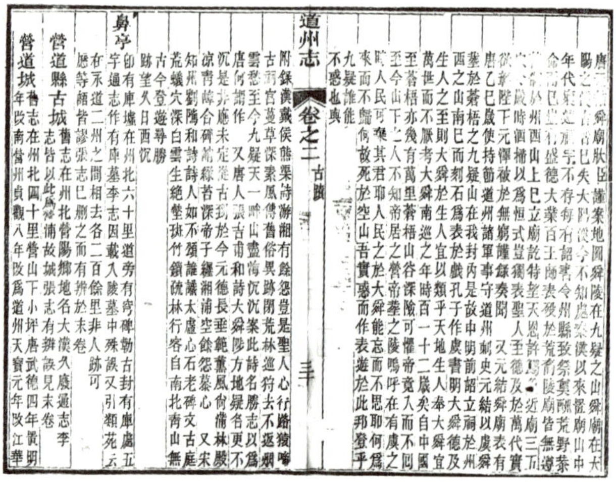

清光绪《道州志》“卷之二·古迹·舜庙”载“舜庙状”

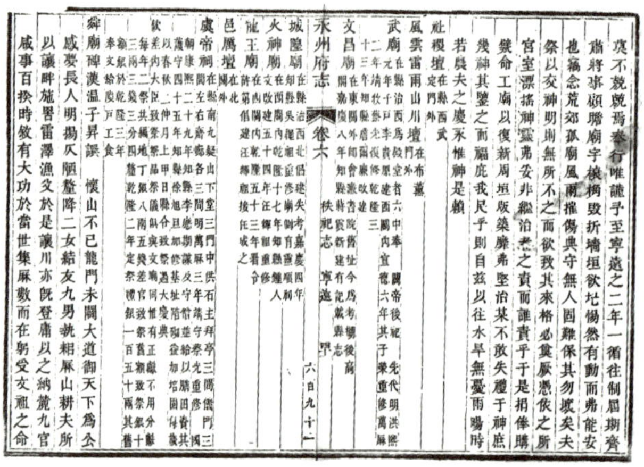

清道光《永州府志》“卷六·秩祀志·宁远县”载“虞帝祠”

附：［唐］元结《舜庙状》

臣谨案地图，舜陵在九疑之山，舜庙在大阳之溪。古者已失大阳溪，今不知处。秦汉以来，置庙山中，年代浸远，祠宇不存。每有诏书，令州县致祭，奠酬荒野，恭命而已。岂有盛德大业，百王师表，殁于荒裔，陵庙皆无。遵旧制于州西山上已立庙讫，特望天恩，许蠲免近庙三五家，令岁时洒扫，以为恒式，岂独表圣人至德及于万代，实欲彰陛下元泽被于无穷。谨录奏闻。

五、宁远县舜祠

明崇祯《九疑山志》“卷三·建置”载“舜祠”：在舜源峰下。按《旧志》：在大阳溪，盖三代时也。

今遗址在白鹤观前，土人呼为大庙。秦汉以来立祠玉琯岩前，相传为何侯故宅。至唐湮废，刺史元结奏立于郡城之西。僖宗朝，长沙胡曾权延唐令，始请于朝，复立于玉琯岩下。有敕建舜庙碑，今亦废。宋建隆初，刺史王继勋奉诏重修，知制诰张澹奉敕撰碑，亦湮没不可考。我朝洪武四年，御制祭文，遣翰林编修雷燧迁庙于舜源峰下，即今祀奠之所，制以春秋仲月上中，县令具牲帛致祭。于三年，朝命神乐观道士充御香官到县，令长官奉祭。遇改元，则命翰林官或中书行人司官祭告焉。

附：[唐] 元结《舜祠表》

有唐乙巳岁，使持节道州诸军事守道州刺史元结，以虞舜葬于苍梧之九疑山，在我封内。是故申明前诏，立祠于州西之山南，已而刻石为表。於戏！孔子作虞书，明大舜德及生人之至，则大舜于生人，宜以类乎天地；生人奉大圣，宜万世而不厌。考大舜南巡之年，时一百一十二岁矣。自中国至苍梧，亦几有万里。苍梧山谷深险可惧，帝竟入而不回。至今山下之人，不知帝居之营、帝葬之陵。呜呼！在有虞氏之世，人民可夺其君耶。人民于大舜，能忘而不思耶。何为来而不归，何故死于空山，吾实惑而作表。游于此邦，登乎九疑，谁能不惑也欤？

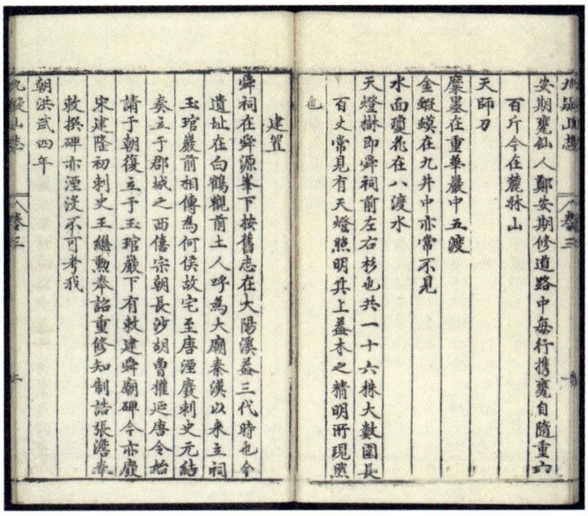
安期㒹仙人鄭安期修道路中每行携㒹自隨重六
百斤今在麓林山
天師刀
㝢墨在重華巖中五渡
金蝦蟆在九井中亦常不見
水面竇花在八渡水
天燈樹即舜祠前左右杉也共一十六株大數圍長
百丈常見有天燈照明其上蓋木之精明所現然
也

建置
舜祠在舜源峯下按舊志在大陽溪蓋三代時也今
遺址在白鶴觀前土人呼為大廟秦漢以來立祠
玉琯巖前相傳為何侯故宅至唐湮廢刺史元結
奏立于郡城之西僖宗朝長沙胡曾權延唐令始
請于朝復立于玉琯巖下有敕建舜廟碑今亦廢
宋建隆初刺史王繼勳奉詔重修知制誥張澹奉
敕撰碑亦湮沒不可考我
朝洪武四年

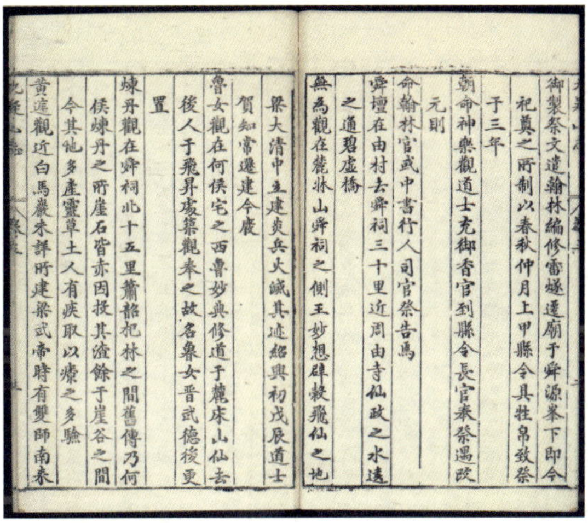
御製祭文遣翰林編修雷燧遷廟于舜源峯下即今
祀奠之所制以春秋仲月上甲縣令具牲帛致祭
于三年
朝命神樂觀道士充御香官到縣令長官奉祭遇改
元則
命翰林官或中書行人司官祭告焉
舜壇在由村去舜祠三十里近周由寺仙政之水遶
之通碧虚橋
無為觀在麓林山舜祠之側王妙想辟穀飛仙之地

梁大清中立建炎兵火燬其迹紹興初戊辰道士
賀知常遷建今廢
魯女觀在何侯宅之西魯妙典修道于麓床山仙去
後人于飛昇處築觀奉之故名魯女晉武德後更
置
煉丹觀在舜祠北十五里蕭韶把林之間舊傳乃何
侯煉丹之所崖石皆赤因投其渣餘于崖谷之間
今其地多產靈草土人有疾取以療之多驗
黃庭觀近白馬巖未詳所建梁武帝時有雙師南來

明《九疑山志》“卷三·建置”载“舜祠”“舜坛”

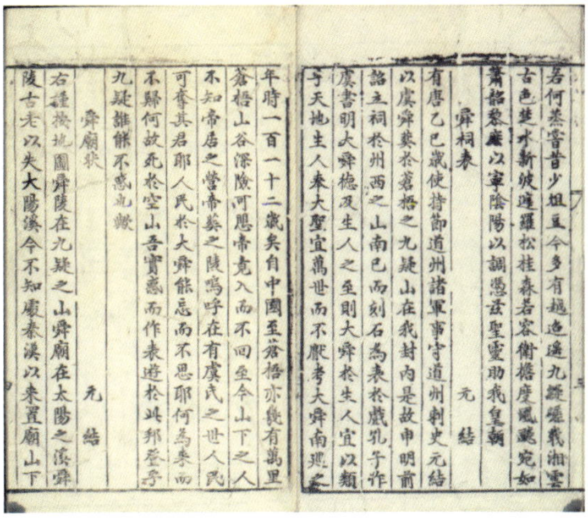
若何蒸嘗昔少俎豆今多有過造遙九疑巍峩湘雲
古色楚水新波蘿蘿松桂森若容衛橋度風飈宛如
簫韶黎庶以寧陰陽以調憑茲聖靈助我皇猷
舜祠表　元結
有唐乙巳歲使持節道州諸軍事守道州刺史元結
以虞舜葬於蒼梧之九疑山在我封內是故申明前
詔立祠於州西之山南已而刻石為表於戲孔子作
虞書明大舜德及生人之至則大舜於生人宜以類
乎天地生人奉大聖宜萬世而不厭考大舜南巡之

年時一百一十二歲矣自中國至蒼梧亦幾有萬里
蒼梧山谷深險可懼帝竟入而不回至今山下之人
不知帝居之營帝葬之陵嗚呼在有虞氏之世人民
可奪其君耶人民於大舜能忘而不思耶何為來而
不歸何故死於空山吾實惑而作表遊於此邦登乎
九疑誰能不惑也歟
舜廟狀　元結
右謹按地圖舜陵在九疑之山舜廟在太陽之溪舜
陵古老以失大陽溪今不知處秦漢以來置廟山下

明《九疑山志》载“元结《舜祠表》”

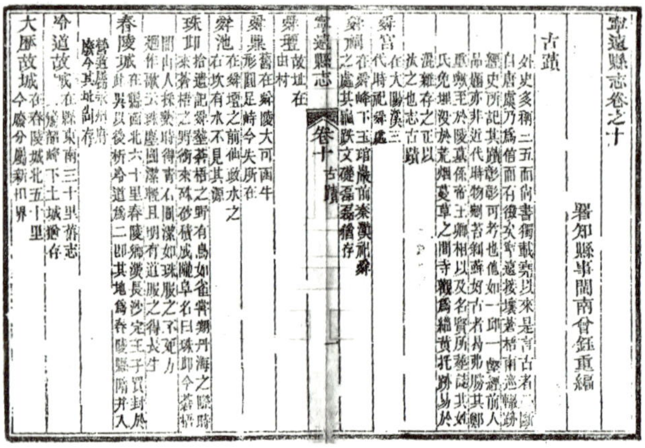

清嘉庆《宁远县志》“卷十·古迹”载“舜坛”

六、宁远县舜坛

明崇祯《九疑山志》载“舜坛”：在由村，去舜祠三十里，近周由寺。仙政之水绕之，通碧虚桥。清嘉庆《宁远县志》谓舜坛“故址在由村”。

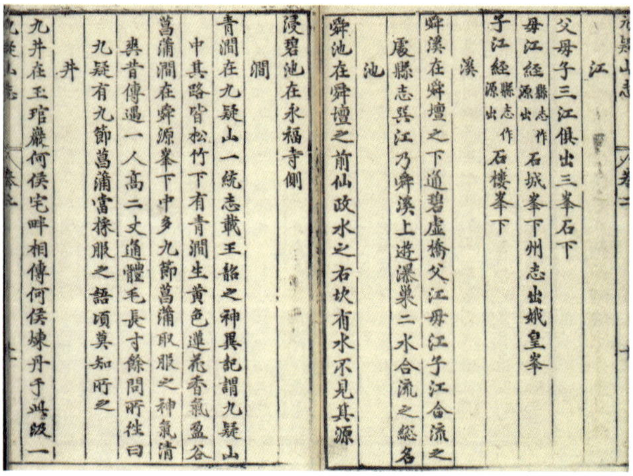

江
父母子三江俱出三峯石下
母江經源出縣志作石城峯下州志出娥皇峯
子江經源出縣志作石樓峯下
溪
舜溪在舜壇之下通碧虛橋父江母江子江合流之處
縣志吳江乃舜溪上游瀑泉二水合流之總名
池
舜池在舜壇之前仙政水之右坎有水不見其源
浸碧池在永福寺側
澗
青澗在九疑山一統志載王韶之神異記謂九疑山中其路皆松竹下有青澗生黃色邊花香氣盈谷
菖蒲澗在舜源峯下中多九節菖蒲取服之神氣清與昔傳遇一人高二丈通體毛長寸餘問所往曰九疑有九節菖蒲當採服之語頃莫知所之
井
九井在玉琯巖何侯宅畔相傳何侯煉丹于此級一

明崇祯《九疑山志》载“舜溪”

七、宁远县舜溪

清乾隆《宁远县志》“卷一·舆地一”载“舜溪”：“在舜坛之下，通碧墟桥，父江、母江、子江合流之处。”

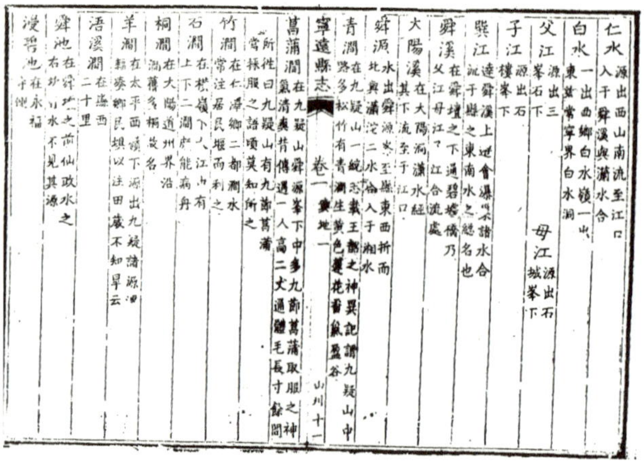

清乾隆《宁远县志》“卷一·舆地”载“舜池”

八、宁远县舜池

清嘉庆《宁远县志》“卷十·古迹”载“舜池”：“在舜坛之前，仙政水之右。坎有水，不见其源。”

九、宁远县舜鼎

清嘉庆《宁远县志》“卷十·古迹”载“舜鼎”：“旧在舜陵，大可函牛，形圆足峙。今失所在。”

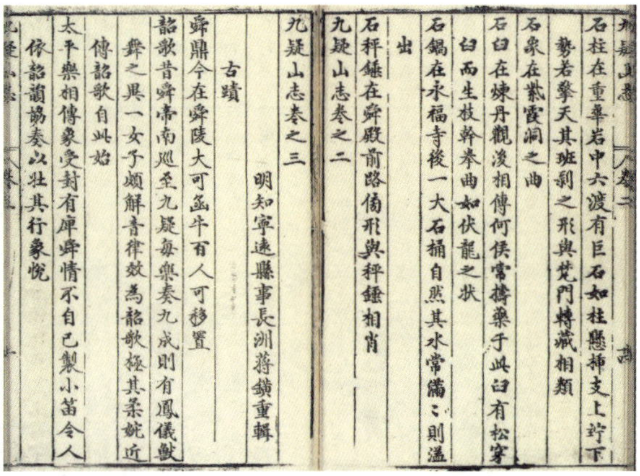
石柱在重華岩中六渡有巨石如柱懸神支上竚下
勢若擎天其班剝之形與梵門轉藏相類
石象在紫霞洞之曲
石臼在煉丹觀後相傳何侯常擣藥于此臼有松穿
臼而生枝幹拳曲如伏龍之狀
石鍋在永福寺後一大石桶自然其水常滿滿則溢
出
石秤錘在舜殿前路傍形與秤錘相肖
九疑山志卷之二

九疑山志卷之三
明知寧遠縣事長洲蔣鐄重輯
古蹟
舜鼎今在舜陵大可函牛百人可移置
韶歌昔舜帝南廵至九疑每樂奏九成則有鳳儀獸
舞之異一女子頗解音律效為韶歌極其柔婉近
傳韶歌自此始
太平樂相傳象受封有庳舜情不自已製小笛令人
依韶韻協奏以壯其行象悅

明崇祯《九疑山志》载“舜鼎”

十、宁远县舜源水

在县南六十里，源出舜源峰，流至县东，西折而北，与沲、潇二水合流，至零陵县入湘。(《明统志》)一谓之瀑水。(《一统志》)水与沲、潇合处为三江口。(《明史·地理志》)

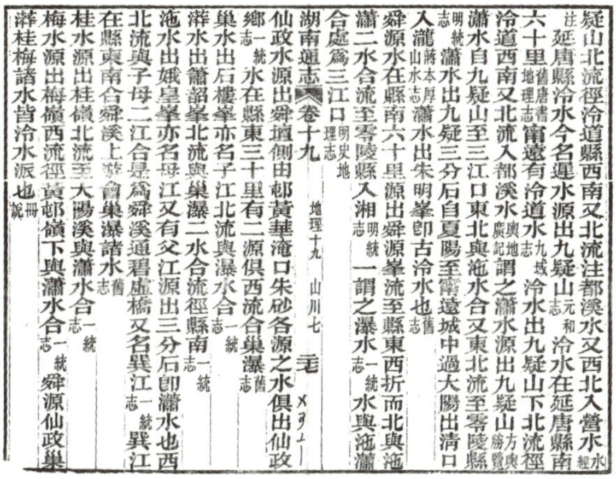
疑山北流徑泠道縣西南又北流注都溪水又西北入營水(水經注)
延唐縣泠水今名遲水源出九疑山(元和志) 泠水在延唐縣南
六十里(舊唐書地理志) 甯遠有泠道水(九域志) 泠水出九疑山下北流徑
泠道西南又北流入都溪水(輿地廣記) 謂之瀟水源出九疑山(方輿勝覽)
瀟水自九疑山至三江口東北與沲水合又東北流至零陵縣
(明統志) 瀟水出九疑三分石自夏陽至甯遠城中過大陽出清口
入瀧(蔣本厚山水志) 瀟水出朱明峯卽古泠水也(舊志)
舜源水在縣南六十里源出舜源峯流至縣東西折而北與沲
瀟二水合流至零陵縣入湘(明統志) 一謂之瀑水(一統志) 水與沲瀟
合處爲三江口(明史地理志)
湖南通志 卷十九 地理十九 山川七
仙政水源出舜壇側由郙黃華淹口朱砂各源之水俱出仙政
鄉(一統志) 水在縣東三十里有二源俱西流合巢瀑(舊志)
巢水出石樓峯亦名子江北流與瀑水合(一統志)
澣水出簫韶峯北流與巢瀑二水合流徑縣南(一統志)
沲水出娥皇峯亦名母江又有父江源出三分石卽瀟水也西
北流與子母二江合是爲舜溪通碧虛橋又名巽江(一統志) 巽江
在縣東南合舜溪上游會巢瀑諸水(舊志)
桂水源出桂嶺北流至大陽溪與瀟水合(一統志)
梅水源出梅嶺西流徑黃郙嶺下與瀟水合(一統志) 舜源仙政巢
澣桂梅諸水皆泠水派也(冊說)

清光绪《湖南通志》“地理志十九·山川七”载“舜源水”

十一、宁远县舜井

在县南九疑山。《县志》：唐朱庆馀《舜井》诗：“碧甃磷磷不计年，青萝锁在小山颠。向来下视千山水，疑是苍梧万里天。”

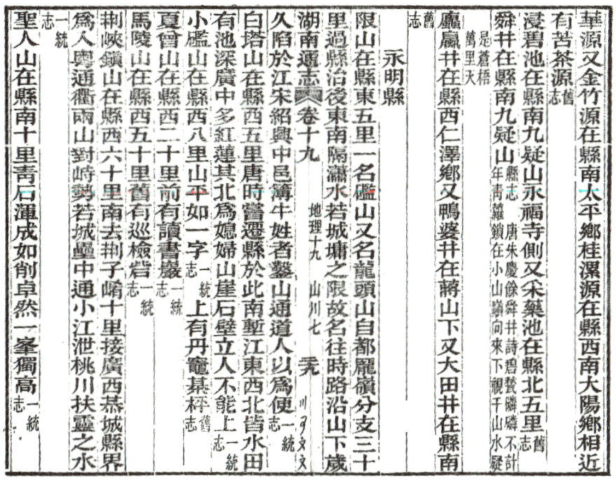
華源又金竹源在縣南太平鄉桂溪源在縣西南大陽鄉相近
有苦茶源(舊志)
浸碧池在縣南九疑山永福寺側又采藥池在縣北五里(舊志)
舜井在縣南九疑山(縣志 唐朱慶餘舜井詩碧甃磷磷不計年青蘿鎖在小山巔向來下視千山水疑是蒼梧萬里天)
鸁鸁井在縣西仁澤鄉又鴨婆井在蔣山下又大田井在縣南
(舊志)
永明縣
限山在縣東五里一名礚山又名龍頭山自都龐嶺分支三十
里過縣治後東南隔瀟水若城墉之限故名往時路沿山下歲
湖南通志 卷十九 地理十九 山川七
久陷於江宋紹興中邑簿牛姓者鑿山通道人以爲便(一統志)
白塔山在縣西五里唐時嘗遷縣於此南塹江東西北皆水田
有池深廣中多紅蓮其北爲媳婦山崖石壁立人不能上(一統志)
小礚山在縣西八里山平如一字(一統志) 上有丹竈棊枰(舊志)
夏曾山在縣西二十里前有讀書巖(一統志)
馬陵山在縣西五十里舊有巡檢砦(一統志)
荊峽鎮山在縣西六十里南去荊子嶠十里接廣西恭城縣界
爲入粵通衢兩山對峙勢若城壘中通小江泄桃川扶靈之水
(一統志)
聖人山在縣南十里青石渾成如削卓然一峯獨高(一統志)

清光绪《湖南通志》“地理志十九·山川七”载“舜井”

十二、宁远县重华岩

清康熙《永州府志》“卷一·图象”载“重华岩图”

清光绪《湖南通志》“地理志十九·山川七”载“斜岩”：在县东南。(《一统志》)岩内古木苍烟，石田棊布，有窦，可二丈，深不可测。执炬而入，见峻崖峭壁，寒泉冷风，石乳所结，成佛像、车盖、花果、器皿、飞走之属，唐刺史薛伯高命名，至道初太守张观更名紫虚洞。(《方舆胜览》)明嘉靖中改曰重华洞，又曰紫霞岩。中有石室，可坐百人，其东有洞，广大无际，兼有风洞、雷洞之异。(《一统志》)岩内有宋寇准题名。(《明统志》)

十三、宁远县娥皇峰、女英峰

清康熙《永州府志》“卷八·山川”载“娥皇峰”：在舜峰西六十里，其下亦沱水源。清康熙《永州府志》“卷八·山川”载“女英峰”：在舜峰西五十里，砅水源出其下。

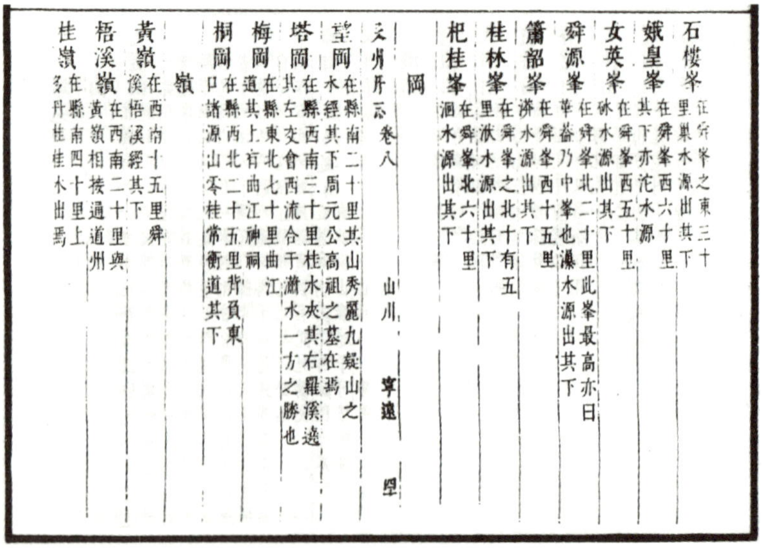
石樓峯 在舜峯之東三十里巢水源出其下
娥皇峯 在舜峯西六十里其下亦沱水源
女英峯 在舜峯西五十里砅水源出其下
舜源峯 在舜峯北二十里此峯最高亦曰華蓋乃中峯也瀟水源出其下
簫韶峯 在舜峯西十五里洊水源出其下
桂林峯 在舜峯之北十有五里洑水源出其下
杷桂峯 在舜峯北六十里涸水源出其下
岡
永州府志 卷八 山川 寧遠
望岡 在縣南二十里其山秀麗九疑山之水經其下周元公高祖之墓在焉
塔岡 在縣西南三十里桂水夾其右羅溪遶其左交會西流合于瀟水一方之勝也
梅岡 在縣東北七十里曲江道其上有曲江神祠
桐岡 在縣西北二十五里背負東口諸源山零桂常衡道其下
嶺
黄嶺 在西南十五里舜溪梧溪經其下
梧溪嶺 在西南二十里與黄嶺相接通道州
桂嶺 在縣南四十里上多丹桂桂木出焉

清康熙《永州府志》“卷八·山川”载“娥皇峰、女英峰”

十四、东安县舜峰山

清光绪《湖南通志》“地理志十八·山川六”载“舜峰山”：在县西四十里，即玉陛源，清溪水出此。（《旧志》）

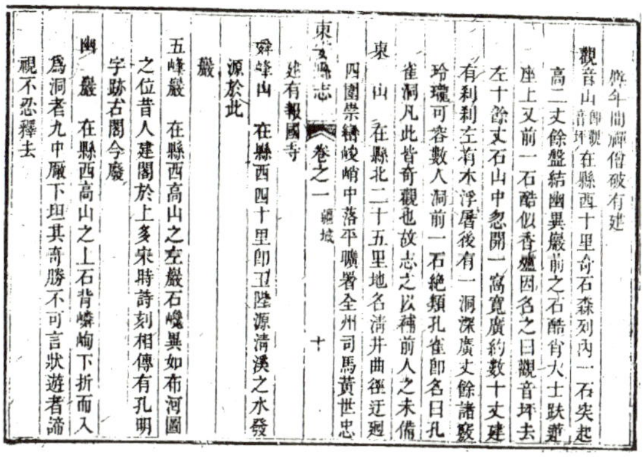
舜年間僧破有建
觀音山（即觀音坪）在縣西十里奇石森列內一石突起
高二丈餘盤結幽異巖前之石酷肖大士趺坐
座上又前一石酷似香爐因名之曰觀音坪去
左十餘丈石山中忽開一竅寬廣約數十丈建
有剎剎左有木浮屠後有一洞深廣丈餘諸竅
玲瓏可容數人洞前一石絕類孔雀即名曰孔
雀洞凡此皆奇觀也故志之以補前人之未備
東山 在縣北二十五里地名清井曲徑迂迴
四圍崇巒峻峭中落平曠署全州司馬黃世忠
東安縣志 卷之一 疆域 十
建有報國寺
舜峰山 在縣西四十里即玉陛源清溪之水發
源於此
巖
五峰巖 在縣西高山之左巖石嶙異如布河圖
之位昔人建閣於上多宋時詩刻相傳有孔明
字跡右閣今廢
幽巖 在縣西高山之上石背嶙峋下折而入
爲洞者九中廠下坦其奇勝不可言狀遊者諦
視不忍釋去

清乾隆《东安县志》“卷之一·疆域·山川”载“舜峰山”

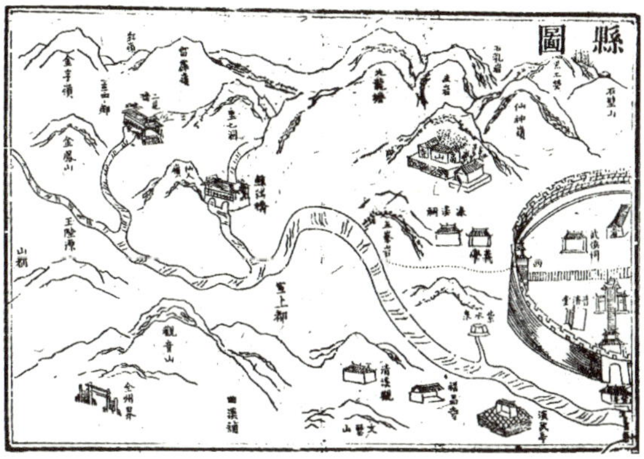

清乾隆《东安县志》“东安县图”（局部）载“玉陛源”

十五、东安县金字岭

清光绪《湖南通志》“地理志十八·山川六”载“金字岭”：在县西四十里，其脉自宝庆府武冈、新宁二州县来，层峦叠嶂，高接苍穹，下有舜庙，又名舜峰。（《一统志》）又西三十里有广福岭，与新宁县接界。（《旧志》）

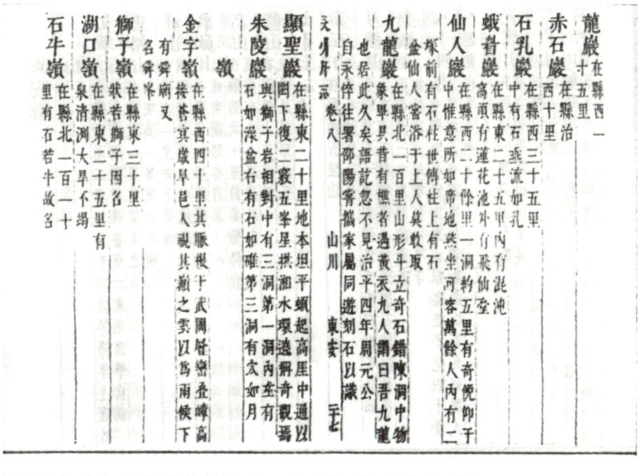
龍巖 在縣西一十五里
赤石巖 在縣治西十里
石乳巖 在縣西三十五里中有石乳流如孔
蛾眉巖 在縣東二十五里內有混池高頂有蓮花池外有飛仙臺
仙人巖 在縣西二十餘里一洞約五里有奇俛仰千中惟意所如帝地𦦨坐可容萬餘人內有二
峯前有石柱世傳仙上有石金仙人審游于上人莫敢取
九龍巖 在縣北一百里山形斗立奇石錯陳洞中物象畢具昔有樵者遇黃衣九人謂曰吾九龍
也居此久矣語訖忽不見治平四年周元公自永倅往署邵陽嘗攜家屬同遊刻石以識
永州府志 卷八 山川 東安 三七
顯聖巖 在縣東二十里地本坦平蛾起高崖中通以圖下復二竅五峯星拱湘水環遶嶄奇觀焉
朱陵巖 與獅子岩相對中有三洞第一洞內空有石如深盆右有石如碓第三洞有穴如月
嶺
金字嶺 在縣西四十里其脈根于武岡峻巒叠嶂高接蒼冥歲旱邑人視其巔之雲以爲雨候下有舜廟又名舜峯
獅子嶺 在縣東三十里狀若獅子因名
湖口嶺 在縣東二十五里有泉清洌大旱不竭
石牛嶺 在縣北一百一十里有石若牛故名

清康熙《永州府志》“卷八·山川”载“金字岭”

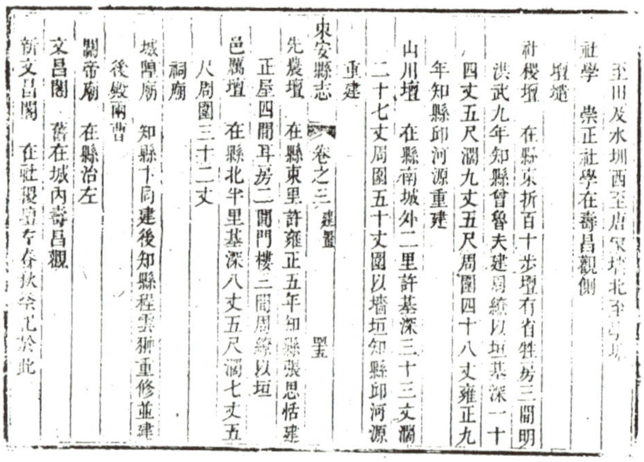

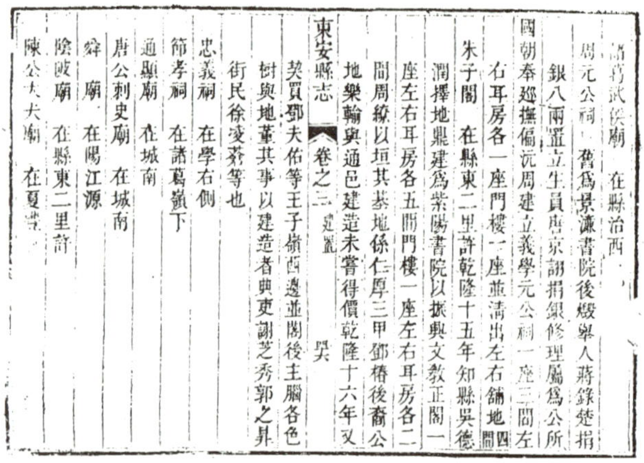

清乾隆《东安县志》“卷之三·建置·祠庙”载“舜庙”

十六、东安县舜庙

舜庙，在阳江源。

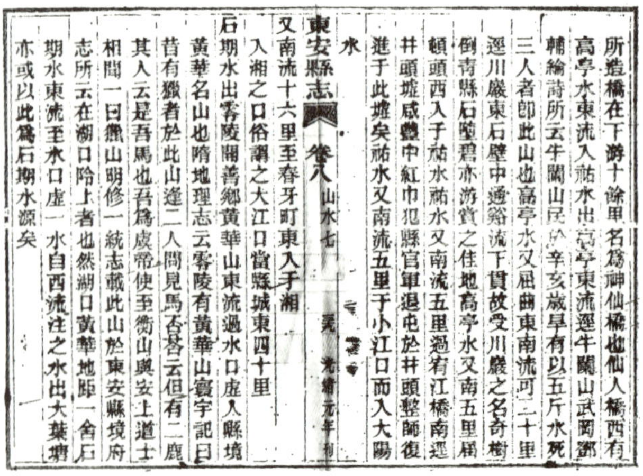

清光绪《东安县志》“卷之八·山水七”载“黄华山”

十七、东安县黄华山

黄华，名山也。隋《地理志》云：零陵有黄华山。《寰宇记》曰：昔有猎者，于此山逢二人，问，见马否？答云：但有二鹿。其人云：是吾马也。吾为虞帝使至衡山，与安上道士相闻。一曰猎山。

十八、道县斑竹岩

清光绪《湖南通志》“卷十九·地理志十九·山川七”载“斑竹岩”：“太阳原在州南，一名斑竹岩。（《一统志》）斑竹岩在州南五十步，多小斑竹。相传舜葬九疑，二妃从至此，以手拭泪把竹，遂成斑也。”（《元和志》）唐刘长卿《斑竹岩》诗：“苍梧在何处，斑竹自成林。点点留残泪，枝枝寄此心。寒山响易满，秋水影偏深。欲觅樵人路，蒙笼不可寻。”

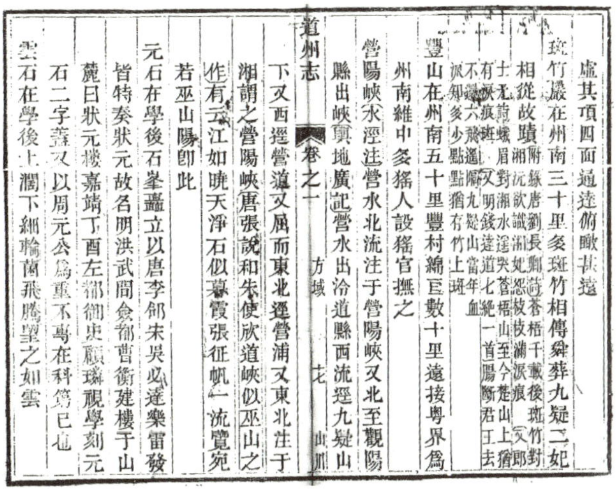
虛其頂四面通達俯瞰甚遠
斑竹巖在州南三十里多斑竹相傳舜葬九疑二妃
相從故蹟附錄唐劉長卿詩蒼梧千載後斑竹對湘沅欲識湘妃怨枝枝滿淚痕又郎士元詩蛾眉對湘水遙哭蒼梧山至今楚山上猶有淚痕斑又明錢達道七絕一首腸斷君王去不還六飛遙隔九疑山當年血淚知多少點點猶存竹上斑
豐山在州南五十里豐村綿亘數十里遠接粵界為
州南維中多猺人設猺官撫之
營陽峽水經注營水北流注于營陽峽又北至觀陽
縣出峽輿地廣記營水出泠道縣西流逕九疑山
道州志 卷之一 方域 七 山川
下又西逕營道又屈而東北逕營浦又東北注于
湘謂之營陽峽唐張說和朱使欣道峽似巫山之
作有云江如曉天淨石似暮霞張征帆一流覽宛
若巫山陽即此
元石在學後石峯矗立以唐李郃宋吳必達樂雷發
皆特奏狀元故名明洪武間僉都曹衡建樓于山
麓曰狀元樓嘉靖丁酉左都御史顧璘視學刻元
石二字蓋又以周元公為重不專在科第已也
雲石在學後上濶下細輪囷飛騰望之如雲

清嘉庆《道州志》“卷之一·方域”载“斑竹岩”

十九、道县舜庙

清光绪《道州志》“卷之二·古迹”载“舜庙”：在州学西元山下，唐刺史元结建。有舜庙《状》及《表》二碑，俱江华令瞿令问篆刻上石。庙久废，今石上尚存数字，余俱磨灭不可识。后汉《郡国志》引《营阳郡记》曰：营道县南三里余，有舜南巡止宿处，今立庙，石刻“虞山”二大字。

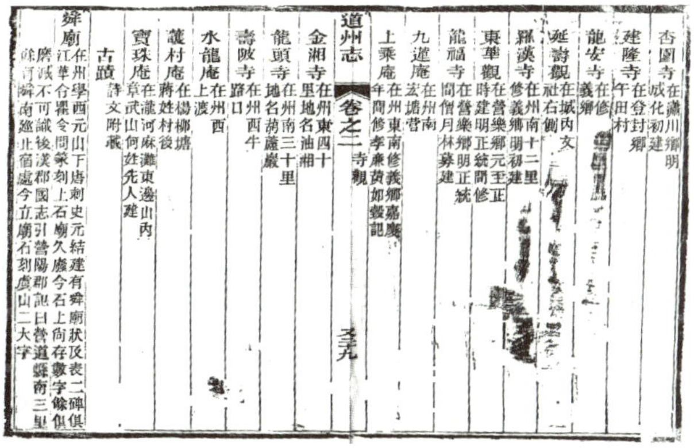
杏園寺在蕭川鄉明成化初建
建隆寺在登封鄉午田村
龍安寺在修義鄉
延壽觀在城內文社右側
羅漢寺在州南十二里修義鄉明初建
東華觀在營樂鄉元至正時建明正統間修
龍福寺在營樂鄉明正統間僧月林募建
九蓮庵在州南宏塘營
上乘庵在州東南修義鄉嘉慶年間修孝廉黃如穀記
道州志 卷之二 寺觀 三九
金湘寺在州東四十里地名油湘
龍頭寺在州南三十里地名葫蘆巖
壽佛寺在州西牛路口
水龍庵在州西上渡
護村庵在楊柳塘蔣姓村後
寶珠庵在濂河麻灘東邊山內草武山何姓先人建
古蹟 詩文附載
舜廟在州學西元山下唐刺史元結建有舜廟狀及表二碑俱江華令瞿令問篆刻上石廟久廢今石上尚存數字餘俱磨滅不可識後漢郡國志引營陽郡記曰營道縣南三里餘有舜南巡止宿處今立廟石刻虞山二大字

清光绪《道州志》“卷之二·古迹”载“舜庙”

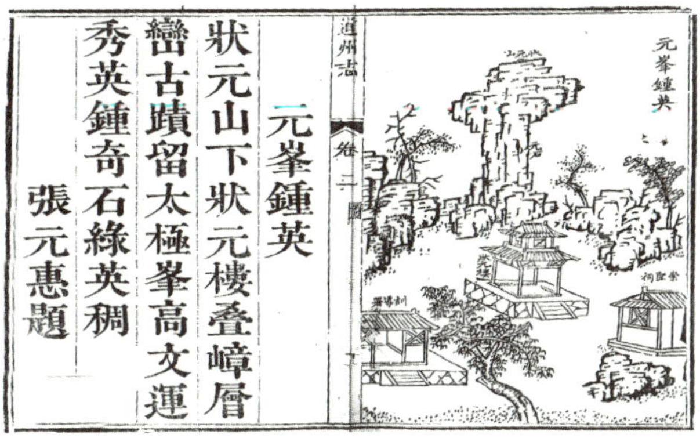

清嘉庆《道州志》“卷二·图·元峰钟英”载“元山”

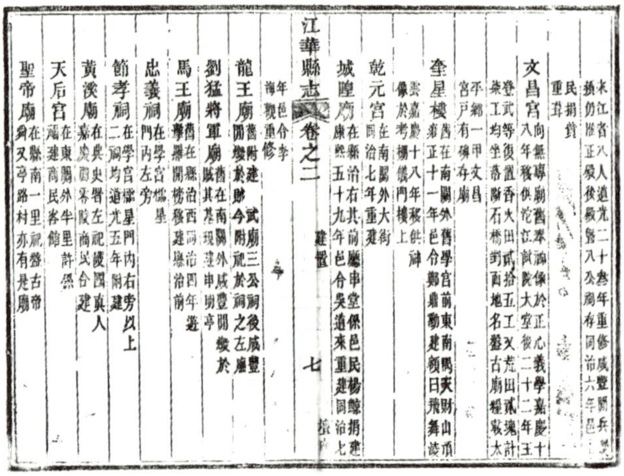

清同治《江华县志》“卷之二”载“圣帝庙”

二十、江华县圣帝庙

在县南一里，祀盘古、帝舜。又亭路村亦有是庙。

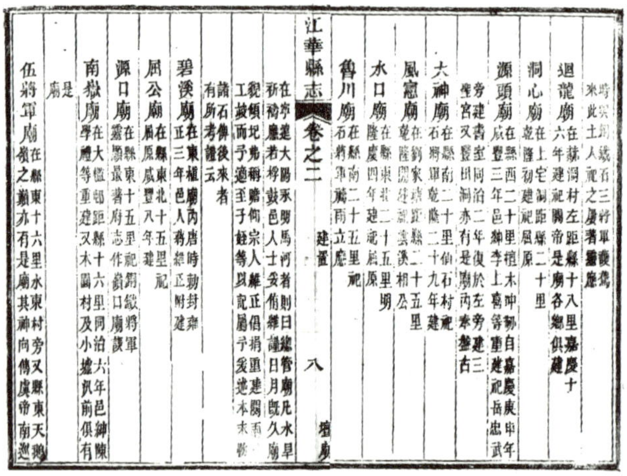

清同治《江华县志》“卷之二”载“伍将军庙”

二十一、江华县伍将军庙

在县东十六里水东村旁。又，县东天鹅岭之巅亦有是庙，其神向传虞帝南巡时，与铜铁石三将军护驾来此，土人祀之，屡著灵应。

二十二、双牌县鼻亭

附：［唐］柳宗元《道州毁鼻亭神记》

鼻亭神，象祠也。不知何自始立，因而勿除，完而恒新，相传且千岁。

元和九年，河东薛公由刑部郎中刺道州，除秽革邪，敷和于下。州之罢人，去乱即治，变呻为谣，若痿而起，若矇而瞭，腾踊相视，欢爱克顺。既底于理，公乃考民风，披地图，得是祠。骇曰："象之道，以为子则傲，以为弟则贼，君有鼻而天子之吏实理。以恶德专世祀，殆非化吾人之意哉！"命亟去之。于是撤其屋，墟其地，沈其主于江。公又惧楚俗之尚鬼而难谕也，乃遍告于人曰："吾闻'鬼神不歆非类'，又曰'淫祀无福'。凡天子命刺史于下，非以专土疆、督货贿而已也。盖将教孝弟，去奇邪，俾斯人敦忠睦友，祗肃信让，以顺于道。吾之斥是祠也，以明教也。苟离于正，虽千载之远，吾得而攘之，况今兹乎？苟有不善，虽异代之鬼，吾得而攘之，况斯人乎？州民既谕，相与歌曰：

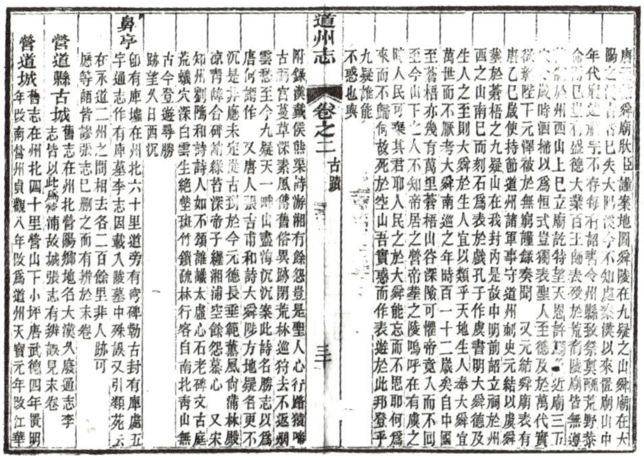
唐[illegible]舜廟狀臣謹案地圖舜陵在九疑之山舜廟在大
陽之[illegible]已失大[illegible]今不知[illegible]漢以來[illegible]廟山中
年代[illegible]不存[illegible]詔書令州縣致祭[illegible]荒野恭
命[illegible]盛德大業百王師表殁於荒裔陵廟皆無遺
[illegible]於州西山上已立廟訖特望天恩許[illegible]近廟三丁
[illegible]歲時灑掃以爲恒式豈獨表聖人至德及於萬代實
欲[illegible]陛下元澤被於無窮謹錄奏聞　又元結舜廟表有
唐乙巳歲使持節道州諸軍事守道州刺史元結以虞舜
葬於蒼梧之九疑山在我封內是故中明前詔立祠於州
西之山南已而刻石爲表於戲孔子作虞書明大舜德及
生人之至則大舜於生人宜以類乎天地生人奉大舜宜
萬世而不厭考大舜南巡之年時百一十二歲矣自中國
至蒼梧亦幾有萬里蒼梧山谷深險可懼帝竟入而不回
至今山下之人不知帝居之營帝塋之陵嗚呼在有虞之
時人民可奉其君耶人民之於大舜能忘而不思耶何爲
來而不歸何故死於空山吾實惑而作表遊於此邪登乎
九疑誰能
不惑也與
道州志　卷之二　古蹟
附錄漢藏侯熊渠詩游湘有餘怨豈是聖人心行路猿啼
古時宮蔓草深素風傳舊俗異跡閉荒林巡狩去不返煙
雲愁至今九疑天一畔山盡海沉沉案此詩名勝志以爲
唐何謂作　又唐人張古甫和詩大舜陟方地疑名更不
沉是非應未定從古到於今元德長垂範薰風尙滿林殿
凉青嶂合碑蘚綠苔深帝子纏湘浦空餘怨慕心　又宋
知州劉隲和詩詩人如不預誰識太虛心石老碑文古庭
荒蟻穴深白雲生絕壁斑竹鎖疏林行客自南北青山無
古今登遊尋勝跡望久日西沉
鼻亭　即有庳墟在州北六十里道旁有穹碑勒古封有庳處五
字通志作有庳墓李志因載入陵墓中殊誤又引類苑云
在永道二州之間相去各二百餘里非人跡可
歷等語皆謬張志已删之而有辨於末卷
營道縣古城舊志在州北營陽鄉地名大漢久廢通志李
志皆以此爲營浦故城張志有辨誤見末卷
營道城舊志在州北四十里營山下小坪唐武德四年置明
年改南營州貞觀八年改爲道州天寶元年改江華

清光绪《道州志》"卷之二·占迹"载"鼻亭"：在州（道州）北六十里，道旁有穹碑，勒"古封有庳处"五字

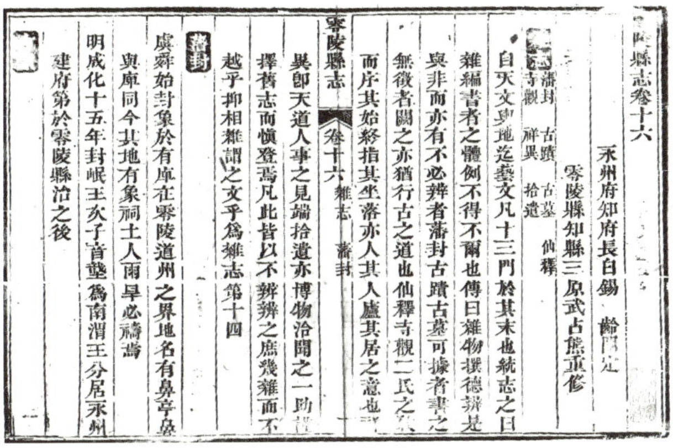
陵縣志卷十六
永州府知府長白錫　齡　同定
零陵縣知縣三原武占熊重修
藩封　古蹟　古墓　仙釋　寺觀　祥異　拾遺
自天文輿地迄藝文凡十三門於其末也統志之曰
雜編書者之體例不得不爾也傳曰雜物撰德辨是
與非而亦有不必辨者藩封古蹟古墓可據者書之
無徵者闕之亦猶行古之道也仙釋寺觀二氏之[illegible]
而序其始終指其坐落亦人其人廬其居之意也[illegible]
零陵縣志　卷十六　雜志　藩封
異即天道人事之見端拾遺亦博物洽聞之一助甚
擇舊志而愼登焉凡此皆以不辨辨之庶幾雜而不
越乎抑相雜謂之文乎爲雜志第十四
藩封
虞舜始封象於有庫在零陵道州之界地名有鼻亭鼻
與庫同今其地有象祠土人雨旱必禱焉
明成化十五年封岷王次子音𡐓爲南渭王分居永州
建府第於零陵縣治之後

清嘉庆《零陵县志》"卷十六·杂志·藩封"载：虞舜始封象于有库，在零陵道州之界地，名有鼻亭。鼻与库同，今其地有象祠，土人雨旱必祷焉

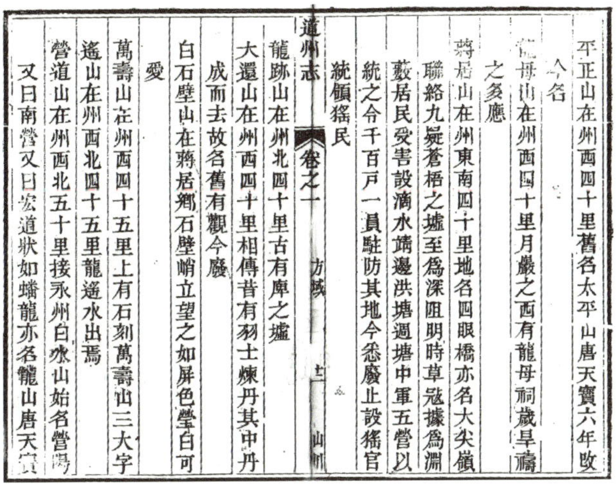
平正山在州西四十里舊名太平山唐天寶六年改
今名
龍母山在州西四十里月巖之西有龍母祠歲旱禱
之多應
蔣居山在州東南四十里地名四眼橋亦名大尖嶺
聯絡九疑蒼梧之墟至爲深阻明時草寇據爲淵
藪居民受害設滴水鋪邊洪塘週塘中軍五營以
統之令千百戶一員駐防其地今悉廢止設猺官
統領猺民
道州志　卷之一　方域　山川
龍跡山在州北四十里古有庳之墟
大還山在州西四十里相傳昔有羽士煉丹其中丹
成而去故名舊有觀今廢
白石壁山在蔣居鄉石壁峭立望之如屏色瑩白可
愛
萬壽山在州西四十五里上有石刻萬壽山三大字
遙山在州西北四十五里龍遙水出焉
營道山在州西北五十里接永州白水山始名營陽
又曰南營又曰宏道狀如蟠龍亦名龍山唐天寶

清嘉庆《道州志》"卷之一·方域"载"龙迹山"：在州北四十里，古有庳之墟

我有耇老，公燠其肌。
我有病癃，公起其羸。
髫童之嚚，公实智之。
鳏孤孔艰，公实遂之。
孰尊恶德，远矣自古。
孰羡淫昏，俾我斯瞽。
千岁之冥，公辟其户。
我子洎孙，延世有慕。

宗元时谪永州，迩公之邦。闻其歌诗，以为古道罕用，赖公而存，斥一祠而二教兴焉。明罚行于鬼神，恺悌达于蛮夷，不惟禁淫祀、黜非类而已。愿为记以刻山石，俾知教之首。

二十三、蓝山县舜水

清光绪《湖南通志》“地理志二十八·山川十六·蓝山县”载“岿水”：在县南三里。(《旧志》)县有岿水，出九疑山杞林峰，亦名舜水，北流合舂陵水。(《方舆纪要》)

明代成先登有《舜水诗》一首：众山纷合沓，一水独当中。源是圣人泽，清流太古风。真机能久息，灏气自宏通。名与乾坤峙，常留过化功。

清康熙《蓝山县志》“蓝山县八景图·舜水环奇”载“舜水”

二十四、蓝山县舜岩

清光绪《湖南通志》“地理志二十八·山川十六·蓝山县”载“舜岩”：在县西三十里。洞门逼窄，中有石旗、石帐、石榻。岩下出水，即舜水之源。溯源而入，可径达九疑。（《一统志》）

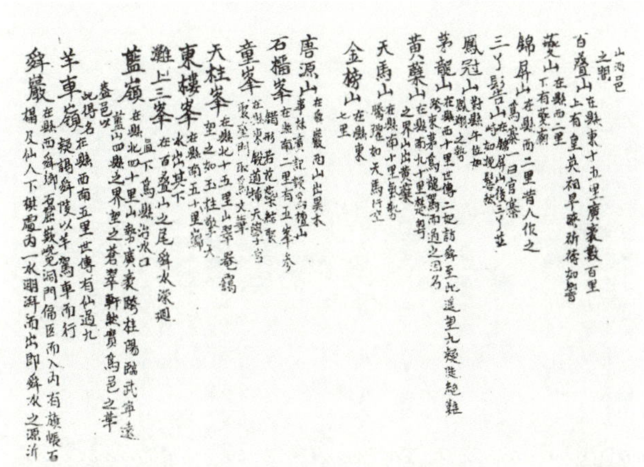

清康熙《蓝山县志》“山川”载“舜岩”

民国《蓝山县图志》“卷五·古迹景物录”载“舜岩”

二十五、蓝山县舜乡

在县西南，舜过化处。唐源、舜岩、舜水、舜庙，诸胜迹俱存。

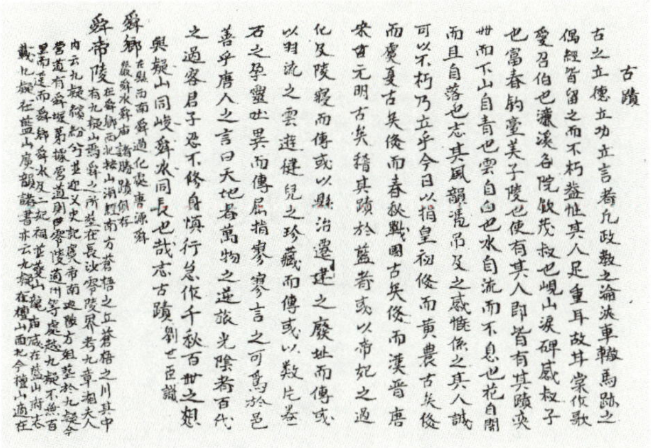

清康熙《蓝山县志》“古迹”载“舜乡”

二十六、蓝山县舜帝庙、皇英祠

清康熙《蓝山县志》“坛庙”载“舜帝庙”：“在舜乡白田江笔架山前，内塑舜帝及二妃像。”清康熙《蓝山县志》“坛庙”载“皇英祠”：“在白叠山巅，树木丛杂，人迹罕至。惟岁旱潦，乡人夥聚，迎神而出，遍踏四郊，往往有应。”

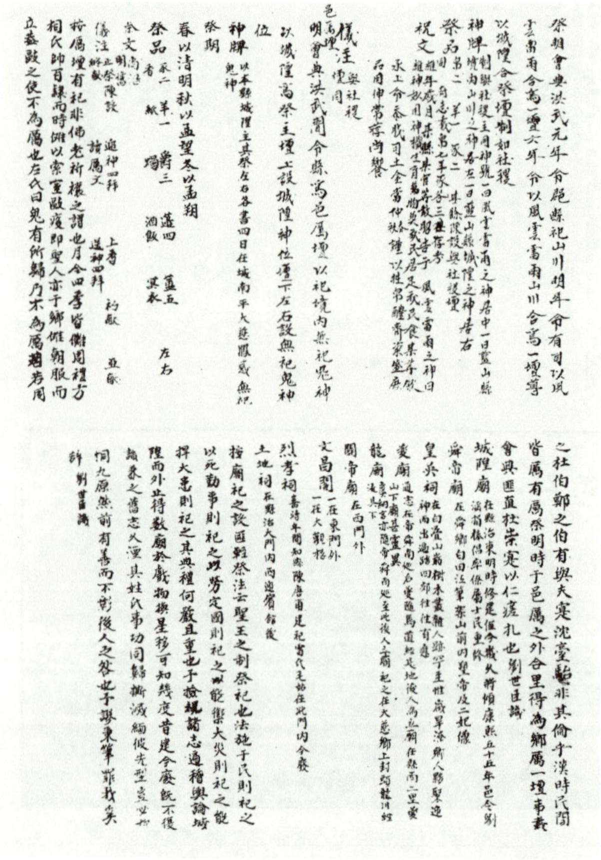

清康熙《蓝山县志》“坛庙”载“舜帝庙”“皇英祠”

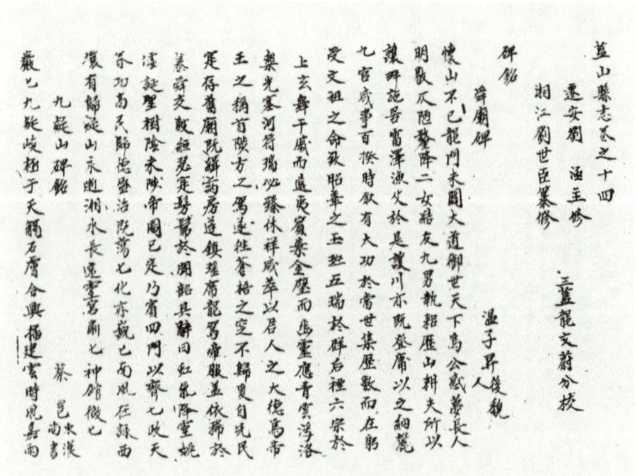

清康熙《蓝山县志》“卷之十四·碑铭”载“舜庙碑”

民国《蓝山县图志》“卷五 · 古迹景物录”载“舜庙”

民国《蓝山县图志》“卷五 · 古迹景物录”载“皇英故祠”

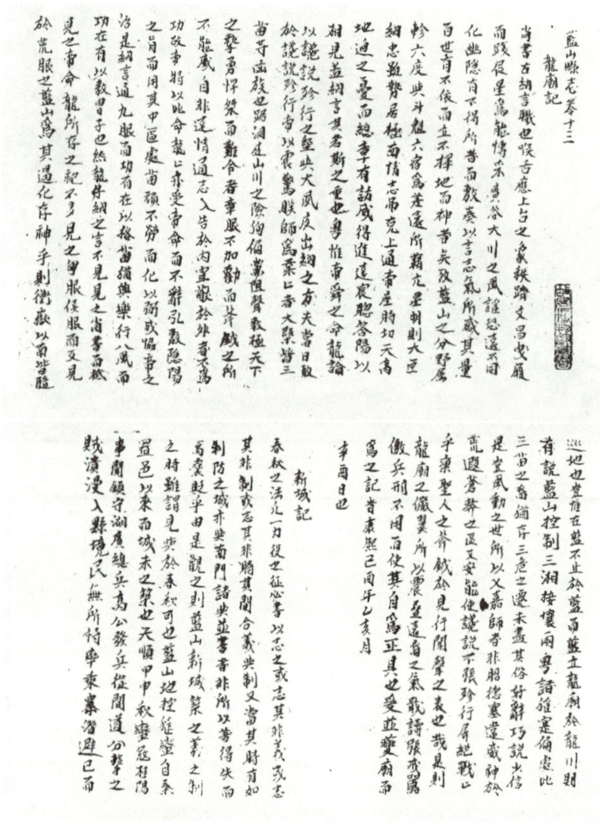

清康熙《蓝山县志》“卷十三”载“龙庙记”

二十七、蓝山县夔庙、龙庙

清康熙《蓝山县志》“坛庙”载“夔庙”：“《通志》：在帝舜南巡，后夔随焉，道经是地，后人为立，庙在县西二里夔山下，庙甚灵异。”清康熙《蓝山县志》“坛庙”载“龙庙”：“舜纳言，亦随帝舜南巡至此，后人立庙祀之。在大慈乡上封头，龙川经流其下。”

民国《蓝山县图志》“卷五・古迹景物录”载“夔庙”

民国《蓝山县图志》“卷五・古迹景物录”载“龙庙”

二十八、零陵区潇湘庙

旧在潇湘滩西崖，唐贞元九年三月水至城下，官民祷而有应。至于漕运艰阻，旱干水溢，民辄叩焉。后徙于东崖。至癸巳，庙遭兵燹，遂移至潇湘门内。洪武壬戌，知县曹恭增置殿宇。四年，敕封潇湘二川之神。国朝因之，春秋官祭。其庙士民相继修葺，规模壮丽。嘉庆壬申重修。（道光《永州府志》）

清嘉庆《零陵县志》“卷一・图象・潇湘图”载“潇湘楼（潇湘庙）”

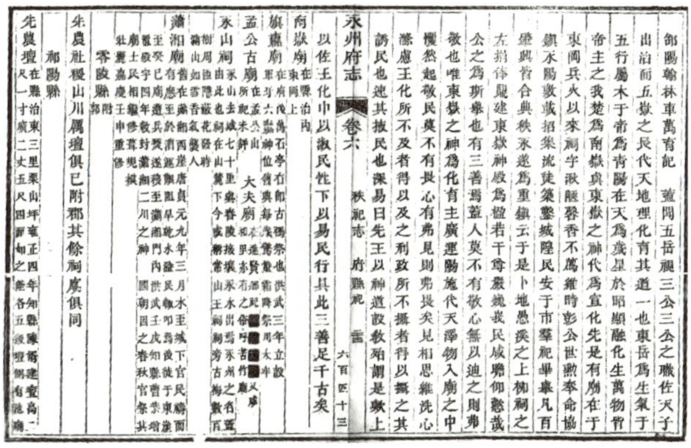

郡賜翰林車萬育記　蓋聞五岳視三公三公之職佐天子出治而五嶽之神代天地理化育其道一也東岳爲生氣于五行屬木于帝爲青陽在天爲歲星於昭顯融化生萬物皆帝主之我楚爲南嶽與東嶽之神代爲宣化先是有廟在于東關兵火以來祠宇湫隘馨香不薦維時彭公世勳奉命協鎮永陽數載招集流徙築塹城隍民安于市犨祀畢舉凡百壁與皆合典秩丞遂爲重鎮云于是卜地愚溪之上柳祠之左捐俸鼎建東嶽神殿爲楹若干尊嚴巍峩民咸瞻仰懿哉公之爲斯舉也有三善焉蓋人莫不有敬心無以迪之則弗敬也唯東嶽之神爲化育主廣運賜施代天澤物入廟之中懔然起敬民莫不有畏心有弗見則弗畏矣見相思維洗心滌慮王化所不及者得以及之刑政所不攝者得以攝之其誘民也速其拔民也深易曰先王以神道設教殆謂是歟上

永州府志　卷六　秩祀志　府縣祀　六百四十三

以佐王化中以淑民性下以易民行具此三善足千古矣

南嶽廟 在縣治內東門上

旗纛廟 在府治南石亭右即古禡祭也洪武三年立歲軍牙六纛神位每歲驚蟄霜降祭用太牢

孟公古廟 在孟公山所祀未詳　大夫廟 祀本邑進賢鄉[illegible]

永山祠 永山去城七十里奧脊陵拔環永水出焉永州之名實由此也祠在山巔下今廢祠常山王祠祠旁古梅數百樹周匝隱蔽花發時滿山如雪香氣襲人

瀟湘廟 舊在瀟湘西崖唐貞元九年三月水至城下官民禱而有應至於漕運艱阻旱乾水溢民輒叩焉後徙于東崖至癸巳廟遭兵燹遂移至瀟湘門內洪武壬戌知縣曹恭增置殿宇四年敕封瀟湘二川之神國朝因之春秋官祭其廟士民相繼修葺規模壯麗嘉慶壬申重修

零陵縣 郭附

先農社稷山川厲壇俱已附郡其餘祠廟俱同

祁陽縣

先農壇 在縣治東三里栗山坪雍正四年知縣陳[illegible]建壇高二尺一寸廣二丈五尺四面如之陛各五級壇側有祗廟

清道光《永州府志》“卷六・秩祀志・府县祀”载“潇湘庙”

附：［唐］柳宗元《湘源二妃庙碑（并序）》

元和九年八月二十日，湘源二妃庙灾。司功掾守令彭城刘知刚，主簿安邑卫之武，告于州刺史御史中丞清河崔公能。祗栗厥戒，会群吏，洎众工，发开元诏书，惧废守祀。搜考赢羡，均节委积。咸执牍聿（大典作笔，英华作律），至于祠下。稽度既备，佣役惟时。斩木于上游，陶埴于水涯，乃桴乃载，工逸事遂。作貌显严，粲然而威。十有一月庚辰，陈莫荐辞，立石于庙门之宇下。惟父子夫妇，人道之大。大哉二神，咸极其会。为子而父尧，为妇而夫舜。齐圣并明，弼成授受。内若嚚瞽，上承辉光。克艰以乂，德罔不至。帝既野死，神亦不返。食于兹川，古有常典。驱祓戾孽，恢宣淑灵。敢或失职，以奸大刑。有翼其躬，有苾其馨。沈牲爰告，即石是铭。铭曰：

渊懿承圣，舜妻尧女。德刑妫汭，神位湘浒。揆兹有初，克硕厥宇。唐命秩祀，兹邑攸主。毛牷既副，椒馨爰糈。允于万年，期保伊祜。潜火煽孽，炖于融风。神用播迁，时罔克龚。邑令群吏，告于郡公。廉用积余，以就尔功。桴木负埴，载流于江。既夷以成，崇宇峻墉。絜严清闲，左右率从。神乐来归，徒御雍雍。神既安止，邦人载喜。奉其吉玉，以对嘉祉。南风湑湑，湘水如舞。将子无欢，神听钟鼓。丰其交报，邦邑是与。刻此乐歌，以极终古。

清乾隆《嘉禾县志》“卷之三”载“舜源浩荫”

二十九、嘉禾县“舜源浩荫”

清同治《嘉禾县志》“诗·卷之二十五·嘉禾县八景诗”载“岿江萦带”：“旧作舜源浩荫。”另，“山川·卷之五”载“岿江”：在县南三里，原（源）出九疑，过蓝山，经滏口渡入嘉南境，东历到荫车，至永济桥又北径西车弯（湾），穿石门山，会桂阳州春陵水入于湘。明郡司马张公颜曰“舜源浩荫”。

民国《嘉禾县图志》“卷三·山川”载：蓝山县西南为舜乡，钟源所经，故曰“舜县”。旧《县志》列“舜源浩荫”为八景。

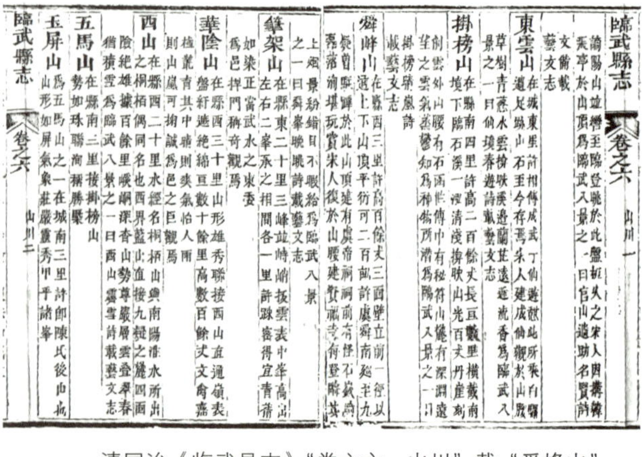
臨武縣志 卷之六 山川一

讀陽山竝轡至臨登眺於此盤桓久之宋人因構韓亭於山頂為臨武八景之一曰官山遺跡名賢詠文備載藝文志

東雲山在城東里許相傳成武丁仙遊憩此所乘白鶴遺足迹山石至今存焉宋人建成仙觀於山腰草樹青蔥水雲掩映溪邊蘭芷遠逕流香為臨武八景之一曰仙境春遊詩載藝文志

掛榜山在縣南四里許高二百餘丈長亘數里橫截南境下臨石溪一泓清淺掩映山光百丈丹崖刻削雲外山腰有石函世傳中有秘符山巔有深淵遠望之雲氣蒸鬱知為神物所潛為臨武八景之一曰掛榜晴嵐詩載藝文志

舜峰山在縣西三里許高百餘丈三面壁立前一徑以通上下山頂平衍可二百畝許虞舜南巡至九疑曾駐蹕於此山頂建有虞帝祠祠前有怪石嶔崎磊落洵堪玩賞宋人復於山腰建資福寺每登臨其上烟景紛錯目不暇給為臨武八景之一曰舜峰晚眺詩載藝文志

筆架山在縣東二十里三峰竝峙崢拔雲表中峰高出左右二峰承之相間各一里許蹤密得宜青蒼如染正當武水之東委為邑捍門稱奇觀焉

華陰山在縣西三十里山形雄秀聯接西山直通嶺表盤紆遮絕綿亘數十餘里高數百餘丈文奇嘉植叢育其中晴則爽氣怡人雨則山嵐可掬誠為邑之巨觀焉

西山在縣西二十里水經名桐柏山與南陽淮水所出之桐柏偶同名也西界藍山直接九疑之麓四面險絕雄據百餘里嵯峨深杳山勢尊嚴層雲疊翠春猶積雪為臨武八景之一曰西山霽雪詩載藝文志

五馬山在縣南三里接掛榜山勢如珠聯尚稱勝槩

玉屏山為五馬山之一在城南三里許即陳氏後山也山形如屏氣象莊嚴靈秀甲乎諸峯

臨武縣志 卷之六 山川二

清同治《临武县志》“卷之六·山川”载“舜峰山”

三十、临武县舜源峰

舜峰山，在县西三里许，高百余丈，三面壁立，前一径以通上下，山顶平衍，可二百亩许。虞舜南巡至九疑，曾驻跸于此山顶，建有虞帝祠，祠前有怪石嵚崎磊落，洵堪玩赏。宋人复于山腰建资福寺，每登临其上，烟景纷错，目不暇给，为临武八景之一，曰“舜峰晚眺”，诗载《艺文志》。

清同治《临武县志》“八景图”载“舜峰晚眺”

三十一、临武县舜庙

在县西舜峰山。元至元四年县尹闵纯孝重建，有记。明嘉靖十一年知县郭宏德重修。

附：［清］李晋兴《黄门岩记》（节录）

……绕路之上为虞峰，峰顶有庙祀帝舜……绕溪之上为牛冈，殆就形名之……然崖产白石，击之纵横解，即方解石也。武溪自华阴山奔赴，至此受束缚。又多巉石，激之怒湍，盘旋难下。从此登峰造极，则披薰风，戴卿云。虽山蒙茸险峻，然望帝居咫尺，万象森罗，欣然贾勇。左则城、郭、市、村，烟火迷离在望；右盼高岭嵯峨，山涧回向，千盘万曲，村居杂出，若远若近。前招华阴爽气，三峰耸于云汉；后览东山，而龙洞烟云如结，桂岭光藻夺目。庙前一石盈数丈，斜倚欲坠。上有巨灵掌痕。相传帝南巡驻此，奏韶乐，山神震动。石将圮，有巨人以掌承之，得不坠，至今掌迹宛然。下为资福古刹。舜峰有石，累累如雪霜，可照树木人物，或即雪霜凝耳。帝服冕旒藻裳，恭已南面，之化如生。庙侧有古寨，雉墉门阃井然。或曰：此古昔居民避乱所筑。以山之四面峻绝，易守难攻。而余谓是当年南巡驻师遗址，亦想当然耳。

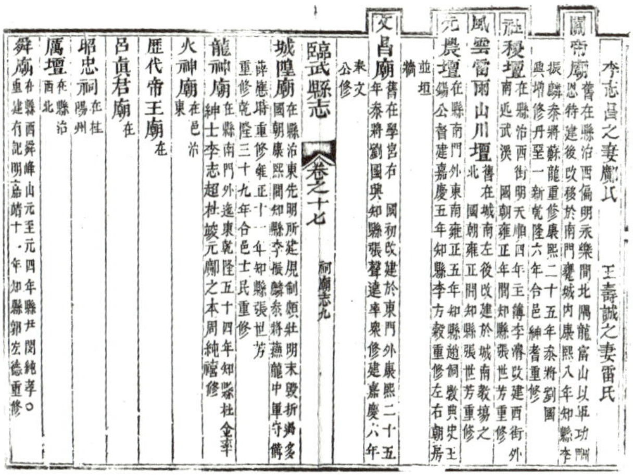
臨武縣志　卷之十七　祠廟志九

關帝廟

社稷壇

風雲雷雨山川壇

先農壇

文昌廟

城隍廟

龍神廟

火神廟

歷代帝王廟

呂真君廟

昭忠祠

厲壇

舜廟 在縣西舜峰山元至元四年縣尹閔純孝重建有記明嘉靖十一年知縣郭宏德重修

清同治《临武县志》“卷之十七・祠庙志九”载“舜庙”

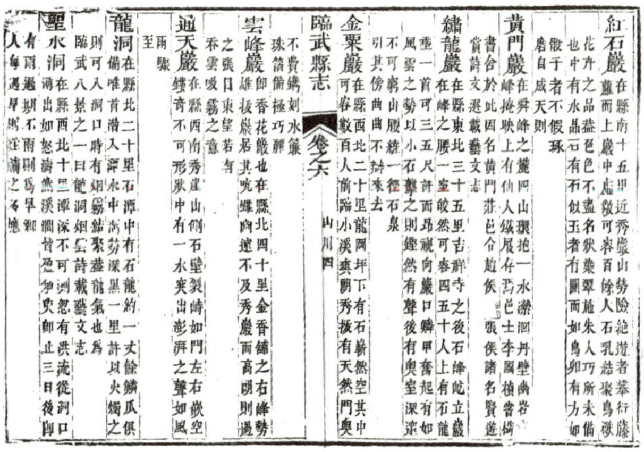
紅石巖

黃門巖

繡龍巖

金粟巖

臨武縣志　卷之六　山川四

雲峰巖

通天巖

龍洞

聖水洞

清同治《临武县志》“卷之六・山川四”载“黄门岩”

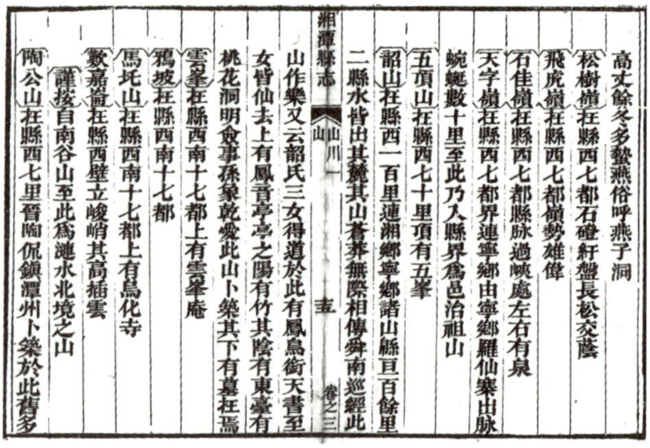
高丈餘冬多蟄燕俗呼燕子洞
松樹嶺在縣西七都石磴紆盤長松交蔭
飛虎嶺在縣西七都嶺勢雄偉
石佳嶺在縣西七都縣脉過峽處左右有泉
天字嶺在縣西七都界連寧鄉由寧鄉羅仙寨出脉
蜿蜒數十里至此乃入縣界爲邑治祖山
五頂山在縣西七十里頂有五峯
韶山在縣西一百里連湘鄉寧鄉諸山緜亘百餘里
二縣水皆出其麓其山蒼莽無際相傳舜南巡經此
湘潭縣志 山川一 山 卷之三
山作樂又云韶氏三女得道於此有鳳鳥銜天書至
女皆仙去上有鳳音亭亭之陽有竹其陰有東臺有
桃花洞明僉事孫象乾愛此山卜築其下有墓在焉
雲峯在縣西南十七都上有雲峯庵
鴉坡在縣西南十七都
馬坧山在縣西南十七都上有烏化寺
數嘉嶺在縣西壁立峻峭其高插雲
謹按自南谷山至此爲漣水北境之山
陶公山在縣西七里晉陶侃鎮潭州卜築於此舊多

清嘉庆《湘潭县志》载“韶山”

三十二、韶山

韶山，又仙女山。清嘉庆《湘潭县志》“卷之三·山川一·山”载“韶山”：在县西一百里，连湘乡、宁乡诸山，绵亘百余里，二县水皆出其麓。其山苍茫无际，相传舜南巡经此山作乐。

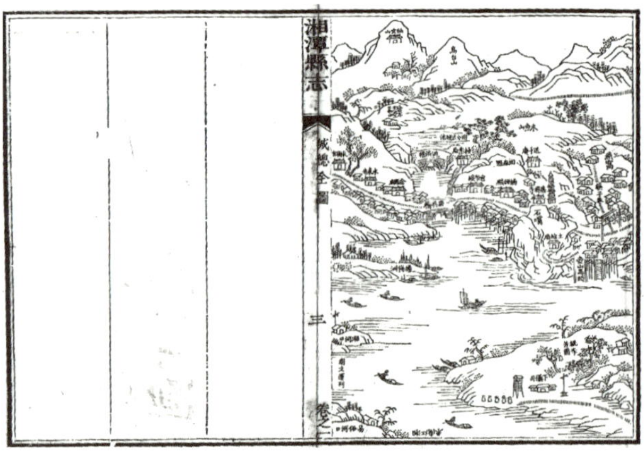

清嘉庆《湘潭县志》“城总全图”（局部）载“仙女山”

三十三、蒸湘区雨母山

清光绪《湖南通志》“地理志十六·山川四”载“雨母山”：在衡阳县西南二十里，一名云阜山，周四百里。（《一统志》）山有祠坛，每祈祷，无不降雨，以是名之。（《荆州记》）舜南游经此，立祠，每祭有云气起。（《湘中志》）衡阳有雨母山。（《唐书·地理志》）豉豉江水出此，流会烝水。（《明统志》）

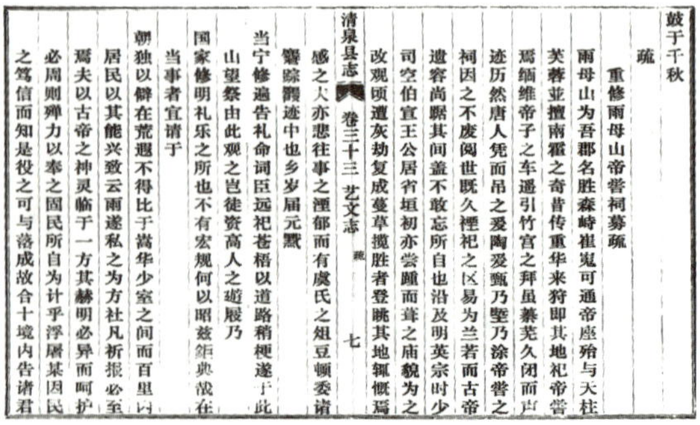
鼓于千秋
疏
重修雨母山帝喾祠募疏
雨母山为吾郡名胜森峙崔嵬可通帝座殆与天柱
芙蓉並擅南岳之奇昔传重华来狩即其地祀帝喾
焉缅维帝子之车遥引竹宫之拜虽蓁芜久闭而声
迹历然唐人凭而吊之爰陶爰甄乃墍乃涂帝喾之
祠因之不废阅世既久禋祀之区易为兰若而古帝
遗容尚赈其间盖不敢忘所自也沿及明英宗时少
司空伯宣王公居省垣初亦尝蹑而葺之庙貌为之
改观顷遭灰劫复成蔓草揽胜者登眺其地辄慨焉
清泉县志 卷三十三 艺文志 疏 七
感之大亦悲往事之湮郁而有虞氏之俎豆顿委诸
蠹踪黯迹中也乡岁届元黓
当宁修遍告礼命词臣远祀苍梧以道路稍梗遂于此
山望祭由此观之岂徒资高人之游履乃
国家修明礼乐之所也不有宏规何以昭兹钜典哉在
当事者宜请于
朝独以僻在荒遐不得比于嵩华少室之间而百里内
居民以其能兴致云雨遂私之为方社凡祈报必至
焉夫以古帝之神灵临于一方其赫明必异而呵护
必周则殚力以奉之固民所自为计乎浮屠某因民
之笃信而知是役之可与落成故合十境内告诸君

清乾隆《清泉县志》（铅印本）“卷三十三·艺文志·疏·《重修母云山帝喾祠募疏》”载：昔传重华来狩，即其地祀帝喾焉

清乾隆《清泉县志》（铅印本）“卷首”载“雨母山”

三十四、南岳舜南巡驻跸处

清乾隆《南岳志》“卷之一·形胜”载“安上峰”：在岳庙西，中有舜庙、舜洞、舜溪。相传舜南巡驻跸于此。其下为安乐寺，即今止观桥也。峰多巉石，里人呼为灵岩。石间多旧刻，率磨灭，其可识者曰笔墟、曰琴台、曰蟾石。复有《题蟾石诗》曰：月宫曾折桂，遗影玉蟾边。人既收仙籍，喦（岩）应系洞天。有名终不古，无物胜长年。妙得琴中趣，此声非指传。其田平处石壁耸峙，壁镌舜樟，字大如斗。昔人云：岂舜巡狩经行处，当时尚有古木存者，如秦松汉柏耶。

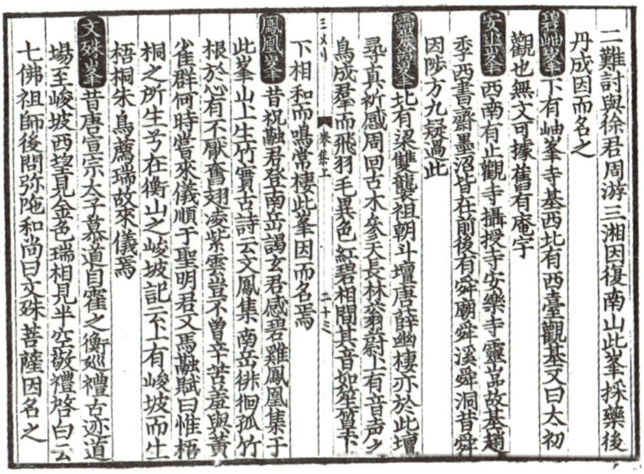

二難討與徐君周游三湘因復南山此峯採藥後
丹成因而名之
芙岫峯 下有岫峯寺基西北有西臺觀基又曰太初
觀也無文可據舊有庵宇
安上峯 西南有止觀寺攝授寺安樂寺靈岩故基趙
季西書齋墨沼皆在前後有舜廟舜溪舜洞昔舜
因陟方九疑過此
靈鳥峯 北有梁雙龍祖朝斗壇唐薛幽棲亦於此壇
尋真祈感周回古木參天長林蓊蔚下有音聲如
鳥成群而飛羽毛異色紅碧相間其音如笙簧下
下相和而鳴常棲此峯因而名焉
鳳凰峯 昔祝融君登南岳謁玄君感碧雞鳳凰集于
此峯山上生竹實古詩云文鳳集南岳徘徊孤竹
根於今不厭飡力翅凌紫雲豈不曾辛苦羞與黃
雀群何時當來儀順于聖明君又馬融賦曰惟梧
桐之所生兮在衡山之峻坡記云上有峻坡而生
梧桐朱鳥薦瑞故來儀焉
文殊峯 昔唐宣宗太子慕道自霍之衡廻禮古迹道
場至峻坡西望見金色瑞相見半空致禮稽首白云
七佛祖師後問弥陁和尚曰文殊菩薩因名之

清光绪三十三年刻本·宋陈田夫撰《南岳总胜集》载“安上峰”

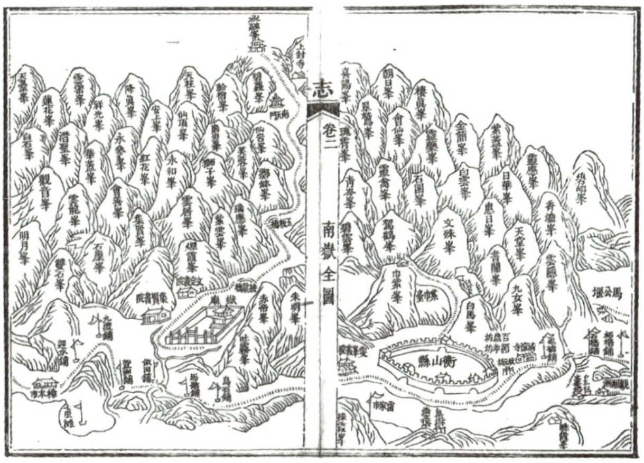

清乾隆《南岳志》“卷之一·山图·南岳山图”（局部）载“安上峰”

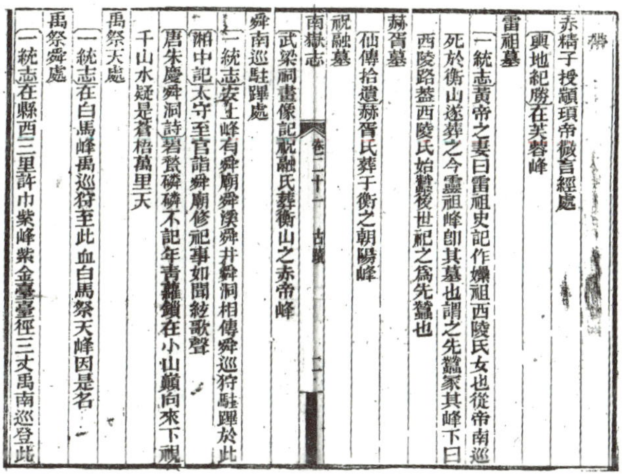

赤精子授顓頊帝微旨經處
輿地紀勝在芙蓉峰
雷祖墓
一統志黃帝之妻曰雷祖史記作嫘祖西陵氏女也從帝南巡死於衡山遂葬之今靈祖峰即其墓也謂之先蠶冢其峰下曰西陵路蓋西陵氏始蠶後世祀之爲先蠶也
赫胥墓
佃傳拾遺赫胥氏葬于衡之朝陽峰
祝融墓
武梁祠畫像記祝融氏葬衡山之赤帝峰
南嶽志 卷二十一 古蹟
舜南巡駐蹕處
一統志安上峰有舜廟舜溪舜井舜洞相傳舜巡狩駐蹕於此
衡中記太守至宮詣舜廟修祀事如聞絃歌聲
唐朱慶舜洞詩碧甃磷磷不記年青蘿鎖在小山巓向來下視千山水疑是蒼梧萬里天
禹祭天處
一統志在白馬峰禹巡狩至此血白馬祭天峰因是名
禹祭舜處
一統志在縣西三里許巾紫峰紫金臺徑三丈禹南巡登此

清光绪《南岳志》“卷二十一·古迹”载“舜南巡驻跸处”。

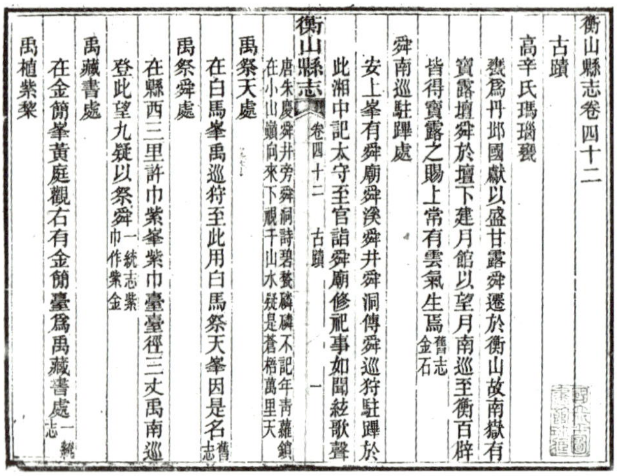
衡山縣志卷四十二
古蹟
高辛氏瑪瑙甕
甕爲丹邱國獻以盛甘露舜遷於衡山故南嶽有
寶露壇舜於壇下建月館以望月南巡至衡百辟
皆得寶露之賜上常有雲氣生焉舊志金石
舜南巡駐蹕處
安上峯有舜廟舜溪舜井舜洞傳舜巡狩駐蹕於
此湘中記太守至官詣舜廟修祀事如聞絃歌聲
衡山縣志 卷四十二 古蹟 一
唐朱慶舜井旁舜祠詩碧甃磷磷不記年青蘿鎖
在小山巔向來下視千山水疑是蒼梧萬里天
禹祭天處
在白馬峯禹巡狩至此用白馬祭天峯因是名舊志
禹祭舜處
在縣西三里許巾紫峯紫巾臺臺徑三丈禹南巡
登此望九疑以祭舜一統志紫巾作紫金
禹藏書處
在金簡峯黃庭觀右有金簡臺爲禹藏書處一統志
禹植紫棃

清光绪《衡山县志》“卷四十二·古迹·高辛氏玛瑙瓮”载“宝露坛”

三十五、南岳宝露坛

民国《南岳志》“卷二十一·古迹”载“高辛氏玛瑙瓮”。(《拾遗记》)高辛时丹邱国献玛瑙瓮以盛甘露。舜迁瓮于衡山之上，故南岳有宝露坛。舜于坛下建月馆，以望夕月，舜南巡至衡山，百辟皆得露泉之赐，时有云气生于坛。

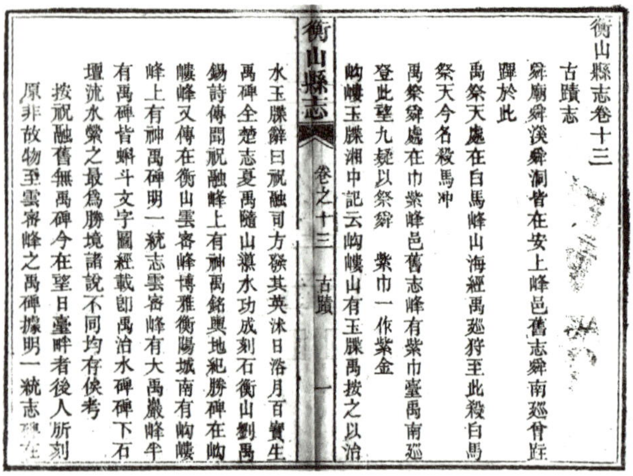
衡山縣志卷十三
古蹟志
舜廟舜溪舜洞皆在安上峰邑舊志舜南巡曾駐
蹕於此
禹祭天處在白馬峰山海經禹巡狩至此殺白馬
祭天今名殺馬冲
禹祭舜處在巾紫峰邑舊志峰有紫巾臺禹南巡
登此望九疑以祭舜 紫巾一作紫金
岣嶁玉牒湘中記云岣嶁山有玉牒禹按之以治
衡山縣志 卷之十三 古蹟 一
水玉牒辭曰祝融司方發其英沭日洛月百寶生
禹碑全楚志夏禹隨山濬水功成刻石衡山劉禹
錫詩傳聞祝融峰上有神禹銘輿地紀勝碑在岣
嶁峰又傳在衡山雲密峰博雅衡陽城南有岣嶁
峰上有神禹碑明一統志雲密峰有大禹巖峰半
有禹碑皆蝌斗文字圖經載卽禹治水碑碑下石
壇流水縈之最爲勝境諸說不同均存俟考
按祝融舊無禹碑今在望日臺畔者後人所刻
原非故物至雲密峰之禹碑據明一統志

清道光《衡山县志》“卷十三·古迹”载“禹祭舜处”

三十六、衡山县紫金山

在巾紫峰。邑《旧志》：峰有紫巾台，禹南巡登此望九疑以祭舜。紫巾一作紫金。禹是我国古代文献记载中最早祭舜的帝王。清光绪《湖南通志》“地理志三十三·古迹二”载“紫金台”：在县西三里，台径三丈。昔禹南巡，望九疑而祭舜于此。(《一统志》)

三十七、常德德山

府东南十五里，一名枉山，山有乾明寺、白龙井。寺后冈峦瞰江壁立，名曰孤峰。是山当江流之冲，说者谓此地无是山，不可以为郡。盖堪舆家所谓捍门华表云。《旧志》：隋刺史樊子盖以尧时隐者善卷尝居于此，故名山。愚考《庄子》云：舜以天下让于善卷，卷曰：“余立于宇宙之中，冬日衣皮毛，夏日衣葛絺。春耕种，形足以劳动；秋妆敛，身足以休息。日出而作，日入而息，逍遥于天地之间，而心意自得。吾何以天下为哉?”遂不受而去。

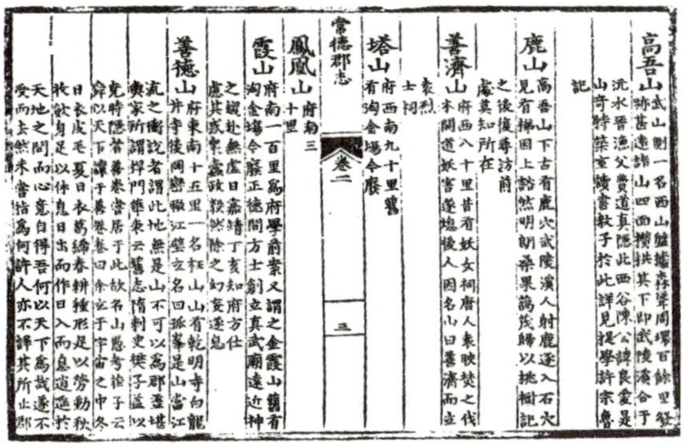

高吾山武山則一名西山盤據森聳周環百餘里發跡甚遠諸山四面攢拱其下即武陵溪合于沅水晉漁父黄道真隱此西谷陳公諱良爰是山奇特築室讀書教子於此詳見提學許宗魯記

鹿山高吾山下古有鹿穴武陵漁人射鹿逐入石穴見有梯田上谿然明朗桑果藹茂歸以挑樹記之後復尋訪前處莫知所在

善濟山府西八十里昔有妖女祠唐人表映焚之伐木開道妖害遂熄後人因名山曰善濟而立表烈士祠

塔山府西南九十里舊有淘金場今廢

常德郡志　卷二　三

鳳凰山府南三十里

霞山府南一百里爲府學前案又謂之金霞山舊有淘金場今廢正德間方士劉立真武廟遠近神之觀此無虛日嘉靖丁亥知府方仕處其惑衆蠱致毅然除之幻妄遂息

善德山府東南十五里一名枉山山有乾明寺白龍井寺後岡巒瞰江壁立名回獮峯是山當江流之衝説者謂此地無是山不可以爲郡蓋堪輿家所謂捍門華表云舊志隋刺史樊子盖以舜時隱者善卷嘗居于此故名山懸考莊子云堯以天下讓于善卷善卷曰余立于宇宙之中冬日衣皮毛夏日衣葛絺春耕種形足以勞動秋收斂身足以休息日出而作日入而息逍遥於天地之間而心意自得吾何以天下爲哉遂不受而去然未嘗指爲何許人亦不詳其所止郡

明嘉靖《常德府志》“卷二・山川”载“善德山”

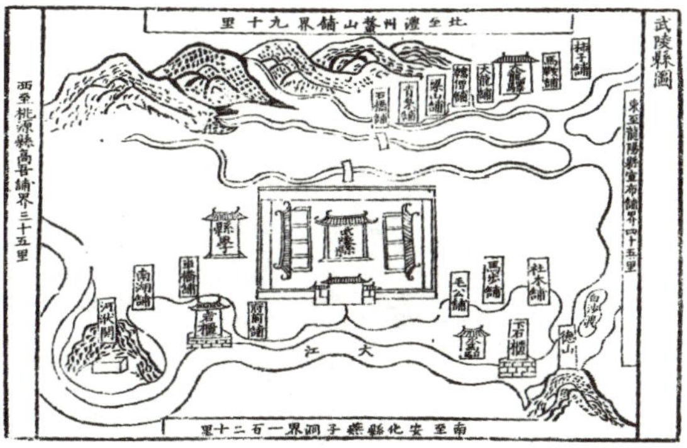

明嘉靖《常德府志》“武陵县图”载“德山”

三十八、岳阳君山

清嘉庆《巴陵县志》“君山图”

清光绪《湖南通志》“地理志二十一・山川九”载“君山”：在县西南洞庭湖中，一名湘山，亦称洞庭山。(《一统志》)洞庭之山，帝之二女居之，是常游于江渊。澧沅之风，交潇湘之渊，是在九江之间，出入必以飘风暴雨。(《山海经》)始皇二十八年浮江，至湘山祠，逢大风，问湘君何神。博士曰：闻之尧女舜之妻葬此。始皇大怒，使刑徒三千人伐湘山树，赭其山。(《史记・秦始皇本纪》)洞庭山，浮于水上，其下有金堂数百间，玉女居之，四时闻金石丝竹之音，彻于山顶。(《拾遗记》)洞庭湖中有君山，山有石穴，潜通吴之包山，郭景纯所谓巴陵地道者也。是山湘君之所游处，故曰君山。汉武帝登之，射蛟于是山。山东北对艑山，两山相次，去数十里，回峙相望，孤影若浮。(《水经注》)君山在县西三十里青草湖中，昔秦始皇入湖，观衡山，遇风浪，至此山止泊，因号焉。又云湘君所游止，故名之也。(《元和志》)巴陵有洞庭山。(《唐书・地理志》)君山在洞庭湖中，昔人有诗云：四顾疑无地，中流忽有山。正谓此也。夏秋水涨，皆巨浸，不可以陆行往。近年冬深水落，渡江肩舁以行。上有庙曰渊德侯洞庭君庙，旧祠以为湘君，遂以为二妃，误也。《荆州记》言：君山上有道通吴之包山，今太湖亦有洞庭山，亦潜通君山，故得名耳。山后响砂，顿足听之有声。(《岳阳风土记》)山状如十二螺髻，宋岳飞讨杨幺，伐君山木为巨筏，塞诸港汊，即此。道书以为第十一福地。(《明统志》)上有轩辕台、湘妃墓、湘君庙、酒香亭、柳毅井、传书亭、崇胜寺、朗吟亭、七先生祠、秦王古树,产方竹、斑竹及茶。(《旧志》)

三十九、君山湘妃祠

附:[唐]李密思《湘君庙记略》

洞庭,盖神仙洞府之一也。以其洞府之庭,故以是称。湖名因山,自古而然矣。昔人有立湘君祠于此山,因复谓之君山。其庙宇为秦王毁废,后亦久无构葺者。是山,去郡郭四十里,而近人未尝敢居其中。按《图经》,此山不受秽恶,无猛兽。愚以为,海有员峤、蓬岛之类,人可望而不可至。兹山崖岫波心,云水四周,人可至而不可居,宁非员峤、蓬岛之亚欤?同为灵神之所凭依,宜矣。旧邦人祷禜水旱,尝于此山。

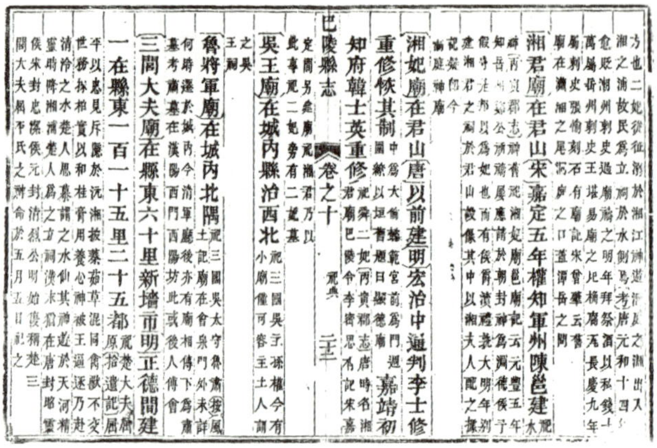
湘君廟在君山宋嘉定五年權知軍州陳邕建
湘妃廟在君山唐以前建明宏治中通判李士修
重修恢其制……嘉靖初
知府韓士英重修
巴陵縣志 卷之十 祀典
吳王廟在城內縣治西北
魯將軍廟在城內北隅
三閭大夫廟在縣東六十里新墻市明正德間建
一在縣東一百一十五里二十五都

清嘉庆《巴陵县志》"卷之十"载"湘君庙""湘妃庙"

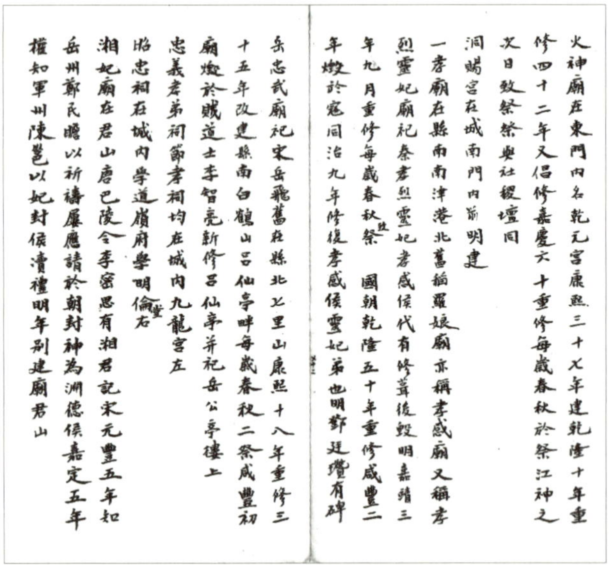
火神廟在東門內名乾元宮康熙三十七年建乾隆十年重
修四十二年又倡修嘉慶六十重修每歲春秋於祭江神之
次日致祭祭與社稷壇同
洞賜宮在城南門內前明建
一孝廟在縣南南津港北舊稱羅娘廟亦稱孝感又稱孝
烈靈妃廟祀秦孝烈靈妃孝感侯代有修葺後毀明嘉靖三
年九月重修每歲春秋祭 國朝乾隆五十年重修咸豐二
年燬於寇同治九年修復孝感侯靈妃弟也明鄧廷瓚有碑
岳忠武廟祀宋岳飛舊在縣北七里山康熙十八年重修三
十五年改建縣南白鶴山呂仙亭畔每歲春秋二祭咸豐初
廟燬於賊道士李智亮新修呂仙亭并祀岳公亭樓上
忠義孝弟祠節孝祠均在城內九龍宮左
昭忠祠在城內學道盾府學明倫堂右
湘妃廟在君山唐巴陵令李密思有湘君記宋元豐五年知
岳州鄭民瞻以祈禱屢應請於朝封神為淵德侯嘉定五年
權知軍州陳邕以妃封侯瀆禮明年別建廟君山

清光绪《巴陵乡土志》"祠庙"载"湘妃庙"

四十、君山虞舜二妃墓

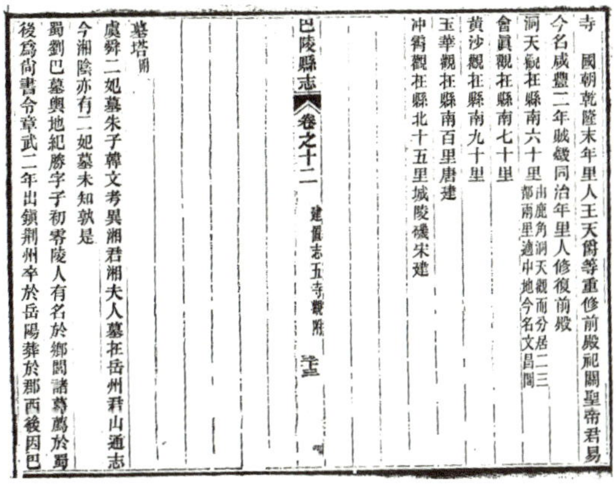
寺 國朝乾隆末年里人王天爵等重修前殿祀關聖帝君易
今名咸豐二年燬同治年里人修復前殿
洞天觀在縣南六十里由鹿角洞天觀而分居二三都兩里適中地今名文昌閣
會眞觀在縣南七十里
黃沙觀在縣南九十里
玉華觀在縣南百里唐建
冲霄觀在縣北十五里城陵磯宋建
巴陵縣志 卷之十二 建置志五 寺觀附
墓塔附
虞舜二妃墓朱子韓文考異湘君湘夫人墓在岳州君山通志
今湘陰亦有二妃墓未知孰是
蜀劉巴墓輿地紀勝字子初零陵人有名於鄉閭諸葛薦於蜀
後爲尚書令章武二年出鎭荊州卒於岳陽葬於郡西後因巴

清光绪《巴陵县志》“卷之十二”载“虞舜二妃墓”

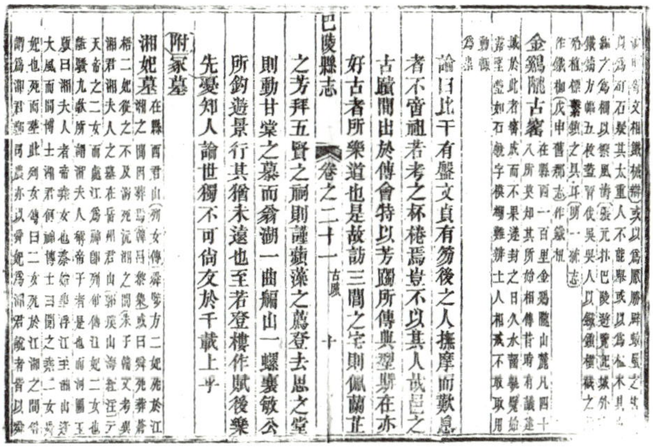
金鷄隴古窰
論曰比干有盤文貞有笏後之人撫摩而歎息
者不啻祖若考之杯棬焉豈不以其人哉邑之
古蹟間出於傅會特以芳躅所傳輿望斯在亦
好古者所樂道也是故訪三閭之宅則佩蘭芷
巴陵縣志 卷之二十一 古蹟 十
之芳拜五賢之祠則諷蘋藻之薦登去思之堂
則勤甘棠之慕而翁湖一曲牖山一螺襄敏公
所釣遊景行其猶未遠也至若登樓作賦後樂
先憂知人論世獨不可尚友於千載上乎
附冢墓
湘妃墓在縣西君山

清嘉庆《巴陵县志》“卷之二十一·古迹”载“湘妃墓”

四十一、湘阴县黄陵庙

清道光三年《湘阴县志》“卷之十二·古迹”载“湘夫人旧碑”：在黄陵庙。汉荆州牧刘表景升立，题曰“湘夫人碑”。晋太康七年，又题其额曰：虞舜二妃之碑。（郦道元《水经注》）二妃从征，溺于湘江，民为立祠水侧。荆州牧刘表刊石立碑，竖之于庙，以旌不朽之传。（《韩昌黎集》）旧碑断折，其半仆地，文字缺灭，几不可读。始将刻其文于新石，因铭其阴。旧石既多破落，遗之于新或失其真，不复刻。

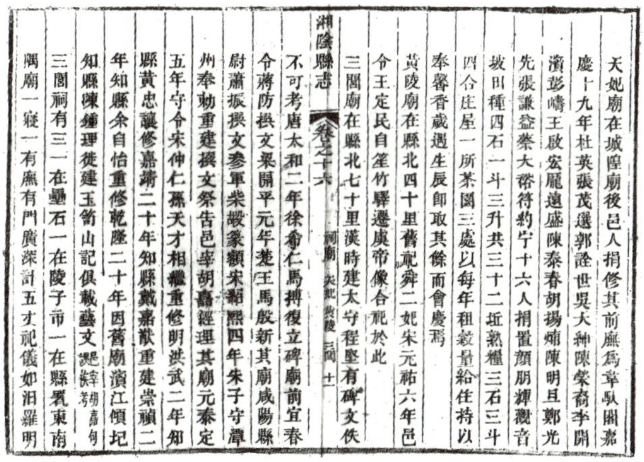
天妃廟在城隍廟後邑人捐修其前廡爲章馭閣嘉
慶十九年杜英張茂選郭詮世吳大紳陳棨裔李開
濱彭嶠王啟宏麗遠盛陳泰春胡揚煒陳明且鄭光
先張謙益蔡大禧符豹宁十六人捐置顏朋輝觀音
坡田種四石一斗三升共三十二坵熟糧三石三斗
四合庄屋一所茶園三處以每年租穀量給住持以
奉香火歲遇生辰即取其餘而會慶焉
黃陵廟在縣北四十里舊祀舜二妃宋元祐六年邑
令王定民自筀竹驛遷虞帝像合祀於此
三閭廟在縣北七十里漢時建太守程堅有碑文佚
湘陰縣志 卷之十六 祠廟 天妃 黃陵 三閭 十一
不可考唐太和二年徐希仁馬摠復立碑廟前宜春
令蔣防撰文梁開平元年楚王馬殷新其廟咸陽縣
尉蕭振撰文參軍柴璇篆額宋熙寧四年朱子守潭
州奉勅重建撰文祭告邑宰胡矗經理其廟元泰定
五年守令宋仲仁孫天才相繼重修明洪武二年知
縣黃忠讓修嘉靖二十年知縣戴嘉猷重建崇禎二
年知縣余自怡重修乾隆二十年因舊廟濱江傾圮
知縣陳鍾理徙建玉笥山記俱載藝文
三閭祠有三一在壘石一在陵子市一在縣署東南
隅廟一寢一有廡有門廣深尋五丈祀儀如汨羅明

清嘉庆《湘阴县志》“卷之十六·祠庙”载“黄陵庙”

四十二、湘阴县哀江

清嘉庆《湘阴县志》载“哀江”：县南三十里，旧传二妃泣虞帝处。

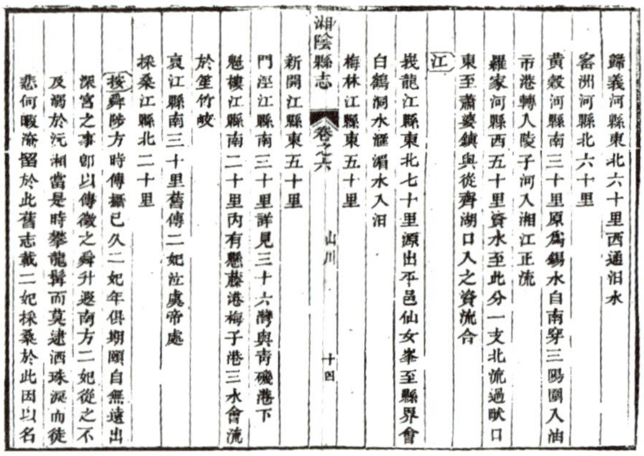
歸義河縣東北六十里西通汨水
畓洲河縣北六十里
黃穀河縣南三十里原爲錫水自南穿三陽圍入油
帀港轉入陵子河入湘江正流
羅家河縣西五十里資水至此分一支北流過畎口
東至蕭婆鎮與從彛湖口入之資流合
江
裴龍江縣東北七十里源出平邑仙女峯至縣界會
白鶴洞水𣿰湄水入汨
梅林江縣東五十里
湘陰縣志 卷之六 山川 十四
新開江縣東五十里
門涇江縣南三十里詳見三十六灣與青磯港下
魁樓江縣南二十里內有懸藤港梅子港三水會流
於筆竹岐
哀江縣南三十里舊傳二妃泣虞帝處
採桑江縣北二十里
按舜陟方時傳據已久二妃年供𦎟頤自無遠出
深宮之事卽以傳徵之舜升遐南方二妃從之不
及溺於沅湘當是時攀龍髯而莫逮洒珠淚而徒
悲何暇滯留於此舊志載二妃採桑於此因以名

清嘉庆《湘阴县志》“卷之六·山川”载“哀江”

四十三、湘阴县舜二妃墓

明嘉靖《湘阴县志》载“黄陵”：在县北四十五里，大江之渍，舜帝二妃墓在上。

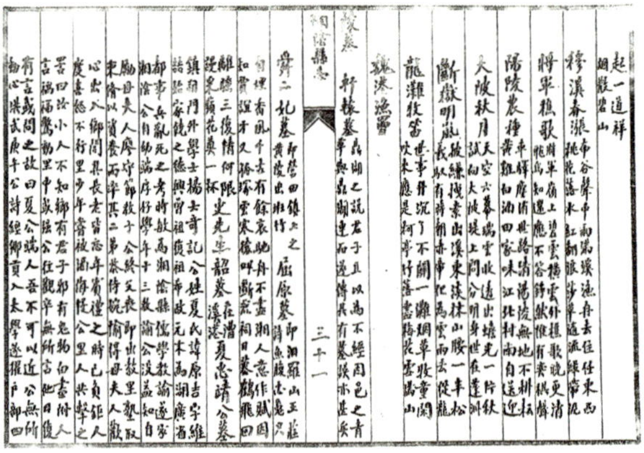

明嘉靖《湘阴县志》载“舜二妃墓”

清嘉庆《湘阴县志》“卷之二·地舆图·黄陵图”载“黄陵庙”“二妃墓”

（资料来源：《文脉·千年湖湘舜迹图志》，邱志荣、程丹整理。张卫东复核部分源文献）

历山辨

刘合心

舜，我国上古时期五帝之一，姓姚，名重华，有虞氏，史称虞舜。史圣司马迁的一句话“天下明德皆自虞帝始”（《史记·五帝本纪》，不另注者下同），高度概括了舜帝在中华文明发展史上的崇高地位。由于历史和现实的原因，“舜耕历山”——他和他的发祥地——在后世引发了持续争议。据《中国地名大辞典》（上海商务印书馆香港分馆1982年版）记载，历山在全国就有21处，分布于山西、山东、河南、河北、陕西和浙江等6省。仅依东汉经学家郑玄所言：“历山在河东。”“河东”一域包括现今的临汾、运城两市，按现在的说法，“历山”竟有5座之多！真正的历山在哪里？笔者曾实地考察过几处“历山”，也翻阅了一些相关资料，窃以为各处历山虽都有各自的凭据，但还是洪洞县的历山较为靠谱。

洪洞县古历山又名英神山，位于距县城西20公里处的万安镇东圈头村南，吕梁山东南黄土残垣中状似神龟的平顶峁上。历山分为主峰、百鸟峰、神象岭、舜田、舜井五大景区。站在主峰南望尧都，北眺霍岳，但见梯田鳞次，阁楼层叠，规模宏大的古建筑群美轮美奂，宛若人间仙境。据舜庙修复委员会负责人李学智先生讲，舜庙始建何年已无可考，有碑石为证的则是重修于北宋天圣七年（1029）。令人愤慨的是，这些文物古迹于1942年竟被侵华日军付之一炬，变成一片焦土。现有的建筑大都是在近30年来修建的。身临其境，抚今追昔，让人不得不相信舜耕历山就在这里。

21世纪初开展的中华文明探源工程证实，上古的尧舜禹时期正由传说变为史实，而现今的临汾市襄汾县陶寺遗址正是尧都所在地。洪洞县地处襄汾县以北，山水相连，其县西的历山距陶寺不足百里，自然成了当时的“京畿之地”，故而虞舜“能和以孝，烝烝治，不至奸”的贤德，才能为帝尧所“闻之”，继而“妻之二女”，加以考察。倘若虞舜耕于山东、河南抑或浙江、江苏之历山，在部落林立、交通工具简陋，更谈不到有什么通信设备的条件下，远在千里、万里之遥的尧是断然不可能“闻之”的。何况，当时正是考古学界所确认的第七次海侵时期，“龙门未辟，吕梁未发，江淮通流，四海溟涬”（《淮南子》），“汤汤洪水滔天，浩浩怀山襄陵”，尧都与上述地区既有高山相隔，又有险水相阻，尧帝是不可能亲历亲访的。要知道，先秦时期选贤任能，除了寻访和世袭的方法，别无他途。殷商时商汤见伊尹、胶鬲举鱼盐、武丁选傅说、文王访姜尚，概莫能外。由于条件所限，其访寻的范围都不会离国都相去甚远。由此可见，虞舜被帝尧发现于洪洞的历山畎亩之中，是切近实际、符合情理的。

自20世纪80年代以来，文物工作者在洪洞历山一带发现了大批史前的文物遗迹。2008年4月，中国社会科学院考古研究所研究员李健民先生，对历山周边三个村的2万平方米范围的文化遗存进行了考古调查，取得了丰硕的成果：确认了许多龙山文化晚期即尧舜时期的文化遗存；采集到带有绳纹、细丝纹的夹砂陶和泥质灰陶，其中有罐、缸、釜、鬲、瓯、扁壶等生活用品；发现了帝尧时期的窑洞房址51处、大型灰坑9处、陶窑3处。已故山西师范大学地理学院马志正教授将之命名为“陶寺文化历山——东圈头型”。这些遗存为尧舜当年“一年成聚，二年成邑，三年成都”的聚集地提供了极有说服力的实物例证。同时，历山周边的村名、地名称谓，也是舜耕历山的史实佐证，如由舜出生地诸冯而更名的“圣王村”，传说中象耕鸟耘的“神象岭”，舜所挖凿的“舜井”和作为仓廪的“仓院”，还有娥皇、女英居住过的“羊獬村”、舜异母弟象悔过的“思过洞”。与虞舜相关联的遗迹在这块土地上比比皆是，而且无一不留有远古的烙印，蕴含着丰富的历史信息。这一切均说明，舜耕于洪洞历山的传说绝非空穴来风和无稽之谈。

德国古典哲学家黑格尔曾说，地理环境是人类赖以生存的物质基础，也是人类的意识或精神的基础。据竺可桢先生研究，距今3000 ~ 5000年是气候变化的第一个温暖期，即仰韶暖期，是全新世气候最适宜时期。洪洞地处北纬36.05° ~ 36.23° 、东经111.30° ~ 112.50° ，气候冷暖适中，年平均降雨量为492.3毫米，生长期降雨量为全年降雨量的84.5%，湿热同度，对农作物的生长极为有利。同时历山坐落于河谷阶地，海拔893米，是一个突起的黄土残垣，土沃壤厚，性质柔和，适合于生产力低下、生产工具简陋条件下木石生产工具耕作。另外，制陶是这一时期的基本特征，而历山当地盛产高岭土，是制陶的重要原料。制陶工艺简单，易于掌握，直到二十世纪六七十年代仍被当地人广泛运用。由此可见，舜耕于洪洞历山和当时的自然环境、生产条件是吻合的。虞舜时代的先民们作出这样明智的选择，也是物竞天择、适者生存的人类进化规律之必然。

民俗活动是中华传统文化的重要组成部分，是历史的活化石，是联结历史和当今的无形纽带，具有很强的生命力。在洪洞一带延续4000多年的“接姑姑、迎娘娘”的民俗活动，就是远古历史的折射。羊獬村与历山分别位于汾河的东西两岸，相距35公里。相传帝尧访贤时居住在曾发现神兽的羊獬村，将娥皇、女英许嫁于在历山耕种的舜。因此娘家羊獬人将二女称为“姑姑”，而婆家历山人则呼其为

"娘娘"。由于二女长期往返于两地，遂约定俗成，佳话流传至今。每年农历三月初三，羊獬人要接姑姑到娘家省亲小住；四月二十八，历山人要迎娘娘回婆家相夫孝亲。这项活动从古至今世代相因，即使在"文化大革命"期间也不曾中断。届时，鞭炮齐鸣，鼓乐喧天，旌旗如云，斧钺耀日，娥皇、女英端坐于銮驾之上，焚香膜拜者不绝于途。此时连洪洞县城内也万人空巷，竞相赴历山、羊獬两地围观助兴，一睹女神的风采英姿，并祈福求佑。其规模之宏大、场景之热烈、阵容之壮观，与东南沿海祭拜妈祖相比有过之而无不及。这项民间活动，已成为洪洞县文化建设的主打项目，2006 年 12 月被山西省人民政府公布为省级非物质文化遗产，2008 年 6 月经国务院批准列入第二批国家级非物质文化遗产名录。这更是舜耕于洪洞历山的活生生的见证。

名人的地望之争，古已有之，见怪不怪，但辨别真伪就必须以史籍为基础、以考古为依据、以民俗为参照，结合地理环境、时代背景，经过实地考察、考古发掘、综合分析，才能作出正确的判断，得出令人信服的结论。现在的问题是，还没有一个权威的机构能对历山的真伪作出判定和确认，即使洪洞历山确为舜耕之历山，但要得到一致认同还有很长的路要走。笔者认为，仅就本文所列举的四种理由来看，舜耕历山在洪洞的史实已是难以撼动的。"虞舜"之所以成其为"帝舜"，是洪洞历山给予的恩赐：是这里给一介农夫的舜搭建起了施展才华的舞台，是这里使他从畎亩之中登上了庙堂之高，是这里助他演绎出一场存史千年的历史活剧。

在这里需要特别指出的，是在众多历山的争论之中，古代许多学者摈弃门户之见，主持公道，为后人作出了很好的榜样。北魏时期的地理学家郦道元在《水经注》中，针对晋代周处的"上虞历山说"批驳道："此志为不近情，传疑则可，证实非矣！安可假木异名，附山殊称，强引大舜，即比宁壤?"他指摘周处的《风土记》："更为失志记之本体，差实录之常经矣。"被誉为中国"茶圣"的唐代陆羽，对地理颇有研究，他在《惠山寺记》中剥露了江南历山的伪装。他说："南朝多以北方山川郡邑之名权创其地，又以此山为历山，以拟帝舜所耕者。"另外，《无锡县志》的编修者，不为本省情结所左右，他在县志中秉笔直书："后人因历山之名故附会其说，'舜田''舜井'不过假舜之名以神其事耳!"古人尚且如此，今人更应慎之又慎。

"舜耕历山"之争，可辨矣。

（引自刘合心著《尧文化知行录》，山西人民出版社 2017 年版）

第六部分：媒体报道

《浙江尧舜遗迹图》今在绍兴发布

周能兵

2022 年 10 月 22 日，在绍兴舜王庙，绍兴市文化广电旅游局局长何俊杰将《浙江尧舜遗迹图》赠给柯桥区王坛镇负责人。这意味着《浙江尧舜遗迹图》编制成功并向社会发布。该图是我国第一张以省级行政区为单位的尧舜遗迹图。

尧和舜是上古时期的圣王，位列“三皇五帝”。尧开创了人类远古文明的灿烂与辉煌，是中华民族勤劳智慧、自强不息的象征。舜是中华道德文化的鼻祖，被后人尊为“百孝之首”“文明之源”。“尧天舜日”是人们对尧舜的赞美。

早在 2019 年，绍兴在编制《浙江禹迹图》时，就将越地 37 处舜迹编入其中；2021 年 10 月 29 日，在柯桥王坛举行的“2021 年绍兴虞舜文化旅游节”上，市文化广电旅游局和绍兴市鉴湖研究会发布《绍兴舜迹简图》，当时，共发布舜迹 28 处。为更好地研究、保护、传承、利用尧舜中华文化遗产，实现文旅融合，该局在原有成果基础上，委托市鉴湖研究会深化开展《浙江尧舜遗迹图》编制工作。专家、学者在全省各地经过现场考证、文献查阅、专家咨询等环节，编成《浙江尧舜遗迹图》，由前言、正图、照片、表格等部分组成，共精选尧迹 16 处、舜迹 103 处，共 119 处。

中国水利学会水利史研究会副会长、绍兴市鉴湖研究会会长邱志荣说：“尧舜遗迹的研究，是我在陈桥驿先生的指导下，长期积累的成果。我认为，舜禹文化密不可分，这两位圣王对越地文化和文明起源有直接影响。绍兴至今有小舜江、舜井、舜庙等遗址遗迹。禹和舜是同一时期的两位圣王，他们的遗址分布很有规律，大禹遗迹主要集中在越城区范围内，舜的遗迹主要分布在上虞的百官和汤浦、柯桥王坛、嵊州谷来一带。绍兴越文化的精神思想，是尧舜禹传承下来的。尧舜禹三位圣王是连在一起的，他们的活动轨迹主要体现在治理水患上，从目前看，禹迹最多，然后是舜迹和尧迹。”

在这次发布的《浙江尧舜遗迹图》中，绍兴尧迹有 6 处，其中柯桥有尧郭、平阳、尧王庙 3 处，上虞有稷山、尧山、尧田 3 处；舜迹有 61 处，其中柯桥有 18 处，如舜王庙、寺前大舜庙、舜王庙会、虞舜巡狩台、舜王山等，上虞和百官的名字由舜而来，此处舜迹很多，有 34 处，如舜井、舜帝岭、舜帝庙、大舜庙、历山、指石山、小舜江等，嵊州市则有谷来、舜皇山等 7 处。全省范围来看，杭州有百丈山、尧山桥 2 处尧迹，宁波、湖州、温州等地也有尧迹。浙江各地都有舜迹，主要集中在绍兴和宁波的余姚等地，其中余姚的名字与舜有关，有姚江、舜帝庙、姚丘等舜迹。

《浙江尧舜遗迹图》凝聚着专家、学者们的心血，编制过程中还得到全国知名专家的指导。专家学者们通过文献积累、野外考察、文物普查、古地图和现代地图结合应用、现代考古成果的应用等，取得了丰硕的成果。

何俊杰说，习近平总书记在党的二十大报告中指出，要“坚定历史自信，增强历史主动，谱写新时代中国特色社会主义更加绚丽的华章”。历史自信从哪里来？中华民族的源头在哪里？“古有三贤，越兼其二”，浙江大地上一直有尧舜禹的传说和故事。2017 年，我们启动绍兴禹迹的研究、编制禹迹图，并对禹文化资源进行转化和落地，在国内外引起了较好的反响，绍兴一个个禹迹点成为文旅融合的样板。去年开始，绍兴舜王庙会成为国家级非物质文化遗产，我们及时启动编制绍兴舜迹图，并发布《绍兴舜迹简图》。随后，我们开启了在全省范围内，对尧舜遗迹资源的调查。今天我们在舜王庙首次发布《浙江尧舜遗迹图》。把历史名城、越国古都与尧舜禹等史前文明融合在一起，通过文化资源的寻访和史料研究，进一步增强了绍兴人的文化自信、历史自信。

何俊杰表示，《浙江尧舜遗迹图》是尧、舜文化区域性、多学科研究的创新和探索，是《浙江禹迹图》学术方法和成果的延伸，反映了尧舜文化在浙江的传播途径、核心地域和主要内容，标志着绍兴在中华文明史探索的道路上，迈出了坚实的一步。下一步，市文化广电旅游局将利用尧舜遗迹文化资源，串珠成链，将绍兴特有的文化资源转化为旅游资源，让更多的人来到绍兴大地上，寻根问祖。

（《绍兴晚报》2022 年 10 月 22 日报道）

“东亚文化之都”绍兴观察：老底子如何“圈粉”

项 菁

“躺”在馆藏中、“藏”于古籍里的古老文化，究竟要如何“活化”，才能“圈粉”？

浙江绍兴是中华文明、东亚文明的璀璨明珠，文化“底子”享誉中外。

作为“东亚文化之都”，绍兴已有2500余年建城史，孕育了以大禹文化、古越文化、书法文化、黄酒文化、鲁迅文化等为代表的文化脉络。

然而，传统文化纷繁复杂、博大精深，要做好“活化”文章，首先得抽丝剥茧。

这两天，新发布的《浙江尧舜遗迹图》受到业界关注，其由绍兴市文化广电旅游局和绍兴市鉴湖研究会联合编制。中国古代尧、舜、禹三位“圣人”，有两位与绍兴直接相关，即大舜与大禹。也因此，绍兴肩负起研究尧舜禹文化的使命。

中国水利学会水利史研究会副会长、绍兴市鉴湖研究会会长邱志荣受访时称，绍兴此前还编制发布了《绍兴舜迹简图》《绍兴禹迹图》以及《浙江禹迹图》《中国禹迹图》，这些有助于挖掘尧舜禹文化的历史和当代价值。

记者关注到，相比历史文献中星星点点的线索，上述地图清晰明了地汇总了该省现存尧、舜、禹遗迹，让源远流长、多元一体的中华文化“看得见”“摸得着”。

的确，文化不能“束之高阁”，文化的“活化”也并非“从书斋到书斋”的搬运。在这座老城里，为让文化“活”起来，当地悠久灿烂的历史文明，正在被本地专家学者重新“解码”、解读，并向世人解说。

“我们都是越人，都有‘超越’精神！”绍兴市文史研究馆馆长冯建荣在日前召开的2022绍兴台商政策大讲堂上，讲解“绍兴与台湾的关系源远流长”时说。

绍兴为什么是“稻乡”“瓷源”“茶都”？大禹为何发布世界最早“禁酒令”？绍兴拥有今天的水乡风貌，谁是最大功臣……抛开了深奥厚重的古文，冯建荣用通俗易懂的方式，跟大家聊绍兴的山水、风物和名士。

冯建荣告诉记者，从台商台胞到国际友人，从大中小学生到机关公务员、企业管理人员，今年以来，他聚焦绍兴传统文化进行了多场次宣讲，直接听众已超50万人。

没想到绍兴文化可以那么贴近生活。”一名在绍台商感慨地说，其实这就是中华文化自信。

随着时代演进，特别是在共同富裕和现代化愿景下，民众对精神文化需求愈加强烈。那么传统文化如何“飞入寻常百姓家”，变得更加触手可及?

以闻名中外的绍兴黄酒为例，这些年，虽然黄酒深受红酒、白酒的冲击，但其也在尝试“突围”，比如推出黄酒棒冰、黄酒奶茶等衍生品，创新“不上头”黄酒等新品，以及与艺术跨界融合推出精品演出。

特别是今年10月，升级后的绍兴黄酒小镇“火”了。一改原本的古朴清幽，该小镇融入咖啡馆、灯光秀、时尚市集，老房子也携酒品、文创品开门营业，游客不论走到哪个角落，都不乏阵阵酒香。

记者走访该小镇时，可以明显感觉到黄酒文化的年轻、活力，这或许就是“老底子”展现出的新魅力、新潮流。

诸多国际友人也“沉醉”绍兴文化。连日来，来自14个国家、热爱汉学的青年学者走访大禹陵、阳明故里、鲁迅故里、黄酒博物馆等绍兴文化“地标”，零距离感受中华文明之美。

印度学者魏汉来到中国已有15年。他认为，不同文明之间交流互鉴非常重要，他希望通过此次走访，把中国灿烂的文化介绍给印度朋友，也会向中国朋友介绍印度文化。

中华文化独一无二，流淌在中华民族的血液里。在传承弘扬优秀传统文化时，需放在当代背景下厘清历史和现实意义，也需各界积极活化、演化，使其更加年轻化、时尚化、国际化，甚至成为文化新风尚。

正如绍兴市委书记盛阅春公开表示，这些年来，绍兴坚持人文为魂，把文化作为发展的最深层动力、城市的最鲜明特质、共富的最亮丽底色，加快推动优秀传统文化创造性转化、创新性发展，推动绍兴历史文化不断焕发出新时代风采。

（中新网2022年10月27日报道）

循着尧舜禹足迹，探源中华文明

——绍兴发布《浙江尧舜遗迹图》

童 波

中华五千年文明，尧舜禹是主要的开创者和奠基者。他们成为后世中华儿女永远的追忆与怀念。绍兴是尧舜禹文化资源较富集的地区之一，有大量关于尧舜禹的遗迹遗存、典籍记载、典故传说、民间风俗等。

10 月 22 日，绍兴市文化广电旅游局发布了《浙江尧舜遗迹图》，这是我国第一张以省为单位的尧舜文化遗迹地图，标志着绍兴在尧、舜、禹文化研究乃至五千年中华文明史探索道路上又迈出了坚实的一步。

一、尧舜禹的绍兴“足迹”

绍兴若耶溪上游，柯桥区稽东镇稽江村，有一个地方叫“尧郭”。在大山的掩映中，尧郭显得格外清新壮丽。

此处为何叫尧郭？绍兴市鉴湖研究会的研究人员在走访时发现，尧郭在民间被传为舜敬仰尧治水的英明决策和大获成功而特为尧所建的城郭。尧郭旧有土地庙，庙里主建筑叫“尧王殿”，后来被毁重建。

中国水利学会水利史研究会副会长、绍兴市鉴湖研究会会长邱志荣介绍说，浙江的尧舜文化是中华尧舜文化的重要分支，历史悠远，不但有文献记载，还有众多传说的遗迹，扎根民间土壤的祭祀活动，深刻影响这里的思想信仰、道德民风。

除了尧迹，越地还有三处规模颇大、历史悠久的舜庙，分别在绍兴、上虞、余姚境内。

宋王十朋《会稽风俗赋并序》称：

舜生于诸冯，孟子以为东夷之人。历世逾远，流传失真，太史公以为冀州。然耶？否耶？然越之邑则有上虞、余姚，山则有虞山、历山，水则有渔浦、三怃，地则有姚邱、百官。里焉有粟，陶焉有灶，汲焉有井，祀焉有庙，皆其遗迹也。意者不生于是，则游于是乎？舜为人子，克谐以孝，故其俗至今蒸蒸是效。舜为人臣，克尽其道，故其俗至今孳孳是蹈。舜为人兄，怨怒不藏，故其俗至今爱而能容。舜为人君，以天下禅，故其俗至今廉而能逊。

从王十朋所记可见舜的传说在越地流传之广、之远，内容之丰富。其中建于唐长庆元年（821）的上虞舜帝庙曾是名震江南的道德圣地和祭祀场所；绍兴王坛舜王庙已是全国重点文物保护单位；绍兴舜王庙会于2021年成功入选“第五批国家级非物质文化遗产代表性项目名录”。为何要编制《浙江尧舜遗迹图》？绍兴市委宣传部副部长、市文广旅游局局长何俊杰介绍说，2019年绍兴在编制《浙江禹迹图》时，将越地37处舜迹也编入其中；2021年10月29日，在绍兴王坛举行的“2021年绍兴虞舜文化旅游节”上，《绍兴舜迹简图》发布，共收录舜迹28处。为更好地研究、保护、传承、利用尧舜文化这一源远流长的中华文化遗产，实现文旅融合，2022年绍兴市文化广电旅游局在原有成果基础上，又委托绍兴市鉴湖研究会深化开展《浙江尧舜遗迹图》编制工作。绍兴市鉴湖研究会经过现场考证、文献查阅、专家咨询，编成此图。

《浙江尧舜遗迹图》共精选尧迹16处、舜迹103处，总计119处。主要类别有寺庙、地名、山川、井、田、祭舞、雕塑等。图由前言、正图、照片、表格等部分组成。其中在绍兴的尧迹6处、舜迹61处。参与编制《浙江尧舜遗迹图》的研究人员众多，其中不乏来自国家、省文物部门、中国社科院的专家，还有水利部水利史研究专家、地图测绘专家、地方文史专家等。

古越大地，人杰地灵。尧舜禹的“足迹”遍布绍兴。

宋代的孙因写道：“越，舜禹之邦也。古有三圣，越兼其二焉。”这三圣就是中国古代的尧、舜、禹，而与绍兴直接相关的就是大舜与大禹。

绍兴是禹迹最多最集中也是历史文献上禹迹记载最早的地方之一。2018年4月，绍兴市首次发布了《绍兴禹迹图》，共有禹迹127处，包括了陵、庙、祠，地名，山、湖自然实体，碑刻、摩崖、雕塑等类别。

何俊杰说，绍兴是尧舜禹文化资源较富集的地区，有着丰富的历史遗存和民间传说，对尧舜禹文化资源的整体普查、挖掘整理，是为五千年中华文明多元一体化提供印证，有利于尧舜禹文化资源的转化利用。

二、解码尧舜禹文化基因

尧舜禹文化中蕴含着哪些精神？

在中国水利史专家、中国水利报社原副总编辑张卫东看来，尧舜禹文化是华夏文明的源头和根脉所在，博大精深，内涵丰富，影响深远。尧帝“仁爱”“民本”“勤俭”“选贤任能”“采言纳谏”等思想和精神，舜帝“宽厚”“律己”“修德”“至孝”等思想和精神，大禹“天下为公”“公而忘私”“以身作则”等思想和精神，都对华夏文明核心价值观的形成产生了重要的甚至是决定性的影响。

关于尧舜禹，文化典籍最早的记载是《尚书》，后来《史记》《水经注》等也有记载。

《尚书》记载，禹得禅让后说“德惟善政，政在养民”，重视民生，倡行德政。以德治国，始于尧舜。

再比如，帝尧有儿子丹朱，但因为丹朱德才不配，所以就另选贤能，禅位给舜。帝舜有儿子商均，但因为同样的原因，禅位给大禹。大禹的父亲鲧，治水无功，被帝舜处死。舜不计前嫌，而起用鲧的儿子禹，禹也不计私仇，慷慨担当了治水重任。此所谓“尧天舜日”，“天下为公”。

还有，舜开创了中国的孝悌文化，后世编撰的《二十四孝》故事中，舜的故事位列第一。子于父为孝，推而广之，臣于君为忠，由齐家到治国，以孝为基础，演绎出以“忠”为核心的中国政治伦理，形成中国人特有的家国情怀。

经过五千年历史的积淀和演进，尧舜禹文化已经深深地融入中华民族的血液里。孙中山倡导“天下为公”，十分推崇尧舜禹的公天下、利民生思想。中华人民共和国成立后，毛泽东称自己的理想国是“六亿神州尽舜尧”。

绍兴市鉴湖研究会在研究中发现，绍兴的禹舜遗迹分布很有规律，大禹遗迹主要集中在越城区、柯桥区范围内，舜的遗迹主要分布在会稽山南部地区，上虞区上浦、柯桥区王坛一带。

那么，尧舜禹文化是怎么传播到越地的？

邱志荣说，越地尧、舜、禹“三圣”故迹与治水活动常常是连在一起的。《水经注·渐江水》在记述舜与“百官桥”传说之后，又记：“亦云：禹与诸侯会事讫，因相虞乐，故曰上虞。二说不同，未详孰是。”究其原因，应与舜、禹在同一时期共同领导治平洪水有关。这在《史记·夏本纪》中也得到了反映：“当帝尧之时，鸿水滔天，浩浩怀山襄陵，下民其忧。”于是尧先用鲧治水，“九年而水不息，功用不成。于是帝尧乃求人，更得舜。舜登用，摄行天子之政，巡狩。行视鲧之治水无状，乃殛鲧于羽山以死。天下皆以舜之诛为是。于是舜举鲧子禹，而使续鲧之业”。由此而论，尧、舜、禹治水在同一时期，其中尧、舜更重决策和荐才，而禹更重实践，终致地平天成。此外还有“舜南治水，死于苍梧；禹东治水，死于会稽”之说。

绍兴的舜禹遗迹传播与第三次卷转虫海侵有关。这是在相对短的地质史时期内，因海面上升或下降，造成海水对大陆区侵进和海退的地质现象。这些遗迹中，舜的遗迹绝大部分位于会稽山南部地区，这是海进时越族山居之地；而禹的遗迹多在山麓地带，这些山麓地带也是宁绍平原卷转虫海退之后最早成陆的地方。

从文化传播的角度，邱志荣说，在绍兴，禹之影响要大于舜。这与著名历史地理学家顾颉刚先生认为的“故尧、舜、禹的传说，禹先起，尧、舜后起”相符。越地是先有大禹治水传说，再有舜、尧在越的传说与祭祀。这在地域分布上也可得到印证，在传说中，禹的活动中心更多在会稽山麓及绍兴平原腹地一带。而舜的活动中心多在会稽山南部及曹娥江以东一带。在不同的地域，文化传播的先后也是有所不同的。

三、探寻中华文明之源

探寻中华文明之源，砥砺民族精神之魂。

今年（2022 年）5 月 27 日，中共中央政治局就深化中华文明探源工程进行第三十九次集体学习。习近平总书记在主持学习时强调，中华文明源远流长、博大精深，是中华民族独特的精神标识，是当代中国文化的根基，是维系全世界华人的精神纽带，也是中国文化创新的宝藏。

穿越历史长河，感悟远古文化神韵，绍兴正循着尧舜禹的“足迹”，追寻古老的华夏文明之美。那么，尧舜禹文化对越文化有什么影响？

邱志荣说，绍兴是越文化核心区，越文化、胆剑精神的源泉是大禹治水的精神。《越绝书》卷八载：“故禹宗庙，在小城南门外，大城内，禹稷在庙西，今南里。”说明当时在越国山阴大小城内已建有大禹庙。这是有记载的越人对大禹最早和最有权威的祭祀之地，体现了越人对大禹的崇拜和敬诚之心。这一禹迹点在飞来山（塔山）北侧。尧舜禹为了国家利益忍辱负重，越王句践卧薪尝胆、奋发图强的“胆剑精神”与之是一脉相承的，中华文明多元一体化与此也是一脉相承的。

自 2018 年以来，从《绍兴禹迹图》《浙江禹迹图》《中国禹迹图》再到今天《浙江尧舜遗迹图》的编制，是开展文献研究、野外考察，运用考古成果，结合自然科学技术手段，综合把握物质、精神关系和社会形态等因素，以学术图文的形式探索、研究、展现尧、舜、禹文化传播和发展的实践。

张卫东认为，近年来绍兴的尧、舜、禹研究成果也可印证中华文化传播与文明发展的多元一体，尧、舜、禹文化对主导、启示、形成越地文明和人的精神特质起着核心作用。

何俊杰说，加强绍兴尧舜禹文化的研究，深入挖掘、研究、传承、弘扬好蕴含其中的思想精华和道德精髓，有利于激活越地尧舜禹文化基因，彰显绍兴在中华文明中的地位，进一步增强绍兴人的文化自信、历史自信。此前，绍兴安装64个禹迹标识牌，让大家可以直观全面地了解绍兴的禹迹，对于绍兴传播大禹文化、争创文化高地、实施文旅融合、筑牢绍兴“东亚文化之都”的基石，意义重大。下一步，市文广旅游局计划安装尧舜遗迹标识牌，利用尧舜禹遗迹文化资源，串珠成链，将绍兴相应的文化资源，转化为旅游资源，让更多的人来到绍兴大地上，寻根问祖。并有意识地组织开展考古研究，为尧舜禹文化的研究提供更多的可能，做好尧舜禹文化和中华历史文化传承发扬这篇大文章。

（《绍兴日报》2022年11月2日报道）

循着“尧舜禹”足迹　探寻中华文明之源

——浙江绍兴“尧舜禹”遗迹挖掘考证纪实

徐继宏

俯瞰浙江大地，从北至南，人们会发现一个类似“爪”字的地形：上部一撇是括苍山，下部三笔自东向西依次为天台山、四明山、会稽山。地处浙东精华地的浙江绍兴，大禹因治水在这里三过家门而不入、魏晋风流人物在这里抒怀挥笔不朽文字……至今，古城格局依旧，文脉遗存赓续。

一、探寻“尧舜禹”绍兴足迹

地图，自古以来就是人类交流最古老的信息载体之一，它如同桥梁，抽象又直观地连接了人们脑海中的空间方位信息与现实世界里的地理信息。北宋《禹迹图》可以说是中国最早的历史地图。

禹迹是根据史料中有关大禹治水及其他活动足迹传说的记载，至今留存的有关大禹的祭祀活动、纪念建筑设施、地物表征、碑刻题刻、地名遗存物等不可移动的自然和历史物质遗存、遗址、遗迹。

古越大地，人杰地灵。“尧舜禹”的“足迹”遍布绍兴。2017年底，绍兴市文化考察团访问日本。当时，日本著名大禹文化研究学者植村善博的一句问话，让现任绍兴市委宣传部副部长、绍兴市文化广电旅游局局长何俊杰记忆犹新。“我们绘有一幅《日本禹迹分布图》，境内132处禹迹遍布日本北海道至冲绳的南北各地。你们有没有禹迹图?”

当年，何俊杰正临时主持绍兴市委宣传部工作。“绍兴作为大禹重要的活动地和归葬地，禹迹应是俯拾皆是。但是国内还没有一张系统的禹迹图。”何俊杰敏锐地意识到，寻找禹迹是一次深远的文化探索，绍兴需要迅速行动，对绍兴乃至国内的禹迹进行必要的溯源和挖掘。

禹功神圣，举世景仰；文化认同，源远流长。大禹，是中华民族治水英雄和立国之祖，被尊为“绩奠九州垂万世，统承二帝首三王”。回到绍兴后，何俊杰迅速成立工作专班，组织人员、明确分工、部署落实禹迹探考工作。

2018年4月16日下午，在公祭大禹陵典礼新闻发布会上，《绍兴禹迹图》发布。此图共有禹迹127处，包括陵、庙、祠，地名，山、湖自然实体，碑刻、摩崖、雕塑等类别，是一张完备、系统编录大禹文化遗产的区域性分布图。《绍兴禹迹图》发布后，立即在国内外学术界引发巨大反响，研究成果交流到日本、韩国等国家和地区。当年，80多岁的植村善博应邀参加绍兴祭禹活动，当他看到《绍兴禹迹图》时表现得非常兴奋，连声说:“太好了，太好了。”

2019年4月，《浙江禹迹图》发布。此图在浙江省11个地市、八大水系中标注了禹迹位置，共收录“浙江禹迹”209处、“防风遗址”4处、“越地舜迹”37处、“浙江大禹同时代新石器文化遗址”30处。中国水利学会水利史研究会副会长、绍兴市鉴湖研究会会长邱志荣说，大禹文化的考证和研究，既是探索和积累，也有经世致用、在实践中不断丰富大禹文化内容的内在要求，要让大禹文化更深地扎根于社会和群众之中，赋予其更强的生命力。

“在绍兴，处处都流传着大禹的传说，若是将这些传说与河姆渡文化遗址、小黄山遗址、良渚文化考古相印证，就可以使我们鲜明地了解和把握中华民族跨入文明时代这段历史的真实情况。”何俊杰说。

二、解码“尧舜禹”文化基因

崇禹之心，古今所向；继禹之迹，亦世泽福。“尧舜禹”是上古时期的圣王。尧开创了人类远古文明的灿烂与辉煌，是中华民族勤劳智慧、自强不息的象征；舜是中华道德文化的鼻祖，被后人尊为“百孝之首”“文明之源”；大禹治水更是永载史册。继《绍兴禹迹图》《浙江禹迹图》等禹迹图成果之后，编撰《中国禹迹图》成为大禹文化研究学者和有识之士的共识。

在中国水利史专家、中国水利报社原副总编辑、《中国禹迹图》主编之一张卫东看来，“尧舜禹”文化是华夏文明的源头和根脉所在，博大精深，内涵丰富，影响深远。尧帝“仁爱”“民本”“勤俭”“选贤任能”“采言纳谏”等思想和精神，舜帝“宽厚”“律己”“修德”“至孝”等思想和精神，大禹“天下为公”“公而忘私”“以身作则”等思想和精神，都对华夏文明核心价值观的形成产生了重要的甚至是决定性的影响。

“从文化传播的角度看，绍兴禹之影响要大于舜。这与著名历史地理学家顾颉刚先生认为的‘故尧、舜、禹的传说，禹先起，尧、舜后起’相符。越地是先有大禹治水传说，再有舜、尧在越的传说与祭祀。这在地域分布上也可得到印证，在传说中，禹的活动中心更多在会稽山麓及绍兴平原腹地一带。而舜的活动中心多在会稽山南部及曹娥江以东一带。在不同的地域，文化传播的先后也有所不同。”邱志荣说。

事实上，《禹迹图》最早问世于我国北宋时期，它是中国现存最早的石刻地图之一。《禹迹图》所绘内容十分丰富，标注出名称的行政区、河流、山脉和湖泊等地理要素 500 余个。制图的地理范围较大，图示显而易见为长江、黄河流域一带，基本上包含了古代九州概貌。内容侧重于水系，对当时各主要水系有着相当完整和准确的反映。《禹迹图》采用方格网绘法，图中每方“折地百里”，全图用方格坐标绘图法，这是唐宋以来地图中见到的仅有一例，可见我们的祖先很早就掌握了这种绘图法，他们将地图的精确程度和表现能力提升到前所未有的高度。

西方汉学家李约瑟曾在《中国科学技术发展史》中称《禹迹图》为“当时世界上最杰出的地图，是宋代制图学家的一项最大成就”。据资料记载，《禹迹图》原石现存陕西西安碑林，刻石于 1136 年，描绘了传说中夏王朝大禹统治时期境内的贡品运输情况。我国目前仅存两块宋代《禹迹图》石刻，一块在西安碑林，刻于伪齐阜昌七年（1136）；另一块在镇江焦山碑刻博物馆，初刻于元符三年（1100），比前者早了 36 年。

在以何俊杰为主导的禹迹图编撰工作小组的努力下，继《绍兴禹迹图》发布之后，《浙江禹迹图》《绍兴禹迹标识导读》《中国禹迹图》（2022 年版）以及绍兴大地上禹迹标识桩等具有连续性、系统性、标识性的成果在绍兴陆续发布和落地，前前后后耗时近 5 年时间。其间，调查人员足迹遍布安徽、河南、山西、福建、四川、重庆等地。张卫东介绍：“编制内容的重点为列入全国重点文物保护单位和省级文物保护单位的相关禹迹，以及历史文献中关于禹迹记载的印证遗存。在选取数量上，也考虑了各省之间的平衡。”

“《中国禹迹图》信息量大，资料来源遵循言必有据的原则，主要为文献查阅、现场考证、委托调查取得。”据相关研究人员介绍，在收集、查阅文献记载、历史地图的基础上，编撰工作小组高度重视实地调查，并逐省逐市到禹迹实地开展田野调查。如今的《中国禹迹图》不仅传承了北宋《禹迹图》的绘制要点以及山川河流、地名中对禹迹的记述，更体现了全球化文化传播的特征。

打开《中国禹迹图》，除了根据史料中有关大禹治水及其他活动足迹传说的记载外，还包含至今留存的有关大禹的祭祀活动、纪念建筑设施、地物表征、碑刻、题刻、地名遗存物等不可移动的自然和历史物质遗存、遗址、遗迹。从历史记载到结合考古发掘、研究，给大众呈现的大禹文化是鲜活的。《中国禹迹图》的编撰充满坎坷与艰辛，它的发布具有创造性、开创性，有重要的历史意义与科学价值，也为全国禹迹图可持续、更详尽的编制和展示提供了范本。

“内不见己，外不见水，惟理之视……”陆游在《禹庙赋》中不仅赞颂了大禹之功绩，更是对其历史治水经验给予了总结。“这是一项文化创新和探索性工作，不是简单地罗列，而是新的历史时期文化探索研究成果的系统综合和展示，是历史的必然，也是时代的要求，它为文史、水利等学术研究提供了一定的引导，为保护和传承大禹文化提供了依托和借鉴。”邱志荣坦言，《中国禹迹图》不仅倾注了编撰人员的大量心血，更得到了全国 22 位水利、文物、文史、测绘等专家学者的指导帮助。

在浙江省测绘科学技术研究院高级工程师王玲看来，《中国禹迹图》编制质量高，将图片、图表、文字与地图融为一体，对我国所有禹迹进行了全面生动的地理空间可视化表达，是直观反映我国禹迹分布的专题地图，是新的时代文化探索的科研成果展示。

三、开启中华文明互鉴新时代

文化是绍兴的灵魂，无论是厚重、深邃的历史文化，情韵满溢的山川河流，还是静谧悠长的古街古巷，这座古城都洋溢着满满的文化自信。在许多人心里，大禹是活在远古世界的神，代表着中华文明的标志性符号，其治水英雄的形象早已深植于东亚国家的文化土壤中，对中华儿女产生着巨大而深远的影响。

据资料记载，禹迹在日本、韩国、朝鲜等国也有广泛分布。日本有禹迹 132 处，朝鲜半岛与大禹有关的地名有 8 处，在绍兴皆可以找到源头。2020 年 12 月，绍兴市与甘肃敦煌、日本北九州、韩国顺天共同当选 2021 年“东亚文化之都”。目前，每年的绍兴公祭大禹活动，都有日本、韩国等国客人到绍兴寻根问祖，祭祀大禹。

从翻译校正的《日本禹王遗迹分布图》《韩国禹王遗迹分布图》来看，大禹的足迹不仅仅存在于中国，他高超的治水术以及卓越的治国理念早已在东亚地区广为弘扬、传播。绍兴嘉祥寺吉藏大师创立的三论宗，由高丽名僧慧灌传至韩国和日本，慧灌被尊为日本三论宗初祖；日本空海、圆珍法师等都曾到绍兴取经、修道，把大批佛典文献带回日本，并回国创宗。大批日本方士、学者到绍兴后，纷纷将绍兴文化带回国，促进了日本文化的发展。

“研究与传播大禹文化，已渐渐成为一种链接友邻城市的文化现象，使得原本没有联系的城市加强了关联。文化创新不能止于图，更希望禹迹图可以成为文化转化创新的典范和文旅融合成功的案例，实现标准化和数字化，由一张图向多张图转换，由一个符号向多个符号复制，从而推进绍兴城市国际化发展。”在何俊杰看来，禹迹图不仅仅是一张图，更是用一个文化符号去链接一座城市的纽带。

中国大地上，“尧舜禹”的传说和故事可谓家喻户晓，而活态的“尧舜禹”文化发展，将更加彰显中华民族生生不息的强劲生命力。“《中国禹迹图》的编制是一项非常有意义和价值的工作。《中国禹迹图》等成果的发布是一次创新，是绍兴成为东亚文化之都后，更好地连接东亚国家续写绍兴文化走向世界高峰的新篇章。”绍兴大禹文化爱好者赵轩说。

就在不久前，《浙江尧舜遗迹图》发布，这是我国第一张以省为单位的尧舜文化遗迹地图，标志着绍兴在“尧舜禹”文化研究乃至五千年中华文明史探索道路上又迈出了坚实一步。何俊杰表示，绍兴是“尧舜禹”文化资源富集地区，对现存大量的“尧舜禹”遗迹、遗存和历史传说、民间风俗等进行整体发掘研究和一体化转化，对于彰显绍兴在中华远古文明起源中的重要地位，展示绍兴深厚的历史文化底蕴，促进文化的转化创新、融合发展具有重要作用。

“《中国禹迹图》《浙江尧舜遗迹图》等成果的呈现，是‘尧舜禹’文化区域性、多学科研究成果的创新，更是对中华文明史传承与传播方式的探索。接下来，绍兴市将利用‘尧舜禹’遗迹文化资源，串珠成链，打造‘尧舜禹’文化金名片，让更多的人走进绍兴、读懂中国。”何俊杰说。

（《中国文化报》2022 年 11 月 8 日报道）

尧舜禹遗迹图向世界讲述中华文明故事

周能兵

浙江绍兴这片大地一直映耀着上古时期的文明之光。在这里，尧舜禹的故事和传说，伴随着日月星辰、流水花开、蛙鸣鸟唱，滋润着人们的生活。绍兴探索创新文旅资源普查工作，普查出文化和旅游单体数量达2636个，并探索出文化资源转化、创新的举措，编制《浙江尧舜遗迹图》，日前，该图向社会发布。在此之前，绍兴已发布《浙江禹迹图》《中国禹迹图》。

相传，尧舜禹是上古时期的首领。他们开创了人类远古文明的灿烂与辉煌，是中华民族勤劳智慧、自强不息的象征。尧求贤问道，察访政治得失，选用贤才，建立系统的政治制度；舜是中华道德文化的鼻祖，被后人尊为“百孝之首”“文明之源”；禹是“立国之祖”，是治水英雄。尧舜禹遗迹图的发布，向世界讲述着中华文明的生动故事，并将尧舜禹文化根植于人们的心中。

绍兴尧舜禹故事多遗迹多　浙江尧舜遗迹共119处

历山种地、雷泽捕鱼、象耕鸟耘、舜会百官、尧住城郭、尧行车头、禹得天书、禹治了溪、禹会诸侯、禹葬会稽……在绍兴，有关尧舜禹的故事和传说很多，象田、舜井、舜江、舜庙、尧城、禹陵、冢斜等众多遗迹遗存，与尧舜禹传说、故事相印证。千百年来，这些传说、故事与遗迹遗存传承不息。

如何让尧舜禹传说、故事和遗迹遗存让更多的人知晓？自2018年开始，绍兴开始编制禹迹图。2019年，绍兴在编制《浙江禹迹图》时，就将越地37处舜迹编入其中；2021年10月，在柯桥区王坛镇举办的“绍兴虞舜文化旅游节”上，绍兴市文化广电旅游局和绍兴市鉴湖研究会联合发布《绍兴舜迹简图》，发布舜迹28处。

“为更好地研究、保护、传承、利用尧舜禹文化遗产，实现文旅融合，绍兴市文化广电旅游局在原有成果基础上，委托绍兴市鉴湖研究会深化开展《浙江尧舜遗迹图》编制工作，使尧舜遗迹图具有连续性、系统性、原创性的特点。专家、学者们通过文献积累、野外考察、文物普查、古今地图结合应用、现代考古成果应用等，编成《浙江尧舜遗迹图》。遗迹图由前言、正图、照片、表格等部分组成，精选尧迹16处、舜迹103处。”绍兴市文化广电旅游局副局长谢文权说。

在《浙江尧舜遗迹图》中，绍兴尧迹有6处，集中在柯桥、上虞，其中，柯桥有尧郭、平阳、尧王庙3处，上虞有稷山、尧山、尧田3处；绍兴舜迹有61处，其中，柯桥有18处，如舜王庙、寺前大舜庙、舜王庙会、虞舜巡狩台、舜王山等。上虞和百官的名字因舜而来，此处舜迹有34处，如舜井、舜帝岭、舜帝庙、大舜庙、历山、指石山、小舜江等。嵊州市则有谷来、舜皇山等7处舜迹。“浙江各地都有舜迹，主要集中在绍兴和宁波余姚等地，余姚的名字与舜有关，有姚江、舜帝庙、姚丘等舜迹。杭州有百丈山、尧山桥2处尧迹，宁波、湖州等地也有尧迹。值得一提的是，每一处尧舜遗迹背后都有着神话故事和传说，各地民间都流传着许多与尧舜有关的故事。”谢文权说。

绍兴为何尧舜禹故事传说多、遗迹遗存多？中国水利学会水利史研究会副会长邱志荣表示，尧舜禹文化传说多、遗迹多和治水有关，“我们从海侵海退过程找到绍兴尧舜禹遗迹的途径”。舜的活动多在会稽山东南部，是海水尚未退去的环境；而到大禹时期，经过艰苦卓绝的治水，禹迹已多在山麓和平原。尧舜禹文化是越文化“胆剑精神”的源头。据说越王句践就是传承了尧舜禹以全局为重、坚韧不拔的卧薪尝胆精神。时至今日，“卧薪尝胆、奋发图强、敢作敢为、创新创业”的“胆剑精神”已成为宝贵的精神遗产。

为五千年文明寻找实证　尧舜禹在绍兴遗迹众多

古语有云，“古有三圣，越有其二”“越，舜禹之邦”。绍兴的舜禹遗迹多而密集，且都是十分重要的遗迹遗存，像舜庙、禹陵等。绍兴尧舜禹故事、传说都十分完整。在茫茫岁月中，远古文明的神韵一直在绍兴大地上散发着迷人的光芒。

中国水利水电科学研究院“水利遗产保护与研究国家文物局重点科研基地”专家张卫东说，就全国而言，绍兴、宁波一带舜禹遗存相对集中，舜禹传说和故事在先秦文献中都有记载。这表明，东南地区文明发达，文明起源很早，是中华文明的重要发祥地。目前，通过考古证明的就有良渚文化、河姆渡文化、上山文化等。舜禹遗存遗迹在绍兴很多，禹在上虞的遗存比舜少，这与治水有关。舜治水是“耕”，如象耕、象田等，实际上是对沼泽地的开发，禹治水是“导”，是对南部山麓和平原的治理。尧舜禹传说和遗迹同时在全国众多地方存在，深刻反映了中华文化的向心力。张卫东认为，下一步还应做好中国尧舜遗迹图，让五千年文明在中国大地上落地生根，将尧舜禹文化展示出来，传播开去，保留下去。

86岁绍兴老画家李继渊和许多民间研究者一样，认为“尧舜禹在绍兴是真实的历史”。他潜心创作大舜题材作品，前后花费13年时间创作了3米多长的《虞舜传奇》长卷。他20多岁从中国美术学院毕业后，就游历了上虞等地的大舜遗迹，考察了虞舜出生地等遗迹，研究了虞舜耕种、渔猎、制陶及治国的传说。他把收集的大舜的故事记录下来，集成厚厚一本，并制作虞舜年谱。他认为，绍兴的尧舜禹遗迹是珍贵的文化遗存，每个人都有责任守护好遗存，讲好先祖的故事。

不久前，绍兴市文化广电旅游局组织、发动专家再次探寻、调查尧舜遗迹，并查看民间传说中舜尧遗存遗迹。绍兴市文物局文物处处长马峰燕说，对尧舜禹有关遗迹进行系统的调查研究和展示是一件有意义的事情。应在日常调查中注意搜集信息和资料，有针对性地提出研究保护建议；对地方文献中记载的有关尧舜禹的古代纪念性建筑遗存，将主动实施文物考古调查，及时采取保护措施；对现存的与尧舜禹有关的文物遗存要加强保护传承利用，组织力量对民间传说中尧舜禹的遗存进行前期调查，为构建中华传统文化体系作出绍兴贡献。

寻找根脉探寻文明之源　是当代人的责任和使命

绍兴编制尧舜禹遗迹图，循着尧舜禹的“足迹”，追寻古老的华夏文明，引起了社会各界的关注。

中国社会科学院原副秘书长、中国先秦史学会顾问晋保平说，对古代的文献和传说，要怀着认真对待的态度，不要轻易否认民间传说和故事。从学理的角度来看，应对其进行深入的研究，以考古发现证实其存在。尧舜禹是中华文化的源头，目前的考古成果显示，尧舜禹是存在的。山东、陕西、安徽等地的考古成果也显示了这一点。尧舜禹的真实性，要求人们研究好文献，并以考古证实。中国南北都有尧舜禹遗迹存在，这说明中华文化多元一体。尧舜禹的文化、精神和遗存是宝贵的财富。晋保平说，尧舜禹迹图全国其他地方也在编制，这充分表明中华民族对先祖尧舜禹的文化认同。中华民族多元一体，历史悠久，文化灿烂，从尧舜禹开始，绵延不断。这是中华民族的优秀文化，也是我们要传承好的民族精神。

中华文明源远流长、博大精深。绍兴市委宣传部副部长、市文化广电旅游局局长何俊杰说：“绍兴的文物和文化遗产承载着中华民族的基因和血脉。绍兴尧舜禹的故事和传说、遗存和遗迹是中华优秀文明资源，我们要让这些珍贵的文化遗产活起来，营造传承中华文明的浓厚社会氛围。绍兴编制浙江尧舜禹遗迹图是在文旅资源普查中探索出的文化资源转化、创新的举措。对尧舜禹文化资源的普查，绍兴不是碎片式的，而是高起点谋划、大视野实践，形成完整的体系。在对大禹文化普查、梳理、串联时，绍兴市文化广电旅游局就考虑将尧舜禹文化资源，通过资源普查的方式，进行研究、转化、活化、创新，使之成为绍兴新的文化旅游资源，以丰富的尧舜禹遗迹，向世界讲好中华文明的故事。作为中国首批历史文化名城、东亚文化之都、中华文明重要起源地的绍兴，应该对绍兴、浙江、中国的尧舜禹文化做到心中有底，心中有谱，实践有为，更要对本区域尧舜禹文化深度挖掘，让固有的文态鲜活起来，激发出新的生命活力，使之走向全国、走向世界。”

何俊杰表示：“对尧舜禹遗迹遗存的研究，就是对中华文明源头的探究，需要把文献研究和考古探索同现代自然科学技术手段有机结合起来。绍兴尧舜禹文化的研究和遗迹图的编制，主要是围绕着浙江的江南山水、中华文明起源地而进行的。浙江省启动启明星计划后，以考古为抓手，把浙江的文明起源与中华文明发祥地相贯通，取得了丰硕成果。绍兴先秦文化资源丰富，通过传说故事、民情民俗代代传承，还需要通过考古印证，为浙江大地文明探索贡献绍兴力量。考古发现大地密码，这既有必然性，也有很大的偶然性，我们要善于通过故事传说、民情民俗发现更多的中华故事。尧舜禹的故事和传说既有典籍、文献记载，也在民俗民风中代代相传，我们通过对尧舜禹的‘足迹’的寻找，为未来考古进一步寻找中华文明源头奠定基础。”

“绍兴编制尧舜禹遗迹图，开启了探寻中华文明之源的工程。绍兴要有实际行动，把尧舜禹文化根植于人们的心中。绍兴之所以坚持不懈地编制尧舜禹遗迹图，就是为了体现当代绍兴人的文化责任和担当，在中华文明从涓涓细流到汇聚成江河的发展历程中，贡献绍兴智慧和力量，传播更多承载绍兴文化、中国精神的价值符号和文化产品，我们也期望能引起更多专家、学者的关注，共同探寻、破解中华文明起源密码。”何俊杰说。

（2022 年 11 月 28 日新华网转发）

绍兴文史专家来永考察

——开展文化溯源对话　再续华夏文化新篇章

杨中瑜

2023 年 12 月 14 日—15 日，浙江省绍兴市文史研究馆、中国水利博物馆研究专家一行五人到永州市宁远县和零陵区考察舜文化，并与本地文化工作者进行座谈。

在考察九嶷山舜帝陵、玉琯岩舜帝陵遗址公园和宁远文庙时，他们向本地朋友了解关于舜在宁远周边地区的种种传说和对永州本土历史文化的影响。在考察柳子庙和舜帝庙村时，他们详细查看舜帝庙村族谱和相关历史文献，向本地文化研究者了解舜在零陵留下的各种印痕以及谪居在此长达十年的柳宗元的生活环境及其哲学思想所形成的历史条件与过程。

参加考察的中国水利学会水利史研究会副会长、绍兴市鉴湖研究会会长邱志荣感叹道："这次我们绍兴市文史研究馆、中国水利博物馆一行组织到湖南学习考察舜、禹文化，感受湘江两岸深厚的历史文化，先后拜祭了炎帝陵、舜帝陵，受益匪浅。在国家历史文化名城永州，我们实地考察了零陵区舜帝庙村，与当地文化工作者进行了座谈，进一步了解了舜文化的传播与地域特色；我们还拜望了仰慕已久的柳子庙，观赏了秀丽的愚溪风光，诵读千古名篇《永州八记》，心潮澎湃，其乐融融。绍兴不仅是大禹陵所在地，也是大舜的文化圈之一，相传大舜就出生在上虞的虹漾村。就舜文化研究而言，舜出生于绍兴，而崩葬于永州，绍兴与永州可谓文脉相连，生死之交。我们两地有着共同传承、弘扬舜禹文化、研究中华文明的基础和责任。近年来，《中国禹迹图》编制成功，受到广泛好评，我们建议永州联合各地，编撰《华夏舜迹图》。我们共同守正创新，加强交流合作，开展湘浙两地舜、禹文化溯源对话，再续华夏文化新篇章。"

（永州网 2023 年 12 月 18 日报道）

后 记

作为大禹治水的毕功之地和大禹陵所在地，绍兴自2018年起，先后编制和发布了《绍兴禹迹图》《浙江禹迹图》《绍兴禹迹标识导读》《禹迹图编制导则》《中国禹迹图》等成果。2024年4月18日，《中国禹迹图导读》首发仪式在中国水利博物馆成功举行，取得了令人瞩目的成绩。禹迹图编制也成为全国有关省市、流域关注和实施的热门课题。2023年9月20日，习近平总书记在考察浙东运河文化园期间，专门询问了禹迹研究工作，这是对禹迹文化的肯定，也是对中华文明探源研究工作者的鼓励、促进和期望。

就禹迹而言，全国性的大范围调查已经结束，之后的工作是各省级行政区根据省域实际情况编制本省禹迹图并研究各自的历史文化传承特色。从大禹文化的重要意义而言，更需要开展多学科深化、规律探究、文化转化、文旅融合等工作，其中探索五千年文明和弘扬大禹治水伟大精神当属最为重要。

尧舜文化与大禹文化密不可分。浙江，尤其是以绍兴为核心的越文化中心区域，有着丰富的尧舜记载和深厚的尧舜文化积累，是华夏尧舜文化的一个重要的传承发展区域。宁绍地区有3处历史悠久、规模颇大的舜庙，分属绍兴市柯桥区、上虞区及宁波市余姚市。

在上级领导的支持和有关专家学者的倡导下，我们原禹迹图编制诸同人认为编制《浙江尧舜遗迹图》很有必要。浙江虽不能肯定是尧舜文化产生和传播的核心之地，但可以当之无愧地说是中华尧舜文化的重要文化圈之一。2023年12月，浙江一行人去湖南永州宁远县和零陵区等地考察舜文化，并与当地文化工作者进行座谈，深刻地感受了湖南深厚的舜文化、悠久的历史，以及雄厚的历史积累与传承，并由此促进了两省舜文化的研究和交流互鉴。

本书是在我们2022年10月发布的《浙江尧舜遗迹图》基础上编撰而成的，

具有浙江省内全面系统调查和综合研究的特点。全书共收集浙江黄帝遗迹3处、颛顼遗迹1处、尧迹19处、舜迹109处，总计132处；图照500余幅。各遗迹点通常由地区编号、地理位置、简介、图照、附录（关联资料）等组成。此外又编辑《相关史料辑录》，收集与尧、舜有关的文献以及最新研究成果。编著者对尧舜禹文化资源进行全面调查，系统梳理；对所取得的成果进行多学科的深入研究，厘清来龙去脉，于其中探寻中华民族多元一体的历史文化发展规律；提出加强尧舜禹文化遗迹保护、促进文旅融合的思路和方法。

本书的三篇序分别由顾浩先生、陈永明先生、何俊杰先生撰写，应该说站位高、研究深，各有特色，其中精到见解，读者自可体会。

禹迹图和舜迹图的野外考察可谓不畏艰辛，筚路蓝缕，历经万水千山；而在编审出版中，王文运先生始终承担责任编辑重任，投入大量时间精力，精益求精编排打磨，一丝不苟查阅核对，可谓是呕心沥血、真做学问，实际上他已成了舜禹文化调查的其中一员和名副其实的专家。

当然在本书成书过程中也得到浙江全省各地相关专家学者的支持配合，这是调查的重要基础；湖南省文史研究馆特约研究员、湖南省文联委员、《财富地理》总编辑赵涛老师是我们禹迹、舜迹调查的重要支持者，本次又提供了《文脉·千年湖湘舜迹图志》这一重要史料，为本书增色不少；其他如金小军的远程考察，张钧德的长期资料积累，罗兰芬、楼莉波提供多处文史资料，戴秀丽、秦烨萍的精准制图，程丹、程雪婷的积极配合，均功不可没。

余不一一。再次感谢各位领导、学者的大力支持。

由于时间紧、要求高、编写任务重，其中必有不当或不足之处，敬请同人批评指正。

尧天舜日，文明之源；禹风浩荡，遍行天下。本书出版之际，绍兴已开始启动“大禹治水文化遗迹”申遗建议工作。愿我们共同为中华五千年文明的探索、实证、弘扬而努力，取得更多成绩，作出更大贡献。

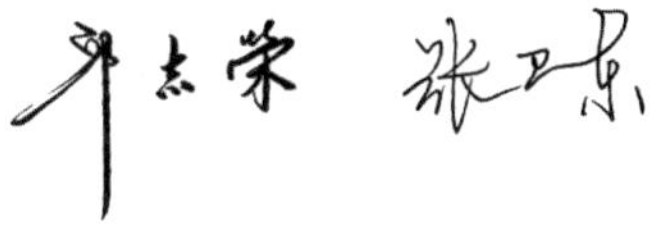

二〇二五年六月

图书在版编目（CIP）数据

浙江尧舜遗迹图导读 / 中国水利博物馆，绍兴市鉴湖研究会编；邱志荣，何俊杰，张卫东主编. -- 北京：中国文史出版社，2025. 6. -- ISBN 978-7-5205-5255-4

Ⅰ. K872.55

中国国家版本馆 CIP 数据核字第 2025XA7568 号

责任编辑：王文运　　　　装帧设计：蒲　钧　程　跃

出版发行：**中国文史出版社**
社　　址：北京市海淀区西八里庄路 69 号　邮编：100142
电　　话：010-81136606　81136602　81136603（发行部）
传　　真：010-81136655
印　　装：北京联兴盛业印刷股份有限公司
经　　销：全国新华书店
开　　本：787×1092　　1/16
印　　张：27
字　　数：498 千字
版　　次：2025 年 8 月北京第 1 版
印　　次：2025 年 8 月第 1 次印刷
定　　价：168.00 元